LES
COMPAGNONS DE JÉHU

PARIS. — IMPRIMERIE F. DEBONS ET Cⁱᵉ, 16, RUE DU CROISSANT

LES
COMPAGNONS DE JÉHU

PAR
ALEXANDRE DUMAS

ÉDITION ILLUSTRÉE PAR A. DE NEUVILLE

I

PARIS
CALMANN LÉVY, ÉDITEUR
ANCIENNE MAISON MICHEL LÉVY FRÈRES
RUE AUBER, 3, ET BOULEVARD DES ITALIENS, 15
A LA LIBRAIRIE NOUVELLE
1878

Droits de reproduction et de traduction réservés

LES
COMPAGNONS DE JÉHU

PAR
ALEXANDRE DUMAS

Une espèce de tribunal improvisé siégeait dans une des salles du palais. — Page 10.

PROLOGUE

LA VILLE D'AVIGNON

Nous ne savons si le prologue que nous allons mettre sous les yeux du lecteur est bien utile, et cependant nous ne pouvons résister au désir d'en faire, non pas le premier chapitre, mais la préface de ce livre.

Plus nous avançons dans la vie, plus nous avançons dans l'art, plus nous demeurons convaincu que rien n'est abrupt et isolé, que la nature et la société marchent par déductions et non par accidents, et que l'événement, fleur joyeuse ou triste, parfumée ou fétide, souriante ou fatale, qui s'ouvre aujourd'hui sous nos yeux, avait son bouton dans le passé et ses racines parfois dans les jours antérieurs à nos jours comme elle aura son fruit dans l'avenir.

Jeune, l'homme prend le temps comme il vient, amoureux de la veille, insoucieux du jour, s'inquiétant peu du lendemain. La jeunesse, c'est le printemps avec ses fraîches aurores et ses beaux soirs; si parfois un orage passe au ciel, il éclate, gronde et s'évanouit, laissant le ciel plus azuré, l'atmosphère plus pure, la nature plus souriante qu'auparavant.

A quoi bon réfléchir aux causes de cet orage qui passe rapide comme un caprice, éphémère comme une fantaisie? Avant que nous ayons le mot de l'énigme météorologique, l'orage aura disparu.

Mais il n'en est point ainsi de ces phénomènes terribles qui, vers la fin de l'été, menacent nos moissons; qui, au milieu de l'automne, assiégent nos vendanges : on se demande où ils vont, on s'inquiète d'où ils viennent, on cherche le moyen de les prévenir.

Or, pour le penseur, pour l'historien, pour le poëte, il y a un bien autre sujet de rêverie dans les révolutions, ces tempêtes de l'atmosphère sociale qui couvrent la terre de sang et brisent toute une génération d'hommes, que dans les orages du ciel qui noient une moisson ou grêlent une vendange, c'est-à-dire l'espoir d'une année seulement, et qui font un tort que peut, à tout prendre, largement réparer l'année suivante, à moins que le Seigneur ne soit dans ses jours de colère.

Ainsi, autrefois, soit oubli, soit insouciance, ignorance peut-être, — heureux qui ignore ! malheureux qui sait ! — autrefois, j'eusse eu à raconter l'histoire que je vais vous dire aujourd'hui, que, sans m'arrêter au lieu où se passe la première scène de mon livre, j'eusse insoucieusement écrit cette scène, j'eusse traversé le Midi comme une autre province, j'eusse nommé Avignon comme une autre ville.

Mais aujourd'hui, il n'en est pas de même; j'en suis non plus aux bourrasques du printemps, mais aux orages de l'été, mais aux tempêtes de l'automne. Aujourd'hui, quand je nomme Avignon, j'évoque un spectre, et, de même qu'Antoine, déployant le linceul de César, disait : « Voici le trou qu'a fait le poignard de Casca, voici celui qu'a fait le glaive de Cassius, voici celui qu'a fait l'épée de Brutus; » je dis, moi, en voyant le suaire sanglant de la ville papale : « Voilà le sang des Albigeois; voilà le sang des Cévennois; voilà le sang des républicains; voilà le sang des royalistes; voilà le sang de Lescuyer; voilà le sang du maréchal Brune. »

Et je me sens alors pris d'une profonde tristesse, et je me mets à écrire; mais, dès les premières lignes, je m'aperçois que, sans que je m'en doutasse, le burin de l'historien a pris, entre mes doigts, la place de la plume du romancier.

Eh bien, soyons l'un et l'autre : lecteur, accordez les dix, les quinze, les vingt premières pages à l'historien; le romancier aura le reste.

Disons donc quelques mots d'Avignon, lieu où va s'ouvrir la première scène du nouveau livre que nous offrons au public.

Peut-être avant de lire ce que nous en dirons, est-il bon de jeter les yeux sur ce qu'en dit son historien national, François Nouguier.

« Avignon, dit-il, ville noble pour son antiquité, agréable pour son assiette, superbe pour ses murailles, riante pour la fertilité du sol, charmante pour la douceur de ses habitants, magnifique pour son palais, belle pour ses grandes rues, merveilleuse pour la structure de son pont, riche par son commerce, et connue par toute la terre. »

Que l'ombre de François Nouguier nous pardonne si nous ne voyons pas tout à fait sa ville avec les mêmes yeux que lui.

Ceux qui connaissent Avignon diront qui l'a mieux vue de l'historien ou du romancier.

Il est juste d'établir avant tout qu'Avignon est une ville à part, c'est-à-dire la ville des passions extrêmes; l'époque des dissensions religieuses qui ont amené pour elle les haines politiques, remonte au douzième siècle; les vallées du mont Ventoux abritèrent, après sa fuite de Lyon, Pierre de Valdo et ses Vaudois, les ancêtres de ces protestants qui, sous le nom d'Albigeois, coûtèrent aux comtes de Toulouse et valurent à la papauté les sept châteaux que Raymond VI possédait dans le Languedoc.

Puissante république gouvernée par des podestats, Avignon refusa de se soumettre au roi de France. Un matin, Louis VIII, — qui trouvait plus simple de se croiser contre Avignon, comme avait fait Simon de Montfort, que pour Jérusalem, comme avait fait Philippe-Auguste, — un matin, disons-nous, Louis VIII se présenta aux portes d'Avignon, demandant à y entrer, la lance en arrêt, le casque en tête, les bannières déployées et les trompettes de guerre sonnant.

Les bourgeois refusèrent; ils offrirent au roi de France, comme dernière concession, l'entrée pacifique, tête nue, lance haute, et bannière royale seule déployée. Le roi commença le blocus; ce blocus dura trois mois, pendant lesquels, dit le chroniqueur, les bourgeois d'Avignon rendirent aux soldats français flèches pour flèches, blessures pour blessures, mort pour mort.

La ville capitula enfin. Louis VIII conduisait dans son armée le cardinal-légat romain de Saint-Ange; ce fut lui qui dicta les conditions, véritables conditions de prêtre, dures et absolues.

Les Avignonnais furent condamnés à démolir leurs remparts, à combler leurs fossés, à abattre trois cents tours, à livrer leurs navires, à brûler leurs engins et leurs machines de guerre. Ils durent, en outre, payer une contribution énorme, abjurer l'hérésie vaudoise, entretenir en Palestine trente hommes d'armes parfaitement armés et équipés pour y concourir à la délivrance du tombeau du Christ. Enfin, pour veiller à l'accomplissement de ces conditions, dont la bulle existe encore dans les archives de la ville, il fut fondé une confrérie de pénitents qui, traversant plus de six siècles, s'est perpétuée jusqu'à nos jours.

En opposition avec ces pénitents, qu'on appelait les pénitents blancs, se fonda l'ordre des pénitents noirs, tout imprégnés de l'esprit d'opposition de Raymond de Toulouse.

A partir de ce jour, les haines religieuses devinrent des haines politiques.

Ce n'était point assez pour Avignon d'être la terre de l'hérésie, il fallait qu'elle devînt le théâtre du schisme.

Qu'on nous permette, à propos de la Rome française, une courte digression historique; à la rigueur, elle ne serait point nécessaire au sujet que nous traitons, et peut-être ferions-nous mieux d'entrer de plein bond dans le drame; mais nous espérons qu'on nous la pardonnera. Nous écrivons surtout pour ceux qui, dans un roman, aiment à rencontrer parfois autre chose que du roman.

En 1285, Philippe le Bel monta sur le trône.

C'est une grande date historique que cette date de 1285. La papauté, qui, dans la personne de Grégoire VII, a tenu tête à l'empereur d'Allemagne; la papauté, qui, vaincue matériellement par Henri IV, l'a vaincu moralement; la papauté est souffletée par un simple gentilhomme sabin, et le gantelet de fer de Colonna rougit la face de Boniface VIII.

Mais le roi de France, par la main duquel le soufflet avait été réellement donné, qu'allait-il advenir de lui sous le successeur de Boniface VIII ?

Ce successeur, c'était Benoît XI, homme de bas lieu, mais qui eût été un homme de génie peut-être, si on lui en eût donné le temps.

Trop faible pour heurter en face Philippe le Bel, il trouva un moyen que lui eût envié, deux cents ans plus tard, le fondateur d'un ordre célèbre : il pardonna hautement, publiquement à Colonna.

Pardonner à Colonna, c'était déclarer Colonna coupable; les coupables seuls ont besoin de pardon.

Si Colonna était coupable, le roi de France était au moins son complice.

Il y avait quelque danger à soutenir un pareil argument; aussi Benoît XI ne fut-il pape que huit mois.

Un jour, une femme voilée, qui se donnait pour converse de Sainte-Pétronille à Pérouse, vint, comme il était à table, lui présenter une corbeille de figues.

Un aspic y était-il caché, comme dans celle de Cléopâtre? Le fait est que, le lendemain, le saint-siége était vacant.

Alors Philippe le Bel eut une idée étrange, si étrange, qu'elle dut lui paraître d'abord une hallucination.

C'était de tirer la papauté de Rome, de l'amener en France, de la mettre en geôle et de lui faire battre monnaie à son profit.

Le règne de Philippe le Bel est l'avénement de l'or.

L'or, c'était le seul et unique dieu de ce roi qui avait souffleté un pape. Saint Louis avait eu pour ministre un prêtre, le digne abbé Suger; Philippe le Bel eut pour ministres deux banquiers, les deux Florentins Biscio et Musiato.

Vous attendez-vous, cher lecteur, à ce que nous allons tomber dans ce lieu commun philosophique qui consiste à anathématiser l'or? Vous vous tromperiez.

Au treizième siècle, l'or est un progrès.

Jusque-là on ne connaissait que la terre.

L'or, c'était la terre monnayée, la terre mobile, échangeable, transportable, divisible, subtilisée, spiritualisée, pour ainsi dire.

Tant que la terre n'avait pas eu sa représentation dans l'or, l'homme, comme le dieu Terme, cette borne des champs, avait eu les pieds pris dans la terre. Autrefois, la terre emportait l'homme; aujourd'hui, c'est l'homme qui emporte la terre.

Mais l'or, il fallait le tirer d'où il était; et où il était, il était bien autrement enfoui que dans les mines du Chili ou de Mexico.

L'or était chez les juifs et dans les églises.

Pour le tirer de cette double mine, il fallait plus qu'un roi, il fallait un pape.

C'est pourquoi Philippe le Bel, le grand tireur d'or, résolut d'avoir un pape à lui.

Benoît XI mort, il y avait conclave à Pérouse; les cardinaux français étaient en majorité au conclave.

Philippe le Bel jeta les yeux sur l'archevêque de Bordeaux, Bertrand de Got. Il lui donna rendez-vous dans une forêt, près de Saint-Jean d'Angely.

Bertrand de Got n'avait garde de manquer au rendez-vous.

Le roi et l'archevêque y entendirent la messe, et, au moment de l'élévation, sur ce Dieu que l'on glorifiait, ils se jurèrent un secret absolu.

Bertrand de Got ignorait encore ce dont il était question.

La messe entendue:

— Archevêque, lui dit Philippe le Bel, il est en mon pouvoir de te faire pape.

Bertrand de Got n'en écouta pas davantage et se jeta aux pieds du roi.

— Que faut-il faire pour cela? demanda-t-il.

— Me faire six grâces que je te demanderai, répondit Philippe le Bel.

— C'est à toi de commander et à moi d'obéir, dit le futur pape.

Le serment de servage était fait.

Le roi releva Bertrand de Got, le baisa sur la bouche et lui dit:

— Les six grâces que je te demande sont les suivantes:

« La première, que tu me réconcilies parfaitement avec l'Église, et que tu me fasses pardonner le méfait que j'ai commis à l'égard de Boniface VIII.

» La seconde que tu me rendes à moi et aux miens la communion que la cour de Rome m'a enlevée.

» La troisième, que tu m'accordes les décimes du clergé, dans mon royaume, pour cinq ans, afin d'aider aux dépenses faites en la guerre de Flandre.

» La quatrième, que tu détruises et annules la mémoire du pape Boniface VIII.

» La cinquième, que tu rendes la dignité de cardinal à messires Jacopo et Pietro de Colonna.

» Pour la sixième grâce et promesse, je

me réserve de t'en parler en temps et lieu. »

Bertrand de Got jura pour les promesses et grâces connues, et pour la promesse et grâce inconnue.

Cette dernière, que le roi n'avait osé dire à la suite des autres, c'était la destruction des Templiers.

Outre la promesse et le serment faits sur le *corpus Domini*, Bertrand de Got donna pour otages son frère et deux de ses neveux.

Le roi jura, de son côté, qu'il le ferait élire pape.

Cette scène, se passant dans le carrefour d'une forêt, au milieu des ténèbres, ressemblait bien plus à une évocation entre un magicien et un démon, qu'à un engagement pris entre un roi et un pape.

Aussi, le couronnement du roi, qui eut lieu quelque temps après à Lyon, et qui commençait la captivité de l'Église, parut-il peu agréable à Dieu.

Au moment où le cortége royal passait, un mur chargé de spectateurs s'écroula, blessa le roi et tua le duc de Bretagne.

Le pape fut renversé, la tiare roula dans la boue.

Bertrand de Got fut élu pape sous le nom de Clément V.

Clément V paya tout ce qu'avait promis Bertrand de Got.

Philippe fut innocenté, la communion fut rendue à lui et aux siens, la pourpre remonta aux épaules des Colonna, l'Église fut obligée de payer les guerres de Flandre et la croisade de Philippe de Valois contre l'empire grec. La mémoire du pape Boniface VIII fut, sinon détruite et annulée, du moins flétrie; les murailles du Temple furent rasées et les Templiers brûlés sur le terre-plein du pont Neuf.

Tous ces édits, — cela ne s'appelait plus des bulles, du moment où c'était le pouvoir temporel qui dictait, — tous ces édits étaient datés d'Avignon.

Philippe le Bel fut le plus riche des rois de la monarchie française; il avait un trésor inépuisable: c'était son pape. Il l'avait acheté, il s'en servait, il le mettait au pressoir, et, comme d'un pressoir coulent le cidre et le vin, de ce pape écrasé, coulait l'or.

Le pontificat, souffleté par Colonna dans la personne de Boniface VIII, abdiquait l'empire du monde dans celle de Clément V.

Nous avons dit comment le roi du sang et le pape de l'or étaient venus.

On sait comment ils s'en allèrent.

Jacques de Molay, du haut de son bûcher, les avait ajournés tous deux à un an pour comparaître devant Dieu. Ἡ τῶν γερῶν σιβυλλια, dit Aristophane : *Les moribonds chenus ont l'esprit de la sibylle*.

Clément V partit le premier; il avait vu en songe son palais incendié.

« A partir de ce moment, dit Baluze, il devint triste et ne dura guère. »

Sept mois après, ce fut le tour de Philippe; les uns le font mourir à la chasse, renversé par un sanglier, Dante est du nombre de ceux-là. « Celui, dit-il, qui a été vu près de la Seine falsifiant les monnaies, mourra d'un coup de dent de sanglier. »

Mais Guillaume de Nangis fait au roi faux monnayeur une mort bien autrement providentielle.

« Miné par une maladie inconnue aux médecins, Philippe s'éteignit, dit-il, au grand étonnement de tout le monde, sans que son pouls ni son urine révélassent ni la cause de la maladie ni l'imminence du péril. »

Le roi désordre, le roi vacarme, Louis X, dit *le Hutin*, succède à son père Philippe le Bel; Jean XXII, à Clément V.

Avignon devint alors bien véritablement une seconde Rome, Jean XXII et Clément VI la sacrèrent reine du luxe. Les mœurs du temps en firent la reine de la débauche et de la mollesse. A la place de ses tours, abattues par Romain de Saint-Ange, Hernandez de Héredi, grand maître de Saint-Jean de Jérusalem, lui noua autour de la taille une ceinture de murailles. Elle eut des moines dissolus, qui transformèrent l'enceinte bénie des couvents en lieux de débauche et de luxure; elle eut de belles courtisanes qui arrachèrent les diamants de la tiare pour s'en faire des bracelets et des colliers; enfin, elle eut les échos de Vaucluse, qui lui renvoyèrent les molles et mélodieuses chansons de Pétrarque.

Cela dura jusqu'à ce que le roi Charles V, qui était un prince sage et religieux, ayant résolu de faire cesser ce scandale, envoya le maréchal de Boucicaut pour chasser d'Avignon l'antipape Benoît XIII; mais, à la vue des soldats du roi de France, celui-ci se souvint qu'avant d'être pape sous le nom de Benoît XIII, il avait été capitaine sous le nom de Pierre de Luna. Pendant cinq mois, il se défendit, pointant lui-même, du haut des murailles du château, ses machines de guerre, bien autrement meurtrières que ses foudres pontificales. Enfin, forcé de fuir, il sortit de la ville par une poterne, après avoir ruiné cent maisons et tué quatre mille Avignonnais, et se réfugia en Espagne, où le roi d'Aragon lui offrit un asile. Là, tous les matins, du haut d'une tour, assisté de deux prêtres, dont il avait fait son sacré collège, il bénissait le monde, qui n'en allait pas mieux, et excommuniait ses ennemis, qui ne s'en portaient pas plus mal. Enfin, se sentant près de mourir, et craignant que le schisme ne mourût avec lui, il nomma ses deux vicaires cardinaux, à la condition que, lui trépassé, l'un des deux élirait l'autre pape. L'élection se fit. Le nouveau pape poursuivit un instant le schisme, soutenu par le cardinal qui l'avait proclamé. Enfin, tous deux entrèrent en négociation avec Rome, firent amende honorable et rentrèrent dans le giron de la sainte Église, l'un avec le titre d'archevêque de Séville, l'autre avec celui d'archevêque de Tolède.

A partir de ce moment jusqu'en 1790, Avignon, veuve de ses papes, avait été gouvernée par des légats et des vice-légats; elle avait eu sept souverains pontifes qui avaient résidé dans ses murs pendant sept dizaines d'années; elle avait sept hôpitaux, sept confréries de pénitents, sept couvents d'hommes, sept couvents de femmes, sept paroisses et sept cimetières.

Pour ceux qui connaissent Avignon, il y avait à cette époque, il y a encore deux villes dans la ville : la ville des prêtres, c'est-à-dire la ville romaine; la ville des commerçants, c'est-à-dire la ville française.

La ville des prêtres, avec son palais des papes, ses cent églises, ses cloches innombrables, toujours prêtes à sonner le tocsin de l'incendie, le glas du meurtre.

La ville des commerçants, avec son Rhône, ses ouvriers en soierie et son transit croisé qui va du nord au sud, de l'ouest à l'est, de Lyon à Marseille, de Nîmes à Turin.

La ville française, la ville damnée, envieuse d'avoir un roi, jalouse d'obtenir des libertés et qui frémissait de se sentir terre esclave, terre des prêtres, ayant le clergé pour seigneur.

Le clergé, — non pas le clergé pieux, tolérant, austère au devoir et à la charité, vivant dans le monde pour le consoler et l'édifier, sans se mêler à ses joies ni à ses passions, — mais le clergé tel que l'avaient fait l'intrigue, l'ambition et la cupidité, c'est-à-dire ces abbés de cour, rivaux des abbés romains, oisifs, libertins, élégants, hardis, rois de la mode, autocrates des salons, baisant la main des dames dont ils s'honoraient d'être les sigisbés, donnant leurs mains à baiser aux femmes du peuple, à qui ils faisaient l'honneur de les prendre pour maîtresses.

Voulez-vous un type de ces abbés-là? Prenez l'abbé Maury. Orgueilleux comme un duc, insolent comme un laquais, fils de cordonnier, plus aristocrate qu'un fils de grand seigneur.

On comprend que ces deux catégories d'habitants, représentant, l'une l'hérésie, l'autre l'orthodoxie; l'une le parti français, l'autre le parti romain; l'une le parti monarchiste absolu, l'autre le parti constitutionnel progressif, n'étaient pas des éléments de paix et de sécurité pour l'ancienne ville pontificale; on comprend, disons-nous, qu'au moment où éclata la révolution à Paris et où cette révolution se manifesta par la prise de la Bastille, les deux partis, encore tout chauds des guerres de religion de Louis XIV, ne restèrent pas inertes en face l'un de l'autre.

Nous avons dit : Avignon ville de prêtres, ajoutons ville de haines. Nulle part mieux que dans les couvents on n'apprend à haïr. Le cœur de l'enfant, partout ailleurs pur de mauvaises passions, naissait là plein de haines paternelles, léguées de père en fils, depuis huit cents ans, et, après une vie haineuse, léguait à son tour l'héritage diabolique à ses enfants.

Aussi, au premier cri de liberté que poussa la France, la ville française se leva-t-elle pleine de joie et d'espérance ; le moment était enfin venu pour elle de contester tout haut la concession faite par une jeune reine mineure, pour racheter ses péchés, d'une ville, d'une province et avec elle d'un demi-million d'âmes. De quel droit ces âmes avaient-elles été vendues *in æternum* au plus dur et au plus exigeant de tous les maîtres, au pontife romain ?

La France allait se réunir au Champ-de-Mars dans l'embrassement fraternel de la Fédération. N'était-elle pas la France ? On nomma des députés ; ces députés se rendirent chez le légat et le prièrent respectueusement de partir.

On lui donnait vingt-quatre heures pour quitter la ville.

Pendant la nuit, les papistes s'amusèrent à pendre à une potence un mannequin portant la cocarde tricolore.

On dirige le Rhône, on canalise la Durance, on met des digues aux âpres torrents qui, au moment de la fonte des neiges, se précipitent en avalanches liquides des sommets du mont Ventoux. Mais ce flot terrible, ce flot vivant, ce torrent humain qui bondit sur la pente rapide des rues d'Avignon, une fois lâché, une fois bondissant, Dieu lui-même n'a point encore essayé de l'arrêter.

A la vue du mannequin aux couleurs nationales, se balançant au bout d'une corde, la ville française se souleva de ses fondements en poussant des cris de rage. Quatre papistes soupçonnés de ce sacrilège, deux marquis, un bourgeois, un ouvrier, furent arrachés de leur maison et pendus à la place du mannequin.

C'était le 11 juin 1790.

La ville française tout entière écrivit à l'Assemblée nationale qu'elle se donnait à la France, et avec elle son Rhône, son commerce, le Midi, la moitié de la Provence.

L'Assemblée nationale était dans un de ses jours de réaction, elle ne voulait pas se brouiller avec le pape, elle ménageait le roi : elle ajourna l'affaire.

Dès lors, le mouvement d'Avignon était une révolte, et le pape pouvait faire d'Avignon ce que la cour eût fait de Paris, après la prise de la Bastille, si l'Assemblée eût ajourné la proclamation des droits de l'homme.

Le pape ordonna d'annuler tout ce qui s'était fait dans le Comtat Venaissin, de rétablir les priviléges des nobles et du clergé, et de relever l'inquisition dans toute sa rigueur.

Les décrets pontificaux furent affichés.

Un homme, seul, en plein jour, à la face de tous, osa aller droit à la muraille où était affiché le décret et l'en arracher.

Il se nommait Lescuyer.

Ce n'était point un jeune homme ; il n'était donc point emporté par la fougue de l'âge. Non, c'était presque un vieillard qui n'était même pas du pays ; il était Français, Picard, ardent et réfléchi à la fois ; ancien notaire, établi depuis longtemps à Avignon.

Ce fut un crime dont Avignon romaine se souvint ; un crime si grand, que la Vierge en pleura !

Vous le voyez, Avignon, c'est déjà l'Italie. Il lui faut à tout prix des miracles ; et, si Dieu n'en fait pas, il se trouve à coup sûr quelqu'un pour en inventer. Encore faut-il que le miracle soit un miracle de la Vierge. La Vierge est tout pour l'Italie, cette terre poétique. *La Madonna*, tout l'esprit, tout le cœur, toute la langue des Italiens est pleine de ces deux mots.

Ce fut dans l'église des Cordeliers que ce miracle se fit.

La foule y accourut.

C'était beaucoup que la Vierge pleurât; mais un bruit se répandit en même temps qui mit le comble à l'émotion. Un grand coffre bien fermé avait été transporté par la ville : ce coffre avait excité la curiosité des Avignonnais. Que pouvait-il contenir?

Deux heures après, ce n'était plus un coffre dont il était question, c'étaient dix-huit malles que l'on avait vues se rendant au Rhône.

Quant aux objets qu'elles contenaient, un portefaix l'avait révélé : c'étaient les effets du mont-de-piété, que le parti français emportait avec lui en s'exilant d'Avignon.

Les effets du mont-de-piété, c'est-à-dire la dépouille des pauvres.

Plus une ville est misérable, plus le mont-de-piété est riche. Peu de monts-de-piété pouvaient se vanter d'être aussi riches que celui d'Avignon.

Ce n'était plus une affaire d'opinion, c'était un vol et un vol infâme. Blancs et rouges coururent à l'église des Cordeliers, criant qu'il fallait que la municipalité leur rendît compte.

Lescuyer était le secrétaire de la municipalité.

Son nom fut jeté à la foule, non pas comme ayant arraché les deux décrets pontificaux, — dès lors il y eût eu des défenseurs, — mais comme ayant signé l'ordre au gardien du mont-de-piété de laisser enlever les effets.

On envoya quatre hommes pour prendre Lescuyer et l'amener à l'église. On le trouva dans la rue, se rendant à la municipalité. Les quatre hommes se ruèrent sur lui et le traînèrent dans l'église avec des cris féroces.

Arrivé là, au lieu d'être dans la maison du Seigneur, Lescuyer comprit, aux yeux flamboyants qui se fixaient sur lui, aux poings étendus qui le menaçaient, aux cris qui demandaient sa mort, Lescuyer comprit qu'il était dans un de ces cercles de l'enfer oubliés par Dante.

La seule idée qui lui vint fut que cette haine soulevée contre lui avait pour cause la mutilation des affiches pontificales; il monta dans la chaire, comptant s'en faire une tribune, et, de la voix d'un homme qui, non-seulement ne se reproche rien, mais qui encore est prêt à recommencer :

— Mes frères, dit-il, j'ai cru la révolution nécessaire; j'ai, en conséquence, agi de tout mon pouvoir...

Les fanatiques comprirent que si Lescuyer s'expliquait, Lescuyer était sauvé.

Ce n'était point cela qu'il leur fallait. Ils se jetèrent sur lui, l'arrachèrent de la tribune, le poussèrent au milieu de la meute aboyante, qui l'entraîna vers l'autel en poussant cette espèce de cri terrible qui tient du sifflement du serpent et du rugissement du tigre, ce meurtrier *zou zou!* particulier à la population avignonnaise.

Lescuyer connaissait ce cri fatal; il essaya de se réfugier au pied de l'autel.

Il ne s'y réfugia pas, il y tomba.

Un ouvrier matelassier, armé d'un bâton, venait de lui en asséner un si rude coup sur la tête, que le bâton s'était brisé en deux morceaux.

Alors on se précipita sur ce pauvre corps, et, avec ce mélange de férocité et de gaieté particulier aux peuples du Midi, les hommes, en chantant, se mirent à lui danser sur le ventre, tandis que les femmes, afin qu'il expiât les blasphèmes qu'il avait prononcés contre le pape, lui découpaient, disons mieux, lui festonnaient les lèvres avec leurs ciseaux.

Et de tout ce groupe effroyable sortait un cri ou plutôt un râle; ce râle disait :

— Au nom du ciel! au nom de la Vierge! au nom de l'humanité! tuez-moi tout de suite.

Ce râle fut entendu : d'un commun accord, les assassins s'éloignèrent. On laissa le malheureux, sanglant, défiguré, broyé, savourer son agonie.

Elle dura cinq heures pendant lesquelles, au milieu des éclats de rire, des insultes et des railleries de la foule, ce pauvre corps palpita sur les marches de l'autel.

Voilà comment on tue à Avignon.

Attendez, il y a une autre façon encore.

L'Anglais. — Page 24.

Un homme du parti français eut l'idée d'aller au mont-de-piété et de s'informer.

Tout y était en bon état, il n'en était pas sorti un couvert d'argent.

Ce n'était donc pas comme complice d'un vol que Lescuyer venait d'être si cruellement assassiné : c'était comme patriote.

Il y avait en ce moment à Avignon un homme qui disposait de la populace.

Tous ces terribles meneurs du Midi ont conquis une si fatale célébrité, qu'il suffit de les nommer pour que chacun, même les moins lettrés, les connaisse.

Cet homme, c'était Jourdan.

Vantard et menteur, il avait fait croire aux gens du peuple que c'était lui qui avait coupé le cou au gouverneur de la Bastille.

Aussi l'appelait-on Jourdan Coupe-Tête.

Ce n'était pas son nom : il s'appelait Mathieu Jouve. Il n'était pas Provençal, il était du Puy-en-Velay. Il avait d'abord été muletier sur ces âpres hauteurs qui entourent sa ville natale, puis soldat sans guerre, la guerre l'eût peut-être rendu plus humain ; — puis cabaretier à Paris.

A Avignon, il était marchand de garance.

Il réunit trois cents hommes, s'empara des portes de la ville, y laissa la moitié de sa troupe, et, avec le reste, marcha sur l'église des Cordeliers, précédé de deux pièces de canon.

Il les mit en batterie devant l'église et tira tout au hasard.

Les assassins se dispersèrent comme une

nuée d'oiseaux effarouchés, laissant quelques morts sur les degrés de l'église.

Jourdan et ses hommes enjambèrent par-dessus les cadavres et entrèrent dans le saint lieu.

Il n'y restait plus que la Vierge et le malheureux Lescuyer respirant encore.

Jourdan et ses camarades se gardèrent bien d'achever Lescuyer : son agonie était un suprême moyen d'excitation. Ils prirent ce reste de vivant, ces trois quarts de cadavre, et l'emportèrent saignant, pantelant, râlant.

Chacun fuyait à cette vue, fermant portes et fenêtres.

Au bout d'une heure, Jourdan et ses trois cents hommes étaient maîtres de la ville.

Lescuyer était mort, mais peu importait; on n'avait plus besoin de son agonie.

Jourdan profita de la terreur qu'il inspirait, et arrêta ou fit arrêter quatre-vingts personnes à peu près assassins ou prétendus assassins de Lescuyer.

Trente peut-être n'avaient pas même mis le pied dans l'église; mais, quand on trouve une bonne occasion de se défaire de ses ennemis, il faut en profiter; les bonnes occasions sont rares.

Ces quatre-vingts personnes furent entassées dans la tour Trouillas.

On l'a appelée historiquement la tour de la Glacière.

Pourquoi donc changer ce nom de la *tour Trouillas?* Le nom est immonde et va bien à l'immonde action qui devait s'y passer.

C'était le théâtre de la torture inquisitionnelle.

Aujourd'hui encore on y voit, le long des murailles, la grasse suie qui montait avec la fumée du bûcher où se consumaient les chairs humaines; aujourd'hui encore, on vous montre le mobilier de la torture précieusement conservé : la chaudière, le four, les chevalets, les chaînes, les oubliettes et jusqu'à des vieux ossements, rien n'y manque.

Ce fut dans cette tour, bâtie par Clément V, que l'on enferma les quatre-vingts prisonniers.

Ces quatre-vingts prisonniers faits et enfermés dans la tour Trouillas, on en fut bien embarrassé.

Par qui les faire juger?

Il n'y avait de tribunaux légalement constitués que les tribunaux du pape.

Faire tuer ces malheureux comme ils avaient tué Lescuyer?

Nous avons dit qu'il y en avait un tiers, une moitié peut-être, qui non-seulement n'avaient point pris part à l'assassinat, mais qui même n'avaient pas mis le pied dans l'église.

Les faire tuer! La tuerie passerait sur le compte des représailles.

Mais pour tuer ces quatre-vingts personnes, il fallait un certain nombre de bourreaux.

Une espèce de tribunal, improvisé par Jourdan, siégeait dans une des salles du palais : il avait un greffier nommé Raphel, un président moitié Italien, moitié Français, orateur en patois populaire, nommé Barbe Savournin de la Roua; puis trois ou quatre pauvres diables; un boulanger, un charcutier; les noms se perdent dans l'infimité des conditions.

C'étaient ces gens-là qui criaient :

— Il faut les tuer tous; s'il s'en sauvait un seul, il servirait de témoin.

Mais, nous l'avons dit, les tueurs manquaient.

A peine avait-on sous la main une vingtaine d'hommes dans la cour, tous appartenant au petit peuple d'Avignon : un perruquier, un cordonnier pour femmes, un savetier, un maçon, un menuisier; tout cela armé à peine, au hasard, l'un d'un sabre, l'autre d'une baïonnette, celui-ci d'une barre de fer, celui-là d'un morceau de bois durci au feu.

Tous ces gens-là refroidis par une fine pluie d'octobre.

Il était difficile d'en faire des assassins.

Bon! rien est-il difficile au diable?

Il y a, dans ces sortes d'événements, une heure où il semble que Dieu abandonne la partie.

Alors, c'est le tour du démon.

Le démon entra en personne dans cette cour froide et boueuse.

Il avait revêtu l'apparence, la forme, la figure d'un apothicaire du pays, nommé Mendes : il dressa une table éclairée par deux lanternes; sur cette table, il déposa des verres, des brocs, des cruches, des bouteilles.

Quel était l'infernal breuvage renfermé dans ces mystérieux récipients, aux formes bizarres? On l'ignore, mais l'effet en est bien connu.

Tous ceux qui burent de la liqueur diabolique se sentirent pris soudain d'une rage fiévreuse, d'un besoin de meurtre et de sang.

Dès lors, on n'eut plus qu'à leur montrer la porte, ils se ruèrent dans le cachot.

Le massacre dura toute la nuit : toute la nuit, des cris, des plaintes, des râles de mort furent entendus dans les ténèbres.

On tua tout, on égorgea tout, hommes et femmes; ce fut long : les tueurs, nous l'avons dit, étaient ivres et mal armés.

Cependant ils y arrivèrent.

Au milieu des tueurs, un enfant se faisait remarquer par sa cruauté bestiale, par sa soif immodérée de sang.

C'était le fils de Lescuyer.

Il tuait, et puis tuait encore; il se vanta d'avoir à lui seul, de sa main enfantine, tué dix hommes et quatre femmes.

— Bon! je puis tuer à mon aise, disait-il : je n'ai pas quinze ans, on ne me fera rien.

A mesure qu'on tuait, on jetait morts et blessés, cadavres et vivants, dans la tour Trouillas ; ils tombaient de soixante pieds de haut; les hommes y furent jetés d'abord, les femmes ensuite. Il avait fallu aux assassins le temps de violer les cadavres de celles qui étaient jeunes et jolies.

A neuf heures du matin, après douze heures de massacres, une voix criait encore du fond de ce sépulcre :

— Par grâce! venez m'achever, je ne puis mourir.

Un homme, l'armurier Bouffier se pencha dans le trou et regarda; les autres n'osaient.

— Qui crie donc? demandèrent-ils.
— C'est Lami, répondit Bouffier.

Puis, quand il fut au milieu des autres :
— Eh bien, firent-ils, qu'as-tu vu au fond?

— Une drôle de marmelade, dit-il : tout pêle-mêle, des hommes et des femmes, des prêtres et des jolies filles, c'est à crever de rire.

« Décidément c'est une vilaine chenille que l'homme!...» disait le comte de Monte-Cristo à M. de Villefort.

Eh bien, c'est dans la ville encore sanglante, encore chaude, encore émue de ces derniers massacres, que nous allons introduire les deux personnages principaux de notre histoire.

I

UNE TABLE D'HOTE

Le 9 octobre de l'année 1799, par une belle journée de cet automne méridional qui fait, aux deux extrémités de la Provence, mûrir les oranges d'Hyères et les raisins de Saint-Péray, une calèche attelée de trois chevaux de poste traversait à fond de train le pont jeté sur la Durance, entre Cavaillon et Château-Renard, se dirigeant sur Avignon, l'ancienne ville papale, qu'un décret du 25 mai 1791 avait, huit ans auparavant, réunie à la France, réunion confirmée par le traité signé, en 1797, à Tolentino, entre le général Bonaparte et le pape Pie VI.

La voiture entra par la porte d'Aix, traversa dans toute sa longueur et sans ralentir sa course la ville aux rues étroites et tortueuses, bâtie tout à la fois contre le vent et contre le soleil, et alla s'arrêter à cinquante pas de la porte d'Oulle, à l'hôtel du *Palais-Égalité*, que l'on commençait tout doucement à réappeler l'hôtel du *Palais-Royal*, nom qu'il avait porté autrefois et qu'il porte encore aujourd'hui.

Ces quelques mots, presque insignifiants, à propos du titre de l'hôtel devant lequel s'arrêtait la chaise de poste sur laquelle nous avons les yeux fixés, indiquent assez bien l'état où était la France sous ce gouvernement de réaction thermidorienne que l'on appelait le Directoire.

Après la lutte révolutionnaire qui s'était accomplie du 14 juillet 1789 au 9 thermidor 1794 ; après les journées des 5 et 6 octobre, du 21 juin, du 10 août, des 2 et 3 septembre, du 21 mai, du 29 thermidor et du 1ᵉʳ prairial ; après avoir vu tomber la tête du roi et de ses juges, de la reine et de son accusateur, des Girondins et des Cordeliers, des modérés et des Jacobins, la France avait éprouvé la plus effroyable et la plus nauséabonde de toutes les lassitudes, la lassitude du sang !

Elle en était donc revenue, sinon au besoin de la royauté, du moins au désir d'un gouvernement fort, dans lequel elle pût mettre sa confiance, sur lequel elle pût s'appuyer, qui agît pour elle et qui lui permît de se reposer elle-même pendant qu'il agissait.

A la place de ce gouvernement vaguement désiré, elle avait le faible et irrésolu Directoire, composé pour le moment du voluptueux Barras, de l'intrigant Sieyès, du brave Moulins, de l'insignifiant Roger Ducos et de l'honnête mais un peu trop naïf Gohier.

Il en résultait une dignité médiocre au dehors et une tranquillité fort contestable au dedans.

Il est vrai qu'au moment où nous en sommes arrivés, nos armées, si glorieuses pendant les campagnes épiques de 1796 et 1797, un instant refoulées vers la France par l'incapacité de Scherer à Vérone et à Cassano, et par la défaite et la mort de Joubert à Novi, commencent à reprendre l'offensive. Moreau a battu Souvarow à Bassignano ; Brune a battu le duc d'York et le général Hermann à Bergen ; Masséna a anéanti les Austro-Russes à Zurich ; Korsakof s'est sauvé à grand'peine et l'Autrichien Hotz ainsi que trois autres généraux ont été tués, et cinq faits prisonniers.

Masséna a sauvé la France à Zurich, comme, quatre-vingt-dix ans auparavant, Villars l'avait sauvée à Denain.

Mais, à l'intérieur, les affaires n'étaient point en si bon état, et le gouvernement directorial était, il faut le dire, fort embarrassé entre la guerre de la Vendée et les brigandages du Midi, auxquels, selon son habitude, la population avignonnaise était loin de rester étrangère.

Sans doute, les deux voyageurs qui descendirent de la chaise de poste, arrêtée à la porte de l'hôtel du *Palais-Royal*, avaient-ils quelque raison de craindre la situation d'esprit dans laquelle se trouvait la population toujours agitée de la ville papale, car, un peu au-dessus d'Orgon, à l'endroit où trois chemins se présentent aux voyageurs, — l'un conduisant à Nîmes, le second à Carpentras, le troisième à Avignon, — le postillon avait arrêté ses chevaux, et, se retournant, avait demandé :

— Les citoyens passent-ils par Avignon ou par Carpentras ?

— Laquelle des deux routes est la plus courte ? avait demandé d'une voix brève et stridente l'aîné des deux voyageurs, qui, quoique visiblement plus vieux de quelques mois, était à peine âgé de trente ans.

— Oh ! la route d'Avignon, citoyen, d'une bonne lieue et demie au moins.

— Alors, avait-il répondu, suivons la route d'Avignon.

Et la voiture avait repris un galop qui annonçait que les *citoyens* voyageurs, comme les appelait le postillon, quoique la qualification de *monsieur* commençât à rentrer dans la conversation, payaient au moins trente sous de guides.

Ce même désir de ne point perdre de temps se manifesta à l'entrée de l'hôtel.

Ce fut toujours le plus âgé des deux voyageurs qui, là comme sur la route, prit la parole. Il demanda si l'on pouvait dîner promptement, et la forme dont était faite la demande indiquait qu'il était prêt à passer sur bien des exigences gastronomiques, pourvu que le repas demandé fût promptement servi.

— Citoyen, répondit l'hôte, qui, au bruit de la voiture, était accouru, la serviette à la main, au-devant des voyageurs, vous serez rapidement et convenablement servis dans votre chambre ; mais si je me permettais de vous donner un conseil...

Il hésita.

— Oh ! donnez ! donnez ! dit le plus jeune des deux voyageurs, prenant la parole pour la première fois.

— Eh bien, ce serait de dîner tout simplement à table d'hôte, comme fait en ce moment le voyageur qui est attendu par cette voiture tout attelée ; le dîner y est excellent et tout servi.

L'hôte, en même temps, montrait une voiture organisée de la façon la plus confortable, et attelée, en effet, de deux chevaux qui frappaient du pied tandis que le postillon prenait patience, en vidant, sur le bord de la fenêtre, une bouteille de vin de Cahors.

Le premier mouvement de celui à qui cette offre était faite fut négatif ; cependant, après une seconde de réflexion, le plus âgé des deux voyageurs, comme s'il fût revenu sur sa détermination première, fit un signe interrogateur à son compagnon.

Celui-ci répondit d'un regard qui signifiait :

« Vous savez bien que je suis à vos ordres. »

— Eh bien, soit, dit celui qui paraissait chargé de prendre l'initiative, nous dînerons à table d'hôte.

Puis, se retournant vers le postillon, qui, chapeau bas, attendait ses ordres :

— Que dans une demi-heure au plus tard, dit-il, les chevaux soient à la voiture.

Et, sur l'indication du maître d'hôtel, tous deux entrèrent dans la salle à manger, le plus âgé des deux marchant le premier, l'autre le suivant.

On sait l'impression que produisent, en général, de nouveaux venus à une table d'hôte. Tous les regards se tournèrent vers les arrivants ; la conversation, qui paraissait assez animée, fut interrompue.

Les convives se composaient des habitués de l'hôtel, du voyageur dont la voiture attendait tout attelée à la porte, d'un marchand de vin de Bordeaux en séjour momentané à Avignon pour les causes que nous allons dire, et d'un certain nombre de voyageurs se rendant de Marseille à Lyon par la diligence.

Les nouveaux arrivés saluèrent la société d'une légère inclination de tête, et se placèrent à l'extrémité de la table, s'isolant des autres convives par un intervalle de trois ou quatre couverts.

Cette espèce de réserve aristocratique redoubla la curiosité dont ils étaient l'objet ; d'ailleurs, on sentait qu'on avait affaire à des personnages d'une incontestable distinction, quoique leurs vêtements fussent de la plus grande simplicité.

Tous deux portaient la botte à retroussis sur la culotte courte, l'habit à longues basques, le surtout de voyage et le chapeau à larges bords, ce qui était à peu près le costume de tous les jeunes gens de l'époque ; mais ce qui les distinguait des élégants de Paris et même de la province, c'étaient leurs cheveux longs et plats et leur cravate noire serrée autour du cou, à la façon des militaires.

Les muscadins, — c'était le nom que l'on donnait alors aux jeunes gens à la mode, — les muscadins portaient les oreilles de chien bouffant aux deux tempes, les cheveux retroussés en chignon derrière la tête, et la cravate immense aux longs bouts flottants et dans laquelle s'engouffrait le menton.

Quelques-uns poussaient la réaction jusqu'à la poudre.

Quant au portrait des deux jeunes gens, il offrait deux types complétement opposés.

Le plus âgé des deux, celui qui plusieurs fois avait, nous l'avons déjà remarqué, pris l'initiative, et dont la voix, même dans ses intonations les plus familières, dénotait l'habitude du commandement, était, nous l'avons dit, un homme d'une trentaine d'années, aux cheveux noirs séparés sur le milieu du front, plats et tombant le long des tempes jusque sur ses épaules. Il avait le teint basané de l'homme qui a voyagé dans les pays méridionaux, les lèvres minces, le nez droit, les dents blanches, et ces yeux de faucon que Dante donne à César.

Sa taille était plutôt petite que grande, sa main était délicate, son pied fin et élégant ; il avait dans les manières une certaine gêne qui indiquait qu'il portait en ce moment un costume dont il n'avait point l'habitude, et quand il avait parlé, si l'on eût été sur les bords de la Loire au lieu d'être sur les bords du Rhône, son interlocuteur aurait pu remarquer qu'il avait dans la prononciation un certain accent italien.

Son compagnon paraissait de trois ou quatre ans moins âgé que lui.

C'était un beau jeune homme au teint rose, aux cheveux blonds, aux yeux bleu clair, au nez ferme et droit, au menton prononcé, mais presque imberbe. Il pouvait avoir deux pouces de plus que son compagnon, et, quoique d'une taille au-dessus de la moyenne, il semblait si bien pris dans tout son ensemble, si admirablement libre dans tous ses mouvements, qu'on devinait qu'il devait être, sinon d'une force, au moins d'une agilité et d'une adresse peu communes.

Quoique mis de la même façon, quoique se présentant sur le pied de l'égalité, il paraissait avoir pour le jeune homme brun une déférence remarquable, qui, ne pouvant tenir à l'âge, tenait sans doute à une infériorité dans la condition sociale. En outre, il l'appelait citoyen, tandis que son compagnon l'appelait simplement Roland.

Ces remarques, que nous faisons pour initier plus profondément le lecteur à notre récit, ne furent probablement point faites dans toute leur étendue par les convives de la table d'hôte ; car, après quelques secondes d'attention données aux nouveaux venus, les regards se détachèrent d'eux, et la conversation, un instant interrompue, reprit son cours.

Il faut avouer qu'elle portait sur un sujet des plus intéressants pour des voyageurs : il était question de l'arrestation d'une diligence chargée d'une somme de soixante mille francs appartenant au gouvernement. L'arrestation avait eu lieu, la veille, sur la route de Marseille à Avignon, entre Lambesc et Pont-Royal.

Aux premiers mots qui furent dits sur l'événement, les deux jeunes gens prêtèrent l'oreille avec un véritable intérêt.

L'événement avait eu lieu sur la route même qu'ils venaient de suivre, et celui qui le racontait était un des acteurs principaux de cette scène de grand chemin.

C'était le marchand de vin de Bordeaux.

Ceux qui paraissaient le plus curieux de détails étaient les voyageurs de la diligence qui venait d'arriver et qui allait repartir. Les autres convives, ceux qui appartenaient à la localité, paraissaient assez au courant de ces sortes de catastrophes pour donner eux-mêmes des détails, au lieu d'en recevoir.

— Ainsi, citoyen, disait un gros monsieur contre lequel se pressait, dans sa terreur, une femme grande, sèche et maigre, vous dites que c'est sur la route même que nous venons de suivre que le vol a eu lieu ?

— Oui, citoyen, entre Lambesc et Pont-Royal. Avez-vous remarqué un endroit où la route monte et se resserre entre deux monticules ? Il y a là une foule de rochers.

— Oui, oui, mon ami, dit la femme en serrant le bras de son mari, je l'ai remarqué ; j'ai même dit, tu dois t'en souvenir : « Voici un mauvais endroit, j'aime mieux y passer de jour que de nuit. »

— Oh ! madame, dit un jeune homme dont la voix affectait le parler grasseyant de l'époque, et qui, dans les temps ordinaires, paraissait exercer sur la table d'hôte la royauté de la conversation, vous savez que, pour MM. les *compagnons de Jéhu*, il n'y a ni jour ni nuit.

— Comment ! citoyen, demanda la dame encore plus effrayée, c'est en plein jour que vous avez été arrêté ?

— En plein jour, citoyenne, à dix heures du matin.

— Et combien étaient-ils ? demanda le gros monsieur.

— Quatre, citoyen.

— Embusqués sur la route ?

— Non ; ils sont arrivés à cheval, armés jusqu'aux dents et masqués.

— C'est leur habitude, dit le jeune habitué de la table d'hôte ; ils ont dit, n'est-ce pas : « Ne vous défendez point, il ne vous sera fait aucun mal, nous n'en voulons qu'à l'argent du gouvernement. »

— Mot pour mot, citoyen.

— Puis, continua celui qui paraissait si bien renseigné, deux sont descendus de cheval, ont jeté la bride de leurs chevaux à leurs compagnons et ont sommé le conducteur de leur remettre l'argent.

— Citoyen, dit le gros homme émerveillé, vous racontez la chose comme si vous l'aviez vue.

— Monsieur y était peut-être, dit un des voyageurs, moitié plaisantant, moitié doutant.

— Je ne sais, citoyen, si, en disant cela, vous avez l'intention de me dire une impolitesse, fit insoucieusement le jeune homme qui venait si complaisamment et si pertinemment en aide au narrateur ; mais mes opinions politiques font que je ne regarde pas votre soupçon comme une insulte. Si j'avais eu le malheur d'être du nombre de ceux qui étaient attaqués, ou l'honneur d'être du nombre de ceux qui attaquaient, je le dirais aussi franchement dans un cas que dans l'autre ; mais, hier matin, à dix heures, juste au moment où l'on arrêtait la diligence à quatre lieues d'ici, je déjeunais tranquillement à cette même place, et justement, tenez, avec les deux citoyens qui me font en ce moment l'honneur d'être placés à ma droite et à ma gauche.

— Et, demanda le plus jeune des deux voyageurs qui venaient de prendre place à table, et que son compagnon désignait sous le nom de Roland, et combien étiez-vous d'hommes dans la diligence ?

— Attendez ; je crois que nous étions... oui, c'est cela, nous étions sept hommes et trois femmes.

— Sept hommes, non compris le conducteur ? répéta Roland.

— Bien entendu.

— Et, à sept hommes, vous vous êtes laissé dévaliser par quatre bandits ? Je vous en fais mon compliment, messieurs.

— Nous savions à qui nous avions affaire, répondit le marchand de vin, et nous n'avions garde de nous défendre.

— Comment ! répliqua le jeune homme, à qui vous aviez affaire ? mais vous aviez affaire, ce me semble, à des voleurs, à des bandits !

— Point du tout : ils s'étaient nommés.

— Ils s'étaient nommés ?

— Ils avaient dit : « Messieurs, il est inutile de vous défendre ; mesdames, n'ayez pas peur ; nous ne sommes pas des brigands, nous sommes des *compagnons de Jéhu.*

— Oui, dit le jeune homme de la table d'hôte, ils préviennent pour qu'il n'y ait pas de méprise, c'est leur habitude.

— Ah çà ! dit Roland, qu'est-ce que c'est donc que ce Jéhu qui a des compagnons si polis ? Est-ce leur capitaine ?

— Monsieur, dit un homme dont le costume avait quelque chose d'un prêtre sécularisé et qui paraissait, lui aussi, non-seulement un habitué de la table d'hôte, mais encore un initié aux mystères de l'honorable corporation dont on était en train de discuter les mérites, si vous étiez plus versé que vous ne paraissez l'être dans la lecture des Écritures saintes, vous sauriez qu'il y a quelque chose comme deux mille six cents ans que ce Jéhu est mort, et que, par conséquent, il ne peut arrêter, à l'heure qu'il est, les diligences sur les grandes routes.

— Monsieur l'abbé, répondit Roland qui avait reconnu l'homme d'Église, comme, malgré le ton aigrelet avec lequel vous parlez, vous paraissez fort instruit, permettez à un pauvre ignorant de vous demander quelques détails sur ce Jéhu mort il y a eu deux mille six cents ans, et qui, cependant, a l'honneur d'avoir des compagnons qui portent son nom.

— Jéhu ! répondit l'homme d'Église du même ton vinaigré, était un roi d'Israël, sacré par Élisée, sous la condition de punir les crimes de la maison d'Achab et de Jézabel, et de mettre à mort tous les prêtres de Baal.

— Monsieur l'abbé, répliqua en riant le jeune homme, je vous remercie de l'explication : je ne doute point qu'elle ne soit exacte et surtout très-savante ; seulement, je vous avoue qu'elle ne m'apprend pas grand'chose.

— Comment, citoyen, dit l'habitué de la table d'hôte, vous ne comprenez pas que Jéhu, c'est Sa Majesté Louis XVIII, sacré sous la condition de punir les crimes de la Révolution et de mettre à mort les prêtres de Baal, c'est-à-dire tous ceux qui ont pris une part quelconque à cet abominable état de choses que, depuis sept ans, on appelle la République ?

— Oui-da ! fit le jeune homme ; si fait, je comprends. Mais, parmi ceux que les compagnons de Jéhu sont chargés de combattre, comptez-vous les braves soldats qui ont repoussé l'étranger des frontières de France, et les illustres généraux qui ont commandé les armées du Tyrol, de Sambre-et-Meuse et d'Italie ?

— Mais sans doute, ceux-là les premiers et avant tout.

Les yeux du jeune homme lancèrent un éclair ; sa narine se dilata, ses lèvres se serrèrent : il se souleva sur sa chaise ; mais son compagnon le tira par son habit et le fit rasseoir, tandis que d'un seul regard il lui imposait silence.

Puis celui qui venait de donner cette preuve de sa puissance, prenant la parole pour la première fois :

— Citoyen, dit-il, s'adressant au jeune homme de la table d'hôte, excusez deux voyageurs qui arrivent du bout du monde, comme qui dirait de l'Amérique ou de l'Inde, qui ont quitté la France depuis deux ans, qui ignorent complétement ce qui s'y passe, et qui sont désireux de s'instruire.

— Mais, comment donc, répondit celui auquel ces paroles étaient adressées, c'est trop juste, citoyen ; interrogez et l'on vous répondra.

— Eh bien, continua le jeune homme brun à l'œil d'aigle, aux cheveux noirs et plats, au teint granitique, maintenant que je sais ce que c'est que Jéhu et dans quel but sa compagnie est instituée, je voudrais savoir ce que ses compagnons font de l'argent qu'ils prennent.

— Oh ! mon Dieu, c'est bien simple, citoyen ; vous savez qu'il est fort question de la restauration de la monarchie bourbonienne ?

— Non, je ne le savais pas, répondit le jeune homme brun d'un ton qu'il essayait inutilement de rendre naïf ; j'arrive, comme je vous l'ai dit, du bout du monde.

— Comment ! vous ne saviez pas cela ? eh bien, dans six mois ce sera un fait accompli.

— Vraiment !

— C'est comme j'ai l'honneur de vous le dire, citoyen.

Les deux jeunes gens à la tournure militaire échangèrent entre eux un regard et un sourire, quoique le jeune blond parût sous le poids d'une vive impatience.

Leur interlocuteur continua :

— Lyon est le quartier général de la conspiration, si toutefois on peut appeler conspiration un complot qui s'organise au grand jour ; le nom de gouvernement provisoire conviendrait mieux.

— Eh bien, citoyen, dit le jeune homme brun avec une politesse qui n'était point exempte de raillerie, disons gouvernement provisoire.

— Ce gouvernement provisoire a son état-major et ses armées.

— Bah ! son état-major, peut-être... mais ses armées...

— Ses armées, je le répète.

— Où sont-elles ?

— Il y en a une qui s'organise dans les montagnes d'Auvergne sous les ordres de M. de Chardon ; une autre dans les montagnes du Jura sous les ordres de M. Teyssonnet ; enfin, une troisième qui fonctionne, et même assez agréablement à cette heure, dans la Vendée, sous les ordres d'Escarboville, d'Achille Leblond et de Cadoudal.

— En vérité, citoyen, vous me rendez un véritable service en m'apprenant toutes ces nouvelles. Je croyais les Bourbons complétement résignés à l'exil; je croyais la police faite de manière qu'il n'existât ni comité provisoire royaliste dans les grandes villes, ni bandits sur les grandes routes. Enfin, je croyais la Vendée complétement pacifiée par le général Hoche.

Le jeune homme auquel s'adressait cette réponse éclata de rire.

— Mais d'où venez-vous? s'écria-t-il, d'où venez-vous ?

— Je vous l'ai dit, citoyen, du bout du monde.

— On le voit.

Puis, continuant :

— Eh bien, vous comprenez, dit-il, les Bourbons ne sont pas riches; les émigrés, dont on a vendu les biens, sont ruinés; il est impossible d'organiser deux armées et d'en entretenir une troisième sans argent. On était embarrassé; il n'y avait que la République qui pût solder ses ennemis : or, il n'était pas probable qu'elle s'y décidât de gré à gré ; alors, sans essayer avec elle cette négociation scabreuse, on jugea qu'il était plus court de lui prendre son argent que de le lui demander.

— Ah ! je comprends enfin.

— C'est bien heureux.

— Les *compagnons de Jéhu* sont les intermédiaires entre la République et la contre-révolution, les percepteurs des généraux royalistes.

— Oui ; ce n'est plus un vol, c'est une opération militaire, un fait d'armes comme un autre.

— Justement, citoyen, vous y êtes, et vous voilà sur ce point, maintenant, aussi savant que nous.

— Mais, glissa timidement le marchand de vin de Bordeaux, si MM. les compagnons de Jéhu, — remarquez que je n'en dis aucun mal, — si MM. les compagnons de Jéhu n'en veulent qu'à l'argent du gouvernement...

— A l'argent du gouvernement, pas à d'autre; il est sans exemple qu'ils aient dévalisé un particulier.

— Sans exemple ?

— Sans exemple.

— Comment se fait-il alors que, hier, avec l'argent du gouvernement, ils aient emporté un group de deux cents louis qui m'appartenait ?

— Mon cher monsieur, répondit le jeune homme de la table d'hôte, je vous ai déjà dit qu'il y avait là quelque erreur, et qu'aussi vrai que je m'appelle Alfred de Barjols, cet argent vous sera rendu un jour ou l'autre.

Le marchand de vin poussa un soupir et secoua la tête en homme qui, malgré l'assurance qu'on lui donne, conserve encore quelques doutes.

Mais, en ce moment, comme si l'engagement pris par le jeune noble, qui venait de révéler sa condition sociale en disant son nom, avait éveillé la délicatesse de ceux pour lesquels il se portait garant, un cheval s'arrêta à la porte, on entendit des pas dans le corridor, la porte de la salle à manger s'ouvrit, et un homme masqué et armé jusqu'aux dents parut sur le seuil.

— Messieurs, dit-il au milieu du profond silence causé par son apparition, y a-t-il parmi vous un voyageur nommé Jean Picot, qui se trouvait hier dans la diligence qui a été arrêtée entre Lambesc et Pont-Royal ?

— Oui, dit le marchand de vin tout étonné.

— C'est vous? demanda l'homme masqué.

— C'est moi.

— Ne vous a-t-il rien été pris?

— Si fait, il m'a été pris un group de deux cents louis que j'avais confié au conducteur.

— Et je dois même dire, ajouta le jeune noble, qu'à l'instant même monsieur en parlait et le regardait comme perdu.

— Monsieur avait tort, dit l'inconnu masqué, nous faisons la guerre au gouvernement et non aux particuliers ; nous sommes des partisans et non des voleurs. Voici vos deux cents louis, monsieur, et si pareille erreur arrivait à l'avenir, réclamez et recommandez-vous du nom de Morgan.

A ces mots, l'homme masqué déposa un sac d'or à la droite du marchand de vin, salua courtoisement les convives de la table d'hôte et sortit, laissant les uns dans la terreur et les autres dans la stupéfaction d'une pareille hardiesse.

II

UN PROVERBE ITALIEN

Au reste, quoique les deux sentiments que nous venons d'indiquer eussent été les sentiments dominants, ils ne se manifestaient point chez tous les assistants à un degré semblable. Les nuances se graduèrent selon le sexe, selon l'âge, selon le caractère, nous dirons presque selon la position sociale des auditeurs.

Le marchand de vin, Jean Picot, principal intéressé dans l'événement qui venait de s'accomplir, reconnaissant dès la première vue, à son costume, à ses armes et à son masque, un des hommes auxquels il avait eu affaire la veille, avait d'abord, à son apparition, été frappé de stupeur ; puis, peu à peu, reconnaissant le motif de la visite que lui faisait le mystérieux bandit, il avait passé de la stupeur à la joie en traversant toutes les nuances intermédiaires qui séparent ces deux sentiments. Son sac d'or était près de lui et l'on eût dit qu'il n'osait y toucher : peut-être craignait-il, au moment où il y porterait la main, de le voir s'évanouir comme l'or que l'on croit trouver en rêve et qui disparaît même avant que l'on rouvre les yeux, pendant cette période de lucidité progressive qui sépare le sommeil profond du réveil complet.

Le gros monsieur de la diligence et sa femme avaient manifesté, ainsi que les autres voyageurs faisant partie du même convoi, la plus franche et la plus complète terreur. Placé à la gauche de Jean Picot, quand il avait vu le bandit s'approcher du marchand de vin, il avait, dans l'espérance illusoire de maintenir une distance honnête entre lui et le compagnon de Jéhu, reculé sa chaise sur celle de sa femme, qui, cédant au mouvement de pression, avait essayé de reculer la sienne à son tour. Mais, comme la chaise qui venait ensuite était celle du citoyen Alfred de Barjols, qui, lui, n'avait aucun motif de craindre des hommes sur lesquels il venait de manifester une si haute et si avantageuse opinion, la chaise de la femme du gros monsieur avait trouvé un obstacle dans l'immobilité de celle du jeune noble; de sorte que, de même qu'il arriva à Marengo, huit ou neuf mois plus tard, lorsque le général en chef jugea qu'il était temps de reprendre l'offensive, le mouvement rétrograde s'était arrêté.

Quant à celui-ci, — c'est du citoyen Alfred de Barjols que nous parlons, — son aspect, comme celui de l'abbé qui avait donné l'explication biblique touchant le roi d'Israël Jéhu et la mission qu'il avait reçue d'Élisée, son aspect, disons-nous, avait été celui d'un homme qui non-seulement n'éprouve aucune crainte, mais qui s'attend même à l'événement qui arrive, si inattendu que soit cet événement. Il avait, le sourire sur les lèvres, suivi du regard l'homme masqué, et, si tous les convives n'eussent été si préoccupés des deux acteurs principaux de la scène qui s'accomplissait, ils eussent pu remarquer un signe presque imperceptible échangé des yeux entre le bandit et le jeune noble, signe qui, à l'instant même, s'était reproduit entre le jeune noble et l'abbé.

De leur côté, les deux voyageurs que nous avons introduits dans la salle de la table d'hôte et qui, comme nous l'avons dit, étaient assez isolés à l'extrémité de la table, avaient conservé l'attitude propre à leurs différents caractères. Le plus jeune des deux avait instinctivement porté la main à son côté, comme pour y chercher une arme absente, et s'était levé, comme mû par un ressort, pour s'élancer à la gorge de l'homme masqué, ce qui n'eût certes pas manqué d'arriver s'il eût été seul ; mais le plus âgé, celui qui paraissait avoir non-seulement l'habitude, mais le droit de lui donner des ordres, s'était, comme il l'avait déjà fait une première fois, contenté de le retenir vivement par son habit en lui disant d'un ton impératif, presque dur même :

— Assis, Roland !

Et le jeune homme s'était assis.

Mais celui de tous les convives qui était demeuré, en apparence du moins, le plus impassible pendant toute la scène qui venait de s'accomplir, était un homme de trente-trois à trente-quatre ans, blond de cheveux, roux de barbe, calme et beau de visage, avec de grands yeux bleus, un teint clair, des lèvres intelligentes et fines, une taille élevée, et un accent étranger qui indiquait un homme né au sein de cette île dont le gouvernement nous faisait, à cette heure, une si rude guerre; autant qu'on pouvait en juger par les rares paroles qui lui étaient échappées, il parlait, malgré l'accent que nous avons signalé, la langue française avec une rare pureté. Au premier mot qu'il avait prononcé et dans lequel il avait reconnu cet accent d'outre-Manche, le plus âgé des deux voyageurs avait tressailli, et, se retournant du côté de son compagnon, habitué à lire la pensée dans son regard, il avait semblé lui demander comment un Anglais se trouvait en France au moment où la guerre acharnée que se faisaient les deux nations exilait naturellement les Anglais de la France, comme les Français de l'Angleterre. Sans doute, l'explication avait paru impossible à Roland, car celui-ci avait répondu d'un mouvement des yeux et d'un geste des épaules qui signifiaient : « Cela me paraît tout aussi extraordinaire qu'à vous; mais, si vous ne trouvez pas l'explication d'un pareil problème, vous, le mathématicien par excellence, ne me la demandez pas à moi. »

Ce qui était resté de plus clair dans tout cela dans l'esprit des deux jeunes gens, c'est que l'homme blond, à l'accent anglo-saxon, était le voyageur dont la calèche confortable attendait tout attelée à la porte de l'hôtel, et que ce voyageur était de Londres ou tout au moins de quelqu'un des comtés ou duchés de la Grande-Bretagne.

Quant aux paroles qu'il avait prononcées, nous avons dit qu'elles étaient rares, si rares, qu'en réalité c'étaient plutôt des exclamations que des paroles; seulement, à chaque explication qui avait été demandée sur l'état de la France, l'Anglais avait ostensiblement tiré un calepin de sa poche, et, en priant soit le marchand de vin, soit l'abbé, soit le jeune noble, de répéter l'explication, — ce que chacun avait fait avec une complaisance pareille à la courtoisie qui présidait à la demande, — il avait pris en note ce qui avait été dit de plus important, de plus extraordinaire et de plus pittoresque, sur l'arrestation de la diligence, l'état de la Vendée et les compagnons de Jéhu, remerciant chaque fois de la voix et du geste, avec cette roideur familière à nos voisins d'outre-mer, et chaque fois remettant dans la poche de côté de sa redingote son calepin enrichi d'une note nouvelle.

Enfin, comme un spectateur tout joyeux d'un dénoûment inattendu, il s'était écrié de satisfaction à l'aspect de l'homme masqué, avait écouté de toutes ses oreilles, avait regardé de tous ses yeux, ne l'avait point perdu de vue, que la porte ne se fût refermée derrière lui, et alors, tirant vivement son calepin de sa poche :

— Oh! monsieur, avait-il dit à son voisin, qui n'était autre que l'abbé, seriez-vous assez bon, si je ne m'en souvenais pas, de me répéter mot pour mot ce qu'a dit le gentleman qui sort d'ici?

Il s'était mis à écrire aussitôt, et, la mémoire de l'abbé s'associant à la sienne, il avait eu la satisfaction de transcrire, dans toute son intégrité, la phrase du compagnon de Jéhu au citoyen Jean Picot.

Puis, cette phrase transcrite, il s'était écrié avec un accent qui ajoutait un étrange cachet d'originalité à ses paroles :

— Oh! ce n'est qu'en France, en vérité, qu'il arrive de pareilles choses; la France, c'est le pays le plus curieux du monde. Je suis enchanté, messieurs, de voyager en France et de connaître les Français.

Et la dernière phrase avait été dite avec tant de courtoisie, qu'il ne restait plus, lorsqu'on l'avait entendue sortir de cette bouche sérieuse, qu'à remercier celui qui l'avait prononcée, fût-il le descendant des vainqueurs de Crécy, de Poitiers et d'Azincourt.

Ce fut le plus jeune des deux voyageurs qui répondit à cette politesse avec le ton d'insouciante causticité qui paraissait lui être naturel.

— Par ma foi! je suis exactement comme vous, milord; je dis milord, car je présume que vous êtes Anglais.

— Oui, monsieur, répondit le gentleman, j'ai cet honneur.

— Eh bien! comme je vous le disais, continua le jeune homme, je suis enchanté de voyager en France et d'y voir ce que j'y ai vu. Il faut vivre sous le gouvernement des citoyens Gohier, Moulins, Roger Ducos, Sieyès et Barras, pour assister à une pareille drôlerie, et, quand, dans cinquante ans, on racontera qu'au milieu d'une ville de trente mille âmes, en plein jour, un voleur de grand chemin est venu, le masque sur le visage, deux pistolets et un sabre à la ceinture, rapporter à un honnête négociant, qui se désespérait de les avoir perdus, les deux cents louis qu'il lui avait pris la veille; quand on ajoutera que cela s'est passé à une table d'hôte où étaient assises vingt ou vingt-cinq personnes, et que ce bandit modèle s'est retiré sans que pas une des vingt ou vingt-cinq personnes présentes lui ait sauté à la gorge; j'offre de parier que l'on traitera d'infâme menteur celui qui aura l'audace de raconter l'anecdote.

Et le jeune homme, se renversant sur sa chaise, éclata de rire, mais d'un rire si nerveux et si strident, que tout le monde le regarda avec étonnement, tandis que, de son côté, son compagnon avait les yeux fixés sur lui avec une inquiétude presque paternelle.

— Monsieur, dit le citoyen Alfred de Barjols, qui, ainsi que les autres, paraissait impressionné de cette étrange modulation, plus triste, ou plutôt plus douloureuse que gaie, et dont, avant de répondre, il avait laissé éteindre jusqu'au dernier frémissement; monsieur, permettez-moi de vous faire observer que l'homme que vous venez de voir n'est point un voleur de grand chemin.

— Bah! franchement, qu'est-ce donc?

— C'est, selon toute probabilité, un jeune homme d'aussi bonne famille que vous et moi.

— Le comte de Horn, que le régent fit rouer en place de Grève, était aussi un jeune homme de bonne famille, et la preuve, c'est que toute la noblesse de Paris envoya des voitures à son exécution.

— Le comte de Horn avait, si je m'en souviens bien, assassiné un juif pour lui voler une lettre de change qu'il n'était point en mesure de lui payer, et nul n'osera vous dire qu'un compagnon de Jéhu ait touché à un cheveu de la tête d'un enfant.

— Eh bien! soit; admettons que l'institution soit fondée au point de vue philanthropique, pour rétablir la balance entre les fortunes, redresser les caprices du hasard, réformer les abus de la société; pour être un voleur à la façon de Karl Moor, votre ami Morgan, — n'est-ce point Morgan qu'a dit que s'appelait cet honnête citoyen?

— Oui, dit l'Anglais.

— Eh bien! votre ami Morgan n'en est pas moins un voleur.

Le citoyen Alfred de Barjols devint très-pâle.

— Le citoyen Morgan n'est pas mon ami, répondit le jeune aristocrate, et, s'il l'était, je me ferais honneur de son amitié.

— Sans doute, répondit Roland en éclatant de rire; comme dit M. de Voltaire:

L'amitié d'un grand homme est un bienfait des dieux.

— Roland, Roland! lui dit à voix basse son compagnon.

— Oh! général, répondit celui-ci laissant, à dessein peut-être, échapper le titre qui était dû à son compagnon, laissez-moi, par grâce, continuer avec monsieur une discussion qui m'intéresse au plus haut degré.

Celui-ci haussa les épaules.

— Seulement, citoyen, continua le jeune homme avec une étrange persistance, j'ai besoin d'être édifié: il y a deux ans que j'ai quitté la France, et, depuis mon départ, tant de choses ont changé, costume, mœurs, accent, que la langue pourrait bien avoir changé aussi. Comment appelez-vous, dans la langue que l'on parle aujourd'hui en France, arrêter les diligences et prendre l'argent qu'elles renferment?

— Monsieur, dit le jeune homme du ton d'un homme décidé à soutenir la discussion jusqu'au bout, j'appelle cela faire la guerre; et voilà votre compagnon, que vous avez appelé général tout à l'heure, qui, en sa qualité de militaire, vous dira qu'à part le plaisir de tuer et d'être tué, les généraux de tout temps n'ont pas fait autre chose que ce que fait le citoyen Morgan.

— Comment! s'écria le jeune homme, dont les yeux lancèrent un éclair, vous osez comparer?...

— Laissez monsieur développer sa théorie, Roland, dit le voyageur brun, dont les yeux, tout au contraire de ceux de son compagnon, qui semblaient s'être dilatés pour jeter leurs flammes, se voilèrent sous ses longs cils noirs, pour ne point laisser voir ce qui se passait dans son cœur.

— Ah! dit le jeune homme avec son accent saccadé, vous voyez bien qu'à votre tour vous commencez à prendre intérêt à la discussion.

Puis, se tournant vers celui qu'il semblait avoir pris à partie:

— Continuez, monsieur, continuez, dit-il, le général le permet.

Le jeune noble rougit d'une façon aussi visible qu'il venait de pâlir un instant auparavant, et les dents serrées, les coudes sur la table, le menton sur son poing pour se rapprocher autant que possible de son adversaire, avec un accent provençal qui devenait de plus en plus prononcé à mesure que la discussion devenait plus intense:

— Puisque *le général le permet*, reprit-il en appuyant sur ces deux mots *le général*, j'aurai l'honneur de lui dire, et à vous, citoyen, par contre-coup, que je crois me souvenir d'avoir lu dans Plutarque, qu'au moment où Alexandre partit pour l'Inde, il n'emportait avec lui que dix-huit ou vingt talents d'or, quelque chose comme cent ou cent vingt mille francs. Or, croyez-vous que ce soit avec ces dix-huit ou vingt talents d'or qu'il nourrit son armée, gagna la bataille du Granique, soumit l'Asie Mineure, conquit Tyr, Gaza, la Syrie, l'Égypte, bâtit Alexandrie, pénétra jusqu'en Libye, se fit déclarer fils de Jupiter par l'oracle d'Ammon, pénétra jusqu'à l'Hyphase, et, comme ses soldats refusaient de le suivre plus loin, revint à Babylone pour y surpasser en luxe, en débauches et en mollesse, les plus luxueux, les plus débauchés et les plus voluptueux des rois d'Asie? Est-ce de Macédoine qu'il tirait son argent, et croyez-vous que le roi Philippe, un des plus pauvres rois de la pauvre Grèce, faisait honneur aux traites que son fils tirait sur lui? Non pas: Alexandre faisait comme le citoyen Morgan; seulement, au lieu d'arrêter les diligences sur les grandes routes, il pillait les villes, mettait les rois à rançon, levait des contributions sur les pays conquis. Passons à Annibal. Vous savez comment il est parti de Carthage, n'est-ce pas? Il n'avait pas même les dix-huit ou vingt talents de son prédécesseur Alexandre; mais, comme il lui fallait de l'argent, il prit et saccagea, au milieu de la paix et contre la foi des traités, la ville de Sagonte; dès lors il fut riche et put se mettre en campagne. Pardon, cette fois-ci, ce n'est plus du Plutarque, c'est du Cornélius Népos. Je vous tiens quitte de sa descente des Pyrénées, de sa montée des Alpes, des trois batailles qu'il a gagnées en s'emparant chaque fois des trésors du vaincu, et j'en arrive aux cinq ou six ans qu'il a passés dans la Campanie. Croyez-vous que lui et son armée payaient pension aux Capouans et que les banquiers de Carthage, qui étaient brouillés avec lui, lui envoyaient de l'argent? Non: la guerre nourrissait la guerre, système Morgan, citoyen. Passons à César. Ah! César, c'est autre chose. Il part de l'Espagne avec quelque chose comme trente millions de dettes, revient à peu près au pair, part pour la Gaule, reste dix ans chez nos ancêtres; pendant ces dix ans, il envoie plus de cent millions à Rome, repasse les Alpes, franchit le Rubicon, marche droit au Capitole, force les portes du temple de Saturne, où est le trésor, y prend pour ses besoins particuliers, et non pas pour la république, trois mille livres pesant d'or en lingots, et meurt, — lui que ses créanciers, vingt ans auparavant, ne voulaient pas laisser sortir de sa petite maison de la rue Suburra, laissant deux ou trois mille sesterces par chaque tête de citoyen, dix ou douze millions à Calpurnie et trente ou quarante millions à Octave ; système Morgan toujours, à l'exception que Morgan, j'en suis sûr, mourra sans avoir touché pour son compte ni à l'argent des Gaulois, ni à l'or du Capitole. Maintenant, sautons dix-huit cents ans et arrivons au général *Buonaparté*...

Et le jeune aristocrate, comme avaient l'habitude de le faire les ennemis du vainqueur de l'Italie, affecta d'appuyer sur l'*u*, que Bonaparte avait retranché de son nom, et sur l'*e* dont il avait enlevé l'accent aigu.

Cette affectation parut irriter vivement Roland, qui fit un mouvement comme pour s'élancer en avant ; mais son compagnon l'arrêta.

— Laissez, dit-il, laissez, Roland ; je suis bien sûr que le citoyen Barjols ne dira pas que le général *Buonaparté*, comme il l'appelle, est un voleur.

— Non, je ne le dirai pas, moi ; mais il y a un proverbe italien qui le dit pour moi.

— Voyons le proverbe ? demanda le général se substituant à son compagnon, et, cette fois, fixant sur le jeune noble son œil limpide, calme et profond.

— Le voici dans toute sa simplicité : *Francesi non sono tutti ladroni, ma buona parte*. Ce qui veut dire : « Tous les Français ne sont pas des voleurs, mais... »

— Une bonne partie ? dit Roland.

— Oui, mais *Buonaparté*, répondit Alfred de Barjols.

A peine l'insolente parole était-elle sortie de la bouche du jeune aristocrate, que l'assiette avec laquelle jouait Roland s'était échappée de ses mains et l'allait frapper en plein visage.

Les femmes jetèrent un cri, les hommes se levèrent.

Roland éclata de ce rire nerveux qui lui était habituel et retomba sur sa chaise.

Le jeune aristocrate resta calme, quoiqu'une rigole de sang coulât de son sourcil sur sa joue.

En ce moment, le conducteur entra, disant, selon la formule habituelle :

— Allons, citoyens voyageurs, en voiture !

Les voyageurs, pressés de s'éloigner du théâtre de la rixe à laquelle ils venaient d'assister, se précipitèrent vers la porte.

— Pardon, monsieur, dit Alfred de Barjols à Roland, vous n'êtes pas de la diligence, j'espère ?

— Non, monsieur, je suis de la chaise de poste ; mais, soyez tranquille, je ne pars pas.

— Ni moi, dit l'Anglais ; dételez les chevaux, je reste.

— Moi, je pars, dit avec un soupir le jeune homme brun, auquel Roland avait donné le titre de général ; tu sais qu'il le faut, mon ami, et que ma présence est absolument nécessaire là-bas. Mais je te jure bien que je ne te quitterais point ainsi si je pouvais faire autrement...

Et, en disant ces mots, sa voix trahissait une émotion dont son timbre, ordinairement ferme et métallique, ne paraissait pas susceptible.

Tout au contraire, Roland paraissait au comble de la joie ; on eût dit que cette nature de lutte s'épanouissait à l'approche du danger qu'il n'avait peut-être pas fait naître, mais que du moins il n'avait point cherché à éviter.

— Bon ! général, dit-il, nous devions nous quitter à Lyon, puisque vous avez eu la bonté de m'accorder un congé d'un mois pour aller à Bourg, dans ma famille. C'est une soixantaine de lieues de moins que nous faisons ensemble, voilà tout. Je vous retrouverai à Paris. Seulement, vous savez, si vous avez besoin d'un homme dévoué et qui ne boude pas, songez à moi.

— Sois tranquille, Roland, fit le général.

Puis, regardant attentivement les deux adversaires :

— Avant tout, Roland, dit-il à son compagnon avec un indéfinissable accent de tendresse, ne te fais pas tuer ; mais, si la chose est possible, ne tue pas non plus ton adversaire. Ce jeune homme, à tout prendre, est un homme de cœur, et je veux avoir un jour pour moi tous les gens de cœur.

— On fera de son mieux, général, soyez tranquille.

En ce moment, l'hôte parut sur le seuil de la porte.

— La chaise de poste pour Paris est attelée, dit-il.

Le général prit son chapeau et sa canne déposés sur une chaise ; mais, au contraire, Roland affecta de le suivre nu-tête, pour que l'on vit bien qu'il ne comptait point partir avec son compagnon.

Aussi Alfred de Barjols ne fit-il aucune opposition à sa sortie. D'ailleurs, il était facile de voir que son adversaire était plutôt de ceux qui cherchent les querelles que de ceux qui les évitent.

Celui-ci accompagna le général jusqu'à la voiture, où le général monta.

— C'est égal, dit ce dernier en s'asseyant, cela me fait gros cœur de te laisser seul ici, Roland, sans un ami pour te servir de témoin.

— Bon ! ne vous inquiétez point de cela, général ; on ne manque jamais de témoin : il y a et il y aura toujours des gens curieux de savoir comment un homme en tue un autre.

— Au revoir, Roland ; tu entends bien, je ne te dis pas adieu, je te dis au revoir !

— Oui, mon cher général, répondit le jeune homme d'une voix presque attendrie, j'entends bien, et je vous remercie.

— Promets-moi de me donner de tes nouvelles aussitôt l'affaire terminée, ou de me faire écrire par quelqu'un, si tu ne pouvais m'écrire toi-même.

— Oh ! n'ayez crainte, général ; avant quatre jours, vous aurez une lettre de moi, répondit Roland.

Puis, avec un accent de profonde amertume :

— Ne vous êtes-vous pas aperçu, dit-il, qu'il y a sur moi une fatalité qui ne veut pas que je meure ?

— Roland ! fit le général d'un ton sévère, encore !

— Rien, rien, dit le jeune homme en secouant la tête, et en donnant à ses traits l'apparence d'une insouciante gaieté, qui devait être l'expression habituelle de son visage avant que lui fût arrivé le malheur inconnu qui, si jeune, paraissait lui faire désirer la mort.

— Bien. A propos, tâche de savoir une chose.

— Laquelle, général ?

— C'est comment il se fait qu'au moment où nous sommes en guerre avec l'Angleterre, un Anglais se promène en France aussi libre et aussi tranquille que s'il était chez lui.

— Bon : je le saurai.

— Comment cela ?

— Je l'ignore ; mais quand je vous promets de le savoir, je le saurai, dussé-je le lui demander, à lui.

— Mauvaise tête ! ne va pas te faire une autre affaire de ce côté-là.

— Dans tous les cas, comme c'est un ennemi, ce ne serait plus un duel, ce serait un combat.

— Allons, encore une fois, au revoir et embrasse-moi.

Roland se jeta avec un mouvement de reconnaissance passionnée au cou de celui qui venait de lui donner cette permission.

— Oh ! général ! s'écria-t-il, que je serais heureux... si je n'étais pas si malheureux !

Le général le regarda avec une affection profonde.

— Un jour, tu me conteras ton malheur, n'est-ce pas, Roland ? dit-il.

Roland éclata de ce rire douloureux qui deux ou trois fois déjà s'était fait jour entre ses lèvres.

— Oh ! par ma foi, non, dit-il, vous en ririez trop.

Le général le regarda comme il eût regardé un fou.

— Enfin, dit-il, il faut prendre les gens comme ils sont.

— Surtout lorsqu'ils ne sont pas ce qu'ils paraissent être.

— Tu me prends pour Œdipe, et tu me poses des énigmes, Roland.

— Ah ! si vous devinez celle-là, général, je vous salue roi de Thèbes. Mais, avec toutes mes folies, j'oublie que chacune de vos minutes est précieuse et que je vous retiens ici inutilement.

— Tu as raison. As-tu des commissions pour Paris ?

— Trois, mes amitiés à Bourrienne, mes respects à votre frère Lucien, et mes plus tendres hommages à madame Bonaparte.

— Il sera fait comme tu le désires.

— Où vous retrouverai-je, à Paris ?

— Dans ma maison de la rue de la Victoire, et peut-être...

— Peut-être...

— Qui sait ? peut-être au Luxembourg !

Puis, se rejetant en arrière, comme s'il regrettait d'en avoir tant dit, même à celui qu'il regardait comme son meilleur ami :

— Route d'Orange ! cria-t-il au postillon; et le plus vite possible.

Le postillon, qui n'attendait qu'un ordre, fouetta ses chevaux ; la voiture partit, rapide et grondante comme la foudre, et disparut par la porte d'Oulle.

III

L'ANGLAIS

Roland resta immobile à sa place, non-seulement tant qu'il put voir la voiture, mais encore longtemps après qu'elle eut disparu.

Puis, secouant la tête comme pour faire tomber de son front le nuage qui l'assombrissait, il rentra dans l'hôtel et demanda une chambre.

— Conduisez monsieur au n° 3, dit l'hôte à une femme de chambre.

La femme de chambre prit une clef suspendue à une large tablette de bois noir, sur laquelle étaient rangés, sur deux lignes, des numéros blancs, et fit signe au jeune voyageur qu'il pouvait la suivre.

— Faites-moi monter du papier, une plume et de l'encre, dit le jeune homme à l'hôte, et si M. de Barjols s'informe où je suis, donnez-lui le numéro de ma chambre.

L'hôte promit de se conformer aux intentions de Roland, qui monta derrière la fille en sifflant la *Marseillaise*.

Cinq minutes après, il était assis près d'une table, ayant devant lui le papier, la plume, l'encre demandés, et s'apprêtant à écrire.

Mais, au moment où il allait tracer la première ligne, on frappa trois coups à sa porte.

— Entrez, dit-il en faisant pirouetter sur un de ses pieds de derrière le fauteuil dans lequel il était assis, afin de faire face au visiteur, qui, dans son appréciation, devait être soit M. de Barjols, soit un de ses amis.

La porte s'ouvrit d'un mouvement régulier comme celui d'une mécanique, et l'Anglais parut sur le seuil.

— Ah ! s'écria Roland, enchanté de la visite au point de vue de la recommandation que lui avait faite son général, c'est vous ?

— Oui, dit l'Anglais, c'est moi.

— Soyez le bienvenu.

— Oh ! que je sois le bienvenu, tant mieux ! car je ne savais pas si je devais venir.

— Pourquoi cela ?

— A cause d'Aboukir.

Roland se mit à rire.

— Il y a deux batailles d'Aboukir, dit-il : celle que nous avons perdue, celle que nous avons gagnée.

— A cause de celle que vous avez perdue.

— Bon ! dit Roland, on se bat, on se tue, on s'extermine sur le champ de bataille ; mais cela n'empêche point qu'on ne se serre la main quand on se rencontre en terre neutre. Je vous répète donc, soyez le bienvenu, surtout si vous voulez bien me dire pourquoi vous venez.

— Merci ; mais, avant tout, lisez ceci.

Et l'Anglais tira un papier de sa poche.

— Qu'est-ce ? demanda Roland.

Il est mort. — Page 35.

— Mon passe-port.
— Qu'ai-je affaire de votre passe-port? demanda Roland ; je ne suis pas gendarme.
— Non ; mais comme je viens vous offrir mes services, peut-être ne les accepteriez-vous point, si vous ne saviez pas qui je suis.
— Vos services, monsieur ?
— Oui ; mais lisez.
Roland lut :
« Au nom de la République française, le Directoire exécutif invite à laisser circuler librement, et à lui prêter aide et protection en cas de besoin, sir John Tanlay, esq., dans toute l'étendue du territoire de la République.
» Signé : FOUCHÉ. »
— Et plus bas, voyez.
« Je recommande tout particulièrement à qui de droit sir John Tanlay comme un philanthrope et un ami de la liberté.
» Signé : BARRAS. »
— Vous avez lu ?
— Oui, j'ai lu ; après ?...
— Oh ! après ?... Mon père, milord Tanlay, a rendu des services à M. Barras ; c'est pourquoi M. Barras permet que je me promène en France, et je suis bien

content de me promener en France ; je m'amuse beaucoup.

— Oui, je me le rappelle, sir John ; vous nous avez déjà fait l'honneur de nous dire cela à table.

— Je l'ai dit, c'est vrai ; j'ai dit aussi que j'aimais beaucoup les Français.

Roland s'inclina.

— Et surtout le général Bonaparte, continua sir John.

— Vous aimez beaucoup le général Bonaparte ?

— Je l'admire ; c'est un grand, un très-grand homme.

— Ah ! pardieu ! sir John, je suis fâché qu'il n'entende pas un Anglais dire cela de lui.

— Oh ! s'il était là, je ne le dirais point.

— Pourquoi ?

— Je ne voudrais pas qu'il crût que je dis cela pour lui faire plaisir, je dis cela parce que c'est mon opinion.

— Je n'en doute pas, milord, fit Roland, qui ne savait pas où l'Anglais en voulait venir, et qui, ayant appris par le passe-port ce qu'il voulait savoir, se tenait sur la réserve.

— Et quand j'ai vu, continua l'Anglais avec le même flegme, quand j'ai vu que vous preniez le parti du général Bonaparte, cela m'a fait plaisir.

— Vraiment ?

— Grand plaisir, fit l'Anglais avec un mouvement de tête affirmatif.

— Tant mieux !

— Mais quand j'ai vu que vous jetiez une assiette à la tête de M. Alfred de Barjols, cela m'a fait de la peine.

— Cela vous a fait de la peine, milord ; et en quoi ?

— Parce qu'en Angleterre, un gentleman, il ne jette pas une assiette à la tête d'un autre gentleman.

— Ah ! milord, dit Roland en se levant et fronçant le sourcil, seriez-vous venu, par hasard, pour me faire une leçon ?

— Oh ! non ; je suis venu pour vous dire : Vous êtes embarrassé peut-être de trouver un témoin ?

— Ma foi, sir John, je vous l'avouerai, et, au moment où vous avez frappé à la porte, je m'interrogeais pour savoir à qui je demanderais ce service.

— Moi, si voulez, dit l'Anglais, je serai votre témoin.

— Ah ! pardieu ! fit Roland, j'accepte et de grand cœur !

— Voilà le service que je voulais rendre, moi, à vous !

Roland lui tendit la main.

— Merci, dit-il.

L'Anglais s'inclina.

— Maintenant, continua Roland, vous avez eu le bon goût, milord, avant de m'offrir vos services, de me dire qui vous étiez ; il est trop juste, du moment où je les accepte, que vous sachiez qui je suis.

— Oh ! comme vous voudrez.

— Je me nomme Louis de Montrevel ; je suis aide de camp du général Bonaparte.

— Aide de camp du général Bonaparte ! je suis bien aise.

— Cela vous explique comment j'ai pris, un peu trop chaudement peut-être, la défense de mon général.

— Non, pas trop chaudement ; seulement, l'assiette...

— Oui, je sais bien, la provocation pouvait se passer de l'assiette ; mais, que voulez-vous ! je la tenais à la main, je ne savais qu'en faire, je l'ai jetée à la tête de M. de Barjols ; elle est partie toute seule, sans que je le voulusse.

— Vous ne lui direz pas cela, à lui ?

— Oh ! soyez tranquille ; je vous le dis, à vous, pour mettre votre conscience en repos.

— Très-bien ; alors, vous vous battrez ?

— Je suis resté pour cela, du moins.

— Et à quoi vous battrez-vous ?

— Cela ne vous regarde pas, milord.

— Comment, cela ne me regarde pas ?

— Non ; M. de Barjols est l'insulté, c'est à lui de choisir ses armes.

— Alors, l'arme qu'il proposera, vous l'accepterez ?

— Pas moi, sir John, mais vous, en mon nom, puisque vous me faites l'honneur d'être mon témoin.

— Et, si c'est le pistolet qu'il choisit, à quelle distance et comment désirez-vous vous battre?

— Ceci, c'est votre affaire, milord, et non la mienne. Je ne sais pas si cela se fait ainsi en Angleterre, mais, en France, les combattants ne se mêlent de rien; c'est aux témoins d'arranger les choses; ce qu'ils font est toujours bien fait.

— Alors ce que je ferai sera bien fait?

— Parfaitement fait, milord.

L'Anglais s'inclina.

— L'heure et le jour du combat?

— Oh! cela, le plus tôt possible; il y a deux ans que je n'ai vu ma famille, et je vous avoue que je suis pressé d'embrasser tout mon monde.

L'Anglais regarda Roland avec un certain étonnement; il parlait avec tant d'assurance, qu'on eût dit qu'il avait d'avance la certitude de ne pas être tué.

En ce moment, on frappa à la porte, et la voix de l'aubergiste demanda :

— Peut-on entrer?

Le jeune homme répondit affirmativement : la porte s'ouvrit, et l'aubergiste entra effectivement, tenant à la main une carte qu'il présenta à son hôte.

Le jeune homme prit la carte et lut :
« Charles de Valensolle. »

— De la part de M. Alfred de Barjols, dit l'hôte.

— Très-bien! fit Roland.

Puis, passant la carte à l'Anglais :

— Tenez, cela vous regarde; c'est inutile que je voie ce monsieur, puisque, dans ce pays-ci, on n'est plus citoyen... M. de Valensolle est le témoin de M. de Barjols, vous êtes le mien : arrangez la chose entre vous; seulement, ajouta le jeune homme en serrant la main de l'Anglais et en le regardant fixement, tâchez que ce soit sérieux; je ne récuserais ce que vous aurez fait que s'il n'y avait point chance de mort pour l'un ou pour l'autre.

— Soyez tranquille, dit l'Anglais, je ferai comme pour moi.

— A la bonne heure, allez, et, quand tout sera arrêté, remontez; je ne bouge pas d'ici.

Sir John suivit l'aubergiste; Roland se rassit, fit pirouetter son fauteuil dans le sens inverse et se retrouva devant sa table.

Il prit sa plume et se mit à écrire.

Lorsque sir John rentra, Roland, après avoir écrit et cacheté deux lettres, mettait l'adresse sur la troisième.

Il fit signe de la main à l'Anglais d'attendre qu'il eût fini afin de pouvoir lui donner toute son attention.

Il acheva l'adresse, cacheta la lettre, et se retourna.

— Eh bien, demanda-t-il, tout est-il réglé?

— Oui, dit l'Anglais, et ça a été chose facile, vous avez affaire à un vrai gentleman.

— Tant mieux! fit Roland.

Et il attendit.

— Vous vous battez dans deux heures à la fontaine de Vaucluse, — un lieu charmant, — au pistolet, en marchant l'un sur l'autre, chacun tirant à sa volonté et pouvant continuer de marcher après le feu de son adversaire.

— Par ma foi! vous avez raison, sir John; voilà qui est tout à fait bien. C'est vous qui avez réglé cela?

— Moi et le témoin de M. Barjols, votre adversaire ayant renoncé à tous ses priviléges d'insulté.

— S'est-on occupé des armes?

— J'ai offert mes pistolets; ils ont été acceptés, sur ma parole d'honneur qu'ils étaient aussi inconnus à vous qu'à M. de Barjols; ce sont d'excellentes armes avec lesquelles, à vingt pas, je coupe une balle sur la lame d'un couteau.

— Peste? vous tirez bien, à ce qu'il paraît, milord?

— Oui; je suis, à ce que l'on dit, le meilleur tireur de l'Angleterre.

— C'est bon à savoir; quand je voudrai me faire tuer, sir John, je vous chercherai querelle.

— Oh! ne cherchez jamais une querelle à moi, dit l'Anglais, cela me ferait trop grand peine d'être obligé de me battre avec vous.

— On tâchera, milord, de ne pas vous faire de chagrin. Ainsi, c'est dans deux heures.

— Oui ; vous m'avez dit que vous étiez pressé.

— Parfaitement. Combien y a-t-il d'ici à l'endroit charmant ?

— D'ici à Vaucluse ?

— Oui.

— Quatre lieues.

— C'est l'affaire d'une heure et demie ; nous n'avons pas de temps à perdre ; débarrassons-nous donc des choses ennuyeuses pour n'avoir plus que le plaisir.

L'Anglais regarda le jeune homme avec étonnement.

Roland ne parut faire aucune attention à ce regard.

— Voici trois lettres, dit-il : une pour madame de Montrevel, ma mère ; une pour mademoiselle de Montrevel, ma sœur, une pour le citoyen Bonaparte, mon général. Si je suis tué, vous les mettrez purement et simplement à la poste. Est-ce trop de peine ?

— Si ce malheur arrive, je porterai moi-même les lettres, dit l'Anglais. Où demeurent madame votre mère et mademoiselle votre sœur ? demanda celui-ci.

— A Bourg, chef-lieu du département de l'Ain.

— C'est tout près d'ici, répondit l'Anglais. Quant au général Bonaparte, j'irai, s'il le faut, en Égypte ; je serais extrêmement satisfait de voir le général Bonaparte.

— Si vous prenez, comme vous le dites, milord, la peine de porter la lettre vous-même, vous n'aurez pas une si longue course à faire : dans trois jours, le général Bonaparte sera à Paris.

— Oh ! fit l'Anglais, sans manifester le moindre étonnement, vous croyez ?

— J'en suis sûr, répondit Roland.

— C'est, en vérité, un homme fort extraordinaire, que le général Bonaparte. Maintenant, avez-vous encore quelque autre recommandation à me faire, monsieur de Montrevel ?

— Une seule, milord.

— Oh ! plusieurs si vous voulez.

— Non, merci, une seule, mais très-importante.

— Dites.

— Si je suis tué... mais je doute que j'aie cette chance.

Sir John regarda Roland avec cet œil étonné qu'il avait déjà deux ou trois fois arrêté sur lui.

— Si je suis tué, reprit Roland, car, au bout du compte, il faut bien tout prévoir...

— Oui, si vous êtes tué, j'entends.

— Écoutez bien ceci, milord, car je tiens expressément en ce cas, à ce que les choses se passent exactement comme je vais vous le dire.

— Cela se passera comme vous le direz, répliqua sir John ; je suis un homme fort exact.

— Eh bien donc, si je suis tué, insista Roland en posant et en appuyant la main sur l'épaule de son témoin, comme pour mieux imprimer dans sa mémoire la recommandation qu'il allait lui faire, vous mettrez mon corps comme il sera, tout habillé, sans permettre que personne le touche, dans un cercueil de plomb que vous ferez souder devant vous ; vous enfermerez le cercueil de plomb dans une bière de chêne, que vous ferez également clouer devant vous. Enfin, vous expédierez le tout à ma mère, à moins que vous n'aimiez mieux jeter le tout dans le Rhône, ce que je laisse absolument à votre choix, pourvu qu'il y soit jeté.

— Il ne me coûtera pas plus de peine, reprit l'Anglais, puisque je porte la lettre, de porter le cercueil avec moi.

— Allons, décidément, milord, dit Roland riant aux éclats de son rire étrange, vous êtes un homme charmant, et c'est la Providence en personne qui a permis que je vous rencontre. En route, milord, en route !

Tous deux sortirent de la chambre de Roland. Celle de sir John était située sur le même palier. Roland attendit que l'Anglais rentrât chez lui pour prendre ses armes.

Il en sortit après quelques secondes, tenant à la main une boîte de pistolets.

— Maintenant, milord, demanda Roland,

comment allons-nous à Vaucluse? à cheval ou en voiture?

— En voiture, si vous voulez bien. Une voiture, c'est commode beaucoup plus si l'on était blessé : la mienne attend en bas.

— Je croyais que vous aviez fait dételer?

— J'en avais donné l'ordre, mais j'ai fait courir après le postillon pour lui donner contre-ordre.

On descendit l'escalier.

— Tom! Tom! dit sir John en arrivant à la porte, où l'attendait un domestique dans la sévère livrée d'un groom anglais, chargez-vous de cette boîte.

— *I am going with, mylord?* demanda le domestique.

— *Yes!* répondit sir John.

Puis, montrant à Roland le marchepied de la calèche qu'abaissait son domestique.

— Venez, monsieur de Montrevel, dit-il.

Roland monta dans la calèche et s'y étendit voluptueusement.

— En vérité, dit-il, il n'y a décidément que vous autres Anglais pour comprendre les voitures de voyage; on est dans la vôtre comme dans son lit. Je parie que vous faites capitonner vos bières avant de vous y coucher.

— Oui, c'est un fait, répondit John, le peuple anglais, il entend très-bien le confortable ; mais le peuple français, il est un peuple plus curieux et plus amusant... Postillon, à Vaucluse.

IV

LE DUEL

La route n'est praticable que d'Avignon à l'Isle. On fit les trois lieues qui séparent l'Isle d'Avignon en une heure.

Pendant cette heure, Roland, comme s'il eût pris à tâche de faire paraître le temps court à son compagnon de voyage, fut verveux et plein d'entrain ; plus il approchait du lieu du combat, plus sa gaieté redoublait. Quiconque n'eût pas su la cause du voyage ne se fût jamais douté que ce jeune homme, au babil intarissable et au rire incessant, fût sous la menace d'un danger mortel.

Au village de l'Isle, il fallut descendre de voiture. On s'informa ; Roland et sir John étaient les premiers arrivés.

Ils s'engagèrent dans le chemin qui conduit à la fontaine.

— Oh! oh! dit Roland, il doit y avoir un bel écho ici.

Il y jeta un ou deux cris auxquels l'écho répondit avec une complaisance parfaite.

— Ah! par ma foi, dit le jeune homme, voici un écho merveilleux. Je ne connais que celui de la Seinonnetta, à Milan, qui lui soit comparable. Attendez, milord.

Et il se mit, avec des modulations qui indiquaient à la fois une voix admirable et une méthode excellente, à chanter une tyrolienne qui semblait un défi porté, par la musique révoltée, au gosier humain.

Sir John regardait et écoutait Roland avec un étonnement qu'il ne se donnait plus la peine de dissimuler.

Lorsque la dernière note se fut éteinte dans la cavité de la montagne :

— Je crois, Dieu me damne! dit sir John, que vous avez le spleen.

Roland tressaillit et le regarda comme pour l'interroger.

Mais, voyant que sir John n'allait pas plus loin :

— Bon! et qui vous fait croire cela? demanda-t-il.

— Vous êtes trop bruyamment gai pour n'être pas profondément triste.

— Oui, et cette anomalie vous étonne?

— Rien ne m'étonne, chaque chose a sa raison d'être.

— C'est juste ; le tout est d'être dans le secret de la chose. Eh bien, je vais vous y mettre.

— Oh! je ne vous y force aucunement.

— Vous êtes trop courtois pour cela ; mais avouez que cela vous ferait plaisir d'être fixé à mon endroit.

— Par intérêt pour vous, oui.

— Eh bien, milord, voici le mot de l'énigme, et je vais vous dire, à vous, ce que je n'ai encore dit à personne. Tel que vous me voyez, et avec les apparences d'une santé excellente, je suis atteint d'un anévrisme qui me fait horriblement souffrir. Ce sont à tout moment des spasmes, des faiblesses, des évanouissements qui feraient honte à une femme. Je passe ma vie à prendre des précautions ridicules, et, avec tout cela, Larrey m'a prévenu que je dois m'attendre à disparaître de ce monde d'un moment à l'autre, l'artère attaquée pouvant se rompre dans ma poitrine au moindre effort que je ferai. Jugez comme c'est amusant pour un militaire ! Vous comprenez que, du moment où j'ai été éclairé sur ma situation, j'ai décidé que je me ferais tuer avec le plus d'éclat possible. Je me suis mis incontinent à l'œuvre. Un autre plus chanceux aurait réussi déjà cent fois ; mais moi, ah bien, oui, je suis ensorcelé : ni balles ni boulets ne veulent de moi ; on dirait que les sabres ont peur de s'ébrécher sur ma peau. Je ne manque pourtant pas une occasion ; vous l'avez vu d'après ce qui s'est passé à table. Eh bien, nous allons nous battre, n'est-ce pas? Je vais me livrer comme un fou, donner tous les avantages à mon adversaire, cela n'y fera absolument rien : il tirera à quinze pas, à dix pas, à cinq pas, à bout portant sur moi, et il me manquera, ou son pistolet brûlera l'amorce sans partir ; et tout cela, la belle avance, je vous le demande un peu, pour que je crève un beau jour au moment où je m'y attendrai le moins, en tirant mes bottes? Mais silence, voici mon adversaire.

En effet, par la même route qu'avaient suivie Roland et sir John à travers les sinuosités du terrain et les aspérités du rocher, on voyait apparaître la partie supérieure du corps de trois personnages qui allaient grandissant à mesure qu'ils approchaient.

Roland les compta.

— Trois. Pourquoi trois, dit-il, quand nous ne sommes que deux.

— Ah! j'avais oublié, dit l'Anglais: M. de Barjols, autant dans votre intérêt que dans le sien, a demandé d'amener un chirurgien de ses amis.

— Pourquoi faire? demanda Roland d'un ton brusque et en fronçant le sourcil.

— Mais pour le cas où l'un de vous serait blessé ; une saignée, dans certaines circonstances, peut sauver la vie à un homme.

— Sir John, fit Roland avec une expression presque féroce, je ne comprends pas toutes ces délicatesses en matière de duel. Quand on se bat, c'est pour se tuer. Qu'on se fasse auparavant toutes sortes de politesses, comme vos ancêtres et les miens s'en sont fait à Fontenoy, très-bien ; mais, une fois que les épées sont hors du fourreau ou les pistolets chargés, il faut que la vie d'un homme paye la peine que l'on a prise et les battements de cœur que l'on a perdus. Moi, sur votre parole d'honneur, sir John, je vous demande une chose : c'est que, blessé ou tué, vivant ou mort, le chirurgien de M. de Barjols ne me touchera pas.

— Mais cependant, monsieur Roland...

— Oh! c'est à prendre ou à laisser. Votre parole d'honneur, milord, ou, le diable m'emporte, je ne me bats pas.

L'Anglais regarda le jeune homme avec étonnement : son visage était devenu livide, ses membres étaient agités d'un tremblement qui ressemblait à de la terreur.

Sans rien comprendre à cette impression inexplicable, sir John donna sa parole.

— A la bonne heure, fit Roland ; tenez, c'est encore un des effets de cette charmante maladie : toujours je suis prêt à me trouver mal à l'idée d'une trousse déroulée, à la vue d'un bistouri ou d'une lancette. J'ai dû devenir très-pâle, n'est-ce pas?

— J'ai cru un instant que vous alliez vous évanouir.

Roland éclata de rire.

— Ah! la belle affaire que cela eût fait, dit-il, nos adversaires arrivant et vous trouvant occupé à me faire respirer des sels comme à une femme qui a des syncopes. Savez-vous ce qu'ils auraient dit, eux, et ce que vous auriez dit vous le premier? Ils auraient dit que j'avais peur.

Les trois nouveaux venus, pendant ce temps, s'étaient avancés et se trouvaient à portée de la voix, de sorte que sir John n'eut pas même le temps de répondre à Roland.

Ils saluèrent en arrivant. Roland, le sourire sur les lèvres, ses belles dents à fleur de lèvres, répondit à leur salut.

Sir John s'approcha de son oreille.

— Vous êtes encore un peu pâle, dit-il; allez faire un tour jusqu'à la fontaine; j'irai vous chercher quand il sera temps.

— Ah! c'est une idée, cela, dit Roland; j'ai toujours eu envie de voir cette fameuse fontaine de Vaucluse, Hippocrène de Pétrarque. Vous connaissez son sonnet?

> Chiare, fresche e dolci acque
> Ove le belle membra
> Pose colei, che sola a me par donna.

Et cette occasion-ci passée, je n'en retrouverais peut-être pas une pareille. De quel côté est-elle, votre fontaine?

— Vous en êtes à trente pas; suivez le chemin, vous allez la trouver au détour de la route, au pied de cet énorme rocher dont vous voyez le faîte.

— Milord, dit Roland, vous êtes le meilleur cicerone que je connaisse; merci.

Et, faisant à son témoin un signe amical de la main, il s'éloigna dans la direction de la fontaine en chantonnant entre ses dents la charmante villanelle de Philippe Desportes :

> Rosette, pour un peu d'absence,
> Votre cœur vous avez changé ;
> Et, moi, sachant cette inconstance,
> Le mien autre part j'ai rangé.
> Jamais plus beauté si légère
> Sur moi tant de pouvoir n'aura ;
> Nous verrons, volage bergère,
> Qui premier s'en repentira.

Sir John se retourna aux modulations de cette voix à la fois fraîche et tendre, et qui, dans les notes élevées, avait quelque chose de la voix d'une femme; son esprit méthodique et froid ne comprenait rien à cette nature saccadée et nerveuse, sinon qu'il avait sous les yeux une des plus étonnantes organisations que l'on pût rencontrer.

Les deux jeunes gens l'attendaient; le chirurgien se tenait un peu à l'écart.

Sir John portait à la main sa boîte de pistolets; il la posa sur un rocher ayant la forme d'une table, tira de sa poche une petite clef qui semblait travaillée par un orfèvre, et non par un serrurier, et ouvrit la boîte.

Les armes étaient magnifiques, quoique d'une grande simplicité; elles sortaient des ateliers de Menton, le grand-père de celui qui aujourd'hui est encore un des meilleurs arquebusiers de Londres. Il les donna à examiner au témoin de M. de Barjols, qui en fit jouer les ressorts et poussa la gâchette d'arrière en avant, pour voir s'ils étaient à double détente.

Ils étaient à détente simple.

M. de Barjols jeta dessus un coup d'œil, mais ne les toucha même pas.

— Notre adversaire ne connaît point vos armes? demanda M. de Valensolle.

— Il ne les a même pas vues, répondit sir John, je vous en donne ma parole d'honneur.

— Oh! fit M. de Valensolle, une simple dénégation suffisait.

On régla une seconde fois, afin qu'il n'y eût point de malentendu, les conditions du combat déjà arrêtées; puis, ces conditions réglées, afin de perdre le moins de temps possible en préparatifs inutiles, on chargea les pistolets, on les remit tout chargés dans la boîte, on confia la boîte au chirurgien, et sir John, la clef de sa boîte dans sa poche, alla chercher Roland.

Il le trouva causant avec un petit pâtre qui faisait paître trois chèvres aux flancs roides et rocailleux de la montagne, et jetant des cailloux dans le bassin.

Sir John ouvrait la bouche pour lui dire que tout était prêt; mais lui, sans donner à l'Anglais le temps de parler :

— Vous ne savez pas ce que me raconte cet enfant, milord! Une véritable légende des bords du Rhin. Il dit que ce bassin, dont on ne connaît pas le fond, s'étend à plus de deux ou trois lieues sous la montagne, et sert de demeure à une fée, moitié femme, moitié serpent, qui, dans les nuits calmes et pures de l'été, glisse à la surface de l'eau, appelant les pâtres de la montagne et ne leur montrant, bien entendu, que sa tête aux longs cheveux, ses épaules nues et ses beaux bras; mais les imbéciles se laissent prendre à ce semblant de femme : ils s'approchent, lui font signe de venir à eux, tandis que, de son côté, la fée leur fait signe de venir à elle. Les imprudents s'avancent sans s'en apercevoir, ne regardant pas à leurs pieds; tout à coup la terre leur manque, la fée étend le bras, plonge avec eux dans ses palais humides, et, le lendemain, reparaît seule. Qui diable a pu faire à ces idiots de bergers le même conte que Virgile racontait en si beaux vers à Auguste et à Mécène?

Il demeura pensif un instant, et les yeux fixés sur cette eau azurée et profonde; puis, se retournant vers sir John :

— On dit que jamais nageur, si vigoureux qu'il soit, n'a reparu après avoir plongé dans ce gouffre; si j'y plongeais, milord, ce serait peut-être plus sûr que la balle de M. de Barjols. Au fait, ce sera toujours une dernière ressource; en attendant, essayons de la balle. Allons, milord, allons.

Et, prenant par dessous le bras l'Anglais émerveillé de cette mobilité d'esprit, il le ramena vers ceux qui les attendaient.

Eux, pendant ce temps, s'étaient occupés de chercher un endroit convenable et l'avaient trouvé.

C'était un petit plateau, accroché en quelque sorte à la rampe escarpée de la montagne, exposé au soleil couchant et portant une espèce de château en ruine, qui servait d'asile aux pâtres surpris par le mistral.

Un espace plan, d'une cinquantaine de pas de long et d'une vingtaine de pas de large, lequel avait dû être autrefois la plate-forme du château, allait être le théâtre du drame qui approchait de son dénoûment.

— Nous voici, messieurs, dit sir John.

— Nous sommes prêts, messieurs, dit M. de Valensolle.

— Que les adversaires veuillent bien écouter les conditions du combat, dit sir John.

Puis, s'adressant à M. de Valensolle :

— Redites-les, monsieur, ajouta-t-il; vous êtes Français et moi étranger, vous les expliquerez plus clairement que moi.

— Vous êtes de ces étrangers, milord, qui montreraient la langue à de pauvres Provençaux comme nous; mais, puisque vous avez la courtoisie de me céder la parole, j'obéirai à votre invitation.

Et il salua sir John, qui lui rendit son salut.

— Messieurs, continua le gentilhomme qui servait de témoin à M. de Barjols, il est convenu que l'on vous placera à quarante pas; que vous marcherez l'un vers l'autre; que chacun tirera à sa volonté, et, blessé ou non, aura la liberté de marcher après le feu de son adversaire.

Les deux combattants s'inclinèrent en signe d'assentiment, et, d'une même voix, presque en même temps, dirent :

— Les armes !

Sir John tira la petite clef de sa poche et ouvrit la boîte.

Puis il s'approcha de M. de Barjols et la lui présenta tout ouverte.

Celui-ci voulut renvoyer le choix des armes à son adversaire; mais, d'un signe de la main, Roland refusa en disant avec une voix d'une douceur presque féminine :

— Après vous, monsieur de Barjols; j'apprends que, quoique insulté par moi, vous avez renoncé à tous vos avantages; c'est bien le moins que je vous laisse celui-ci, si toutefois cela en est un.

M. de Barjols n'insista point davantage et prit au hasard un des deux pistolets.

Sir John alla offrir l'autre à Roland, qui le prit, l'arma, et, sans même en étudier le mécanisme, le laissa pendre au bout de son bras.

Pendant ce temps, M. de Valensolle mesurait les quarante pas : une canne avait été plantée au point de départ.

— Voulez-vous mesurer après moi, monsieur? demanda-t-il à sir John.

— Inutile, monsieur, répondit celui-ci; nous nous en rapportons, M. de Montrevel et moi, parfaitement à vous.

M. de Valensolle planta une seconde canne au quarantième pas.

— Messieurs, dit-il, quand vous voudrez.

Il frappa trois coups du pommeau de son pistolet. — Page 52.

L'adversaire de Roland était déjà à son poste, chapeau et habit bas.

Le chirurgien et les deux témoins se tenaient à l'écart.

L'endroit avait été si bien choisi, que nul ne pouvait avoir sur son ennemi désavantage de terrain ni de soleil.

Roland jeta près de lui son habit, son chapeau, et vint se placer à quarante pas de M. de Barjols, en face de lui.

Tous deux, l'un à droite, l'autre à gauche, envoyèrent un regard sur le même horizon.

L'aspect en était en harmonie avec la terrible solennité de la scène qui allait s'accomplir.

Rien à voir à la droite de Roland, ni à la gauche de M. de Barjols; c'était la montagne descendant vers eux avec la pente rapide et élevée d'un toit gigantesque.

Mais du côté opposé, c'est-à-dire à la droite de M. de Barjols et à la gauche de Roland, c'était tout autre chose.

L'horizon était infini.

Au premier plan, c'était cette plaine aux terrains rougeâtres trouée de tous côtés par des points de roches, et pareille à un cimetière de Titans dont les os perceraient la terre.

Au second plan, se dessinant en vigueur sur le soleil couchant, c'était Avignon avec sa ceinture de murailles et son palais gigantesque, qui, pareil à un lion accroupi, semble tenir la ville haletante sous sa griffe.

Au delà d'Avignon, une ligne lumineuse comme une rivière d'or fondu dénonçait le Rhône.

Enfin, de l'autre côté du Rhône, se levait comme une ligne d'azur foncé la chaîne de collines qui séparent Avignon de Nîmes et d'Uzès.

Au fond, tout au fond, le soleil, que l'un de ces deux hommes regardait probablement pour la dernière fois, s'enfonçait lentement et majestueusement dans un océan d'or et de pourpre.

Au reste, ces deux hommes formaient un contraste étrange.

L'un, avec ses cheveux noirs, son teint basané, ses membres grêles, son œil sombre, était le type de cette race méridionale qui compte parmi ses ancêtres des Grecs, des Romains, des Arabes et des Espagnols.

L'autre, avec son teint rosé, ses cheveux blonds, ses grands yeux azurés, ses mains potelées comme celles d'une femme, était le type de cette race des pays tempérés, qui compte les Gaulois, les Germains et les Normands parmi ses aïeux.

Si l'on voulait grandir la situation, il était facile d'en arriver à croire que c'était quelque chose de plus qu'un combat singulier entre deux hommes.

On pouvait croire que c'était le duel d'un peuple contre un autre peuple, d'une race contre une autre race, du Midi contre le Nord.

Étaient-ce les idées que nous venons d'exprimer qui occupaient l'esprit de Roland et qui le plongeaient dans une mélancolique rêverie ?

Ce n'est point probable.

Le fait est qu'un moment il sembla oublier témoins, duel, adversaire, abîmé qu'il était dans la contemplation du splendide spectacle.

La voix de M. de Barjols le tira de ce poétique engourdissement.

— Quand vous serez prêt, monsieur, dit-il, je le suis.

Roland tressaillit.

— Pardon de vous avoir fait attendre, monsieur, dit-il ; mais il ne fallait pas vous préoccuper de moi, je suis fort distrait ; me voici, monsieur.

Et, le sourire aux lèvres, les cheveux soulevés par le vent du soir, sans s'effacer, comme il l'eût fait dans une promenade ordinaire, tandis qu'au contraire son adversaire prenait toutes les précautions usitées en pareil cas, Roland marcha droit sur M. de Barjols.

La physionomie de sir John, malgré son impassibilité ordinaire, trahissait une angoisse profonde.

La distance s'effaçait rapidement entre les deux adversaires.

M. de Barjols s'arrêta le premier, visa et fit feu, au moment où Roland n'était plus qu'à dix pas de lui.

La balle de son pistolet enleva une boucle des cheveux de Roland, mais ne l'atteignit pas.

Le jeune homme se retourna vers son témoin.

— Eh bien, demanda-t-il, que vous avais-je dit ?

— Tirez, monsieur, tirez donc ! dirent les témoins.

M. de Barjols resta muet et immobile à la place où il avait fait feu.

— Pardon, messieurs, répondit Roland ; mais vous me permettrez, je l'espère, d'être juge du moment et de la façon dont je dois riposter. Après avoir essuyé le feu de M. de Barjols, j'ai à lui dire quelques paroles que je ne pouvais lui dire auparavant.

Puis, se retournant vers le jeune aristocrate, pâle mais calme :

— Monsieur, lui dit-il, peut-être ai-je été un peu vif dans notre discussion de ce matin.

Et il attendit.

— C'est à vous de tirer, monsieur, répondit M. de Barjols.

— Mais, continua Roland comme s'il n'avait pas entendu, vous allez comprendre la cause de cette vivacité et l'excuser peut-être. Je suis militaire et aide de camp du général Bonaparte.

— Tirez, monsieur, répéta le jeune noble.

— Dites une simple parole de rétractation, monsieur, reprit le jeune officier ; dites que la réputation d'honneur et de délicatesse du général Bonaparte est telle, qu'un mauvais proverbe italien, fait par des vaincus de mauvaise humeur, ne peut lui porter atteinte ; dites cela, et je jette cette arme loin de moi, et je vais vous serrer la main ; car, je le reconnais, monsieur, vous êtes un brave.

— Je ne rendrai hommage à cette réputation d'honneur et de délicatesse dont vous parlez, monsieur, que lorsque votre général en chef se servira de l'influence que lui a donnée son génie sur les affaires de la France, pour faire ce qu'a fait Monk, c'est-à-dire pour rendre le trône à son souverain légitime.

— Ah ! fit Roland avec un sourire, c'est trop demander d'un général républicain.

— Alors, je maintiens ce que j'ai dit, répondit le jeune noble ; tirez, monsieur, tirez.

Puis, comme Roland ne se hâtait pas d'obéir à l'injonction :

— Mais, ciel et terre ! tirez donc ! dit-il en frappant du pied.

Roland, à ces mots, fit u nmouvement indiquant qu'il allait tirer en l'air.

Alors, avec une vivacité de parole et de geste qui ne lui permit pas de l'accomplir :

— Ah ! s'écria M. de Barjols, ne tirez point en l'air, par grâce ! ou j'exige que l'on recommence et que vous fassiez feu le premier.

— Sur mon honneur ! s'écria Roland devenant aussi pâle que si tout son sang l'abandonnait, voici la première fois que j'en fais autant pour un homme, quel qu'il soit. Allez-vous-en au diable ! et, puisque vous ne voulez pas de la vie, prenez la m^{ort}.

Et à l'instant même, sans prendre la peine de viser, il abaissa son arme et fit feu.

Alfred de Barjols porta la main à sa poitrine, oscilla en avant et en arrière, fit un tour sur lui-même et tomba la face contre terre.

La balle de Roland lui avait traversé le cœur.

Sir John, en voyant tomber M. de Barjols, alla droit à Roland et l'entraîna vers l'endroit où il avait jeté son habit et son chapeau.

— C'est le troisième, murmura Roland avec un soupir; mais vous m'êtes témoin que celui-ci l'a voulu.

Et, rendant son pistolet tout fumant à sir John, il revêtit son habit et son chapeau.

Pendant ce temps, M. de Valensolle ramassait le pistolet échappé à la main de son ami et le rapportait avec la boîte à sir John.

— Eh bien? demanda l'Anglais en désignant des yeux Alfred de Barjols.

— Il est mort, répondit le témoin.

— Ai-je fait en homme d'honneur, monsieur? demanda Roland en essuyant avec son mouchoir la sueur qui, à l'annonce de la mort de son adversaire, lui avait subitement inondé le visage.

— Oui, monsieur, répondit M. de Valensolle; seulement, laissez-moi vous dire ceci : Vous avez la main malheureuse.

Et, saluant Roland et son témoin avec une exquise politesse, il retourna près du cadavre de son ami.

— Et vous, milord, reprit Roland, que dites-vous?

— Je dis, répliqua sir John avec une espèce d'admiration forcée, que vous êtes de ces hommes à qui le divin Shakespeare fait dire d'eux-mêmes : « Le danger et moi » sommes deux lions nés le même jour : » mais je suis l'aîné. »

V

ROLAND

Le retour fut muet et triste; on eût dit qu'en voyant s'évanouir ses chances de mort, Roland avait perdu toute sa gaieté.

La catastrophe dont il venait d'être l'auteur pouvait bien être pour quelque chose dans cette taciturnité; mais, hâtons-nous de le dire, Roland, sur le champ de bataille, et surtout dans sa dernière campagne contre les Arabes, avait eu trop souvent à enlever son cheval par-dessus les cadavres qu'il venait de faire, pour que l'impression produite sur lui par la mort d'un inconnu l'eût si fort impressionné.

Il y avait donc une autre raison à cette tristesse; il fallait donc que ce fût bien réellement celle que le jeune homme avait confiée à sir John. Ce n'était donc pas le regret de la mort d'autrui, c'était le désappointement de sa propre mort.

En rentrant à l'hôtel du Palais-Royal, sir John monta dans sa chambre pour y déposer ses pistolets, dont la vue pouvait exciter dans l'esprit de Roland quelque chose de pareil à un remords; puis il vint rejoindre le jeune officier pour lui remettre les trois lettres qu'il en avait reçues.

Il le trouva tout pensif et accoudé sur sa table.

Sans prononcer une parole, l'Anglais déposa les trois lettres devant Roland.

Le jeune homme jeta les yeux sur les adresses, prit celle qui était destinée à sa mère, la décacheta et la lut.

A mesure qu'il la lisait, de grosses larmes coulaient sur ses joues.

Sir John regardait avec étonnement cette nouvelle face sous laquelle Roland lui apparaissait.

Il eût cru tout possible à cette nature multiple, excepté de verser les larmes qui coulaient silencieusement de ses yeux.

Puis, secouant la tête et sans faire le moins du monde attention à la présence de sir John, Roland murmura :

— Pauvre mère! elle eût bien pleuré; peut-être vaut-il mieux que cela soit ainsi : des mères ne sont pas faites pour pleurer leurs enfants!

Et, d'un mouvement machinal, il déchira la lettre écrite à sa mère, celle écrite à sa sœur, et celle écrite au général Bonaparte.

Après quoi, il en brûla avec soin tous les morceaux.

Alors, sonnant la fille de chambre :

— Jusqu'à quelle heure peut-on mettre les lettres à la poste? demanda-t-il.

— Jusqu'à six heures et demie, répondit celle-ci; vous n'avez plus que quelques minutes.

— Attendez, alors.

Il prit une plume et écrivit.

« Mon cher général,

» Je vous l'avais bien dit, je suis vivant et lui mort. Vous conviendrez que cela a l'air d'une gageure.

» Dévouement jusqu'à la mort.

» Votre paladin,

» ROLAND. »

Puis il cacheta la lettre, écrivit sur l'adresse : *Au général Bonaparte, rue de la Victoire, à Paris*, et la remit à la fille de chambre en lui recommandant de ne pas perdre une seconde pour la faire mettre à la poste.

Ce fut alors seulement qu'il parut remarquer sir John et qu'il lui tendit la main.

— Vous venez de me rendre un grand service, milord, lui dit-il, un de ces services qui lient deux hommes pour l'éternité. Je suis déjà votre ami; voulez-vous me faire l'honneur d'être le mien?

Sir John serra la main que lui présentait Roland.

— Oh! dit-il, je vous remercie bien beaucoup. Je n'eusse point osé vous demander cet honneur; mais vous me l'offrez... je l'accepte.

Et, à son tour, l'impassible Anglais sentit s'amollir son cœur et secoua une larme qui tremblait au bout de ses cils.

Puis, regardant Roland :

— Il est très-malheureux, dit-il, que vous soyez si pressé de partir; j'eusse été heureux et satisfait de passer encore un jour ou deux avec vous.

— Où alliez-vous, milord, quand je vous ai rencontré?

— Oh! moi, nulle part, je voyageais pour désennuyer moi! J'ai le malheur de m'ennuyer souvent.

— De sorte que vous n'alliez nulle part?

— J'allais partout.

— C'est exactement la même chose, dit le jeune officier en souriant. Eh bien, voulez-vous faire une chose?

— Oh! très-volontiers, si c'est possible.

— Parfaitement possible : elle ne dépend que de vous.

— Dites.

— Vous deviez, si j'étais tué, me reconduire mort à ma mère, ou me jeter dans le Rhône?

— Je vous eusse reconduit mort à votre mère et pas jeté dans le Rhône.

— Eh bien, au lieu de me reconduire mort, reconduisez-moi vivant, vous n'en serez que mieux reçu.

— Oh!

— Nous resterons quinze jours à Bourg; c'est ma ville natale, une des villes les plus ennuyeuses de France; mais, comme vos compatriotes brillent surtout par l'originalité, peut-être vous amuserez-vous où les autres s'ennuient. Est-ce dit?

— Je ne demanderais pas mieux, fit l'Anglais; mais il me semble que c'est peu convenable de ma part.

— Oh! nous ne sommes pas en Angleterre, milord, où l'étiquette est une souveraine absolue. Nous, nous n'avons plus ni roi ni reine, et nous n'avons pas coupé le cou à cette pauvre créature que l'on appelait Marie-Antoinette, pour mettre Sa Majesté l'Étiquette à sa place.

— J'en ai bien envie, dit sir John.

— Vous le verrez, ma mère est une excellente femme, d'ailleurs fort distinguée. Ma sœur avait seize ans quand je suis parti, elle doit en avoir dix-huit; elle était jolie, elle doit être belle. Il n'y a pas jusqu'à mon frère Édouard, un charmant gamin de douze ans, qui vous fera partir des fusées dans les jambes et qui baragouinera l'anglais avec vous; puis, ces quinze jours passés, nous irons à Paris ensemble.

— J'en viens, de Paris, fit l'Anglais.

— Attendez donc, vous vouliez aller en Égypte pour voir le général Bonaparte : il n'y a pas si loin d'ici à Paris que d'ici au Caire; je vous présenterai à lui; présenté par moi, soyez tranquille, vous serez bien reçu. Puis vous parliez de Shakespeare tout à l'heure.

— Oh! oui, j'en parle toujours.

— Cela prouve que vous aimez les comédies, les drames.

— Je les aime beaucoup, c'est vrai.

— Eh bien, le général Bonaparte est sur le point d'en faire représenter un à sa façon, qui ne manquera pas d'intérêt, je vous en réponds.

— Ainsi, dit sir John hésitant encore, je puis, sans être indiscret, accepter votre offre?

— Je le crois bien, et vous ferez plaisir à tout le monde, à moi surtout.

— J'accepte, alors.

— Bravo! Eh bien, voyons, quand voulez-vous partir?

— Aussitôt qu'il vous plaira. Ma calèche était attelée quand vous avez jeté cette malheureuse assiette à la tête de Barjols; mais comme, sans cette assiette, je ne vous eusse jamais connu, je suis content que vous la lui ayez jetée; oui, très-content.

— Voulez-vous que nous partions ce soir?

— A l'instant. Je vais dire au postillon de renvoyer un de ses camarades avec d'autres chevaux, et, le postillon et les chevaux arrivés, nous partons.

Roland fit un signe d'assentiment.

Sir John sortit pour donner ses ordres, remonta en disant qu'il venait de faire servir deux côtelettes et une volaille froide.

Roland prit la valise et descendit.

L'Anglais réintégra ses pistolets dans le coffre de sa voiture.

Tous deux mangèrent un morceau pour pouvoir marcher toute la nuit sans s'arrêter, et, comme neuf heures sonnaient à l'église des Cordeliers, tous deux s'accommodèrent dans la voiture et quittèrent Avignon, où leur passage laissait une nouvelle tache de sang, Roland avec l'insouciance de son caractère, sir John Tanlay avec l'impassibilité de sa nation.

Un quart d'heure après, tous deux dormaient, ou du moins le silence que chacun gardait de son côté pouvait faire croire qu'ils avaient cédé au sommeil.

Nous profiterons de cet instant de repos pour donner à nos lecteurs quelques renseignements indispensables sur Roland et sa famille.

Roland était né le 1er juillet 1773, quatre ans et quelques jours après Bonaparte, aux côtés duquel, ou plutôt à la suite duquel il a fait son apparition dans ce livre.

Il était fils de M. Charles de Montrevel, colonel d'un régiment longtemps en garnison à la Martinique, où il s'était marié à une créole nommée Clotilde de la Clémencière.

Trois enfants étaient nés de ce mariage, deux garçons et une fille : Louis, avec qui nous avons fait connaissance sous le nom de Roland ; Amélie, dont celui-ci avait vanté la beauté à sir John, et Édouard.

Rappelé en France vers 1782, M. de Montrevel avait obtenu l'admission du jeune Louis de Montrevel (nous verrons plus tard comment il troqua son nom de Louis contre celui de Roland), à l'École militaire de Paris.

Louis était le plus jeune des élèves.

Quoiqu'il n'eût que treize ans, il se faisait déjà remarquer par ce caractère indomptable et querelleur dont nous lui avons vu, dix-sept ans plus tard, donner un exemple à la table d'hôte d'Avignon.

Bonaparte avait, lui, tout enfant aussi, le bon côté de ce caractère, c'est-à-dire que, sans être querelleur, il était absolu, entêté, indomptable ; il reconnut dans l'enfant quelques-unes des qualités qu'il avait lui-même, et cette parité de sentiments fit qu'il lui pardonna ses défauts et s'attacha à lui.

De son côté, l'enfant, sentant dans le jeune Corse un soutien, s'y appuya.

Un jour, l'enfant vint trouver son grand ami, — c'est ainsi qu'il appelait Napoléon, — au moment où celui-ci était profondément enseveli dans la solution d'un problème de mathématiques.

Il savait l'importance que le futur officier d'artillerie attachait à cette science qui lui avait valu jusque-là ses plus grands, ou plutôt ses seuls succès.

Il se tint debout près de lui, sans parler, sans bouger.

Le jeune mathématicien devina la présence de l'enfant et s'enfonça de plus en plus dans ses déductions mathématiques, d'où, au bout de dix minutes, il se tira enfin à son honneur.

Alors, il se retourna vers son jeune camarade avec la satisfaction intérieure de l'homme qui sort vainqueur d'une lutte quelconque, soit contre la science, soit contre la matière.

L'enfant était debout, pâle, les dents serrées, les bras roides, les poings fermés.

— Oh ! oh ! dit le jeune Bonaparte, qu'y a-t-il donc de nouveau ?

— Il y a que Valence, le neveu du gouverneur, m'a donné un soufflet.

— Ah ! dit Bonaparte en riant, et tu viens me chercher pour que je le lui rende ?

L'enfant secoua la tête.

— Non, dit-il je viens te chercher parce que je veux me battre.

— Avec Valence ?

— Oui.

— Mais c'est Valence qui te battra, mon enfant ; il est quatre fois fort comme toi.

— Aussi, je ne veux pas me battre contre lui comme se battent les enfants, mais comme se battent les hommes.

— Ah bah !

— Cela t'étonne ? demanda l'enfant.

— Non, dit Bonaparte.

— Et à quoi veux-tu te battre ?

— A l'épée.

— Mais les sergents seuls ont des épées, et ils ne vous en prêteront pas.

— Nous nous passerons d'épées.

— Et avec quoi vous battrez-vous ?

L'enfant montra au jeune mathématicien le compas avec lequel il venait de faire ses équations.

— Oh ! mon enfant, dit Bonaparte, c'est une bien mauvaise blessure que celle d'un compas.

— Tant mieux, répliqua Louis, je le tuerai.

— Et, s'il te tue, toi ?

— J'aime mieux cela que de garder son soufflet.

Bonaparte n'insista pas davantage : il aimait le courage par instinct : celui de son jeune camarade lui plut.

— Eh bien soit ! reprit-il ; j'irai dire à Valence que tu veux te battre avec lui, mais demain.

— Pourquoi demain ?

— Tu auras la nuit pour réfléchir.

— Et d'ici à demain, répliqua l'enfant, Valence croira que je suis un lâche !

Puis, secouant la tête :

— C'est trop long d'ici à demain.

Et il s'éloigna.

— Où vas-tu ? lui demanda Bonaparte.

— Je vais demander à un autre s'il veut être mon ami.

— Je ne le suis donc plus, moi ?

— Tu ne l'es plus, puisque tu me crois un lâche.

— C'est bien, dit le jeune homme en se levant.

— Tu y vas ?

— J'y vais.

— Tout de suite ?

— Tout de suite.

— Ah ! s'écria l'enfant, je te demande pardon : tu es toujours mon ami.

Et il lui sauta au cou en pleurant.

C'étaient les premières larmes qu'il avait versées depuis le soufflet reçu.

Bonaparte alla trouver Valence et lui expliqua gravement la mission dont il était chargé.

Valence était un grand garçon de dix-sept ans, ayant déjà comme chez certaines natures hâtives, de la barbe et des moustaches : il en paraissait vingt.

Il avait, en outre, la tête de plus que celui qu'il avait insulté.

Valence répondit que Louis était venu lui tirer la queue de la même façon qu'il eût tiré un cordon de sonnette : — on portait des queues à cette époque ; — qu'il l'avait prévenu deux fois de ne pas y revenir, que Louis y était revenu une troisième, et qu'alors, ne voyant en lui qu'un gamin, il l'avait traité comme un gamin.

On alla porter la réponse de Valence à Louis, qui répliqua que tirer la queue d'un camarade n'était qu'une taquinerie, tandis que donner un soufflet était une insulte.

L'entêtement donnait à un enfant de treize ans la logique d'un homme de trente.

Le moderne Popilius retourna porter la guerre à Valence.

Le jeune homme était fort embarrassé : il ne pouvait, sous peine de ridicule, se battre avec un enfant : s'il se battait et qu'il le blessât, c'était odieux ; s'il était blessé lui-même, c'était à ne jamais s'en consoler de sa vie.

Cependant l'entêtement de Louis, qui n'en démordait pas, rendait l'affaire grave.

On assembla le conseil des *grands*, comme cela se faisait dans les circonstances sérieuses.

Le conseil des grands décida qu'un des leurs ne pouvait pas se battre avec un enfant ; mais que, puisque cet enfant s'obstinait à se regarder comme un jeune homme, Valence lui dirait devant tous ses compagnons qu'il était fâché de s'être laissé emporter à le traiter comme un enfant et que désormais il le regarderait comme un jeune homme.

On envoya chercher Louis, qui attendait dans la chambre de son ami ; on l'introduisit au milieu du cercle que faisaient dans la cour les jeunes élèves.

Là, Valence, à qui ses camarades avaient dicté une sorte de discours longtemps débattu entre eux pour sauvegarder l'honneur des grands à l'endroit des petits, déclara à Louis qu'il était au désespoir de ce qui était arrivé, qu'il l'avait traité selon son âge, et non selon son intelligence et son courage, le priant de vouloir bien excuser sa vivacité et de lui donner la main en signe que tout était oublié.

Mais Louis secoua la tête.

— J'ai entendu dire un jour à mon père, qui est colonel, répliqua-t-il, que celui qui recevait un soufflet et qui ne se battait pas était un lâche. La première fois que je verrai mon père, je lui demanderai si celui qui donne le soufflet et qui fait des excuses pour ne pas se battre n'est pas plus lâche que celui qui l'a reçu.

Les jeunes gens se regardèrent ; mais l'avis général avait été contre un duel qui eût ressemblé à un assassinat, et les jeunes gens à l'unanimité, Bonaparte compris, affirmèrent à l'enfant qu'il devait se contenter de ce qu'avait dit Valence, ce que Valence avait dit étant le résumé de l'opinion générale.

Louis se retira pâle de colère, et boudant son grand ami, qui, disait-il avec un imperturbable sérieux, avait abandonné les intérêts de son honneur.

Le lendemain, à la leçon de mathématiques des grands, Louis se glissa dans la salle d'études, et, tandis que Valence faisait une démonstration sur la table noire, il s'approcha de lui sans que personne le remarquât, monta sur un tabouret, afin de parvenir à la hauteur de son visage, et lui rendit le soufflet qu'il en avait reçu la veille.

— Là, dit-il, maintenant nous sommes quittes et j'ai tes excuses de plus ; car, moi, je ne t'en ferai pas, tu peux bien être tranquille.

Le scandale fut grand ; le fait s'était passé en présence du professeur, qui fut obligé de faire son rapport au gouverneur de l'école, le marquis Tiburce Valence.

Celui-ci qui ne connaissait pas les antécédents du soufflet reçu par son neveu, fit venir le délinquant devant lui, et après une effroyable semonce, lui annonça qu'il ne faisait plus partie de l'école, et qu'il devait le même jour se tenir prêt à retourner à Bourg, près de sa mère.

Louis répondit que, dans dix minutes, son paquet serait fait, et que, dans un quart d'heure, il serait hors de l'école.

Du soufflet qu'il avait reçu lui-même, il ne dit point un mot.

La réponse parut plus qu'irrévérencieuse au marquis Tiburce Valence ; il avait bonne envie d'envoyer l'insolent pour huit jours au cachot, mais il ne pouvait à la fois l'envoyer au cachot et le mettre à la porte.

On donna à l'enfant un surveillant qui ne devait plus le quitter qu'après l'avoir déposé dans la voiture de Mâcon ; madame de Montrevel serait prévenue d'aller recevoir son fils à la descente de la voiture.

Bonaparte rencontra le jeune homme suivi de son surveillant, et lui demanda une explication sur cette espèce de garde de la connétablie attaché à sa personne.

— Je vous raconterais cela si vous étiez encore mon ami, répondit l'enfant ; mais vous ne l'êtes plus : pourquoi vous inquiétez-vous de ce qui m'arrive de bon ou de mauvais ?

Bonaparte fit un signe au surveillant, qui, tandis que Louis faisait sa petite malle, vint lui parler à la porte.

Il apprit alors que l'enfant était chassé de l'école.

La mesure était grave : elle désespérait toute une famille et brisait peut-être l'avenir de son jeune camarade.

Avec cette rapidité de décision qui était un des signes caractéristiques de son organisation, il prit le parti de faire demander une audience au gouverneur, tout en recommandant au surveillant de ne pas presser le départ de Louis.

Bonaparte était un excellent élève, fort aimé à l'école, fort estimé du marquis Tiburce Valence ; sa demande lui fut donc accordée à l'instant même.

Introduit près du gouverneur, il lui raconta tout, et, sans charger le moins du monde Valence, il tâcha d'innocenter Louis.

— C'est vrai, ce que vous me racontez là, monsieur ? demanda le gouverneur.

— Interrogez votre neveu lui-même, je m'en rapporterai à ce qu'il vous dira.

On envoya chercher Valence. Il avait

après l'expulsion de Louis et venait lui-même raconter à son oncle ce qui s'était passé.

Son récit fut entièrement conforme à celui du jeune Bonaparte.

— C'est bien, dit le gouverneur; Louis ne partira pas, c'est vous qui partirez; vous êtes en âge de sortir de l'école.

Puis, sonnant :

— Que l'on me donne le tableau des sous-lieutenances vacantes, dit-il au planton.

Le même jour, une sous-lieutenance était demandée d'urgence au ministre pour le jeune Valence.

Le même soir, Valence partait pour rejoindre son régiment.

Il alla dire adieu à Louis, qu'il embrassa moitié de gré, moitié de force, tandis que Bonaparte lui tenait les mains.

L'enfant ne reçut l'accolade qu'à contre-cœur.

— C'est bien pour maintenant, dit-il; mais, si nous nous rencontrons jamais et que nous ayons tous deux l'épée au côté...

Un geste de menace acheva sa phrase.

Valence partit.

Le 10 octobre 1785, Bonaparte recevait lui-même son brevet de sous-lieutenant : il faisait partie des cinquante-huit brevets que Louis XVI venait de signer pour l'École militaire.

Onze ans ans plus tard, le 15 novembre 1796, Bonaparte, général en chef de l'armée d'Italie, à la tête du pont d'Arcole, que défendaient deux régiments de Croates et deux pièces de canon, voyant la mitraille et la fusillade décimer ses rangs, sentant la victoire plier entre ses mains, s'effrayant de l'hésitation des plus braves, arrachait aux doigts crispés d'un mort un drapeau tricolore et s'élançait sur le pont en s'écriant : « Soldats! n'êtes-vous plus les hommes de Lodi? » lorsqu'il s'aperçut qu'il était dépassé par un jeune lieutenant qui le couvrait de son corps.

Ce n'était point ce que voulait Bonaparte; il voulait passer le premier; il eût voulu, si la chose eût été possible, passer seul.

Il saisit le jeune homme par le pan de son habit, et, le tirant en arrière :

— Citoyen, dit-il, tu n'es que lieutenant, je suis général en chef; à moi le pas.

— C'est trop juste, répondit celui-ci.

Et il suivit Bonaparte, au lieu de le précéder.

Le soir, en apprenant que deux divisions autrichiennes avaient été complétement détruites, en voyant les deux mille prisonniers qu'il avait faits, en comptant les canons et les drapeaux enlevés, Bonaparte se souvint de ce jeune lieutenant qu'il avait trouvé devant lui au moment où il croyait n'avoir devant lui que la mort.

— Berthier, dit-il, donne l'ordre à mon aide de camp Valence de me chercher un jeune lieutenant de grenadiers avec lequel j'ai eu une affaire ce matin sur le pont d'Arcole.

— Général, répondit Berthier en balbutiant, Valence est blessé.

— En effet, je ne l'ai pas vu aujourd'hui. Blessé, où? comment? sur le champ de bataille?

— Non, général; il a pris hier une querelle et a reçu un coup d'épée à travers la poitrine.

Bonaparte fronça le sourcil.

— On sait cependant autour de moi que je n'aime pas les duels; le sang d'un soldat n'est pas à lui, il est à la France. Donne l'ordre à Muiron, alors.

— Il est tué, général.

— A Elliot, en ce cas.

— Tué aussi.

Bonaparte tira un mouchoir de sa poche et le passa sur son front inondé de sueur.

— A qui vous voudrez, alors; mais je veux voir ce lieutenant.

Il n'osait plus nommer personne, de peur d'entendre encore retentir cette fatale parole : « Il est tué. »

Un quart d'heure après, le jeune lieutenant était introduit sous sa tente.

La lampe ne jetait qu'une faible lueur.

— Approchez, lieutenant, dit Bonaparte.

Le jeune homme fit trois pas et entra dans le cercle de lumière.

— C'est donc vous, continua Bonaparte, qui vouliez ce matin passer avant moi ?

— C'était un pari que j'avais fait, général, répondit gaiement le jeune lieutenant, dont la voix fit tressaillir le général en chef.

— Et je vous l'ai fait perdre ?

— Peut-être oui, peut-être non.

— Et quel était ce pari ?

— Que je serais nommé aujourd'hui capitaine.

— Vous avez gagné.

— Merci, général.

Et le jeune homme s'élança comme pour serrer la main de Bonaparte ; mais presque aussitôt il fit un mouvement en arrière.

La lumière avait éclairé son visage pendant une seconde ; cette seconde avait suffi au général en chef pour remarquer le visage comme il avait remarqué la voix.

Ni l'un ni l'autre ne lui étaient inconnus.

Il chercha un instant dans sa mémoire ; mais, trouvant sa mémoire rebelle :

— Je vous connais, dit-il.

— C'est possible, général.

— C'est certain même ; seulement je ne puis me rappeler votre nom.

— Vous vous êtes arrangé, général, de manière qu'on n'oublie pas le vôtre.

— Qui êtes-vous ?

— Demandez à Valence, général.

Bonaparte poussa un cri de joie.

— Louis de Montrevel, dit-il.

Et il ouvrit ses deux bras.

Cette fois, le jeune lieutenant ne fit point difficulté de s'y jeter.

— C'est bien, dit Bonaparte, tu feras huit jours le service de ton nouveau grade, afin qu'on s'habitue à te voir sur le dos les épaulettes de capitaine, et puis tu remplaceras mon pauvre Muiron comme aide de camp. Va !

— Encore une fois, dit le jeune homme en faisant le geste d'un homme qui ouvre les bras.

— Ah ! ma foi ! oui, dit Bonaparte avec joie.

Et, le retenant contre lui après l'avoir embrassé une seconde fois :

— Ah çà ! c'est donc toi qui as donné un coup d'épée à Valence ? lui demanda-t-il.

— Dame ! général, répondit le nouveau capitaine et le futur aide de camp, vous étiez là quand je le lui ai promis : un soldat n'a que sa parole.

Huit jours après, le capitaine Montrevel faisait le service d'officier d'ordonnance près du général en chef qui avait remplacé son prénom de *Louis,* malsonnant à cette époque, par le pseudonyme de *Roland.*

Et le jeune homme s'était consolé de ne plus descendre de saint Louis en devenant le neveu de Charlemagne.

Roland, — nul ne se serait avisé d'appeler le capitaine Montrevel *Louis,* du moment où Bonaparte l'avait baptisé Roland, — Roland fit avec le général en chef la campagne d'Italie, et revint avec lui à Paris, après la paix de Campo-Formio.

Lorsque l'expédition d'Égypte fut décidée, Roland, que la mort du général de brigade de Montrevel, tué sur le Rhin tandis que son fils combattait sur l'Adige et le Mincio, avait rappelé près de sa mère, Roland fut désigné un des premiers par le général en chef pour prendre rang dans l'inutile mais poétique croisade qu'il entreprenait.

Il laissa sa mère, sa sœur Amélie et son jeune frère Édouard à Bourg, ville natale du général de Montrevel ; ils habitaient à trois quarts de lieue de la ville, c'est-à-dire aux Noires-Fontaines, une charmante maison à laquelle on donnait le nom de château, et qui, avec une ferme et quelques centaines d'arpents de terre situés aux environs, formait toute la fortune du général, six ou huit mille livres de rente à peu près.

Ce fut une grande douleur au cœur de la pauvre veuve que le départ de Roland pour cette aventureuse expédition ; la mort du père semblait présager celle du fils, et madame de Montrevel, douce et tendre créole, était loin d'avoir les âpres vertus d'une mère de Sparte ou de Lacédémone.

Bonaparte, qui aimait de tout son cœur son ancien camarade de l'École militaire, avait permis à celui-ci de le rejoindre au dernier moment à Toulon.

Mais la peur d'arriver trop tard empêcha Roland de profiter de la permission dans toute son étendue. Il quitta sa mère en lui promettant une chose qu'il n'avait garde de tenir : c'était de ne s'exposer que dans les cas d'une absolue nécessité, et arriva à Marseille huit jours avant que la flotte ne mît à la voile.

Notre intention n'est pas plus de faire une relation de la campagne d'Égypte que nous n'en avons fait une de la campagne d'Italie. Nous n'en dirons que ce qui sera absolument nécessaire à l'intelligence de cette histoire et au développement du caractère de Roland.

Le 19 mai 1798, Bonaparte et tout son état-major mettaient à la voile pour l'Orient ; le 15 juin, les chevaliers de Malte lui rendaient les clefs de la citadelle. Le 2 juillet, l'armée débarquait au Marabout ; le même jour, elle prenait Alexandrie ; le 25, Bonaparte entrait au Caire après avoir battu les mameluks à Chébreïss et aux Pyramides.

Pendant cette suite de marches et de combats, Roland avait été l'officier que nous connaissons, gai, courageux, spirituel, bravant la chaleur dévorante des jours, la rosée glaciale des nuits, se jetant en héros ou en fou au milieu des sabres turcs ou des balles bédouines.

En outre, pendant les quarante jours de traversée, il n'avait point quitté l'interprète Ventura ; de sorte qu'avec sa facilité admirable, il était arrivé, non point à parler couramment l'arabe, mais à se faire entendre dans cette langue.

Aussi arrivait-il souvent que, quand le général en chef ne voulait point avoir recours à l'interprète juré, c'était Roland qu'il chargeait de faire certaines communications aux muftis, aux ulémas et aux cheiks.

Pendant la nuit du 20 au 21 octobre, le Caire se révolta ; à cinq heures du matin, on apprit la mort du général Dupuy, tué d'un coup de lance ; à huit heures du matin, au moment où l'on croyait être maître de l'insurrection, un aide camp du général mort accourut, annonçant que les Bédouins de la campagne menaçaient Bab-el-Nasr ou la porte de la Victoire.

Bonaparte déjeunait avec son aide de camp Sulkowsky, grièvement blessé à Salahiéh, et qui se levait à grand'peine de son lit de douleur.

Bonaparte, dans sa préoccupation, oublia l'état dans lequel était le jeune Polonais.

— Sulkowsky, dit-il, prenez quinze guides, et allez voir ce que nous veut cette canaille.

Sulkowsky se leva.

— Général, dit Roland, chargez-moi de la commission ; vous voyez bien que mon camarade peut à peine se tenir debout.

— C'est juste, dit Bonaparte ; va.

Roland sortit, prit quinze guides et partit.

Mais l'ordre avait été donné à Sulkowsky, et Sulkowsky tenait à l'exécuter.

Il partit de son côté avec cinq ou six hommes qu'il trouva prêts.

Soit hasard, soit qu'il connût mieux que Roland les rues du Caire, il arriva quelques secondes avant lui à la porte de la Victoire.

En arrivant à son tour, Roland vit un officier que les Arabes emmenaient ; ses cinq ou six hommes étaient déjà tués.

Quelquefois les Arabes, qui massacraient impitoyablement les soldats, épargnaient les officiers dans l'espoir d'une rançon.

Roland reconnut Sulkowsky ; il le montra de la pointe de son sabre à ses quinze hommes, et chargea au galop.

Une demi-heure après, un guide rentrait seul au quartier général, annonçant la mort de Sulkowsky, de Roland et de ses vingt et un compagnons.

Bonaparte, nous l'avons dit, aimait Roland comme un frère, comme un fils, comme il aimait Eugène ; il voulut connaître la catastrophe dans tous ses détails et interrogea le guide.

Le guide avait vu un Arabe trancher la

tête de Sulkowsky et attacher cette tête à l'arçon de sa selle.

Quant à Roland, son cheval avait été tué. Pour lui, il s'était dégagé des étriers et avait combattu un instant à pied ; mais bientôt il avait disparu dans une fusillade presque à bout portant.

Bonaparte poussa un soupir, versa une larme, murmura : « Encore un ! » et sembla n'y plus penser.

Seulement, il s'informa à quelle tribu appartenaient les Arabes bédouins qui venaient de lui tuer deux des hommes qu'il aimait le mieux.

Il apprit que c'était une tribu d'Arabes insoumis dont le village était distant de dix lieues à peu près.

Bonaparte leur laissa un mois, afin qu'ils crussent bien à leur impunité ; puis, un mois écoulé, il ordonna à un de ses aides de camp, nommé Croisier, de cerner le village, de détruire les huttes, de faire couper la tête aux hommes, de mettre les têtes dans des sacs, et d'amener au Caire le reste de la population, c'est-à-dire les femmes et les enfants.

Croisier exécuta ponctuellement l'ordre ; on amena au Caire toute la population de femmes et d'enfants que l'on put prendre, et, parmi cette population, un Arabe vivant, lié et garrotté sur son cheval.

— Pourquoi cet homme vivant ? demanda Bonaparte ; j'avais dit de trancher la tête à tout ce qui était en état de porter les armes.

— Général, dit Croisier, qui, lui aussi, baragouinait quelques mots d'arabe, au moment où j'allais faire couper la tête de cet homme, j'ai cru comprendre qu'il offrait d'échanger sa vie contre celle d'un prisonnier. J'ai pensé que nous aurions toujours le temps de lui couper la tête, et je l'ai amené. Si je me suis trompé, la cérémonie qui aurait dû avoir lieu là-bas se fera ici même ; ce qui est différé n'est pas perdu.

On fit venir l'interprète Ventura et l'on interrogea le Bédouin.

Le Bédouin répondit qu'il avait sauvé la vie à un officier français, grièvement blessé à la porte de la Victoire ; que cet officier, qui parlait un peu l'arabe, s'était dit aide de camp du général Bonaparte ; qu'il l'avait envoyé à son frère, qui exerçait la profession de médecin dans la tribu voisine ; que l'officier était prisonnier dans cette tribu, et que, si on voulait lui promettre la vie, il écrirait à son frère de renvoyer le prisonnier au Caire.

C'était peut-être une fable pour gagner du temps, mais c'était peut-être aussi la vérité ; on ne risquait rien d'attendre.

On plaça l'Arabe sous bonne garde, on lui donna un thaleb qui écrivit sous sa dictée, il scella la lettre de son cachet, et un Arabe du Caire partit pour mener la négociation.

Il y avait, si le négociateur réussissait, la vie pour le Bédouin, cinq cents piastres pour le négociateur.

Trois jours après, le négociateur revint ramenant Roland.

Bonaparte avait espéré ce retour, mais il n'y avait pas cru.

Ce cœur de bronze, qui avait paru insensible à la douleur, se fondit dans la joie. Il ouvrit ses bras à Roland comme au jour où il l'avait retrouvé, et deux larmes, deux perles — les larmes de Bonaparte étaient rares — coulèrent de ses yeux.

Quant à Roland, chose étrange ! il resta sombre au milieu de la joie qu'occasionnait son retour, confirma le récit de l'Arabe, appuya sa mise en liberté, mais refusa de donner aucun détail personnel sur la façon dont il avait été pris par les bédouins et traité par le thaleb : quant à Sulkowsky, il avait été tué et décapité sous ses yeux ; il n'y fallait donc plus songer.

Seulement, Roland reprit son service d'habitude, et l'on remarqua que ce qui, jusque-là, avait été du courage chez lui, était devenu de la témérité ; que ce qui avait été un besoin de gloire, semblait être devenu un besoin de mort.

D'un autre côté, comme il arrive à ceux qui bravent le fer et le feu, le fer et le feu s'écartèrent miraculeusement de lui; devant, derrière Roland, à ses côtés, les hommes tombaient : lui restait debout, invulnérable comme le démon de la guerre.

Lors de la campagne de Syrie, on envoya deux parlementaires sommer Djezzar-Pacha de rendre Saint-Jean-d'Acre; les deux parlementaires ne reparurent plus : ils avaient eu la tête tranchée.

On dut en envoyer un troisième : Roland se présenta, insista pour y aller, en obtint, à force d'instances, la permission du général en chef, et revint.

Il fut de chacun des dix-neuf assauts qu'on livra à la forteresse; à chaque assaut on le vit parvenir sur la brèche : il fut un des dix hommes qui pénétrèrent dans la tour Maudite; neuf y restèrent, lui revint sans une égratignure.

Pendant la retraite, Bonaparte ordonna à ce qui restait de cavaliers dans l'armée de donner leurs chevaux aux blessés et aux malades; c'était à qui ne donnerait pas son cheval aux pestiférés, de peur de la contagion.

Roland donna le sien de préférence à ceux-ci : trois tombèrent de son cheval à terre; il remonta son cheval après eux, et arriva sain et sauf au Caire.

A Aboukir, il se jeta au milieu de la mêlée, pénétra jusqu'au pacha en forçant la ceinture de noirs qui l'entouraient, l'arrêta par la barbe, et essuya le feu de ses deux pistolets, dont l'un brûla l'amorce seulement; la balle de l'autre passa sous son bras et alla tuer un guide derrière lui.

Quant Bonaparte prit la résolution de revenir en France, Roland fut le premier à qui le général en chef annonça ce retour. Tout autre eût bondi de joie; lui resta triste et sombre, disant :

— J'aurais mieux aimé que nous restassions ici, général; j'avais plus de chance d'y mourir.

Cependant, c'eût été une ingratitude à lui de ne pas suivre le général en chef; il le suivit.

Pendant toute la traversée, il resta morne et impassible. Dans les mers de Corse, on aperçut la flotte anglaise; là seulement, il sembla se reprendre à la vie. Bonaparte avait déclaré à l'amiral Gantheaume que l'on combattrait jusqu'à la mort, et avait donné l'ordre de faire sauter la frégate plutôt que d'amener le pavillon.

On passa sans être vu au milieu de la flotte, et, le 8 octobre 1799, on débarqua à Fréjus.

Ce fut à qui toucherait le premier la terre de France; Roland descendit le dernier.

Le général en chef semblait ne faire attention à aucun de ces détails, pas un ne lui échappait; il fit partir Eugène, Berthier, Bourrienne, ses aides de camp, sa suite, par la route de Gap et de Draguignan.

Lui, prit incognito la route d'Aix, afin de juger par ses yeux de l'état du Midi, ne gardant avec lui que Roland.

Dans l'espoir qu'à la vue de la famille, la vie rentrerait dans ce cœur brisé d'une atteinte inconnue, il lui avait annoncé, en arrivant à Aix, qu'il le laisserait à Lyon, et lui donnait trois semaines de congé à titre de gratification pour lui et de surprise à sa mère et à sa sœur.

Roland avait répondu :

— Merci, général; ma sœur et ma mère seront bien heureuses de me revoir.

Autrefois Roland aurait répondu : « Merci, général, je serai bien heureux de revoir ma mère et ma sœur. »

Nous avons assisté à ce qui s'était passé à Avignon; nous avons vu avec quel mépris profond du danger, avec quel dégoût amer de la vie Roland avait marché à un duel terrible. Nous avons entendu la raison qu'il avait donnée à sir John de son insouciance en face de la mort : la raison était-elle bonne ou mauvaise, vraie ou fausse? Sir John dut se contenter de celle-là; évidemment, Roland n'était point disposé à en donner d'autre.

Et maintenant, nous l'avons dit, tous deux dormaient ou faisaient semblant de dormir, rapidement emportés par le galop de deux chevaux de poste sur la route d'Avignon à Orange.

VI

MORGAN

Il faut que nos lecteurs nous permettent d'abandonner un instant Roland et sir John, qui, grâce à la disposition physique et morale dans laquelle nous les avons laisssés, ne doivent leur inspirer aucune inquiétude, et de nous occuper sérieusement d'un personnage qui n'a fait qu'apparaître dans cette histoire et qui cependant doit y jouer un grand rôle.

Nous voulons parler de l'homme qui était entré masqué et armé dans la salle de la table d'hôte d'Avignon, pour rapporter à Jean Picot le group de deux cents louis qui lui avait été volé par mégarde, confondu qu'il était avec l'argent du gouvernement.

Nous avons vu que l'audacieux bandit, qui s'était donné à lui-même le nom de Morgan, était arrivé à Avignon, masqué, à cheval et en plein jour. Il avait, pour entrer dans l'hôtel du Palais-Égalité, laissé son cheval à la porte, et, comme si ce cheval eût joui dans la ville pontificale et royaliste de la même impunité que son maitre, il l'avait retrouvé au tournebride, l'avait détaché, avait sauté dessus, était sorti par la porte d'Oulle, avait longé les murailles au grand galop et avait disparu sur la route de Lyon.

Seulement, à un quart de lieue d'Avignon, il avait ramené son manteau autour de lui pour dérober aux passants la vue de ses armes, et, ôtant son masque, il l'avait glissé dans une de ses fontes.

Ceux qu'il avait laissés à Avignon si fort intrigués de ce que pouvait être ce terrible Morgan, la terreur du Midi, eussent pu alors, s'ils se fussent trouvés sur la route d'Avignon à Bédarrides, s'assurer par leurs propres yeux si l'aspect du bandit était aussi terrible que l'était sa renommée.

Nous n'hésitons point à dire que les traits qui se fussent alors offerts à leurs regards leur auraient paru si peu en harmonie avec l'idée que leur imagination prévenue s'en était faite, que leur étonnement cût été extrême.

En effet, le masque, enlevé par une main d'une blancheur et d'une délicatesse parfaites, venait de laisser à découvert le visage d'un jeune homme de vingt-quatre à vingt-cinq ans à peine, visage qui, par la régularité des traits et la douceur de la physionomie, eût pu le disputer à un visage de femme.

Un seul détail donnait à cette physionomie ou plutôt devait lui donner, dans certains moments, un caractère de fermeté étrange : c'étaient, sous de beaux cheveux blonds flottant sur le front et sur les tempes, comme on les portait à cette époque, des sourcils, des yeux et des cils d'un noir d'ébène.

Le reste du visage, nous l'avons dit, était presque féminin.

Il se composait de deux petites oreilles dont on n'apercevait que l'extrémité sous cette touffe de cheveux temporale à laquelle les incroyables de l'époque avaient donné le nom d'oreilles de chien ; d'un nez droit et d'une proportion parfaite ; d'une bouche un peu grande, mais rosée et toujours souriante, et qui, en souriant, laissait voir une double rangée de dents admirables ; d'un menton fin et délicat, légèrement teinté de bleu et indiquant, par cette nuance, que, si sa barbe n'eût point été si soigneusement et si récemment faite, elle eût, protestant contre la couleur dorée de la chevelure, été du même ton que les sourcils, les cils et les yeux, c'est-à-dire du noir le plus prononcé.

Quant à la taille de l'inconnu, on avait pu l'apprécier au moment où il était entré dans la salle de la table d'hôte : elle était élevée, bien prise, flexible, et dénotait, sinon une grande force musculaire, du moins une grande souplesse et une grande agilité.

Quant à la façon dont il était à cheval, elle indiquait l'assurance d'un écuyer consommé.

Son manteau rejeté sur son épaule, son masque caché dans ses fontes, son chapeau enfoncé sur ses yeux, le cavalier reprit l'allure rapide un instant abandonnée par lui, traversa Bédarrides au galop, et, arrivé aux premières maisons d'Orange, entra sous une porte qui se referma immédiatement derrière lui.

Un domestique attendait et sauta au mors du cheval.

Le cavalier mit rapidement pied à terre.

— Ton maître est-il ici? demanda-t-il au domestique.

— Non, monsieur le baron, répondit celui-ci; cette nuit, il a été forcé de partir, et il a dit que, si monsieur venait et le demandait, on répondît à monsieur qu'il voyageait pour les affaires de la compagnie.

— Bien, Baptiste. Je lui ramène son cheval en bon état quoique un peu fatigué : il faudrait le laver avec du vin, en même temps que tu lui donnerais, pendant deux ou trois jours, de l'orge au lieu d'avoine : il a fait quelque chose comme quarante lieues depuis hier matin.

— Monsieur le baron en a été content?

— Très-content. La voiture est-elle prête?

— Oui, monsieur le baron, tout attelée sous la remise; le postillon boit avec Julien : monsieur avait recommandé qu'on l'occupât hors de la maison pour qu'il ne le vît pas venir.

— Il croit que c'est ton maître qu'il conduit?

— Oui, monsieur le baron; voici le passe-port de mon maître, avec lequel on a été prendre les chevaux à la poste, et, comme mon maître est allé du côté de Bordeaux avec le passe-port de M. le baron, et que M. le baron a du côté de Genève avec le passe-port de mon maître, il est probable que l'écheveau de fil sera assez embrouillé pour que dame police, si subtils que soient ses doigts, ne le dévide pas facilement.

— Détache la valise qui est à la croupe du cheval, Baptiste, et donne-la-moi.

Baptiste se mit en devoir d'obéir; seulement, la valise faillit lui échapper des mains.

— Ah! dit-il en riant, M. le baron ne m'avait pas prévenu! Diable! M. le baron n'a pas perdu son temps, à ce qu'il paraît.

— C'est ce qui te trompe, Baptiste : si je n'ai pas perdu tout mon temps, j'en ai au moins perdu beaucoup; aussi je voudrais bien repartir le plus tôt possible.

— M. le baron ne déjeunera-t-il pas?

— Je mangerai un morceau, mais très-rapidement.

— Monsieur ne sera pas retardé; il est deux heures de l'après-midi, et le déjeuner l'attend depuis dix heures du matin; heureusement que c'est un déjeuner froid.

Et Baptiste se mit en devoir de faire, en l'absence de son maître, les honneurs de la maison à l'étranger en lui montrant la route de la salle à manger.

— Inutile, dit celui-ci, je connais le chemin. Occupe-toi de la voiture; qu'elle soit sous l'allée, la portière tout ouverte au moment où je sortirai, afin que le postillon ne puisse me voir. Voilà de quoi lui payer sa première poste.

Et l'étranger désigné sous le titre de baron remit à Baptiste une poignée d'assignats.

— Ah! monsieur, dit celui-ci, mais il y a là de quoi payer le voyage jusqu'à Lyon!

— Contente-toi de le payer jusqu'à Valence, sous prétexte que je veux dormir; le reste sera pour la peine que tu vas prendre à faire les comptes.

— Dois-je mettre la valise dans le coffre?

— Je l'y mettrai moi-même.

Et, prenant la valise des mains du domestique, sans laisser voir qu'elle pesât à sa main, il s'achemina vers la salle à manger, tandis que Baptiste s'acheminait vers le cabaret voisin, en mettant de l'ordre dans ses assignats.

Comme l'avait dit l'étranger, le chemin lui était familier; car il s'enfonça dans un corridor, ouvrit sans hésiter une première porte, puis une seconde, et, cette seconde porte ouverte, se trouva en face d'une table élégamment servie.

Une volaille, deux perdreaux, un jambon froid, des fromages de plusieurs espèces, un dessert composé de fruits magnifiques, et deux carafes contenant, l'une du vin couleur de rubis, et l'autre du vin couleur de topaze, constituaient un déjeuner, qui, quoique évidemment servi pour une seule personne puisqu'un seul couvert était mis, pouvait, en cas de besoin, suffire à trois ou quatre convives.

Le premier soin du jeune homme, en entrant dans la salle à manger, fut d'aller droit à une glace, d'ôter son chapeau, de rajuster ses cheveux avec un petit peigne qu'il tira de sa poche; après quoi, il s'avança vers un bassin de faïence surmonté de sa fontaine, prit une serviette qui paraissait préparée à cet effet, et se lava le visage et les mains.

Ce ne fut qu'après ces soins, — qui indiquaient l'homme élégant par habitude, — ce ne fut, disons-nous, qu'après ces soins minutieusement accomplis que l'étranger se mit à table.

Quelques minutes lui suffirent pour satisfaire un appétit auquel la fatigue et la jeunesse avaient cependant donné de majestueuses proportions; et, quand Baptiste reparut pour annoncer au convive solitaire que la voiture était prête, il le vit aussitôt debout que prévenu.

L'étranger enfonça son chapeau sur ses yeux, s'enveloppa de son manteau, mit sa valise sous son bras, et, comme Baptiste avait eu le soin de faire approcher le marchepied aussi près que possible de la porte, il s'élança dans la chaise de poste sans avoir été vu du postillon.

Baptiste referma la portière sur lui; puis, s'adressant à l'homme aux grosses bottes:

— Tout est payé jusqu'à Valence, n'est-ce pas, postes et guides? demanda-t-il.

— Tout; vous faut-il un reçu? répondit en goguenardant le postillon.

— Non; mais M. le marquis de Ribier, mon maître, ne désire pas être dérangé jusqu'à Valence.

— C'est bien, répondit le postillon avec le même accent gouailleur, on ne dérangera pas le citoyen marquis. Allons houp!

Et il enleva ses chevaux en faisant résonner son fouet avec cette bruyante éloquence qui dit à la fois aux voisins et aux passants: « Gare ici, gare là-bas, ou sinon tant pis pour vous! je mène un homme qui paye bien et qui a le droit d'écraser les autres. »

Une fois dans la voiture, le faux marquis de Ribier ouvrit les glaces, baissa les stores, leva la banquette, mit sa valise dans le coffre, s'assit dessus, s'enveloppa dans son manteau, et, sûr de n'être réveillé qu'à Valence, s'endormit comme il avait déjeuné, c'est-à-dire avec tout l'appétit de la jeunesse.

On fit le trajet d'Orange à Valence en huit heures; un peu avant d'entrer dans la ville, notre voyageur se réveilla.

Il souleva un store avec précaution et reconnut qu'il traversait le petit bourg de la Paillasse: il faisait nuit; il fit sonner sa montre: elle sonna onze heures du soir.

Il jugea inutile de se rendormir, fit le compte des postes à payer jusqu'à Lyon, et prépara son argent.

Au moment où le postillon de Valence s'approchait de son camarade qu'il allait remplacer, le voyageur entendit celui-ci qui disait à l'autre:

— Il paraît que c'est un ci-devant; mais, depuis Orange, il est recommandé, et, vu qu'il paye vingt sous de guides, faut le mener comme un patriote.

— C'est bon, répondit le Valentinois, on le mènera en conséquence.

Le voyageur crut que c'était le moment d'intervenir, il souleva son store.

— Et tu ne feras que me rendre justice, dit-il, un patriote, corbleu! je me vante d'en être un, et du premier calibre encore; et la preuve, tiens, voilà pour boire à la santé de la République!

Et il donna un assignat de cent francs au postillon qui l'avait recommandé à son camarade.

Et comme l'autre regardait d'un œil avide le chiffon de papier:

— Et voilà le pareil pour toi, dit-il, si

LES COMPAGNONS DE JÉHU.

« Soldats ! n'êtes-vous plus les hommes de Lodi ? » — Page 41.

tu veux faire aux autres la même recommandation que tu viens de recevoir.

— Oh! soyez tranquille, citoyen, dit le postillon, il n'y aura qu'un mot d'ordre d'ici à Lyon : ventre à terre !

— Et voici d'avance le prix des seize postes, y compris la double poste d'entrée ; je paye vingt sous de guides ; arrangez cela entre vous.

Le postillon enfourcha son cheval et partit au galop.

La voiture relayait à Lyon vers les quatre heures de l'après-midi.

Pendant que la voiture relayait, un homme habillé en commissionnaire, et qui, son crochet sur le dos, se tenait assis sur une borne, se leva, s'approcha de la voiture et dit tout bas au jeune compagnon de Jéhu quelques paroles qui parurent jeter celui-ci dans le plus profond étonnement.

— En es-tu bien sûr? demanda-t-il au commissionnaire.

— Quand je te dis que je l'ai vu, de mes yeux vu ! répondit ce dernier.

— Je puis donc annoncer à nos amis la nouvelle comme certaine ?

— Tu le peux ; seulement, hâte-toi.

— Est-on prévenu à Servas ?

— Oui ; tu trouveras un cheval prêt, entre Servas et Sue.

Le postillon s'approcha ; le jeune homme échangea un dernier regard avec le commissionnaire qui s'éloigna comme s'il était chargé d'une lettre très-pressée.

— Quelle route, citoyen ? demanda le postillon.

— La route de Bourg ; il faut que je sois à Servas à neuf heures du soir ; je paye trente sous de guides.

— Quatorze lieues en cinq heures, c'est dur ; mais, enfin, cela peut se faire.

— Cela se fera-t-il ?

— On tâchera.

Et le postillon enleva ses chevaux au grand galop.

A neuf heures sonnantes, on entrait dans Servas.

— Un écu de six livres pour ne pas relayer et me conduire à moitié chemin de Sue ! cria par la portière le jeune homme au postillon.

— Ça va ! répondit celui-ci.

Et la voiture passa sans s'arrêter devant la poste.

A un demi-quart de lieue de Servas, Morgan fit arrêter la voiture, passa sa tête par la portière, rapprocha ses mains, et imita le cri du chat-huant.

L'imitation était si fidèle, que, des bois voisins, un chat-huant lui répondit.

— C'est ici, cria Morgan.

Le postillon arrêta ses chevaux.

— Si c'est ici, dit-il, inutile d'aller plus loin.

Le jeune homme prit la valise, ouvrit la portière, descendit, et, s'approchant du postillon :

— Voici l'écu de six livres promis.

Le postillon prit l'écu, le mit dans l'orbite de son œil, et l'y maintint comme un élégant de nos jours y maintient son lorgnon.

Morgan devina que cette pantomime avait une signification.

— Eh bien, demanda-t-il que veut dire cela ?

— Cela veut dire, fit le postillon, que, j'ai beau faire, j'y vois d'un œil.

— Je comprends, reprit le jeune homme en riant, et si je bouche l'autre œil...

— Dame ! je n'y verrai plus.

— En voilà un drôle, qui aime mieux être aveugle que borgne ! Enfin, il ne faut pas disputer des goûts ; tiens !

Et il lui donna un second écu.

Le postillon le mit sur son autre œil, fit tourner la voiture, et reprit le chemin de Servas.

Le compagnon de Jéhu attendit qu'il se fût perdu dans l'obscurité, et, approchant de sa bouche une clef forée, il en tira un son prolongé et tremblotant, comme celui d'un sifflet de contre-maître.

Un son pareil lui répondit.

Et, en même temps, on vit un cavalier sortir du bois et s'approcher au galop.

A la vue de ce cavalier, Morgan se couvrit de nouveau le visage de son masque.

— Au nom de qui venez-vous ? demanda le cavalier, dont on ne pouvait point voir la figure, cachée qu'elle était sous les bords d'un énorme chapeau.

— Au nom du prophète Élisée, répondit le jeune homme masqué.

— Alors c'est vous que j'attends.

Et il descendit de cheval.

— Es-tu prophète ou disciple ? demanda Morgan.

— Je suis disciple, répondit le nouveau venu.

— Et ton maître, où est-il ?

— Vous le trouverez à la chartreuse de Seillon.

— Sais-tu le nombre des compagnons qui y sont réunis ce soir ?

— Douze.

— C'est bien ; si tu en rencontres quelques autres, envoie-les au rendez-vous.

Celui qui s'était donné le titre de disciple s'inclina en signe d'obéissance, aida Morgan à attacher la valise sur la croupe de son cheval, et le tint respectueusement par le mors, tandis que celui-ci montait.

Sans même attendre que son second pied eût atteint l'étrier, Morgan piqua son cheval, qui arracha le mors des mains du domestique et partit au galop.

On voyait à la droite de la route s'étendre la forêt de Seillon, comme une mer de ténèbres dont le vent de la nuit faisait onduler et gémir les vagues sombres.

A un quart de lieue au delà de Sue, le cavalier poussa son cheval à travers terres, et alla au-devant de la forêt, qui, de son côté, semblait venir au-devant de lui.

Le cheval, guidé par une main expérimentée, s'y enfonça sans hésitation.

Au bout de dix minutes, il reparut de l'autre côté.

A cent pas de la forêt s'élevait une masse sombre, isolée au milieu de la plaine.

C'était un bâtiment d'une architecture massive, ombragé par cinq ou six arbres séculaires.

Le cavalier s'arrêta devant une grande porte au-dessus de laquelle étaient placées, en triangle, trois statues : celle de la Vierge, celle de Notre-Seigneur Jésus, et celle de saint Jean-Baptiste. La statue de la Vierge marquait le point le plus élevé du triangle.

Le voyageur mystérieux était arrivé au but de son voyage, c'est-à-dire à la chartreuse de Seillon.

La chartreuse de Seillon, la vingt-deuxième de l'ordre, avait été fondée en 1178.

En 1672, un bâtiment moderne avait été substitué au vieux monastère; c'est de cette dernière construction que l'on voit encore aujourd'hui les vestiges.

Ces vestiges sont, à l'extérieur, la façade que nous avons dite, façade ornée de trois statues, et devant laquelle nous avons vu s'arrêter le cavalier mystérieux; à l'intérieur, une petite chapelle ayant son entrée à droite sous la grande porte.

Un paysan, sa femme, deux enfants l'habitent à cette heure, et, de l'ancien monastère, ils ont fait une ferme.

En 1791, les chartreux avaient été expulsés de leur couvent; en 1792, la chartreuse et ses dépendances avaient été mises en vente comme propriété ecclésiastique.

Les dépendances étaient d'abord le parc, attenant aux bâtiments, et ensuite la belle forêt qui porte encore aujourd'hui le nom de Seillon.

Mais, à Bourg, ville royaliste et surtout religieuse, personne ne risqua de compromettre son âme, en achetant un bien qui avait appartenu à de dignes moines que chacun vénérait. Il en résultait que le couvent, le parc et la forêt étaient devenus, sous le titre de *biens de l'État*, la propriété de la République, c'est-à-dire n'appartenaient à personne, — ou, du moins, restaient délaissés; — car la République, depuis sept ans, avait eu bien autre chose à penser que de faire recrépir des murs, entretenir un verger, et mettre en coupe réglée une forêt.

Depuis sept ans donc, la chartreuse était complétement abandonnée, et quand par hasard un regard curieux pénétrait par le trou de la serrure, il voyait l'herbe poussant dans les cours comme les ronces dans le verger, comme les broussailles dans la forêt, laquelle, percée à cette époque d'une route et de deux ou trois sentiers seulement, était partout ailleurs, en apparence du moins, devenue impraticable.

Une espèce de pavillon, nommé la Correrie, dépendant de la chartreuse et distant du monastère d'un demi-quart de lieue, verdissait de son côté dans la forêt, laquelle, profitant de la liberté qui lui était laissée de pousser à sa fantaisie, l'avait enveloppé de tout côté d'une ceinture de feuillages, et avait fini par le dérober à la vue.

Au reste, les bruits les plus étranges couraient sur ces deux bâtiments : on les disait hantés par des hôtes invisibles le jour, effrayants la nuit; des bûcherons ou des paysans attardés, qui parfois allaient encore exercer dans la forêt de la République les droits d'usage dont la ville de Bourg jouissait du temps des chartreux, prétendaient avoir vu, à travers les fentes des volets fermés, courir des flammes dans les corridors et dans les escaliers, et avoir distinctement entendu des bruits de chaînes traînant sur les dalles des cloîtres et les pavés des cours. Les esprits forts niaient la chose; mais, en opposition avec les incrédules, deux sortes de gens l'affirmaient et donnaient, selon leurs opinions et leurs croyances, à ces bruits effrayants et à ces lueurs nocturnes, deux causes différentes : les patriotes prétendaient que c'étaient les âmes des pauvres moines que la tyrannie des cloîtres avait ensevelis vivants dans les *in-pace*, qui revenaient en appelant la vengeance du ciel sur leurs persécuteurs, et qui traînaient après leur mort les fers dont ils avaient été chargés pendant leur vie ; les royalistes disaient que c'était le diable en personne qui, trouvant un couvent vide et n'ayant plus à craindre le goupillon des dignes religieux, venait tranquillement prendre ses ébats là où autrefois il n'eût pas osé hasarder le bout de sa griffe ; mais il y avait un fait qui laissait toute chose en suspens : c'est que pas un de ceux qui niaient ou qui affirmaient, — soit qu'il eût pris parti pour les âmes des moines martyrs ou pour le sabbat tenu par Belzébuth, — n'avait eu le courage de se hasarder dans les ténèbres et de venir, aux heures solennelles de la nuit, s'assurer de la vérité, afin de pouvoir dire le lendemain si la chartreuse était solitaire ou hantée, et, si elle était hantée, quelle espèce d'hôtes y revenaient.

Mais sans doute tous ces bruits, fondés ou non, n'avaient aucune influence sur le cavalier mystérieux ; car, ainsi que nous l'avons dit, quoique neuf heures sonnassent à Bourg, et que, par conséquent, il fît nuit close, il arrêta son cheval à la porte du monastère abandonné, et, sans mettre pied à terre, tirant un pistolet de ses fontes, il frappa du pommeau contre la porte trois coups espacés à la manière des francs-maçons.

Puis il écouta.

Un instant il avait douté qu'il y eût réunion à la chartreuse, car, si fixement qu'il eût regardé, si attentivement qu'il eût prêté l'oreille, il n'avait vu aucune lumière, n'avait entendu aucun bruit.

Cependant, il lui sembla qu'un pas circonspect s'approchait intérieurement de la porte.

Il frappa une seconde fois avec la même arme et de la même façon.

— Qui frappe ? demanda une voix.
— Celui qui vient de la part d'Élisée, répondit le voyageur.
— Quel est le roi auquel les fils d'Isaac doivent obéir ?
— Jéhu.
— Quelle est la maison qu'ils doivent exterminer ?
— Celle d'Achab.
— Êtes-vous prophète ou disciple ?
— Je suis prophète.
— Alors, soyez le bienvenu dans la maison du Seigneur, dit la voix.

Aussitôt les barres de fer qui assuraient la massive clôture basculèrent sur elles-mêmes, les verrous grincèrent dans les tenons, un des battants de la porte s'ouvrit silencieusement, et le cheval et le cavalier s'enfoncèrent sous la sombre voûte qui se referma derrière eux.

Celui qui avait ouvert cette porte, si lente à s'ouvrir, si prompte à se refermer, était vêtu de la longue robe blanche des chartreux, dont le capuchon, retombant sur son visage, voilait entièrement ses traits.

VII

LA CHARTREUSE DE SEILLON

Sans doute, de même que le premier affilié rencontré sur la route de Sue par celui qui venait de se donner le titre de prophète, le moine qui avait ouvert la porte n'occupait qu'un rang secondaire dans la confrérie ; car, saisissant la bride du cheval, il le maintint tandis que le cavalier mettait pied à terre, rendant ainsi au jeune homme le même service que lui eût rendu un palefrenier.

Morgan descendit, détacha la valise, tira les pistolets de leurs fontes, les passa à sa ceinture, près de ceux qui y étaient déjà, et, s'adressant au moine d'un ton de commandement :

— Je croyais, dit-il, trouver les frères réunis en conseil.

— Ils sont réunis, en effet, répondit le moine.
— Où cela?
— Dans la Correrie; on a vu, depuis quelques jours, rôder autour de la chartreuse des figures suspectes, et des ordres supérieurs ont ordonné les plus grandes précautions.

Le jeune homme haussa les épaules en signe qu'il regardait ces précautions comme inutiles, et, toujours du même ton de commandement :

— Faites mener ce cheval à l'écurie et conduisez-moi au conseil, dit-il.

Le moine appela un autre frère aux mains duquel il jeta la bride du cheval, prit une torche qu'il alluma à une lampe brûlant dans la petite chapelle que l'on peut aujourd'hui encore voir à droite sous la grande porte, et marcha devant le nouvel arrivé.

Il traversa le cloître, fit quelques pas dans le jardin, ouvrit une porte conduisant à une espèce de citerne, fit entrer Morgan, referma aussi soigneusement la porte de la citerne qu'il avait refermé celle de la rue, poussa du pied une pierre qui semblait se trouver là par hasard, démasqua un anneau et souleva une dalle fermant l'entrée d'un souterrain dans lequel on descendait par plusieurs marches.

Ces marches conduisaient à un couloir arrondi en voûte et pouvant donner passage à deux hommes s'avançant de front.

Nos deux personnages marchèrent ainsi pendant cinq à six minutes, après lesquelles ils se trouvèrent en face d'une grille. Le moine tira une clef de dessous sa robe et l'ouvrit. Puis, quand tous deux eurent franchi la grille et que la grille se fut refermée :

— Sous quel nom vous annoncerai-je? demanda le moine.

— Sous le nom de frère Morgan.

— Attendez ici; dans cinq minutes je serai de retour.

Le jeune homme fit de la tête un signe qui annonçait qu'il était familiarisé avec toutes ces défiances et toutes ces précautions.

Puis il s'assit sur une tombe, — on était dans les caveaux mortuaires du couvent, et il attendit.

En effet, cinq minutes ne s'étaient point écoulées, que le moine reparut.

— Suivez-moi, dit-il : les frères sont heureux de votre présence; ils craignaient qu'il ne vous fût arrivé malheur.

Quelques secondes plus tard, frère Morgan était introduit dans la salle du conseil.

Douze moines l'attendaient le capuchon rabattu sur les yeux; mais, dès que la porte se fut refermée derrière lui et que le frère servant eut disparu, en même temps que Morgan lui-même ôtait son masque, tous les capuchons se rabattirent et chaque moine laissa voir son visage.

Jamais communauté n'avait brillé par une semblable réunion de beaux et joyeux jeunes gens.

Deux ou trois seulement parmi ces étranges moines avaient atteint l'âge de quarante ans.

Toutes les mains se tendirent vers Morgan; deux ou trois accolades furent données au nouvel arrivant.

— Ah! par ma foi, dit l'un de ceux qui l'avaient embrassé le plus tendrement, tu nous tires une fameuse épine hors du pied : nous te croyions mort ou tout au moins prisonnier.

— Mort, je te le passe, Amiet; mais prisonnier, non, citoyen, comme on dit encore quelquefois, — et comme on ne dira bientôt plus, j'espère. — Il faut même dire que les choses se sont passées de part et d'autre avec une aménité touchante : dès qu'il nous a aperçus, le conducteur a crié au postillon d'arrêter; je crois même qu'il a ajouté : « Je sais ce que c'est. — Alors, lui ai-je dit, si vous savez ce que c'est, mon cher ami, les explications ne seront pas longues. — L'argent du gouvernement? a-t-il demandé. — Justement, » ai-je répondu. Puis, comme il se faisait un grand remue-ménage dans la voiture : « Attendez, mon ami, ai-je ajouté; avant tout, descendez, et dites à ces messieurs, et surtout à ces dames, que nous sommes des gens comme il faut, qu'on ne les touchera pas, — ces dames, bien entendu, — et que l'on ne regardera que celles qui passeront la tête par la portière. » Une s'est hasardée, ma foi ! il est vrai qu'elle était charmante... Je lui ai envoyé un baiser ; elle a poussé un petit cri et s'est réfugiée dans la voiture, ni plus ni moins que Galatée ; mais comme il n'y avait pas de saules, je ne l'y ai pas poursuivie. Pendant ce temps, le conducteur fouillait dans sa caisse en toute hâte, et il se hâtait si bien, qu'avec l'argent du gouvernement, il m'a remis, dans sa précipitation, deux cents louis appartenant à un pauvre marchand de vin de Bordeaux.

— Ah ! diable ! fit celui des frères auquel le narrateur avait donné le nom d'Amiet, qui probablement, comme celui de Morgan, n'était qu'un nom de guerre, voilà qui est fâcheux ! Tu sais que le Directoire, qui est plein d'imagination, organise des compagnies de chauffeurs qui opèrent en notre nom, et qui ont pour but de faire croire que nous en voulons aux pieds et aux bourses des particuliers, c'est-à-dire que nous sommes de simples voleurs.

— Attendez donc, reprit Morgan, voilà justement ce qui m'a retardé ; j'avais entendu dire quelque chose de pareil à Lyon, de sorte que j'étais déjà à moitié chemin de Valence quand je me suis aperçu de l'erreur par l'étiquette. Ce n'était pas bien difficile, il y avait sur le sac, comme si le bonhomme eût prévu le cas : *Jean Picot, marchand de vin à Fronsac, près Bordeaux.*

— Et tu lui as renvoyé son argent ?

— J'ai mieux fait, je le lui ai reporté.

— A Fronsac ?

— Oh ! non, mais à Avignon. Je me suis douté qu'un homme si soigneux devait s'être arrêté à la première ville un peu importante pour prendre des informations sur ses deux cents louis. Je ne me trompais pas : je m'informe à l'hôtel si l'on connaît le citoyen Jean Picot ; on me répond que non seulement on le connaît, mais qu'il dîne à table d'hôte. J'entre. Vous devinez de quoi l'on parlait : de l'arrestation de la diligence. Jugez de l'effet de l'apparition ! le dieu antique descendant dans la machine ne faisait pas un dénouement plus inattendu. Je demande lequel de tous les convives s'appelle Jean Picot ; celui qui porte ce nom distingué et harmonieux se montre. Je dépose devant lui les deux cents louis en lui faisant mes excuses, au nom de la société, de l'inquiétude que lui ont causée les compagnons de Jéhu. J'échange un signe d'amitié avec Barjols, un salut de politesse avec l'abbé de Rians, qui étaient là ; je tire ma révérence à la compagnie et je sors. C'est peu de chose ; mais cela m'a pris une quinzaine d'heures : de là le retard. J'ai pensé que mieux valait être en retard et ne pas laisser sur nos traces une fausse opinion de nous. Ai-je bien fait, mes maîtres ?

La société éclata en bravos.

— Seulement, dit un des assistants, je trouve assez imprudent, à vous, d'avoir tenu à remettre l'argent vous-même au citoyen Jean Picot.

— Mon cher colonel, répondit le jeune homme, il y a un proverbe d'origine italienne qui dit : « Qui veut va, qui ne veut pas envoie. » Je voulais, j'ai été.

— Et voilà un gaillard qui, pour vous remercier, si vous avez un jour la mauvaise chance de tomber entre les mains du Directoire, se hâterait de vous reconnaître ; reconnaissance qui aurait pour résultat de vous faire couper le cou.

— Oh ! Je l'en défie bien de me reconnaître.

— Qui l'en empêcherait ?

— Ah çà ! mais vous croyez donc que je fais mes équipées à visage découvert ? En vérité, mon cher colonel, vous me prenez pour un autre. Quitter mon masque, c'est bon entre amis ; mais avec les étrangers, allons donc. Ne sommes-nous pas en plein carnaval ? Je ne vois pas pourquoi je ne me déguiserais pas en Abellino ou en Karl Moor, quand MM. Gohier, Sieyès, Roger Ducos, Moulin et Barras se déguisent en rois de France.

— Et vous êtes entré masqué dans la ville ?

— Dans la ville, dans l'hôtel, dans la salle de la table d'hôte. Il est vrai que, si le visage était couvert, la ceinture était découverte, et, comme vous voyez, elle était bien garnie.

Le jeune homme fit un mouvement qui écarta son manteau, et montra sa ceinture, à laquelle étaient passés quatre pistolets et suspendu un court couteau de chasse.

Puis, avec cette gaieté qui semblait un des caractères dominants de cette insoucieuse organisation :

— Je devais avoir l'air féroce, n'est-ce pas? Ils m'auront pris pour feu Mandrin descendant des montagnes de la Savoie. A propos, voilà les soixante mille francs de Son Altesse le Directoire.

Et le jeune homme poussa dédaigneusement du pied la valise qu'il avait déposée à terre et dont les entrailles froissées rendirent ce son métallique qui indique la présence de l'or.

Puis il alla se confondre dans le groupe de ses amis, dont il avait été séparé par cette distance qui se fait naturellement entre le narrateur et ses auditeurs.

Un des moines se baissa et ramassa la valise.

— Méprisez l'or tant que vous voudrez, mon cher Morgan, puisque cela ne vous empêche pas de le recueillir ; mais je sais de braves gens qui attendent les soixante mille francs que vous crossez dédaigneusement du pied, avec autant d'impatience et d'anxiété que la caravane égarée au désert attend la goutte d'eau qui l'empêchera de mourir de soif.

— Nos amis de la Vendée, n'est-ce pas? répondit Morgan ; grand bien leur fasse ! Les égoïstes, ils se battent, eux. Ces messieurs ont choisi les roses et nous laissent les épines. Ah çà ! mais ils ne reçoivent donc rien de l'Angleterre?

— Si fait, dit gaiement un des moines; à Quiberon, ils ont reçu des boulets et de la mitraille.

— Je ne dis pas des Anglais, reprit Morgan, je dis de l'Angleterre.

— Pas un sou.

— Il me semble, cependant, dit un des assistants, qui paraissait posséder une tête un peu plus réfléchie que celles de ses compagnons, il me semble que nos princes pourraient bien envoyer un peu d'or à ceux qui versent leur sang pour la cause de la monarchie ! Ne craignent-ils pas que la Vendée finisse par se lasser, un jour ou l'autre, d'un dévouement qui, jusqu'aujourd'hui, ne lui a pas encore valu, que je sache, même un remercîment?

— La Vendée, cher ami, reprit Morgan, est une terre généreuse et qui ne se lassera pas, soyez tranquille ; d'ailleurs, quel serait le mérite de la fidélité, si elle n'avait point affaire à l'ingratitude ? Du moment où le dévouement rencontre la reconnaissance, ce n'est plus du dévouement : c'est un échange, puisqu'il est récompensé. Soyons fidèles toujours, soyons dévoués tant que nous pourrons, messieurs, et prions le ciel qu'il fasse ingrats ceux auxquels nous nous dévouons, et nous aurons, croyez-moi, la belle part dans l'histoire de nos guerres civiles.

A peine Morgan achevait-il de formuler cet axiome chevaleresque et exprimait-il un souhait qui avait toute chance d'être accompli, que trois coups maçonniques retentirent à la même porte par laquelle il avait été introduit lui-même.

— Messieurs, dit celui des moines qui paraissait remplir le rôle de président, vite les capuchons et les masques ; nous ne savons pas qui nous arrive.

VIII

A QUOI SERVAIT L'ARGENT DU DIRECTOIRE

Chacun s'empressa d'obéir, les moines rabattant les capuchons de leurs longues robes sur leurs visages, Morgan remettant son masque.

— Entrez ! dit le supérieur.

La porte s'ouvrit et l'on vit reparaître le frère servant.

— Un émissaire du général Georges Cadoudal demande à être introduit, dit-il.

— A-t-il répondu aux trois mots d'ordre?

— Parfaitement.

— Qu'il soit introduit.

Le frère servant rentra dans le souterrain, et, deux secondes après, reparut, conduisant un homme qu'à son costume il était facile de reconnaître pour un paysan, et à sa tête carrée, coiffée de grands cheveux roux, pour un Breton.

Il s'avança jusqu'au milieu du cercle sans paraître intimidé le moins du monde, fixant tour à tour ses yeux sur chacun des moines et attendant que l'une de ces douze statues de granit rompît le silence.

Ce fut le président qui lui adressa la parole.

— De la part de qui viens-tu? lui demanda-t-il.

— Celui qui m'a envoyé, répondit le paysan, m'a commandé, si l'on me faisait une question, de dire que je venais de la part de Jéhu.

— Es-tu porteur d'un message verbal ou écrit?

— Je dois répondre aux questions qui me seront faites par vous et échanger un chiffon de papier contre de l'argent.

— C'est bien; commençons par les questions. Où en sont nos frères de Vendée?

— Ils avaient déposé les armes et n'attendaient qu'un mot de vous pour les reprendre.

— Et pourquoi avaient-ils déposé les armes?

— Ils en avaient reçu l'ordre de S. M. Louis XVIII.

— On a parlé d'une proclamation écrite de la main même du roi.

— En voici la copie.

Le paysan présenta le papier au personnage qui l'interrogeait.

Celui-ci l'ouvrit et lut :

« La guerre n'est absolument propre qu'à rendre la royauté odieuse et menaçante. Les monarques qui rentrent par son secours sanglant ne peuvent jamais être aimés : il faut donc abandonner les moyens sanglants et se confier à l'empire de l'opinion, qui revient d'elle-même aux principes sauveurs. Dieu et le roi seront bientôt le cri de ralliement des Français; il faut réunir en un formidable faisceau les éléments épars du royalisme, abandonner la Vendée militante à son malheureux sort, et marcher dans une voie plus pacifique et moins incohérente. Les royalistes de l'Ouest ont fait leur temps, et l'on doit s'appuyer enfin sur ceux de Paris, qui ont tout préparé pour une restauration prochaine... »

Le président releva la tête, et, cherchant Morgan d'un œil dont son capuchon ne pouvait voiler entièrement l'éclair :

— Eh bien, frère, lui dit-il, j'espère que voilà ton souhait de tout à l'heure accompli, et les royalistes de la Vendée et du Midi auront tout le mérite du dévouement.

Puis, abaissant son regard sur la proclamation, dont restaient quelques lignes à lire, il continua :

« Les Juifs avaient crucifié leur roi, depuis ce temps ils errent par tout le monde; les Français ont guillotiné le leur, ils seront dispersés par toute la terre.

» Datée de Blankenbourg, le 25 août 1799, jour de notre fête, de notre règne le sixième.

» *Signé* : LOUIS. »

Les jeunes gens se regardèrent.

— *Quos vult perdere Jupiter dementat!* dit Morgan.

— Oui, dit le président; mais, quand ceux que Jupiter veut perdre représentent un principe, il faut les soutenir, non-seulement contre Jupiter, mais contre eux-mêmes. Ajax, au milieu de la foudre et des éclairs, se cramponnait à un rocher, et, dressant au ciel son poing fermé, disait : « J'échapperai malgré les dieux. »

Puis, se retournant du côté de l'envoyé de Cadoudal :

— Et à cette proclamation qu'a répondu celui qui t'envoie?

— A peu près ce que vous venez de répondre vous-même. Il m'a dit de venir voir et de m'informer de vous si vous étiez décidés à tenir malgré tout, malgré le roi lui-même.

Baissez-vous, et ramassez le sac qui est à vos pieds. — Page 58.

— Pardieu! dit Morgan.
— Nous sommes décidés, dit le président.
— En ce cas, dit le paysan, tout va bien. Voici les noms réels des nouveaux chefs et leurs noms de guerre; le général vous recommande de ne vous servir le plus possible dans vos correspondances que des noms de guerre : c'est le soin qu'il prend lorsque, de son côté, il parle de vous.
— Vous avez la liste? demanda le président.
— Non; je pouvais être arrêté, et la liste eût été prise. Écrivez, je vais vous dicter.

Le président s'assit à sa table, prit une plume et écrivit sous la dictée du paysan vendéen les noms suivants :
« Georges Cadoudal, *Jéhu* ou *la Tête-ronde;* Joseph Cadoudal, *Judas Macchabée;* Lahaye Saint-Hilaire, *David;* Burban-Malabry, *Brave-la-Mort;* Poulpiquez, *Royal-Carnage;* Bonfils, *Brise-barrière;* Damphcrné, *Piquevers;* Duchayla, *la Couronne;* Duparc, *le Terrible;* la Roche, *Mithridate;* Puisaye, *Jean le Blond.* »
— Voilà les successeurs des Charrette, des Stofflet, des Cathelineau, des Bonchamp, des d'Elbée, des la Rochejacquelein et des Lescure! dit une voix.

Le Breton se retourna vers celui qui venait de parler.

— S'ils se font tuer comme leurs prédécesseurs, dit-il, que leur demanderez-vous?

— Allons, bien répondu, dit Morgan; de sorte...?

— De sorte que, dès que notre général aura votre réponse, reprit le paysan, il reprendra les armes.

— Et si notre réponse eût été négative...? demanda une voix.

— Tant pis pour vous! répondit le paysan; dans tous les cas, l'insurrection était fixée au 20 octobre.

— Eh bien, dit le président, le général aura, grâce à nous, de quoi payer son premier mois de solde. Où est votre reçu ?

— Le voici, dit le paysan tirant de sa poche un papier sur lequel étaient écrits ces mots :

« Reçu de nos frères du Midi et de l'Est, pour être employée au bien de la cause, la somme de :

» GEORGES CADOUDAL,

» Général en chef de l'armée royaliste de Bretagne. »

La somme, comme on voit, était restée en blanc.

— Savez-vous écrire ? demanda le président.

— Assez pour remplir les trois ou quatre mots qui manquent.

— Eh bien, écrivez : « Cent mille francs. »

Le Breton écrivit ; puis, tendant le papier au président :

— Voici le reçu, dit-il ; où est l'argent ?

— Baissez-vous, et ramassez le sac qui est à vos pieds ; il contient soixante mille francs.

Puis, s'adressant à un des moines :

— Montbard, où sont les quarante autres mille ? demanda-t-il.

Le moine interpellé alla ouvrir une armoire et en tira un sac un peu moins volumineux que celui qu'avait rapporté Morgan, mais qui, cependant, contenait la somme assez ronde de quarante mille francs.

— Voici la somme complète, dit le moine.

— Maintenant, mon ami, dit le président, mangez et reposez-vous ; demain, vous partirez.

— On m'attend là-bas, dit le Vendéen ; je mangerai et je dormirai sur mon cheval. Adieu, messieurs, le ciel vous garde !

Et il s'avança, pour sortir, vers la porte par laquelle il était entré.

— Attendez, dit Morgan.

Le messager de Georges s'arrêta.

— Nouvelle pour nouvelle, fit Morgan ; dites au général Cadoudal que le général Bonaparte a quitté l'armée d'Égypte, est débarqué avant-hier à Fréjus et sera dans trois jours à Paris. Ma nouvelle vaut bien les vôtres ; qu'en dites-vous ?

— Impossible ! s'écrièrent tous les moines d'une voix.

— Rien n'est pourtant plus vrai, messieurs ; je tiens la chose de notre ami le Prêtre, qui l'a vu relayer une heure avant moi à Lyon et qui l'a reconnu.

— Que vient-il faire en France ? demandèrent deux ou trois voix.

— Ma foi, dit Morgan, nous le saurons bien un jour ou l'autre ; il est probable qu'il ne revient pas à Paris pour y garder l'incognito.

— Ne perdez pas un instant pour annoncer cette nouvelle à nos frères de l'Ouest, dit le président au paysan vendéen : tout à l'heure je vous retenais ; maintenant, c'est moi qui vous dis : « Allez ! »

Le paysan salua et sortit ; le président attendit que la porte fût refermée.

— Messieurs, dit-il, la nouvelle que vient de nous annoncer frère Morgan est tellement grave, que je proposerai une mesure spéciale.

— Laquelle ? demandèrent d'une seule voix les compagnons de Jéhu.

— C'est que l'un de nous, désigné par le sort, parte pour Paris, et, avec le chiffre convenu, nous tienne au courant de tout ce qui se passera.

— Adopté, répondirent-ils.

— En ce cas, reprit le président, écrivons nos treize noms, chacun le sien, sur un morceau de papier; mettons-les dans un chapeau, et celui dont le nom sortira partira à l'instant même.

Les jeunes gens, d'une mouvement unanime, s'approchèrent de la table, écrivirent leurs noms sur des carrés de papier qu'ils roulèrent, et les mirent dans un chapeau.

Le plus jeune fut appelé pour être le prête-nom du hasard.

Il tira un des petits rouleaux de papier et le présenta au président, qui le déplia.

— Morgan, dit le président.

— Mes instructions? demanda le jeune homme.

— Rappelez-vous, répondit le président, avec une solennité à laquelle les voûtes de ce cloître prêtaient une suprême grandeur, que vous vous appelez le baron de Sainte-Hermine, que votre père a été guillotiné sur la place de la Révolution et votre frère tué à l'armée de Condé. Noblesse oblige! voilà vos instructions.

— Et pour le reste, demanda le jeune homme.

— Pour le reste? dit le président, nous nous en rapportons à votre royalisme et à votre loyauté.

— Alors, mes amis, permettez-moi de prendre congé de vous à l'instant même; je voudrais être sur la route de Paris avant le jour, et j'ai une visite indispensable à faire avant mon départ.

— Va! dit le président en ouvrant ses bras à Morgan ; je t'embrasse au nom de tous les frères. A un autre je dirais : « Sois brave, persévérant, actif! » à toi je dirai : « Sois prudent! »

Le jeune homme reçut l'accolade fraternelle, salua d'un sourire ses autres amis, échangea une poignée de main avec deux ou trois d'entre eux, s'enveloppa de son manteau, enfonça son chapeau sur sa tête et sortit.

IX

ROMÉO ET JULIETTE

Dans la prévoyance d'un prochain départ, le cheval de Morgan, après avoir été lavé, bouchonné, séché, avait reçu double ration d'avoine et avait été de nouveau sellé et bridé.

Le jeune homme n'eut donc qu'à le demander et à sauter dessus.

A peine fut-il en selle que la porte s'ouvrit comme par enchantement; le cheval s'élança dehors hennissant et rapide, ayant oublié sa première course et prêt à en dévorer une seconde.

A la porte de la chartreuse, Morgan demeura un instant indécis, pour savoir s'il tournerait à droite ou à gauche; enfin, il tourna à droite, suivit un instant le sentier qui conduit de Bourg à Seillon, se jeta une seconde fois à droite, mais à travers plaine, s'enfonça dans un angle de forêt qu'il rencontra sur son chemin, reparut bientôt de l'autre côté du bois, gagna la grande route de Pont-d'Ain, la suivit pendant l'espace d'une demi-lieue à peu près, et ne s'arrêta qu'à un groupe de maisons que l'on appelle aujourd'hui la Maison-des-Gardes.

Une de ces maisons portait pour enseigne un bouquet de houx, qui indiquait une de ces haltes campagnardes où les piétons se désaltèrent et reprennent des forces en se reposant un instant, avant de continuer le long et fatigant voyage de la vie.

Ainsi qu'il avait fait à la porte de la chartreuse, Morgan s'arrêta, tira un pistolet de sa fonte et se servit de sa crosse comme d'un marteau ; seulement, comme, selon toute probabilité, les braves gens qui habitaient l'humble auberge ne conspiraient pas, la réponse à l'appel du voyageur se fit plus longtemps attendre qu'à la chartreuse.

Enfin, on entendit le pas du garçon d'écurie, alourdi par ses sabots; la porte cria, et le bonhomme qui venait de l'ouvrir, voyant un cavalier tenant un pistolet à la main, s'apprêta instinctivement à la refermer.

— C'est moi, Pataut, dit le jeune homme ; n'aie pas peur.

— Ah! de fait, dit le paysan, c'est vous, monsieur Charles. Ah! je n'ai pas peur non plus; mais vous savez, comme disait M. le curé, du temps qu'il y avait un bon Dieu, les précautions, c'est la mère de la sûreté.

— Oui, Pataut, oui, dit le jeune homme en mettant pied à terre et en glissant une pièce d'argent dans la main du garçon d'écurie; mais, sois tranquille, le bon Dieu reviendra, et, par contre-coup, M. le curé aussi.

— Oh! quant à ça, fit le bonhomme, on voit bien qu'il n'y a plus personne là-haut, à la façon dont tout marche. Est-ce que ça durera longtemps encore comme ça, monsieur Charles?

— Pataut, je te promets de faire de mon mieux pour que tu ne t'impatientes pas trop, parole d'honneur! je ne suis pas moins pressé que toi; aussi te prierai-je de ne pas te coucher, mon bon Pataut.

— Ah! vous savez bien, monsieur, que, quand vous venez, c'est assez mon habitude de ne pas me coucher; et, quant au cheval... Ah çà! vous en changez donc tous les jours, de cheval? L'avant-dernière fois, c'était un alezan; la dernière fois, c'était un pommelé, et, aujourd'hui, c'est un noir.

— Oui, je suis capricieux de ma nature. Quant au cheval, comme tu disais, mon cher Pataut, il n'a besoin de rien, et tu ne t'en occuperas que pour le débrider. Laisse-lui la selle sur le dos... Attends: remets donc ce pistolet dans les fontes, et puis garde-moi encore ces deux-là.

Et le jeune homme détacha ceux qui étaient passés à sa ceinture et les donna au garçon d'écurie.

— Bon! fit celui-ci en riant, plus que ça d'aboyeurs!

— Tu sais, Pataut, on dit que les routes ne sont pas sûres.

— Ah! je crois bien qu'elles ne sont pas sûres! nous nageons en plein brigandage, monsieur Charles. Est-ce qu'on n'a pas arrêté et dépouillé, pas plus tard que la semaine dernière, la diligence de Genève à Bourg?

— Bah! fit Morgan; et qui accuse-t-on de ce vol?

— Oh! c'est une farce; imaginez-vous qu'ils disent que c'est les compagnons de Jésus. Je n'en ai pas cru un mot, vous pensez bien; qu'est-ce que c'est que les compagnons de Jésus, sinon les douze apôtres?

— En effet, dit Morgan avec son éternel et joyeux sourire, je n'en vois pas d'autres.

— Bon! continua Pataut, accuser les douze apôtres de dévaliser les diligences, il ne manquerait plus que cela! Oh! je vous le dis, monsieur Charles, nous vivons dans un temps où l'on ne respecte plus rien.

Et, tout en secouant la tête en misanthrope dégoûté, sinon de la vie, du moins des hommes, Pataut conduisit le cheval à l'écurie.

Quant à Morgan, il regarda pendant quelques secondes Pataut s'enfoncer dans les profondeurs de la cour et dans les ténèbres des écuries; puis, tournant la haie qui ceignait le jardin, il descendit vers un grand massif d'arbres dont les hautes cimes se dressaient et se découpaient dans la nuit avec la majesté des choses immobiles, tout en ombrageant une charmante petite campagne qui portait dans les environs le titre pompeux de château des Noires-Fontaines.

Comme Morgan atteignait le mur du château, l'heure sonna au clocher du village de Montagnac. Le jeune homme prêta l'oreille au timbre qui passait en vibrant dans l'atmosphère calme et silencieuse d'une nuit d'automne, et compta jusqu'à onze coups.

Bien des choses, comme on le voit, s'étaient passées en deux heures.

Morgan fit encore quelques pas, examina le mur, paraissant chercher un endroit connu, puis, cet endroit trouvé, introduisit la pointe de sa botte dans la jointure de deux pierres, s'élança comme un homme qui monte à cheval, saisit le chaperon du mur de la main gauche, d'un seul élan se trouva à califourchon sur le mur, et, rapide comme l'éclair, se laissa retomber de l'autre côté.

Tout cela s'était fait avec tant de rapidité, d'adresse et de légèreté, que, si quelqu'un eût passé par hasard en ce moment-là, il eût pu croire qu'il était le jouet d'une vision.

Comme il avait fait d'un côté du mur, Morgan s'arrêta et écouta de l'autre, tandis que son œil sondait, autant que la chose était possible, dans les ténèbres obscurcies par le feuillage des trembles et des peupliers, les profondeurs du petit bois.

Tout était solitaire et silencieux. Morgan se hasarda de continuer son chemin.

Nous disons se hasarda, parce qu'il y avait, depuis qu'il s'était approché du château des Noires-Fontaines, dans toutes les allures du jeune homme, une timidité et une hésitation si peu habituelles à son caractère, qu'il était évident que, cette fois, s'il avait des craintes, ces craintes n'étaient pas pour lui seul.

Il gagna la lisière du bois en prenant les mêmes précautions.

Arrivé sur une pelouse, à l'extrémité de laquelle s'élevait le petit château, il s'arrêta et interrogea la façade de la maison.

Une seule fenêtre était éclairée, des douze fenêtres qui, sur trois étages, perçaient cette façade.

Elle était au premier étage, à l'angle de la maison.

Un petit balcon tout couvert de vignes vierges qui grimpaient le long de la muraille, s'enroulaient autour des rinceaux de fer et retombaient en festons, s'avançait au-dessous de cette fenêtre et surplombait le jardin.

Aux deux côtés de la fenêtre, placés sur le balcon même, des arbres à larges feuilles s'élançaient de leurs caisses et formaient au-dessus de la corniche un berceau de verdure.

Une jalousie, montant et descendant à l'aide de cordes, faisait une séparation entre le balcon et la fenêtre, séparation qui disparaissait à volonté.

C'était à travers les interstices de la jalousie que Morgan avait vu la lumière.

Le premier mouvement du jeune homme fut de traverser la pelouse en droite ligne; mais, cette fois encore, les craintes dont nous avons parlé le retinrent.

Une allée de tilleuls longeait la muraille et conduisait à la maison.

Il fit un détour et s'engagea sous la voûte obscure et feuillue.

Puis, arrivé à l'extrémité de l'allée, il traversa, rapide comme un daim effarouché, l'espace libre, et se trouva au pied de la muraille, dans l'ombre épaisse projetée par la maison.

Il fit quelques pas à reculons, les yeux fixés sur la fenêtre, mais de manière à ne pas sortir de l'ombre.

Puis, arrivé au point calculé par lui, il frappa trois fois dans ses mains.

A cet appel, une ombre s'élança du fond de l'appartement, et vint, gracieuse, flexible, presque transparente, se coller à la fenêtre.

Morgan renouvela le signal.

Aussitôt la fenêtre s'ouvrit, la jalousie se leva, et une ravissante jeune fille, en peignoir de nuit avec sa chevelure blonde ruisselant sur ses épaules, parut dans l'encadrement de verdure.

Le jeune homme tendit les bras à celle dont les bras étaient tendus vers lui, et deux noms, ou plutôt deux cris sortis du cœur, se croisèrent, allant au-devant l'un de l'autre.

— Charles!
— Amélie!

Puis le jeune homme bondit contre la muraille, s'accrocha aux tiges des vignes, aux aspérités de la pierre, aux saillies des corniches, et en une seconde se trouva sur le balcon.

Ce que les deux beaux jeunes gens se dirent alors ne fut qu'un murmure d'amour perdu dans un interminable baiser.

Mais, par un doux effort, le jeune homme entraîna d'un bras la jeune fille dans la chambre, tandis que l'autre lâchait les cordons de la jalousie, qui retombait bruyante derrière eux.

Derrière la jalousie la fenêtre se referma.

Puis la lumière s'éteignit, et toute la façade du château des Noires-Fontaines se trouva dans l'obscurité.

Cette obscurité durait depuis un quart

d'heure à peu près, lorsqu'on entendit le roulement d'une voiture sur le chemin qui conduisait de la grande route de Pont-d'Ain à l'entrée du château.

Puis le bruit cessa ; il était évident que la voiture venait de s'arrêter devant la grille.

X

LA FAMILLE DE ROLAND

Cette voiture qui s'arrêtait à la porte était celle qui ramenait à sa famille Roland, accompagné de sir John.

On était si loin de l'attendre, que, nous l'avons dit, toutes les lumières de la maison étaient éteintes, toutes les fenêtres dans l'obscurité, même celle d'Amélie.

Le postillon, depuis cinq cents pas, faisait bien claquer son fouet à outrance ; mais le bruit était insuffisant pour réveiller des provinciaux dans leur premier sommeil.

La voiture une fois arrêtée, Roland ouvrit la portière, sauta à terre sans toucher le marchepied, et se pendit à la sonnette.

Cela dura cinq minutes pendant lesquelles, après chaque sonnerie, Roland se retournait vers la voiture en disant :

— Ne vous impatientez pas, sir John.

Enfin, une fenêtre s'ouvrit et une voix enfantine, mais ferme, cria :

— Qui sonne donc ainsi ?

— Ah ! c'est toi, petit Édouard, dit Roland ; ouvre vite !

L'enfant se rejeta en arrière avec un cri joyeux et disparut.

Mais, en même temps, on entendit sa voix qui criait dans les corridors :

— Mère ! réveille-toi, c'est Roland !... Sœur ! réveille-toi, c'est le grand frère.

Puis, avec sa chemise seulement et ses petites pantoufles, il se précipita par les degrés en criant :

— Ne t'impatiente pas, Roland, me voilà ! me voilà !

Un instant après, on entendit la clef qui grinçait dans la serrure, les verrous qui glissaient dans les tenons ; puis une forme blanche apparut sur le perron et vola, plutôt qu'elle ne courut, vers la grille, qui, au bout d'un instant, grinça à son tour sur ses gonds et s'ouvrit.

L'enfant sauta au cou de Roland et y resta pendu.

— Ah ! frère ! ah ! frère ! criait-il en embrassant le jeune homme et en riant et pleurant tout à la fois ; ah ! grand frère Roland, que mère va être contente ! et Amélie donc ! Tout le monde se porte bien, c'est moi le plus malade... ah ! excepté Michel, tu sais, le jardinier, qui s'est donné une entorse. Pourquoi donc n'es-tu pas en militaire ?... Ah ! que tu es laid en bourgeois ! Tu viens d'Égypte ; m'as-tu rapporté des pistolets montés en argent et un beau sabre recourbé ? Non ! ah bien, tu n'es pas gentil et je ne veux plus t'embrasser ; mais non, non, va, n'aie pas peur, je t'aime toujours !

Et l'enfant couvrait le grand frère de baisers, comme il l'écrasait de questions.

L'Anglais, resté dans la voiture, regardait, la tête inclinée à la portière, et souriait.

Au milieu de ces tendresses fraternelles, une voix de femme éclata.

Une voix de mère !

— Où est-il, mon Roland, mon fils bien-aimé ? demandait madame de Montrevel d'une voix empreinte d'une émotion joyeuse si violente, qu'elle allait presque jusqu'à la douleur ; où est-il ? Est-ce bien vrai qu'il soit revenu ? est-ce bien vrai qu'il ne soit pas prisonnier, qu'il ne soit pas mort ? est-ce bien vrai qu'il vive ?

L'enfant, à cette voix, glissa comme un serpent dans les bras de son frère, tomba debout sur le gazon, et, comme enlevé par un ressort, bondit vers sa mère.

— Par ici, mère, par ici ! dit-il en entraînant sa mère à moitié vêtue vers Roland.

A la vue de sa mère, Roland n'y put tenir ; il sentit se fondre cette espèce de glaçon qui semblait pétrifié dans sa poitrine ; son cœur battit comme celui d'un autre.

— Ah ! s'écria-t-il, j'étais véritablement

ingrat envers Dieu quand la vie me garde encore de semblables joies.

Et il se jeta tout sanglotant au cou de madame de Montrevel sans se souvenir de sir John, qui, lui aussi, sentait se fondre son flegme anglican, et qui essuyait silencieusement les larmes qui coulaient sur ses joues et qui venaient mouiller son sourire.

L'enfant, la mère et Roland formaient un groupe adorable de tendresse et d'émotion.

Tout à coup, le petit Édouard, comme une feuille que le vent emporte, se détacha du groupe en criant :

— Et sœur Amélie, où est-elle donc ?

Puis il s'élança vers la maison, en répétant :

— Sœur Amélie, réveille-toi ! lève-toi ! accours !

Et l'on entendit les coups de pied et les coups de poing de l'enfant qui retentissaient contre une porte.

Il se fit un grand silence.

Puis presque aussitôt on entendit le petit Édouard qui criait :

— Au secours, mère ! au secours, frère Roland ! sœur Amélie se trouve mal.

Madame de Montrevel et son fils s'élancèrent dans la maison ; sir John, qui, en touriste consommé qu'il était, avait dans une trousse des lancettes et dans sa poche un flacon de sels, descendit de voiture, et, obéissant à un premier mouvement, s'avança jusqu'au perron.

Là, il s'arrêta, réfléchissant qu'il n'était point présenté, formalité toute puissante pour un Anglais.

Mais, d'ailleurs, en ce moment, celle au-devant de laquelle il allait venait au-devant de lui.

Au bruit que son frère faisait à sa porte, Amélie avait enfin paru sur le palier ; mais sans doute la commotion qui l'avait frappée en apprenant le retour de Roland était trop forte, et, après avoir descendu quelques degrés d'un pas presque automatique et en faisant un violent effort sur elle-même, elle avait poussé un soupir ; et, comme une fleur qui plie, comme une branche qui s'affaisse, comme une écharpe qui flotte, elle était tombée ou plutôt s'était couchée sur l'escalier.

C'était alors que l'enfant avait crié.

Mais, au cri de l'enfant, Amélie avait retrouvé, sinon la force, du moins la volonté ; elle s'était redressée et en balbutiant : « Tais-toi, Édouard ! tais-toi au nom du ciel ! me voilà ! » elle s'était cramponnée d'une main à la rampe, et, appuyée de l'autre sur l'enfant, elle avait continué de descendre les degrés.

A la dernière marche, elle avait rencontré sa mère et son frère ; alors d'un mouvement violent, presque désespéré, elle avait jeté ses deux bras au cou de Roland, en criant :

— Mon frère ! mon frère !

Puis Roland avait senti que la jeune fille pesait plus lourdement à son épaule, et en disant : « Elle se trouve mal, de l'air ! de l'air ! » il l'avait entraînée vers le perron.

C'était ce nouveau groupe, si différent du premier, que sir John avait sous les yeux.

Au contact de l'air, Amélie respira et redressa la tête.

En ce moment, la lune, dans toute sa splendeur, se débarrassait d'un nuage qui la voilait, et éclairait le visage d'Amélie, aussi pâle qu'elle.

Sir John poussa un cri d'admiration.

Il n'avait jamais vu statue de marbre si parfaite que ce marbre vivant qu'il avait sous les yeux.

Il faut dire qu'Amélie était merveilleusement belle, vue ainsi.

Vêtue d'un long peignoir de batiste, qui dessinait les formes d'un corps moulé sur celui de la Polymnie antique, sa tête pâle, légèrement inclinée sur l'épaule de son frère, ses longs cheveux d'un blond d'or tombant sur des épaules de neige, son bras jeté au cou de sa mère, et qui laissait pendre sur le châle rouge dont madame de Montrevel était enveloppée une main d'albâtre rosé, telle était la sœur de Roland apparaissant aux regards de sir John.

Au cri d'admiration que poussa l'Anglais, Roland se souvint que celui-ci était là, et madame de Montrevel s'aperçut de sa présence.

Quant à l'enfant, étonné de voir cet étranger chez sa mère, il descendit rapidement le perron, et, restant seul sur la troisième marche, non pas qu'il craignît d'aller plus loin, mais pour rester à la hauteur de celui qu'il interpellait :

— Qui êtes-vous, monsieur ? demanda-t-il à sir John, et que faites-vous ici ?

— Mon petit Édouard, dit sir John, je suis un ami de votre frère, et je viens vous apporter les pistolets montés en argent et le damas qu'il vous a promis.

— Où sont-ils ? demanda l'enfant.

— Ah ! dit sir John, ils sont en Angleterre, et il faut le temps de les faire venir; mais voilà votre grand frère qui répondra de moi et qui vous dira que je suis un homme de parole.

— Oui, Édouard, oui, dit Roland; si milord te les promet, tu les auras.

Puis, s'adressant à madame de Montrevel et à sa sœur :

— Excusez-moi, ma mère; excuse-moi, Amélie, dit-il, ou plutôt excusez-vous vous-mêmes comme vous pourrez près de milord : vous venez de faire de moi un abominable ingrat.

Puis, allant à sir John et lui prenant la main :

— Ma mère, continua Roland, milord a trouvé moyen, le premier jour qu'il m'a vu, la première fois qu'il m'a rencontré, de me rendre un éminent service; je sais que vous n'oubliez pas ces choses-là : j'espère donc que vous voudrez bien vous souvenir que sir John est un de vos meilleurs amis, et il va vous en donner une preuve en répétant avec moi qu'il consent à s'ennuyer quinze jours ou trois semaines avec nous.

— Madame, dit sir John, permettez-moi, au contraire, de ne point répéter les paroles de mon ami Roland; ce ne serait point quinze jours, ce ne serait point trois semaines que je voudrais passer au milieu de votre famille, ce serait une vie tout entière.

Madame de Montrevel descendit le perron, et tendit à sir John une main que celui-ci baisa avec une galanterie toute française.

— Milord, dit-elle, cette maison est la vôtre; le jour où vous y êtes entré a été un jour de joie, le jour où vous la quitterez sera un jour de regret et de tristesse.

Sir John se tourna vers Amélie, qui, confuse de paraître ainsi défaite devant un étranger, ramenait autour de son cou les plis de son peignoir.

— Je vous parle en mon nom et au nom de ma fille, trop émue encore du retour inattendu de son frère pour vous accueillir elle-même comme elle le fera dans un instant, continua madame de Montrevel en venant au secours d'Amélie.

— Ma sœur, dit Roland, permettra à mon ami sir John de lui baiser la main, et il acceptera, j'en suis sûr, cette façon de lui souhaiter la bienvenue.

Amélie balbutia quelques mots, souleva lentement le bras, et tendit sa main à sir John avec un sourire presque douloureux.

L'Anglais prit la main d'Amélie; mais, sentant que cette main était glacée et frissonnante, au lieu de la porter à ses lèvres :

— Roland, dit-il, votre sœur est sérieusement indisposée; ne nous occupons ce soir que de sa santé; je suis un peu médecin, et, si elle veut bien convertir la faveur qu'elle daignait m'accorder en celle que je lui tâte le pouls, je lui en aurai une égale reconnaissance.

Mais, comme si elle craignait que l'on ne devinât la cause de son mal, Amélie retira vivement sa main en disant :

— Mais, non, milord se trompe : la joie ne rend pas malade, et la joie seule de revoir mon frère a causé cette indisposition d'un instant qui a déjà disparu.

Puis, se retournant vers madame de Montrevel :

— Ma mère, dit-elle avec un accent rapide, presque fiévreux, nous oublions que ces messieurs arrivent d'un long voyage; que, depuis Lyon ils n'ont probablement rien pris, et que, si Roland a toujours ce bon appétit que nous lui connaissions, il ne m'en voudra pas de vous laisser faire à lui et à milord les honneurs de la maison, en songeant que je m'occupe des détails peu poétiques, mais très-appréciés par lui du ménage.

Et laissant, en effet, sa mère faire les honneurs de la maison, Amélie rentra pour réveiller les femmes de chambre et le domestique, laissant dans l'esprit de sir John cette espèce de souvenir féerique que laisserait dans celui d'un touriste descendant les bords du Rhin, l'apparition de la Lorely debout sur son rocher, sa lyre à la main et laissant flotter au vent de la nuit l'or fluide de ses cheveux!

Pendant ce temps, Morgan remontait à cheval, reprenant au grand galop le chemin de la chartreuse, s'arrêtant devant la porte, tirant un carnet de sa poche, et écrivant sur une feuille de ce carnet quelques lignes au crayon, qu'il roulait et faisait passer d'un côté à l'autre de la serrure, sans prendre le temps de descendre de son cheval.

Puis, piquant des deux et se courbant sur la crinière du noble animal, il disparaissait dans la forêt, rapide et mystérieux comme Faust se rendant à la montagne du sabbat.

Les trois lignes qu'il avait écrites étaient celles-ci :

« Louis de Montrevel, aide de camp du général Bonaparte, est arrivé cette nuit au château des Noires-Fontaines.

» Garde à vous, compagnons de Jéhu! »

Mais, tout en prévenant ses amis de se garder de Louis de Montrevel, Morgan avait tracé une croix au-dessus de son nom, ce qui voulait dire que, quelque chose qu'il arrivât, le jeune officier devait leur être sacré.

Chaque compagnon de Jéhu pouvait sauvegarder un ami sans avoir besoin de rendre compte des motifs qui le faisaient agir ainsi.

Morgan usait de son privilége : il sauvegardait le frère d'amitié.

XI

LE CHATEAU DES NOIRES-FONTAINES

Le château des Noires-Fontaines, où nous venons de conduire deux des principaux personnages de cette histoire, était situé dans une des plus charmantes situations de la vallée où s'élève la ville de Bourg.

Son parc, de cinq ou six arpents, planté d'arbres centenaires, était fermé de trois côtés par des murailles de grès, ouvertes sur le devant de toute la largeur d'une belle grille de fer travaillée au marteau, et façonnée du temps et à la manière de Louis XV, et du quatrième côté par la petite rivière de la Reyssouse, charmant ruisseau qui prend sa source à Journaud, c'est-à-dire au bas des premières rampes jurassiques, et qui, coulant du midi au nord d'un cours presque insensible, va se jeter dans la Saône au pont de Fleurville, en face de Pont-de-Vaux, patrie de Joubert, lequel, un mois avant l'époque où nous sommes arrivés, venait d'être tué à la fatale bataille de Novi.

Au delà de la Reyssouse et sur ses rives s'étendaient, à droite et à gauche du château des Noires-Fontaines, les villages de Montagnat et de Saint-Just, dominés par celui de Ceyzeriat.

Derrière ce dernier bourg se dessinent les gracieuses silhouettes des collines du Jura, au-dessus de la crête desquelles on distingue la cime bleuâtre des montagnes du Bugey, qui semblent se hausser pour regarder curieusement par-dessus l'épaule de leurs sœurs cadettes ce qui se passe dans la vallée de l'Ain.

Ce fut en face de ce ravissant paysage que se réveilla sir John.

Pour la première fois de sa vie peut-être, le morose et taciturne Anglais souriait à la nature ; il lui semblait être dans une de ces belles vallées de la Thessalie, célébrées par Virgile, ou près de ces douces rives du Lignon, chantées par d'Urfé, dont la maison natale, quoi qu'en disent les biographes, tombait en ruine à trois quarts de lieue du château des Noires-Fontaines.

Il fut tiré de sa contemplation par trois coups légèrement frappés à sa porte : c'était son hôte Roland qui venait s'informer de quelle façon il avait passé la nuit.

Il le trouva radieux comme le soleil qui se jouait sur les feuilles déjà jaunies des marronniers et des tilleuls.

— Oh! oh! sir John, dit-il, permettez-moi de vous féliciter; je m'attendais à voir un homme triste comme ces pauvres chartreux aux longues robes blanches qui m'effrayaient tant dans ma jeunesse, quoique, à vrai dire, je n'aie jamais été facile à la peur; et, pas du tout, je vous trouve, au milieu de notre triste mois d'octobre, souriant comme une matinée de mai.

— Mon cher Roland, répondit sir John, je suis presque orphelin; j'ai perdu ma mère le jour de ma naissance, mon père à douze ans. A l'âge où l'on met les enfants au collége, j'étais maître d'une fortune de plus d'un million de rente; mais j'étais seul en ce monde, sans personne que j'aimasse, sans personne qui m'aimât; les douces joies de la famille me sont donc complétement inconnues. De douze à dix-huit ans, j'ai étudié à l'université de Cambridge; mon caractère taciturne, un peu hautain peut-être, m'isolait au milieu de mes jeunes compagnons. A dix-huit ans, je voyageai. Voyageur armé qui parcourez le monde à l'ombre de votre drapeau, c'est-à-dire à l'ombre de la patrie; qui avez tous les jours les émotions de la lutte et les orgueils de la gloire, vous ne vous doutez point quelle chose lamentable c'est que de traverser les villes, les provinces, les États, les royaumes, pour visiter tout simplement une église ici, un château là; de quitter le lit à quatre heures du matin à la voix du guide impitoyable, pour voir le soleil se lever du haut du Righi ou de l'Etna; de passer, comme un fantôme déjà mort, au milieu de ces ombres vivantes que l'on appelle les hommes; de ne savoir où s'arrêter; de n'avoir pas une terre où prendre racine, pas un bras où s'appuyer, pas un cœur où verser son cœur! Eh bien, hier au soir, mon cher Roland, tout à coup, en un instant, en une seconde, ce vide de ma vie a été comblé; j'ai vécu en vous; les joies que je cherche, je vous les ai vu éprouver; cette famille que j'ignore, je l'ai vue s'épanouir florissante autour de vous; en regardant votre mère, je me suis dit : Ma mère était ainsi, j'en suis certain. En regardant votre sœur, je me suis dit : Si j'avais eu une sœur, je ne l'aurais pas voulue autrement. En embrassant votre frère, je me suis dit que je pourrais, à la rigueur, avoir un enfant de cet âge-là, et laisser ainsi quelque chose après moi dans ce monde; tandis qu'avec le caractère dont je me connais, je mourrai comme j'ai vécu, triste, maussade aux autres et importun à moi-même. Ah! vous êtes heureux, Roland! vous avez la famille, vous avez la gloire, vous avez la jeunesse, vous avez — ce qui ne gâte rien même chez un homme — vous avez la beauté. Aucune joie ne vous manque, aucun bonheur ne vous fait défaut; je vous le répète, Roland, vous êtes un homme heureux, bien heureux.

— Bon! dit Roland, et vous oubliez mon anévrisme, milord.

Sir John regarda le jeune homme d'un air d'incrédulité. En effet, Roland paraissait jouir d'une santé formidable.

— Votre anévrisme contre mon million de rente, Roland, dit avec un sentiment de profonde tristesse lord Tanlay, pourvu qu'avec votre anévrisme vous me donniez cette mère qui pleure de joie en vous revoyant, cette sœur qui se trouve mal de bonheur à votre retour, cet enfant qui se pend à votre cou comme un jeune et beau fruit à un arbre jeune et beau ; pourvu qu'avec tout cela encore vous me donniez ce château aux frais ombrages, cette rivière aux rives gazonneuses et fleuries, ces lointains bleuâtres, où blanchissent, comme des troupes de cygnes, de jolis villages avec leurs clochers bourdonnants; votre anévrisme, Roland, la mort dans trois ans, dans deux ans, dans un an, dans six mois; mais six mois de votre vie si pleine, si agitée, si douce, si accidentée, si glorieuse ! et je me regarderai comme un homme heureux.

Roland éclata de rire, de ce rire nerveux qui lui était particulier.

— Ah ! dit-il, que voilà bien le touriste, le voyageur superficiel, le juif errant de la civilisation, qui, ne s'arrêtant nulle part, ne peut rien apprécier, rien approfondir, juge chaque chose par la sensation qu'elle lui apporte, et dit, sans ouvrir la porte de ces cabanes où sont renfermés ces fous qu'on appelle des hommes : Derrière cette muraille on est heureux ! Eh bien, mon cher, vous voyez bien cette charmante rivière, n'est-ce pas ? ces beaux gazons fleuris, ces jolis villages ? c'est l'image de la paix, de l'innocence, de la fraternité ; c'est le siècle de Saturne, c'est l'âge d'or ; c'est l'Éden ; c'est le paradis. Eh bien, tout cela est peuplé de gens qui s'égorgent les uns les autres ; les jungles de Calcutta, les roseaux du Bengale ne sont pas peuplés de tigres plus féroces et de panthères plus cruelles que ces jolis villages, que ces frais gazons, que les bords de cette charmante rivière. Après avoir fait des fêtes funéraires au bon, au grand, à l'immortel Marat, qu'on a fini, Dieu merci ! par jeter à la voirie comme une charogne qu'il était, et même qu'il avait toujours été ; après avoir fait des fêtes funéraires dans lesquelles chacun apportait une urne où il versait toutes les larmes de son corps, voilà que nos bons Bressans, nos doux Bressans, nos engraisseurs de poulardes, se sont avisés que les républicains étaient tous des assassins, et qu'ils les ont assassinés par charretées, pour les corriger de ce vilain défaut qu'a l'homme sauvage ou civilisé de tuer son semblable. Vous doutez ? Oh ! mon cher, sur la route de Lons-le-Saulnier, si vous êtes curieux, on vous montrera la place où, voilà six mois à peine, il s'est organisé une tuerie qui ferait lever le cœur aux plus féroces sabreurs de nos champs de bataille. Imaginez-vous une charrette chargée de prisonniers que l'on conduisait à Lons-le-Saulnier, une charrette à ridelles, une de ces immenses charrettes sur lesquelles on conduit les veaux à la boucherie ; dans cette charrette, une trentaine d'hommes dont tout le crime était une folle exaltation de pensées et de paroles menaçantes ; tout cela lié, garrotté, la tête pendante et bosselée par les cahots, la poitrine haletante de soif, de désespoir et de terreur ; des malheureux qui n'ont pas même, comme au temps de Néron et de Commode, la lutte du cirque, la discussion à main armée avec la mort ; que le massacre surprend impuissants et immobiles ; qu'on égorge dans leurs liens et qu'on frappe non-seulement pendant leur vie, mais jusqu'au fond de la mort ; sur le corps desquels, — quand dans ces corps le cœur a cessé de battre, — sur le corps desquels l'assommoir retentit sourd et mat, pliant les chairs, broyant les os, et des femmes regardant ce massacre, paisibles et joyeuses, soulevant au-dessus de leurs têtes leurs enfants battant des mains ; des vieillards qui n'auraient plus dû penser qu'à faire une mort chrétienne, et qui contribuaient, par leurs cris et leurs excitations, à faire à ces malheureux une mort désespérée, et, au milieu de ces vieillards, un petit septuagénaire, bien coquet, bien poudré, chiquenaudant son jabot de dentelle pour le moindre grain de poussière, prenant son tabac d'Espagne dans une tabatière d'or avec un chiffre en diamants, mangeant ses pastilles à l'ambre dans une bonbonnière de Sèvres qui lui a été donnée par madame du Barry, bonbonnière ornée du portrait de la donatrice, ce septuagénaire, — voyez le tableau, mon cher ! — piétinant avec ses escarpins sur ces corps qui ne laissaient plus qu'un matelas de chair humaine, et fatigant son bras, appauvri par l'âge, à frapper avec un jonc à pomme de vermeil ceux de ces cadavres qui ne lui paraissaient pas suffisamment morts, convenablement passés au pilon... Pouah ! mon cher, j'ai vu Montebello, j'ai vu Arcole, j'ai vu Rivoli, j'ai vu les Pyramides ; je croyais ne pouvoir rien voir de plus terrible. Eh bien, le simple récit de ma mère, hier, quand vous avez été rentré dans votre chambre, m'a fait dresser les cheveux? Ma foi ! voilà qui explique les spasmes de ma pauvre sœur aussi clairement que mon anévrisme explique les miens.

Sir John regardait et écoutait Roland avec cet étonnement curieux que lui causaient toujours les sorties misanthropiques de son jeune ami. En effet, Roland semblait embusqué au coin de la conversation pour tomber sur le genre humain à la moindre occasion qui s'en présenterait. Il s'aperçut du sentiment qu'il venait de faire pénétrer dans l'esprit de sir John et changea complétement de ton, substituant la raillerie amère à l'emportement philanthropique.

— Il est vrai, dit-il, qu'après cet excellent aristocrate qui achevait ce que les massacreurs avaient commencé, et qui retrempait dans le sang ses talons rouges déteints, les gens qui font ces sortes d'exécutions sont des gens de bas étage, des bourgeois et des manants, comme disaient nos aïeux en parlant de ceux qui les nourrissaient; les nobles s'y prennent plus élégamment. Vous avez vu, au reste, ce qui s'est passé à Avignon : on vous le raconterait, n'est-ce pas? que vous ne le croiriez pas. Ces messieurs les détrousseurs de diligences se piquent d'une délicatesse infinie; ils ont deux faces sans compter leur masque : ce sont tantôt des Cartouches et des Mandrins, tantôt des Amadis et des Galaors. On raconte des histoires fabuleuses de ces héros de grand chemin. Ma mère me disait hier qu'il y avait un nommé Laurent, — vous comprenez bien, mon cher, que Laurent est un nom de guerre qui sert à cacher le nom véritable, comme le masque cache le visage, — il y avait un nommé Laurent qui réunissait toutes les qualités d'un héros de roman, tous les accomplissements, comme vous dites, vous autres Anglais, qui, sous le prétexte que vous avez été Normands autrefois, vous permettez de temps en temps d'enrichir notre langue d'une expression pittoresque, d'un mot dont la gueuse demandait l'aumône à nos savants, qui se gardaient bien de la lui faire. Le susdit Laurent était donc beau jusqu'à l'idéalité; il faisait partie d'une bande de soixante et douze compagnons de Jéhu que l'on vient de juger à Yssengeaux : soixante et dix furent acquittés; lui et un de ses compagnons furent seuls condamnés à mort; on renvoya les innocents séance tenante, et l'on garda Laurent et son compagnon pour la guillotine. Mais bast ! maître Laurent avait une trop jolie tête pour que cette tête tombât sous l'ignoble couteau d'un exécuteur : les juges qui l'avaient jugé, les curieux qui s'attendaient à le voir exécuter, avaient oublié cette recommandation corporelle de la beauté, comme dit Montaigne. Il y avait une femme chez le geôlier d'Yssengeaux, sa fille, sa sœur, sa nièce ; l'histoire — car c'est une histoire que je vous raconte et non un roman — l'histoire n'est pas fixée là-dessus; tant il y a que la femme, quelle qu'elle fût, devint amoureuse du beau condamné; si bien que, deux heures avant l'exécution, au moment où maître Laurent croyait voir entrer l'exécuteur, et dormait ou faisait semblant de dormir, comme il se pratique toujours en pareil cas, il vit entrer l'ange sauveur.

Vous dire comment les mesures étaient prises, je n'en sais rien : les deux amants ne sont point entrés dans les détails, et pour cause; mais la vérité est — et je vous rappelle toujours, sir John, que c'est la vérité et non une fable — la vérité est que Laurent se trouva libre avec le regret de ne pouvoir sauver son camarade, qui était dans un autre cachot. Gensonné, en pareille circonstance, refusa de fuir et voulut mourir avec ses compagnons les Girondins; mais Gensonné n'avait pas la tête d'Antinoüs sur le corps d'Apollon : plus la tête est belle, vous comprenez, plus on y tient. Laurent accepta donc l'offre qui lui était faite et s'enfuit; un cheval l'attendait au prochain village; la jeune fille, qui eût pu retarder ou embarrasser sa fuite, devait l'y rejoindre au point du jour. Le jour parut, mais n'amena point l'ange sauveur; il paraît que notre chevalier tenait plus à sa maîtresse qu'à son compagnon : il avait fui sans son compagnon, il ne voulut pas fuir sans sa maîtresse. Il était six heures du matin, l'heure juste de l'exécution; l'impatience le gagnait. Il avait, depuis quatre heures, tourné trois fois la tête de son cheval vers la ville et chaque fois s'en était approché davantage. Une idée, à cette troisième fois, lui passa par l'esprit : c'est que sa maîtresse est prise et va payer pour lui; il était venu jusqu'aux premières maisons, il pique son cheval, rentre dans la ville, traverse à visage découvert et au milieu de gens qui le nomment par son nom, tout étonnés de le voir libre et à cheval, quand ils s'attendaient à le voir garrotté et en charrette, traverse la place de l'exécution, où le bourreau vient d'apprendre qu'un de ses patients a disparu, aperçoit sa libératrice qui fendait à grand'peine la foule, non pas pour voir l'exécution, elle, mais pour aller le rejoindre. A sa vue, il enlève son cheval, bondit vers elle, renverse trois ou quatre badauds en les heurtant du poitrail de son Bayard, parvient jusqu'à elle, la jette sur l'arçon de sa selle, pousse un cri de joie et disparaît en brandissant son chapeau, comme M. de Condé à la bataille de Lens; et le peuple d'applaudir et les femmes de trouver l'action héroïque et de devenir amoureuses du héros.

Roland s'arrêta et, voyant que sir John gardait le silence, il l'interrogea du regard.

— Allez toujours, répondit l'Anglais, je vous écoute, et, comme je suis sûr que vous ne me dites tout cela que pour arriver à un point qui vous reste à dire, j'attends.

— Eh bien, reprit en riant Roland, vous avez raison, très-cher, et vous me connaissez, ma parole, comme si nous étions amis de collège. Eh bien, savez-vous l'idée qui m'a, toute la nuit, trotté dans l'esprit ? C'est de voir de près ce que c'est que ces messieurs de Jéhu.

— Ah! oui, je comprends, vous n'avez pas pu vous faire tuer par M. de Barjols, vous allez essayer de vous faire tuer par M. Morgan.

— Ou un autre, mon cher sir John, répondit tranquillement le jeune officier; car je vous déclare que je n'ai rien particulièrement contre M. Morgan, au contraire, quoique ma première pensée, quand il est entré dans la salle et a fait son petit *speech*, — n'est-ce pas un *speech* que vous appelez cela?

Sir John fit de la tête un signe affirmatif.

— Bien que ma première pensée, — reprit Roland, — ait été de lui sauter au cou et de l'étrangler d'une main, tandis que, de l'autre, je lui eusse arraché son masque.

— Maintenant que je vous connais, mon cher Roland, je me demande, en effet, comment vous n'avez pas mis un si beau projet à exécution.

— Ce n'est pas ma faute, je vous le jure! j'étais parti, mon compagnon m'a retenu.

— Il y a donc des gens qui vous retiennent?

— Pas beaucoup, mais celui-là.

— De sorte que vous en êtes aux regrets?

— Non pas, en vérité; ce brave détrousseur de diligences a fait sa petite affaire avec une crânerie qui m'a plu : j'aime instinctivement les gens braves; si je n'avais pas tué M. de Barjols, j'aurais voulu être son ami. Il est vrai que je ne pouvais savoir combien il était brave qu'en le tuant. Mais parlons d'autre chose. C'est un de mes mauvais souvenirs que ce duel. Pourquoi étais-je donc monté ? A coup sûr, ce n'était point pour vous parler des compagnons de Jéhu, ni des exploits de M. Laurent... Ah! c'était pour m'entendre avec vous sur ce que vous comptez faire ici. Je me mettrai en quatre pour vous amuser, mon cher hôte, mais j'ai deux chances contre moi : mon pays, qui n'est guère amusant; votre nation, qui n'est guère amusable.

— Je vous ai déjà dit, Roland, répliqua lord Tanlay en tendant la main au jeune homme, que je tenais le château de Noires-Fontaines pour un paradis.

— D'accord; mais, pourtant, dans la crainte que vous ne trouviez bientôt votre paradis monotone, je ferai de mon mieux pour vous distraire. Aimez-vous l'archéologie, Westminster, Cantorbéry ? nous avons l'église de Brou, une merveille, de la dentelle sculptée par maître Colomban ; il y a une légende là-dessus, je vous la dirai un soir que vous aurez le sommeil difficile. Vous y verrez les tombeaux de Marguerite de Bourbon, de Philippe le Beau et de Marguerite d'Autriche ; nous vous poserons le grand problème de sa devise : « Fortune, infortune, fortune, » que j'ai la prétention d'avoir résolu par cette version latinisée : *Fortuna, infortuna, forti una.* Aimez-vous la pêche, mon cher hôte ? vous avez la Reyssouse au bout de votre pied ; à l'extrémité de votre main une collection de lignes et d'hameçons appartenant à Édouard, une collection de filets appartenant à Michel. Quant aux poissons, vous savez que c'est la dernière chose dont on s'occupe. Aimez-vous la chasse ? nous avons la forêt de Seillon à cent pas de nous ; pas la chasse à courre, par exemple, il faut y renoncer, mais la chasse à tir. Il paraît que les bois de mes anciens croquemitaines les chartreux foisonnent de sangliers, de chevreuils, de lièvres et de renards. Personne n'y chasse, par la raison que c'est au gouvernement, et que le gouvernement, dans ce moment-ci, c'est personne. En ma qualité d'aide de camp du général Bonaparte, je remplirai la lacune, et nous verrons si quelqu'un ose trouver mauvais qu'après avoir chassé les Autrichiens sur l'Adige et les mameluks sur le Nil, je chasse les sangliers, les daims, les chevreuils, les renards et les lièvres sur la Reyssouse. Un jour d'archéologie, un jour de pêche et un jour de chasse. Voilà déjà trois jours ; vous voyez, mon cher hôte, nous n'avons plus à avoir d'inquiétude que pour quinze ou seize.

— Mon cher Roland, dit sir John avec une profonde tristesse et sans répondre à la verbeuse improvisation du jeune officier, ne me direz-vous jamais quelle fièvre vous brûle, quel chagrin vous mine ?

— Ah ! par exemple, fit Roland avec un éclat de rire strident et douloureux, je n'ai jamais été si gai que ce matin ; c'est vous qui avez le spleen, milord, et qui voyez tout en noir.

— Un jour, je serai réellement votre ami, répondit sérieusement sir John ; ce jour-là, vous me ferez vos confidences ; ce jour-là, je porterai une part de vos peines.

— Et la moitié de mon anévrisme... Avez-vous faim, milord ?

— Pourquoi me faites-vous cette question ?

— C'est que j'entends dans l'escalier les pas d'Édouard, qui vient nous dire que le déjeuner est servi.

En effet, Roland n'avait pas prononcé le dernier mot, que la porte s'ouvrait et que l'enfant disait :

— Grand frère Roland, mère et sœur Amélie attendent pour déjeuner milord et toi.

Puis, s'attachant à la main droite de l'Anglais, il lui regarda attentivement la première phalange du pouce, de l'index et de l'annulaire.

— Que regardez-vous, mon jeune ami ? demanda sir John.

— Je regarde si vous avez de l'encre aux doigts.

— Et si j'avais de l'encre aux doigts, que voudrait dire cette encre ?

— Que vous auriez écrit en Angleterre. Vous auriez demandé mes pistolets et mon sabre.

— Non, je n'ai pas écrit, dit sir John ; mais j'écrirai aujourd'hui.

— Tu entends, grand frère Roland ? j'aurai dans quinze jours mes pistolets et mon sabre !

Et l'enfant, tout joyeux, présenta ses joues roses et fermes au baiser de sir John, qui l'embrassa aussi tendrement que l'eût fait un père.

Puis tous trois descendirent dans la salle à manger, où les attendaient Amélie et madame de Montrevel.

XII

LES PLAISIRS DE LA PROVINCE

Le même jour, Roland mit une partie du projet arrêté à exécution : il emmena sir John voir l'église de Brou.

Ceux qui ont vu la charmante petite chapelle de Brou savent que c'est une des cent merveilles de la Renaissance; ceux qui ne l'ont pas vue l'ont entendu dire.

Roland, qui comptait faire à sir John les honneurs de son bijou historique, et qui ne l'avait pas vu depuis sept ou huit ans, fut fort désappointé quand, en arrivant devant la façade, il trouva les niches des saints vides et les figurines du portail décapitées.

Il demanda le sacristain; on lui rit au nez : il n'y avait plus de sacristain.

Il s'informa à qui il devait s'adresser pour avoir les clefs : on lui répondit que c'était au capitaine de la gendarmerie.

Le capitaine de la gendarmerie n'était pas loin; le cloître attenant à l'église avait été converti en caserne.

Roland monta à la chambre du capitaine, se fit reconnaître pour aide de camp de Bonaparte. Le capitaine, avec l'obéissance passive d'un inférieur pour son supérieur, lui remit les clefs et le suivit par derrière.

Sir John attendait devant le porche, admirant, malgré les mutilations qu'ils avaient subies, les admirables détails de la façade.

Roland ouvrit la porte et recula d'étonnement : l'église était littéralement bourrée de foin, comme un canon chargé jusqu'à la gueule.

— Qu'est-ce que cela? demanda-t-il au capitaine de gendarmerie.

— Mon officier, c'est une précaution de la municipalité.

— Comment! une précaution de la municipalité?

— Oui.

— Dans quel but?

— Celui de sauvegarder l'église. On allait la démolir; mais le maire a décrété qu'en expiation du culte d'erreur auquel elle avait servi, elle serait convertie en magasin à fourrages.

Roland éclata de rire, et, se retournant vers sir John :

— Mon cher lord, dit-il, l'église était curieuse à voir; mais je crois que ce que monsieur nous raconte là est non moins curieux. Vous trouverez toujours, soit à Strasbourg, soit à Cologne, soit à Milan, une chapelle ou un dôme qui vaudront la chapelle de Brou; mais vous ne trouverez pas toujours des administrateurs assez bêtes pour vouloir démolir un chef-d'œuvre, et un maire assez spirituel pour en faire une église à fourrages.' Mille remercîments, capitaine; voilà vos clefs.

— Comme je le disais à Avignon, la première fois que j'eus l'honneur de vous voir, mon cher Roland, répliqua sir John, c'est un peuple bien amusant que le peuple français.

— Cette fois, milord, vous êtes trop poli, répondit Roland : c'est bien idiot qu'il faut dire; écoutez : je comprends les cataclysmes politiques qui ont bouleversé notre société depuis mille ans; je comprends les communes, les pastoureaux, la Jacquerie, les maillotins, la Saint-Barthélemy, la Ligue, la Fronde, les dragonnades, la Révolution ; je comprends le 14 juillet, les 5 et 6 octobre, le 20 juin, le 10 août, les 2 et 3 septembre, le 21 janvier, le 31 mai, les 30 octobre et 9 thermidor; je comprends la torche des guerres civiles avec son feu grégeois qui se rallume dans le sang au lieu de s'y éteindre; je comprends la marée des révolutions qui monte toujours avec son flux que rien n'arrête, et son reflux qui roule les débris des institutions que son flux a renversées; je comprends tout cela, mais lance contre lance, épée contre épée, hommes contre hommes, peuple contre peuple! Je comprends la colère mortelle des vainqueurs, je comprends les réactions sanglantes des vaincus; je comprends les volcans politiques qui grondent dans les entrailles du globe, qui secouent la terre, qui renversent les trônes, qui culbutent les monarchies, qui font rouler têtes et couronnes sur les échafauds... mais ce que je ne comprends pas, c'est la mutilation du granit, la mise hors la loi des monuments, la destruction de choses inanimées qui n'appartiennent ni à ceux qui les détruisent, ni à l'époque qui les détruit ; c'est la mise au pilon de cette bibliothèque gigantesque où l'antiquaire peut lire l'histoire archéologique d'un pays. Oh ! les vandales et les barbares ! mieux que tout cela, les idiots ! qui se vengent sur des pierres des crimes de Borgia et des débauches de Louis XV ! Qu'ils connaissaient bien l'homme pour l'animal le plus pervers, le plus destructif, le plus malfaisant de tous, ces Pharaons, ces Ménès, ces Chéops, ces Osymandias qui faisaient bâtir des pyramides, non pas avec des rinceaux de guipure et des jubés de dentelle, mais avec des blocs de granit de cinquante pieds de long ! Ils ont bien dû rire au fond de leurs sépulcres quand ils ont vu le temps y user sa faux et les pachas y retourner leurs ongles. Bâtissons des pyramides, mon cher lord : ce n'est pas difficile comme architecture, ce n'est pas beau comme art ; mais c'est solide, et cela permet à un général de dire au bout de quatre mille ans : « Soldats, du haut de ces monuments, quarante siècles vous contemplent ! » Tenez, ma parole d'honneur, mon cher lord, je voudrais rencontrer dans ce moment-ci un moulin à vent pour lui chercher querelle.

Et Roland, éclatant de son rire habituel, entraîna sir John dans la direction du château.

Sir John l'arrêta.

— Oh ! dit-il, n'y avait-il donc à voir dans toute la ville que l'église de Brou ?

— Autrefois, mon cher lord, répondit Roland, avant qu'elle fût convertie en magasin à fourrages, je vous eusse offert de descendre avec moi dans les caveaux des ducs de Savoie ; nous eussions cherché ensemble un passage souterrain qu'on dit exister, qui a près d'une lieue de long, et qui communique, à ce que l'on assure, avec la grotte de Ceyzeriat : — remarquez bien que je n'aurais pas proposé une pareille partie de plaisir à un autre qu'un Anglais ; — c'était rentrer dans les *Mystères d'Udolphe*, de la célèbre Anne Radcliffe ; mais vous voyez que c'est impossible. Allons, il faut en faire notre deuil, venez.

— Et où allons-nous ?

— Ma foi, je n'en sais rien ; il y a dix ans, je vous eusse mené vers les établissements où l'on engraissait les poulardes. Les poulardes de Bresse, vous le savez, avaient une réputation européenne ; Bourg était une succursale de la grande rue de Strasbourg. Mais, pendant la Terreur, vous comprenez bien que les engraisseurs ont fermé boutique ; on était réputé aristocrate pour avoir mangé de la poularde, et vous connaissez le refrain fraternel : *Ah ! ça ira, ça ira, les aristocrat's à la lanterne !* Après la chute de Robespierre, ils ont rouvert ; mais, depuis le 18 fructidor, il y a eu en France ordre de maigrir, même pour la volaille. N'importe, venez toujours, à défaut de poulardes, je vous ferai voir autre chose : la place où l'on exécutait ceux qui en mangeaient, par exemple. En outre, depuis que je ne suis venu en ville, nos rues ont changé de nom ; je connais toujours les sacs, mais je ne connais plus les étiquettes.

— Ah çà ! demanda sir John, vous n'êtes donc pas républicain ?

— Moi, pas républicain ? allons donc ! je me crois un excellent républicain, au contraire, et je suis capable de me laisser brûler le poignet comme Mucius Scévola, ou de me jeter dans un gouffre comme Curtius, pour sauver la république ; mais j'ai le malheur d'avoir l'esprit trop bien fait : le ridicule me prend malgré moi aux côtes et me chatouille à me faire crever de rire. J'accepte volontiers la constitution de 1791 ; mais, quand le pauvre Hérault de Séchelles écrivait au directeur de la bibliothèque nationale de lui envoyer les lois de Minos afin qu'il pût faire une constitution sur le modèle de celle de l'île de Crète, je trouvais que c'était aller cher-

Le château des Noires-Fontaines. — Page 65.

cher un modèle un peu loin et que nous pouvions nous contenter de celle de Lycurgue. Je trouve que janvier, février et mars, tout mythologiques qu'ils étaient, valaient bien nivôse, pluviôse et ventôse. Je ne comprends pas pourquoi, lorsqu'on s'appelait Antoine ou Chrysostome en 1789, on s'appelle Brutus ou Cassius en 1793. Ainsi, tenez, milord, voilà une honnête rue qui s'appelait la rue des Halles ; cela n'avait rien d'indécent, ni d'aristocrate, n'est-ce pas ? Eh bien, elle s'appelle aujourd'hui... attendez (Roland regarda l'inscription) : elle s'appelle aujourd'hui la *rue de la Révolution*. En voilà une autre qui s'appelait la rue Notre-Dame et qui s'appelle la *rue du Temple*. Pourquoi la rue du Temple ? Pour éterniser probablement le souvenir de l'endroit où l'infâme Simon a essayé d'apprendre l'état de savetier à l'héritier de soixante-trois rois : — je me trompe d'un ou deux, ne me faites pas une querelle pour cela. Enfin, voyez cette troisième : elle s'appelait la rue Crèvecœur, un nom illustre en Bresse, en Bourgogne et dans les Flandres ; elle s'appelle la *rue de la Fédération*. La Fédération est une belle chose, mais Crèvecœur était un beau nom. Et puis, voyez-vous, elle conduit tout droit aujourd'hui à la place de la Guillotine ; ce qui est un tort, à mon avis. Je voudrais qu'il n'y eût point de rues pour conduire à ces places-là. Celle-ci a un avantage : elle est à cent pas de la prison; ce qui économisait et ce qui économise même encore une charrette et un cheval à M. *de Bourg*. Remarquez que le bourreau est resté noble, lui. Au surplus, la place est admirablement bien disposée pour les spectateurs, et mon aïeul Montrevel, dont elle porte le nom, a, dans la prévoyance sans doute de sa destination, résolu ce grand problème, encore à résoudre dans les théâtres : c'est qu'on voit bien de partout. Si jamais on m'y coupe la tête, ce qui n'aurait rien d'extraordinaire par les temps où nous vivons, je n'aurais qu'un regret : celui d'être moins bien placé et de voir plus mal que les autres. Là, maintenant montons cette petite rampe ; nous voilà sur la place *des Lices*. Nos révolutionnaires lui ont laissé son nom, parce que, selon toute probabilité, ils ne savent pas ce que cela veut dire ; je ne le sais guère mieux qu'eux, mais je crois me rappeler qu'un sire d'Estavayer a défié je ne sais quel comte flamand, et que le combat a eu lieu sur cette place. Maintenant, mon cher lord, quant à la prison, c'est un bâtiment qui vous donnera une idée des vicissitudes humaines ; Gil Blas n'a pas plus souvent changé d'état que ce monument de destination. Avant l'arrivée de César, c'était un temple gaulois ; César en fit une forteresse romaine ; un architecte inconnu le transforma en un ouvrage militaire du moyen âge ; les sires de Baye, à l'exemple de César, le refirent forteresse. Les princes de Savoie y ont eu une résidence ; c'était là que demeurait la tante de Charles-Quint quand elle visitait son église de Brou, qu'elle ne devait pas avoir la satisfaction de voir terminée. Enfin, après le traité de Lyon, quand la Bresse fit retour à la France, on en tira à la fois une prison et un palais de justice. Attendez-moi là, milord, si vous n'aimez pas le cri des grilles et le grincement des verrous. J'ai une visite à rendre à certain cachot.

— Le grincement des verrous et le cri des grilles ne sont pas un bruit fort récréatif, mais n'importe ! puisque vous voulez bien vous charger de mon éducation, conduisez-moi à votre cachot.

— Eh bien, alors, entrons vite ; il me semble que je vois une foule de gens qui ont l'air d'avoir envie de me parler.

Et, en effet, peu à peu une espèce de rumeur semblait se répandre dans la ville ; on sortait des maisons, on formait des groupes dans la rue, et ces groupes se montraient Roland avec curiosité.

Roland sonna à la grille, située à cette époque à l'endroit où elle est encore aujourd'hui, mais s'ouvrant sur le préau de la prison.

Un guichetier vint ouvrir.

— Ah! ah! c'est toujours vous, père Courtois ? demanda le jeune homme.

Puis, se retournant vers sir John :

— Un beau nom de geôlier, n'est-ce pas, milord ?

Le geôlier regarda le jeune homme avec étonnement.

— Comment se fait-il, demanda-t-il à travers la grille, que vous sachiez mon nom et que je ne sache pas le vôtre ?

— Bon ! je sais non-seulement votre nom, mais encore votre opinion ; vous êtes un vieux royaliste, père Courtois !

— Monsieur, dit le geôlier tout effrayé, pas de mauvaises plaisanteries, s'il vous plaît, et dites ce que vous désirez.

— Eh bien, mon brave père Courtois, je désirerais visiter le cachot où l'on a mis ma mère et ma sœur, madame et mademoiselle de Montrevel.

— Ah ! s'écria le concierge, comment ! c'est vous, monsieur Louis ? Ah bien, vous aviez raison de dire que je ne connaissais que vous. Savez-vous que vous voilà devenu fièrement beau garçon ?

— Vous trouvez, père Courtois ? Eh bien, je vous rends la pareille, votre fille Charlotte est, par ma foi, une belle fille.

— Charlotte est la femme de chambre de ma sœur, milord.

— Et elle en est bien heureuse ; elle se

trouve mieux qu'ici, monsieur Roland. Est-ce vrai que vous êtes aide de camp du général Bonaparte ?

— Hélas ! Courtois, j'ai cet honneur. Tu aimerais mieux que je fusse aide de camp de M. le comte d'Artois ou de M. le duc d'Angoulême ?

— Mais taisez-vous donc, monsieur Louis !

Puis, s'approchant de l'oreille du jeune homme :

— Dites donc, fit-il, est-ce que c'est positif

— Quoi, père Courtois ?

— Que le général Bonaparte soit passé hier à Lyon ?

— Il paraît qu'il y a quelque chose de vrai dans cette nouvelle, car voilà deux fois que je l'entends répéter. Ah ! je comprends maintenant ces braves gens qui me regardaient avec curiosité et qui avaient l'air de vouloir me faire des questions. Ils sont comme vous, père Courtois : ils désirent savoir à quoi s'en tenir sur cette arrivée du général Bonaparte.

— Vous ne savez pas ce qu'on dit encore, monsieur Louis ?

— On dit donc encore autre chose, père Courtois ?

— Je crois bien qu'on dit encore autre chose, mais tout bas.

— Quoi donc ?

— On dit qu'il vient réclamer au Directoire le trône de Sa Majesté Louis XVIII pour le faire monter dessus, et que, si le citoyen Gohier ne veut pas, en sa qualité de président, le lui rendre de bonne volonté, il le lui rendra de force.

— Ah bah ! fit le jeune officier avec un air de doute qui allait jusqu'à la raillerie.

Mais le père Courtois insista par un signe de tête affirmatif.

— C'est possible, dit le jeune homme ; mais, quant à cela, ce n'est pas la seconde nouvelle, c'est la première ; et maintenant que vous me connaissez, voulez-vous m'ouvrir ?

— Vous ouvrir ! je crois bien ; que diable fais-je donc ?

Et le geôlier ouvrit la porte avec autant d'empressement qu'il avait paru d'abord y mettre de répugnance.

Le jeune homme entra ; sir John le suivit.

Le geôlier referma a grille avec soin et marcha le premier ; Roland le suivit, l'Anglais suivit Roland.

Il commençait à s'habituer au caractère fantasque de son jeune ami.

Le spleen, c'est la misanthropie moins les boutades de Timon et l'esprit d'Alceste.

Le geôlier traversa tout le préau, séparé du palais de justice par une muraille de quinze pieds de hauteur, faisant vers son milieu retour en arrière de quelques pieds, sur la partie antérieure de laquelle on avait scellé, pour donner passage aux prisonniers sans que ceux-ci eussent besoin de tourner par la rue, une porte de chêne massif. Le geôlier, disons-nous, traversa tout le préau et gagna dans l'angle gauche de la cour un escalier tournant qui conduisait à l'intérieur de la prison.

Si nous insistons sur ces détails, c'est que nous aurons à revenir un jour sur ces localités, et que, par conséquent, nous désirons qu'arrivé à ce moment-là de notre récit, elles ne soient point complétement étrangères à nos lecteurs.

L'escalier conduisait d'abord à l'antichambre de la prison, c'est-à-dire à la chambre du concierge du présidial ; puis, de cette chambre, par un escalier de dix marches, on descendait dans une première cour séparée de celle des prisonniers par une muraille dans le genre de celle que nous avons décrite, mais percée de trois portes ; à l'extrémité de cette cour, un couloir conduisait à la chambre du geôlier, laquelle donnait de plain-pied, à l'aide d'un second couloir, dans des cachots pittoresquement appelés cages.

Le geôlier s'arrêta à la première de ces cages, et, frappant à la porte :

— C'est ici, dit-il ; j'avais mis là madame votre mère et mademoiselle votre sœur, afin que, si les chères dames avaient besoin de moi ou de Charlotte, elles n'eussent qu'à frapper.

— Est-ce qu'il y a quelqu'un dans le cachot ?

— Personne.

— Eh bien, faites-moi la grâce de m'en ouvrir la porte ; voici mon ami, lord Tanlay, un Anglais philanthrope, qui voyage pour savoir si l'on est mieux dans les prisons de France que dans celles d'Angleterre. Entrez, milord, entrez.

Et, le père Courtois ayant ouvert la porte, Roland poussa sir John dans un cachot formant un carré parfait de dix à douze pieds sur toutes les faces.

— Oh ! oh ! fit sir John, l'endroit est lugubre.

— Vous trouvez ? Eh bien, mon cher lord, voilà l'endroit où ma mère, la plus digne femme qu'il y ait au monde, et ma sœur, vous la connaissez, ont passé six semaines, avec la perspective de n'en sortir que pour aller faire un tour sur la place du Bastion ; remarquez bien qu'il y a cinq ans de cela ; ma sœur en avait, par conséquent, douze à peine.

— Mais quel crime avaient-elles donc commis ?

— Oh ! un crime énorme : dans la fête anniversaire que la ville de Bourg a cru devoir consacrer à la mort de l'Ami du peuple, ma mère a refusé de laisser faire à ma sœur une des vierges qui portaient les urnes contenant les larmes de la France. Que voulez-vous ! pauvre femme, elle avait cru avoir assez fait pour la patrie en lui offrant le sang de son fils et de son mari, qui coulait pour l'un, en Italie, pour l'autre, en Allemagne : elle se trompait. La patrie, à ce qu'il paraît, réclamait encore les larmes de sa fille ; pour le coup, elle a trouvé que c'était trop, du moment surtout où ces larmes coulaient pour le citoyen Marat. Il en résulta que, le soir même de la fête, au milieu de l'enthousiasme que cette fête avait excité, ma mère fut décrétée d'accusation. Par bonheur, Bourg n'était pas à la hauteur de Paris sous le rapport de la célérité. Un ami que nous avions au greffe fit traîner l'affaire, et, un beau jour, on apprit tout à la fois la chute et la mort de Robespierre.

Cela interrompit beaucoup de choses, et, entre autres, les guillotinades ; notre ami du greffe fit comprendre au tribunal que le vent qui venait de Paris était à la clémence ; on attendit huit jours, on attendit quinze jours, et, le seizième, on vint dire à ma mère et à ma sœur qu'elles étaient libres ; de sorte que, mon cher, vous comprenez, — et cela fait faire les plus hautes réflexions philosophiques —, de sorte que, si mademoiselle Térésa Cabarrus n'était pas venue d'Espagne en France ; que si elle n'avait pas épousé M. Fontenay, conseiller au parlement ; que si elle n'avait pas été arrêtée et conduite devant le proconsul Tallien, fils du maître d'hôtel du marquis de Bercy, ex-clerc de procureur, ex-prote d'imprimerie, ex-commis expéditionnaire, ex-secrétaire de la commune de Paris, pour le moment en mission à Bordeaux ; que si l'ex-proconsul ne fût pas devenu amoureux d'elle, que si elle n'eût pas été emprisonnée, que si, le 9 thermidor, elle ne lui avait pas fait passer un poignard avec ces mots : « Si le tyran ne meurt pas aujourd'hui, je meurs demain ; » que si Saint-Just n'avait pas été arrêté au milieu de son discours, que si Robespierre n'avait pas eu, ce jour-là, un chat dans la gorge ; que si Garnier (de l'Aube) ne lui avait pas crié : « C'est le sang de Danton qui t'étouffe ! » que si Louchet n'avait pas demandé son arrestation ; que s'il n'avait pas été arrêté, délivré par la Commune, repris sur elle, eu la mâchoire cassée d'un coup de pistolet, été exécuté le lendemain, — ma mère avait, selon toute probabilité, le cou coupé pour n'avoir pas permis que sa fille pleurât le citoyen Marat dans une des douze urnes que la ville de Bourg devait remplir de ses larmes. Adieu, Courtois, tu es un brave homme ; tu as donné à ma mère et à ma sœur un peu de vin pour mettre avec leur eau, un peu de viande pour mettre sur leur pain, un peu d'espérance à mettre sur leur cœur ; tu leur as prêté ta fille pour qu'elles ne balayassent pas leur cachot elles-mêmes : cela vaudrait une fortune ; malheureusement, je ne suis pas riche : j'ai cinquante louis sur moi, les voilà. — Venez, milord.

Et le jeune homme entraîna sir John avant que le geôlier fût revenu de sa surprise et eût le temps de remercier Roland ou de refuser les cinquante louis ; ce qui, il faut le dire, eût été une bien grande preuve de désintéressement pour un geôlier, surtout quand ce geôlier était d'une opinion contraire au gouvernement qu'il servait.

En sortant de la prison, Roland et sir John trouvèrent la place des Lices encombrée de gens qui avaient appris le retour du général Bonaparte en France et qui criaient : *Vive Bonaparte!* à tue-tête, les uns parce qu'ils étaient effectivement les admirateurs du vainqueur d'Arcole, de Rivoli et des Pyramides, les autres parce qu'on leur avait dit, comme au père Courtois, que ce même vainqueur n'avait vaincu qu'au profit de Sa Majesté Louis XVIII.

Cette fois, comme Roland et sir John avaient visité tout ce que la ville de Bourg offrait de curieux, ils reprirent le chemin du château des Noires-Fontaines, où ils arrivèrent sans que rien les arrêtât davantage.

Madame de Montrevel et Amélie étaient sorties. Roland installa sir John dans un fauteuil en le priant d'attendre cinq minutes.

Au bout de cinq minutes, il revint tenant à la main une espèce de brochure en papier gris, assez mal imprimée.

— Mon cher hôte, dit-il, vous m'avez paru élever quelques doutes sur l'authenticité de la fête dont je vous parlais tout à l'heure, et qui a failli coûter la vie à ma mère et à ma sœur ; je vous en apporte le programme : lisez-moi cela, et, pendant ce temps, j'irai voir ce que l'on a fait de mes chiens ; car je présume que vous me tenez quitte de la journée de pêche et que nous passerons tout de suite à la chasse.

Et il sortit, laissant entre les mains de sir John l'arrêté de la municipalité de la ville de Bourg touchant la fête funèbre à célébrer en l'honneur de Marat, le jour anniversaire de sa mort.

XIII

LE RAGOT

Sir John achevait la lecture de cette pièce intéressante, lorsque madame de Montrevel et sa fille rentrèrent.

Amélie, qui ne savait point qu'il eût été si fort question d'elle entre Roland et sir John, fut étonnée de l'expression avec laquelle le gentleman fixa son regard sur elle.

Amélie semblait à celui-ci plus ravissante que jamais.

Il comprenait bien cette mère qui, au péril de sa vie, n'avait point voulu que cette charmante créature profanât sa jeunesse et sa beauté en servant de comparse à une fête dont Marat était le dieu.

Il se rappelait ce cachot froid et humide qu'il avait visité une heure auparavant, et il frissonnait à l'idée que cette blanche et délicate hermine qu'il avait sous les yeux y était restée six semaines enfermée sans air et sans soleil.

Il regardait ce cou un peu trop long peut-être, mais, comme celui du cygne, plein de mollesse et de grâce dans son exagération, et il se rappelait ce mot si mélancolique de la pauvre princesse de Lamballe, passant la main sur le sien : « Il ne donnera pas grand mal au bourreau ! »

Les pensées qui se succédaient dans l'esprit de sir John donnaient à sa physionomie une expression si différente de celle qu'il avait habituellement, que madame de Montrevel ne put s'empêcher de lui demander ce qu'il avait.

Sir John alors raconta à madame de Montrevel sa visite à la prison et le pieux pèlerinage de Roland au cachot qui avait enfermé sa mère et sa sœur.

Au moment où sir John terminait son récit, une fanfare de chasse sonnant le *bien aller* se fit entendre, et Roland entra son cor à la bouche.

Mais, le détachant presque aussitôt de ses lèvres :

— Mon cher hôte, dit-il, remerciez ma mère : grâce à elle, nous ferons demain une chasse magnifique.

— Grâce à moi ? demanda madame de Montrevel.

— Comment cela ? dit sir John.

— Je vous ai quitté pour aller voir ce que l'on avait fait de mes chiens, n'est-ce pas ?

— Vous me l'avez dit, du moins.

— J'en avais deux, Barbichon et Ravaude, deux excellentes bêtes, le mâle et la femelle.

— Oh ! fit sir John, seraient-elles mortes ?

— Ah bien, oui, imaginez-vous que cette excellente mère que voilà (et il prit madame de Montrevel par la tête et l'embrassa sur les deux joues) n'a pas voulu qu'on jetât à l'eau un seul des petits qu'ils ont faits, sous le prétexte que c'étaient les chiens de mes chiens ; de sorte, mon cher lord, que les enfants, les petits-enfants et les arrière-petits-enfants de Barbichon et Ravaude sont aussi nombreux aujourd'hui que les descendants d'Ismaël, et que ce n'est plus une paire de chiens que j'ai, mais toute une meute, vingt-cinq bêtes chassant du même pied ; tout cela noir comme une bande de taupes, avec les pattes blanches, du feu aux yeux et au poitrail, et un régiment de queues en trompette qui vous fera plaisir à voir.

Et, là-dessus, Roland sonna une nouvelle fanfare qui fit accourir son jeune frère.

— Oh ! s'écria celui-ci en entrant, tu vas demain à la chasse, frère Roland ; j'y vais aussi, j'y vais aussi, j'y vais aussi !

— Bon ! fit Roland, mais sais-tu à quelle chasse nous allons ?

— Non ; je sais seulement que j'y vais.

— Nous allons à la chasse au sanglier.

— Oh ! quel bonheur ! fit l'enfant en frappant ses deux petites mains l'une contre l'autre.

— Mais tu es fou ! dit madame de Montrevel en pâlissant.

— Pourquoi cela, madame maman, s'il vous plaît ?

— Parce que la chasse au sanglier est une chasse fort dangereuse.

— Pas si dangereuse que la chasse aux hommes ; tu vois bien que mon frère est revenu de celle-là, je reviendrai bien de l'autre.

— Roland, fit madame de Montrevel tandis qu'Amélie, plongée dans une rêverie profonde, ne prenait aucune part à la discussion, Roland, fais donc entendre raison à Édouard, et dis-lui donc qu'il n'a pas le sens commun.

Mais Roland, qui se revoyait enfant et qui se reconnaissait dans son jeune frère, au lieu de le blâmer, souriait à ce courage enfantin.

— Ce serait bien volontiers que je t'emmènerais, dit-il à l'enfant ; mais, pour aller à la chasse, il faut au moins savoir ce que c'est qu'un fusil.

— Oh ! monsieur Roland, fit Édouard, venez un peu dans le jardin, et mettez votre chapeau à cent pas, et je vous montrerai ce que c'est qu'un fusil.

— Malheureux enfant ! s'écria madame de Montrevel toute tremblante ; mais où l'as-tu appris ?

— Tiens, chez l'armurier de Montagnat, où sont les fusils de papa et de frère Roland. Tu me demandes quelquefois ce que je fais de mon argent, n'est-ce pas ? Eh bien, j'en achète de la poudre et des balles, et j'apprends à tuer les Autrichiens et les Arabes, comme fait mon frère Roland.

Madame de Montrevel leva les mains au ciel.

— Que voulez-vous, ma mère, dit Roland, bon chien chasse de race ; il ne se peut pas qu'un Montrevel ait peur de la poudre. Tu viendras avec nous demain, Édouard.

L'enfant sauta au cou de son frère.

— Et moi, dit sir John, je me charge de vous armer aujourd'hui chasseur, comme on armait autrefois chevalier. J'ai une charmante petite carabine que je vous donnerai et qui vous fera prendre patience pour attendre vos pistolets et votre sabre.

— Eh bien, demanda Roland, es-tu content, Édouard ?

— Oui ; mais quand me la donnerez-vous? S'il faut écrire en Angleterre, je vous préviens que je n'y crois pas.

— Non, mon jeune ami : il ne faut que monter à ma chambre et ouvrir ma boîte à fusil ; vous voyez que cela sera bientôt fait.

— Alors, montons-y tout de suite, à votre chambre.

— Venez, fit sir John.

Et il sortit, suivi d'Édouard.

Un instant après, Amélie, toujours rêveuse, se leva et sortit à son tour.

Ni madame de Montrevel ni Roland ne firent attention à sa sortie ; ils étaient engagés dans une grave discussion.

Madame de Montrevel tâchait d'obtenir de Roland qu'il n'emmenât point, le lendemain, son jeune frère à la chasse, et Roland lui expliquait comme quoi Édouard, destiné à être soldat comme son père et son frère, ne pouvait que gagner à faire le plus tôt possible ses premières armes et à se familiariser avec la poudre et le plomb.

La discussion n'était pas encore finie lorsque Édouard rentra avec sa carabine en bandoulière.

— Tiens, frère, dit-il en se tournant vers Roland, vois donc le beau cadeau que milord m'a fait.

Et il remerciait du regard sir John, qui se tenait sur la porte cherchant des yeux, mais inutilement, Amélie.

C'était, en effet, un magnifique cadeau : l'arme, exécutée avec cette sobriété d'ornements et cette simplicité de forme particulière aux armes anglaises, était du plus précieux fini ; comme les pistolets, dont Roland avait pu apprécier la justesse, elle sortait des ateliers de Menton et portait une balle du calibre 24. Elle avait dû être faite pour une femme : c'était facile à voir au peu de longueur de la crosse et au coussin de velours dont était garnie la couche ; cette destination primitive en faisait une arme parfaitement appropriée à la taille d'un enfant de douze ans.

Roland enleva la carabine des épaules du petit Édouard, la regarda en amateur, en fit jouer les batteries, la mit en joue, la jeta d'une main dans l'autre, et, la rendant à Édouard :

— Remercie encore une fois milord, dit-il : tu as là une carabine qui a été faite pour un fils de roi ; allons l'essayer.

Et tous trois sortirent pour essayer la carabine de sir John, laissant madame de Montrevel triste comme Thétis lorsqu'elle vit Achille, sous sa robe de femme, tirer l'épée du fourreau d'Ulysse.

Un quart d'heure après, Édouard rentrait triomphant ; il rapportait à sa mère un carton de la grandeur d'un rond de chapeau dans lequel, à cinquante pas, il avait mis dix balles sur douze.

Les deux hommes étaient restés à causer et à se promener dans le parc.

Madame de Montrevel écouta sur ses prouesses le récit légèrement gascon d'Édouard ; puis elle le regarda avec cette longue et sainte tristesse des mères pour lesquelles la gloire n'est pas une compensation du sang qu'elle fait répandre.

Oh ! bien ingrat l'enfant qui a vu ce regard se fixer sur lui, et qui ne se rappelle pas éternellement ce regard !

Puis, au bout de quelques secondes de cette contemplation douloureuse, serrant son second fils contre son cœur :

— Et toi aussi, murmura-t-elle en éclatant en sanglots, toi aussi, un jour tu abandonneras donc ta mère ?

— Oui, ma mère, dit l'enfant, mais pour devenir général comme mon père, ou aide de camp comme mon frère.

— Et pour te faire tuer comme s'est fait tuer ton père, et comme se fera tuer ton frère, peut-être.

Car ce changement étrange qui s'était fait dans le caractère de Roland n'avait point échappé à madame de Montrevel, et c'était une inquiétude de plus à ajouter à ses autres inquiétudes.

Au nombre de ces dernières, il fallait ranger cette rêverie et cette pâleur d'Amélie.

Amélie atteignait dix-sept ans ; sa jeunesse avait été celle d'une enfant rieuse, pleine de joie et de santé.

La mort de son père était venue jeter un voile noir sur sa jeunesse et sur sa gaieté; mais ces orages du printemps passent vite : le sourire, ce beau soleil de l'aube de la vie, était revenu, et, comme celui de la nature, il avait brillé à travers cette rosée du cœur qu'on appelle les larmes.

Puis, un jour, — il y avait six mois de cela, à peu près, — le front d'Amélie s'était attristé, ses joues avaient pâli, et, de même que les oiseaux voyageurs s'éloignent à l'approche des temps brumeux, les rires enfantins qui s'échappent des lèvres entr'ouvertes et des dents blanches, s'étaient envolés de la bouche d'Amélie, mais pour ne pas revenir.

Madame de Montrevel avait interrogé sa fille; mais Amélie avait prétendu être toujours la même : elle avait fait un effort pour sourire; puis comme une pierre jetée dans un lac y crée des cercles mouvants qui s'effacent peu à peu, les cercles créés par les inquiétudes maternelles s'étaient peu à peu effacés du visage d'Amélie.

Avec cet instinct admirable des mères, madame de Montrevel avait songé à l'amour; mais qui pouvait aimer Amélie? On ne recevait personne au château des Noires-Fontaines; les troubles politiques avaient détruit la société, et Amélie ne sortait jamais seule.

Madame de Montrevel avait donc été forcée d'en rester aux conjectures.

Le retour de Roland lui avait un instant rendu l'espoir; mais cet espoir avait bientôt disparu lorsqu'elle avait vu l'impression produite sur Amélie par ce retour.

Ce n'était point une sœur, c'était un spectre, on se le rappelle, qui était venu au-devant de lui.

Depuis l'arrivée de son fils, madame de Montrevel n'avait pas perdu de vue Amélie, et, avec un étonnement douloureux, elle s'était aperçue de l'effet que causait sur sa sœur la présence du jeune officier; c'était presque de l'effroi : elle dont les yeux, lorsqu'ils se fixaient autrefois sur Roland, étaient si pleins d'amour, semblait ne plus le regarder qu'avec une certaine terreur.

Il n'y avait qu'un instant encore, Amélie n'avait-elle pas profité du premier moment de liberté qui s'était offert à elle pour remonter dans sa chambre, seul endroit du château où elle parût se trouver à peu près bien, et où elle passait, depuis six mois, la plus grande partie de son temps.

La cloche du dîner avait eu seule le pouvoir de la faire descendre, et encore n'était-ce qu'au second coup qu'elle était entrée dans la salle à manger.

La journée s'était passée pour Roland et pour sir John à visiter Bourg, comme nous l'avons dit, et à faire les préparatifs de la chasse du lendemain.

Du matin à midi, on devait faire une battue; de midi au soir on devait chasser à courre. Michel, braconnier enragé, retenu sur sa chaise par une entorse, comme l'avait raconté le petit Édouard à son frère, s'était senti soulagé dès qu'il s'était agi de chasse, et s'était hissé sur un petit cheval qui servait à faire les courses de la maison, pour aller retenir les rabatteurs à Saint-Just et à Montagnat.

Lui, qui ne pouvait ni rabattre ni courir, se tiendrait avec la meute, les chevaux de sir John et de Roland et le poney d'Édouard, au centre à peu près de la forêt, percée seulement d'une grande route et de deux sentiers praticables.

Les rabatteurs, qui ne pouvaient suivre une chasse à courre, reviendraient au château avec le gibier tué.

Le lendemain, à six heures du matin, les rabatteurs étaient à la porte.

Michel ne devait partir avec les chiens et les chevaux qu'à onze heures.

Le château des Noires-Fontaines touchait à la forêt même de Seillon; on pouvait donc se mettre en chasse immédiatement après la sortie de la grille.

Comme la battue promettait surtout des daims, des chevreuils et des lièvres, elle devait se faire à plomb. Roland donna à Édouard un fusil simple qui lui avait servi à lui-même quand il était enfant, et avec lequel il avait fait ses premières armes; il n'avait point encore assez de confiance

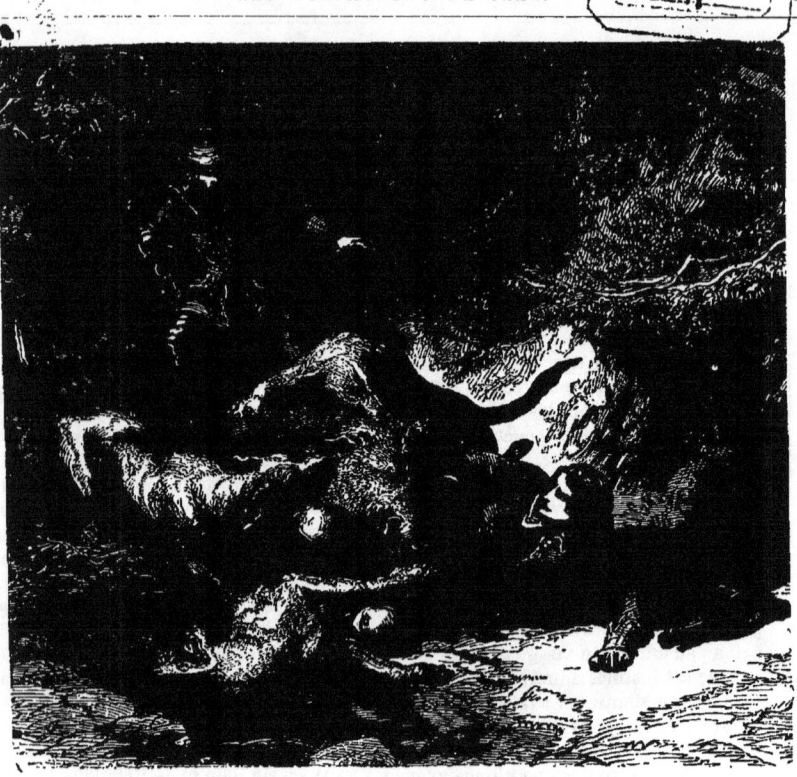

Le Ragot. — Page 77.

dans la prudence de l'enfant pour lui confier un fusil à deux coups.

Quant à la carabine que sir John lui avait donnée la veille, c'était un canon rayé qui ne pouvait porter que la balle. Elle avait donc été remise aux mains de Michel, et devait, dans le cas où on lancerait un sanglier, être remise à l'enfant pour la seconde partie de la chasse.

Pour cette seconde partie de la chasse, Roland et sir John changeraient aussi de fusils et seraient armés de carabines à deux coups et de couteaux de chasse pointus comme des poignards, affilés comme des rasoirs, qui faisaient partie de l'arsenal de sir John, et qui pouvaient indifféremment se pendre au côté ou se visser au bout du canon, en guise de baïonnette.

Dès la première battue, il fut facile de voir que la chasse serait bonne : on tua un chevreuil et deux lièvres.

A midi, trois daims, sept chevreuils et deux renards avaient été tués : on avait vu deux sangliers ; mais, aux coups de gros plomb qu'ils avaient reçus, ils s'étaient contentés de répondre en secouant la peau et avaient disparu.

Édouard était au comble de la joie : il avait tué un chevreuil.

Comme il était convenu, les rabatteurs, bien récompensés de la fatigue qu'ils avaient prise, avaient été envoyés au château avec le gibier.

On sonna d'une espèce de cornet pour savoir où était Michel ; Michel répondit.

En moins de dix minutes, les trois chasseurs furent réunis au jardinier, à la meute et aux chevaux.

Michel avait eu connaissance d'un ragot; il l'avait fait détourner par l'aîné de ses fils : il était dans une enceinte, à cent pas des chasseurs.

Jacques — c'était l'aîné des fils de Michel — foula l'enceinte avec sa tête de meute, Barbichon et Ravaude ; au bout de cinq minutes, le sanglier tenait à la bauge.

On eût pu le tuer tout de suite, ou du moins le tirer, mais la chasse eût été trop tôt finie ; on lâcha toute la meute sur l'animal, qui, voyant ce troupeau de pygmées fondre sur lui, partit au petit trot.

Il traversa la route ; Roland sonna la vue, et, comme l'animal prenait son parti du côté de la chartreuse de Seillon, les trois cavaliers enfilèrent le sentier qui coupait le bois dans toute sa longueur.

L'animal se fit battre jusqu'à cinq heures du soir, revenant sur ses voies et ne pouvant pas se décider à quitter une forêt si bien fourrée.

Enfin, vers cinq heures, on comprit, à la violence et à l'intensité des abois, que l'animal tenait aux chiens.

C'était à une centaine de pas du pavillon dépendant de la chartreuse, à l'un des endroits les plus difficiles de la forêt. Il était impossible de pénétrer à cheval jusqu'à la bête. On mit pied à terre.

Les abois des chiens guidaient les chasseurs, de manière qu'ils ne pouvaient dévier du chemin qu'autant que les difficultés du terrain les empêchaient de suivre la ligne droite.

De temps en temps, des cris de douleur indiquaient qu'un des assaillants s'était hasardé à attaquer l'animal de trop près et avait reçu le prix de sa témérité.

A vingt pas de l'endroit où se passait le drame cynégétique, on commençait d'apercevoir les personnages qui en composaient l'action.

Le ragot s'était acculé à un rocher, de façon à ne pouvoir être attaqué par derrière ; arc-bouté sur ses deux pattes de devant, il présentait aux chiens sa tête aux yeux sanglants, armée de deux énormes défenses.

Les chiens flottaient devant lui, autour de lui, sur lui-même, comme un tapis mouvant.

Cinq ou six, blessés plus ou moins grièvement, tachaient de sang le champ de bataille, mais n'en continuaient pas moins à assaillir le sanglier avec un acharnement qui eût pu servir d'exemple de courage aux hommes les plus courageux.

Chacun des chasseurs était arrivé en face de ce spectacle dans la condition de son âge, de son caractère et de sa nation.

Édouard, le plus imprudent et en même temps le plus petit, éprouvant moins d'obstacle à cause de sa taille, y était arrivé le premier.

Roland, insoucieux du danger, quel qu'il fût, le cherchait plutôt qu'il ne le fuyait, et l'y avait suivi.

Enfin, sir John, plus lent, plus grave, plus réfléchi, y était arrivé le troisième.

Au moment où le sanglier avait aperçu les chasseurs, il n'avait plus paru faire aucune attention aux chiens.

Ses yeux s'étaient arrêtés, fixes et sanglants, sur eux, et le seul mouvement qu'il indiquât était un mouvement de ses mâchoires, qui, en se rapprochant violemment l'une contre l'autre, faisaient un bruit menaçant.

Roland regarda un instant ce spectacle, éprouvant évidemment le désir de se jeter, son couteau de chasse à la main, au milieu du groupe et d'égorger le sanglier, comme un boucher fait d'un veau, ou un charcutier d'un cochon ordinaire.

Ce mouvement était si visible, que sir John le retint par le bras, tandis que le petit Édouard disait :

— Oh ! mon frère, laisse-moi tirer le sanglier.

Roland se retint.

— Eh bien, oui, dit-il en posant son fusil contre un arbre et en restant armé seulement de son couteau de chasse, qu'il tira du fourreau, — tire-le : attention !

— Oh ! sois tranquille, dit l'enfant les dents serrées, le visage pâle mais résolu, et levant le canon de sa carabine à la hauteur de l'animal.

— S'il le manque ou ne fait que le blesser, fit observer sir John, vous savez que l'animal sera sur nous avant que nous ayons le temps de le voir ?

— Je le sais, milord ; mais je suis habitué à cette chasse-là, répondit Roland, les narines dilatées, l'œil ardent, les lèvres entr'ouvertes. Feu, Édouard.

Le coup partit aussitôt le commandement ; mais aussitôt le coup, en même temps que le coup, avant peut-être, l'animal, rapide comme l'éclair, avait foncé sur l'enfant.

On entendit un second coup de fusil ; puis, au milieu de la fumée, on vit briller les yeux sanglants de l'animal.

Mais, sur son passage, il rencontra Roland, un genou en terre et le couteau de chasse à la main.

Un instant, un groupe confus et informe roula sur le sol, l'homme lié au sanglier, le sanglier lié à l'homme.

Puis un troisième coup de fusil se fit entendre, suivi d'un éclat de rire de Roland.

— Eh ! milord, dit le jeune officier, c'est de la poudre et une balle perdues ; ne voyez-vous pas que l'animal est éventré ? Seulement débarrassez-moi de son corps ; le drôle pèse quatre cents et m'étouffe.

Mais, avant que sir John se fût baissé, Roland, d'un vigoureux mouvement d'épaule, avait fait rouler de côté le cadavre de l'animal, et se relevait couvert de sang, mais sans la moindre égratignure.

Le petit Édouard, soit défaut de temps, soit courage, n'avait pas reculé d'un pas. Il est vrai qu'il était complétement protégé par le corps de son frère, qui s'était jeté devant lui.

Sir John avait fait un saut de côté pour avoir l'animal en travers, et il regardait Roland se secouant après ce second duel, avec le même étonnement qu'il l'avait regardé après le premier.

Les chiens — ceux qui restaient, et il en restait une vingtaine — avaient suivi le sanglier et s'étaient rués sur son cadavre, essayant, mais inutilement, d'entamer cette peau aux soies hérissées, presque aussi impénétrable que le fer.

— Vous allez voir, dit Roland en essuyant, avec un mouchoir de fine batiste, ses mains et son visage, couverts de sang, vous allez voir qu'ils vont le manger et votre couteau avec, milord.

— En effet, demanda sir John, le couteau ?

— Il est dans sa gaîne, dit Roland.

— Ah ! fit l'enfant, il n'y a plus que le manche qui sorte.

Et, s'élançant sur l'animal, il arracha le poignard, enfoncé en effet, comme l'avait dit l'enfant, au défaut de l'épaule, et jusqu'au manche.

La pointe aiguë, dirigée par un œil calme, maintenue par une main vigoureuse, avait pénétré droit au cœur.

On voyait sur le corps du sanglier trois autres blessures.

La première, qui était causée par la balle de l'enfant, était indiquée par un sillon sanglant tracé au-dessus de l'œil, la balle étant trop faible pour briser l'os frontal.

La seconde venait du premier coup de sir John ; la balle avait pris l'animal en biais et avait glissé sur sa cuirasse.

La troisième, reçue à bout portant, lui traversait le corps, mais lui avait été faite, comme avait dit Roland, lorsqu'il était déjà mort.

XIV

UNE MAUVAISE COMMISSION

La chasse était finie, la nuit tombée ; il s'agissait de regagner le château.

Les chevaux n'étaient qu'à cinquante pas, à peu près ; on les entendait hennir d'impatience ; ils semblaient demander si l'on doutait de leur courage en ne les faisant point participer au drame qui venait de s'accomplir.

Édouard voulait absolument traîner le sanglier jusqu'à eux, le charger en croupe et le rapporter au château ; mais Roland lui fit observer qu'il était bien plus simple d'envoyer pour le chercher deux hommes avec un brancard. Ce fut aussi l'avis de sir John, et force fut à Édouard, — qui ne cessait de dire, en montrant la blessure de la tête : « Voilà mon coup à moi ; je le visais là ! » force fut, disons-nous, à Édouard de se rendre à l'avis de la majorité.

Les trois chasseurs regagnèrent la place où étaient attachés les chevaux, se remirent en selle, et, en moins de dix minutes, furent arrivés au château des Noires-Fontaines.

Madame de Montrevel les attendait sur le perron ; il y avait déjà plus d'une heure que la pauvre mère était là, tremblant qu'il ne fût arrivé malheur à l'un ou à l'autre de ses fils.

Du plus loin qu'Édouard la vit, il mit son poney au galop, criant à travers la grille :

— Mère ! mère ! nous avons tué un sanglier gros comme un baudet ; moi, je le visais à la tête : tu verras le trou de ma balle ; Roland lui a fourré son couteau de chasse dans le ventre jusqu'à la garde ; milord lui a tiré deux coups de fusil. Vite ! vite ! des hommes pour l'aller chercher. N'ayez pas peur en voyant Roland couvert de sang, mère ; c'est le sang de l'animal ; mais Roland n'a pas une égratignure.

Tout cela se disait avec la volubilité habituelle à Édouard, tandis que madame de Montrevel franchissait l'espace qui se trouvait entre le perron et la route, et ouvrait la grille.

Elle voulut recevoir Édouard dans ses bras ; mais celui-ci sauta à terre, et de terre, se jeta à son cou.

Roland et sir John arrivaient ; en ce moment aussi, Amélie paraissait à son tour sur le perron.

Édouard laissa sa mère s'inquiéter auprès de Roland qui, tout couvert de sang, était effrayant à voir, et courut faire à sa sœur le même récit qu'il avait débité à sa mère.

Amélie l'écouta d'une façon distraite qui sans doute blessa l'amour-propre d'Édouard ; car celui-ci se précipita dans les cuisines pour raconter l'événement à Michel, par lequel il était bien sûr d'être écouté.

En effet, cela intéressait Michel au plus haut degré ; seulement, quand Édouard, après avoir dit l'endroit où gisait le sanglier, lui intima, de la part de Roland, l'ordre de trouver des hommes pour aller chercher l'animal, il secoua la tête.

— Eh bien, quoi ! demanda Édouard, vas-tu refuser d'obéir à mon frère ?

— Dieu m'en garde, monsieur Édouard, et Jacques va partir à l'instant même pour Montagnat.

— Tu as peur qu'il ne trouve personne ?

— Bon ! Il trouvera dix hommes pour un ; mais c'est à cause de l'heure qu'il est, et de l'endroit de l'hallali. Vous dites que c'est près du pavillon de la chartreuse ?

— A vingt pas.

— J'aimerais mieux que c'en fût à une lieue, répondit Michel en se grattant la tête ; mais n'importe : on va toujours les envoyer chercher sans leur dire ni pourquoi ni comment. Une fois ici, eh bien, dame, ce sera à votre frère à les décider.

— C'est bien ! c'est bien ! qu'ils viennent, je les déciderai, moi.

— Oh ! fit Michel, si je n'avais pas ma gueuse d'entorse, j'irais moi-même ; mais la journée d'aujourd'hui lui a fait drôlement du bien. Jacques ! Jacques !

Jacques arriva.

Édouard resta non-seulement jusqu'à ce que l'ordre fût donné au jeune homme de partir pour Montagnat, mais jusqu'à ce qu'il fût parti.

Puis il remonta pour faire ce que faisaient sir John et Roland, c'est-à-dire pour faire sa toilette.

Il ne fut, comme on le comprend bien, question à table que des prouesses de la journée. Édouard ne demandait pas mieux que d'en parler, et sir John, émerveillé de ce courage, de cette adresse et de ce bonheur de Roland, renchérissait sur le récit de l'enfant.

Madame de Montrevel frémissait à chaque détail, et cependant elle se faisait redire chaque détail vingt fois.

Ce qui lui parut le plus clair à la fin de tout cela, c'est que Roland avait sauvé la vie à Édouard.

— L'as-tu bien remercié, au moins? demanda-t-elle à l'enfant.

— Qui cela?

— Le grand frère.

— Pourquoi donc le remercier? dit Édouard. Est-ce que je n'aurais pas fait comme lui?

— Que voulez-vous, madame! dit sir John, vous êtes une gazelle qui, sans vous en douter, avez mis au jour une race de lions.

Amélie avait, de son côté, accordé une grande attention au récit ; mais c'était surtout quand elle avait vu les chasseurs se rapprocher de la chartreuse.

A partir de ce moment, elle avait écouté l'œil inquiet, et n'avait paru respirer que lorsque les trois chasseurs, n'ayant, après l'hallali, aucun motif de poursuivre leur course dans le bois, étaient remontés à cheval.

A la fin du dîner, on vint annoncer que Jacques était de retour avec deux paysans de Montagnat; les paysans demandaient des renseignements précis sur l'endroit où les chasseurs avaient laissé l'animal.

Roland se leva pour aller les donner; mais madame de Montrevel, qui ne voyait jamais assez son fils, se tournant vers le messager :

— Faites entrer ces braves gens, dit-elle ; il est inutile que Roland se dérange pour cela.

Cinq minutes après, les deux paysans entrèrent, roulant leurs chapeaux entre leurs doigts.

— Mes enfants, dit Roland, il s'agit d'aller chercher dans la forêt de Seillon un sanglier que nous y avons tué.

— Ça peut se faire, répondit un des paysans.

Et il consulta son compagnon du regard.

— Ça peut se faire tout de même, dit l'autre.

— Soyez tranquilles, continua Roland, vous ne perdrez pas votre peine.

— Oh! nous sommes tranquilles, fit un des paysans; on vous connaît, monsieur de Montrevel.

— Oui, répondit l'autre, on sait que vous n'avez pas plus que votre père, le général, l'habitude de faire travailler les gens pour rien. Oh! si tous les aristocrates avaient été comme vous, il n'y aurait pas eu de révolution, monsieur Louis.

— Mais non, qu'il n'y en aurait pas eu, dit l'autre, qui semblait venu là pour être l'écho affirmatif de ce que disait son compagnon.

— Reste maintenant à savoir où est l'animal, demanda le premier paysan.

— Oui, répéta le second, reste à savoir où il est.

— Oh! il ne sera pas difficile à trouver.

— Tant mieux, fit le paysan.

— Vous connaissez bien le pavillon de la forêt?

— Lequel?

— Oui, lequel?

— Le pavillon qui dépend de la chartreuse de Seillon.

Les deux paysans se regardèrent.

— Eh bien, vous le trouverez à vingt pas de la façade du côté du bois de Genoud.

Les deux paysans se regardèrent encore.

— Hum! fit l'un.

— Hum! répéta l'autre, fidèle écho de son compagnon.

— Eh bien, quoi, hum? demanda Roland.

— Dame...

— Voyons, expliquez-vous; qu'y a-t-il?

— Il y a que nous aimerions mieux que ce fût à l'autre extrémité de la forêt.

— Comment à l'autre extrémité de la forêt?

— Ça est un fait, dit le second paysan.

— Mais pourquoi à l'autre extrémité de la forêt? reprit Roland avec impatience; il y a trois lieues d'ici à l'autre extrémité de la forêt, tandis que vous avez une lieue à peine d'ici à l'endroit où est le sanglier.

— Oui, dit le premier paysan, c'est que l'endroit où est le sanglier...

Et il s'arrêta en se grattant la tête.

— Justement, voilà! dit le second.

— Voilà quoi?

— C'est un peu trop près de la chartreuse.

— Pas de la chartreuse, je vous ai dit du pavillon.

— C'est tout un; vous savez bien, monsieur Louis, qu'on dit qu'il y a un passage souterrain qui va du pavillon à la chartreuse.

— Oh! il y en a un, c'est sûr, dit le second paysan.

— Eh bien, fit Roland, qu'ont de commun la chartreuse, le pavillon et le passage souterrain avec notre sanglier?

— Cela a de commun que l'animal est dans un mauvais endroit; voilà.

— Oh! oui, un mauvais endroit, répéta le second paysan.

— Ah çà! vous expliquerez-vous, drôles? s'écria Roland, qui commençait à se fâcher, tandis que sa mère s'inquiétait et qu'Amélie pâlissait visiblement.

— Pardon, monsieur Louis, dit le paysan, nous ne sommes pas des drôles : nous sommes des gens craignant Dieu; voilà tout.

— Eh! mille tonnerres! dit Roland, moi aussi je crains Dieu! Après?

— Ce qui fait que nous ne nous soucions pas d'avoir des démêlés avec le diable.

— Non, non, non, dit le second paysan.

— Avec son semblable, continua le premier paysan, un homme vaut un homme.

— Quelquefois même il en vaut deux, dit le second bâti en Hercule.

— Mais avec des êtres surnaturels, des fantômes, des spectres, non, merci! continua le premier paysan.

— Merci! répéta le second.

— Ah çà, ma mère; ah çà, ma sœur, demanda Roland s'adressant aux deux femmes, comprenez-vous, au nom du ciel, quelque chose à ce que disent ces deux imbéciles?

— Imbéciles! fit le premier paysan, c'est possible; mais il n'en est pas moins vrai que Pierre Marey, pour avoir voulu regarder seulement par-dessus le mur de la chartreuse, a eu le cou tordu; il est vrai que c'était un samedi, jour de sabbat.

— Et qu'on n'a jamais pu le lui redresser, affirma le second paysan; de sorte qu'on a été obligé de l'enterrer le visage à l'envers et regardant ce qui se passe derrière lui.

— Oh! oh! fit sir John, voilà qui devient intéressant; j'aime fort les histoires de fantômes.

— Bon! dit Édouard, ce n'est point comme ma sœur Amélie, milord, à ce qu'il paraît.

— Pourquoi cela?

— Regarde donc, frère Roland, comme elle est pâle.

— En effet, dit sir John, mademoiselle semble près de se trouver mal.

— Moi? pas du tout, fit Amélie; seulement ne trouvez-vous pas qu'il fait un peu chaud ici, ma mère?

Et Amélie essuya son front couvert de sueur.

— Non, dit madame de Montrevel.

— Cependant, insista Amélie, si je ne craignais pas de vous incommoder, madame, je vous demanderais la permission d'ouvrir une fenêtre.

— Fais, mon enfant.

Amélie se leva vivement pour mettre à profit la permission reçue, et, tout en chancelant, alla ouvrir une fenêtre donnant sur le jardin.

La fenêtre ouverte, elle resta debout, adossée à la barre d'appui, et à moitié cachée par les rideaux.

— Ah! dit-elle, ici, au moins, on respire.

Sir John se leva pour lui offrir son flacon de sels; mais vivement :

— Non, non, milord, dit Amélie, je vous remercie, cela va tout à fait mieux.

— Voyons, voyons, dit Roland, il ne s'agit pas de cela, mais de notre sanglier.

— Eh bien, votre sanglier, monsieur Louis, on l'ira chercher demain.

— C'est ça, dit le second paysan, demain matin il fera jour.

— De sorte que, pour y aller ce soir?...
— Oh! pour y aller ce soir...

Le paysan regarda son camarade, et, tous deux en même temps, secouant la tête :

— Pour y aller ce soir, ça ne se peut pas.

— Poltrons!

— Monsieur Louis, on n'est pas poltron pour avoir peur, dit le premier paysan.

— Que non, on n'est pas poltron pour ça, répondit le second.

— Ah! fit Roland, je voudrais bien qu'un plus fort que vous me soutînt cette thèse, que l'on n'est pas poltron pour avoir peur.

— Dame, c'est selon la chose dont on a peur, monsieur Louis : qu'on me donne une bonne serpe et un bon gourdin, je n'ai pas peur d'un loup; qu'on me donne un bon fusil, je n'ai pas peur d'un homme, quand bien même je saurais que cet homme m'attend pour m'assassiner...

— Oui, dit Édouard; mais d'un fantôme, fût-ce d'un fantôme de moine, tu as peur?

— Mon petit monsieur Édouard, dit le paysan, laissez parler votre frère, M. Louis; vous n'êtes pas encore assez grand pour plaisanter avec ces choses-là.

— Non, ajouta l'autre paysan ; attendez que vous ayez de la barbe au menton, mon petit monsieur.

— Je n'ai pas de barbe au menton, répondit Édouard en se redressant ; mais cela n'empêche point que, si j'étais assez fort pour porter le sanglier, je l'irais bien chercher tout seul, que ce fût le jour ou la nuit.

— Grand bien vous fasse, mon jeune monsieur ; mais voilà mon camarade et moi qui vous disons que, pour un louis, nous n'irions pas.

— Mais pour deux? dit Roland, qui voulait les pousser à bout.

— Ni pour deux, ni pour quatre, ni pour dix, monsieur de Montrevel. C'est bon, dix louis ; mais qu'est-ce que je ferais de vos dix louis quand j'aurais le cou tordu?

— Oui, le cou tordu comme Pierre Marey, dit le second paysan.

— Ce n'est pas vos dix louis qui donneront du pain à ma femme et à mes enfants pour le restant de leurs jours, n'est-ce pas?

— Et encore, quand tu dis dix louis, reprit le second paysan, cela ne serait que cinq, puisqu'il y en aurait cinq pour moi.

— Alors, il revient des fantômes dans le pavillon? demanda Roland.

— Je ne dis pas dans le pavillon,—dans le pavillon, je n'en suis pas sûr, — mais dans la chartreuse...

— Dans la chartreuse, tu en es sûr?

— Oh! oui, là, bien certainement.

— Tu les as vus?

— Pas moi; mais il y a des gens qui les ont vus.

— Ton camarade? demanda le jeune officier en se tournant vers le second paysan.

— Je ne les ai pas vus ; mais j'ai vu des flammes, et Claude Philippon a entendu des chaînes.

— Ah! il y a des flammes et des chaînes? demanda Roland.

— Oui! et, quant aux flammes, je les ai vues, moi, dit le premier paysan.

— Et Claude Philippon a entendu les chaînes, répéta le premier.

— Très-bien, mes amis, très-bien, reprit Roland d'un ton goguenard ; donc, à aucun prix, vous n'irez ce soir?

— A aucun prix.

— Pas pour tout l'or du monde.

— Et vous irez demain au jour?

— Oh! monsieur Louis, avant que vous soyez levé, le sanglier sera ici.

— Il y a que vous ne serez pas levé, répondit l'écho.

— Eh bien, fit Roland, venez me revoir après-demain.

— Volontiers, monsieur Louis; pourquoi faire?

— Venez toujours.

— Oh! nous viendrons.

— C'est-à-dire que, du moment où vous nous dites : « Venez! » vous pouvez être sûr que nous n'y manquerons pas, monsieur Louis.

— Eh bien, moi, je vous en donnerai des nouvelles sûres.

— De qui?

— Des fantômes.

Amélie jeta un cri étouffé; madame de Montrevel seule entendit ce cri. Louis prenait de la main congé des deux paysans, qui se cognaient à la porte, où ils voulaient passer tous les deux en même temps.

Il ne fut plus question, pendant tout le reste de la soirée, ni de la Chartreuse, ni du pavillon, ni des hôtes surnaturels, spectres ou fantômes, qui les hantaient.

XV

L'ESPRIT FORT

A dix heures sonnantes, tout le monde était couché au château des Noires-Fontaines, ou tout au moins chacun était retiré dans sa chambre.

Deux ou trois fois pendant la soirée, Amélie s'était approchée de Roland, comme si elle eût eu quelque chose à lui dire; mais toujours la parole avait expiré sur ses lèvres.

Quand on avait quitté le salon, elle s'était appuyée à son bras, et, quoique la chambre de Roland fût située un étage au-dessus de la sienne, elle avait accompagné Roland jusqu'à la porte de sa chambre.

Roland l'avait embrassée, avait fermé sa porte, en lui souhaitant une bonne nuit et en se déclarant très-fatigué.

Cependant, malgré cette déclaration, Roland, rentré chez lui, n'avait point procédé à sa toilette de nuit; il était allé à son trophée d'armes, en avait tiré une magnifique paire de pistolets d'honneur, de la manufacture de Versailles, donnée à son père par la Convention, en avait fait jouer les chiens, et avait soufflé dans les canons pour voir s'ils n'étaient pas vieux chargés.

Les pistolets étaient en excellent état.

Après quoi, il les avait posés côte à côte sur la table, était allé ouvrir doucement la porte de la chambre, regardant du côté de l'escalier pour savoir si personne ne l'épiait, et, voyant que corridor et escalier étaient solitaires, il était allé frapper à la porte de sir John.

— Entrez, dit l'Anglais.

Sir John, lui non plus, n'avait pas encore commencé sa toilette de nuit.

— J'ai compris, à un signe que vous m'avez fait, que vous aviez quelque chose à me dire, fit sir John, et, vous le voyez, je vous attendais.

— Certainement, que j'ai quelque chose à vous dire, répondit Roland en s'étendant joyeusement dans un fauteuil.

— Mon cher hôte, répondit l'Anglais, je commence à vous connaître; de sorte que, quand je vous vois aussi gai que cela, je suis comme vos paysans, j'ai peur.

— Vous avez entendu ce qu'ils ont dit?

— C'est-à-dire qu'ils ont raconté une magnifique histoire de fantômes. J'ai un château en Angleterre, où il en revient, des fantômes.

— Vous les avez vus, milord?

— Oui, quand j'étais petit; par malheur, depuis que je suis grand, ils ont disparu.

— C'est comme cela, les fantômes, dit gaiement Roland, ça va, ça vient; quelle chance, hein! que je sois revenu justement à l'heure où il y a des fantômes à la chartreuse de Seillon

— Oui, fit sir John, c'est bien heureux; seulement, êtes-vous sûr qu'il y en ait?

— Non; mais, après-demain, je saurai à quoi m'en tenir là-dessus.

— Comment cela?

— Je compte passer là-bas la nuit de demain.

— Oh! dit l'Anglais, voulez-vous, moi, que j'aille avec vous?

— Ce serait avec plaisir; mais, par malheur, la chose est impossible.

— Impossible, oh!

— C'est comme j'ai l'honneur de vous le dire, mon cher hôte.

— Impossible! pourquoi?

— Connaissez-vous les mœurs des fantômes, milord? demanda gravement Roland.

— Non.

— Eh bien, je les connais, moi : les fantômes ne se montrent que dans certaines conditions.

— Expliquez-moi cela.

— Ainsi, par exemple, tenez, milord, en Italie, en Espagne, pays des plus superstitieux, eh bien, il n'y a pas de fantômes, ou, s'il y en a, dame, dame, c'est tous les dix ans, c'est tous les vingt ans, c'est tous les siècles.

— Et à quoi attribuez-vous cette absence de fantômes?

— Au défaut de brouillard, milord.

— Ah! ah!

— Sans doute; vous comprenez bien : l'atmosphère des fantômes, c'est le brouillard : en Écosse, en Danemark, en Angleterre, pays de brouillards, on regorge de fantômes : on a le spectre du père d'Hamlet, le spectre de Banquo, les ombres des victimes de Richard III. En Italie, vous n'avez qu'un spectre, celui de César; et encore où apparaît-il à Brutus? A Philippes en Macédoine, en Thrace, c'est-à-dire dans le Danemark de la Grèce, dans l'Écosse de l'Orient, où le brouillard a trouvé moyen de rendre Ovide mélancolique à ce point qu'il a intitulé *Tristes* les vers qu'il y a faits. Pourquoi Virgile fait-il apparaître l'ombre d'Anchise à Énée? Parce que Virgile est de Mantoue. Connaissez-vous Mantoue? un pays de marais, une vraie grenouillère, une fabrique de rhumatismes, une atmosphère de vapeurs, par conséquent, un nid de fantômes.

— Allez toujours, je vous écoute.

— Vous avez vu les bords du Rhin?

— Oui.

— L'Allemagne, n'est-ce pas?

— Oui.

— Encore un pays de fées, d'ondines, de sylphes et, par conséquent, de fantômes (qui peut le plus, peut le moins), tout cela à cause du brouillard toujours ; mais, en Italie, en Espagne, où diable voulez-vous que les fantômes se réfugient? Pas la plus petite vapeur. Aussi, si j'étais en Espagne ou en Italie, je ne tenterais même pas l'aventure de demain.

— Tout cela ne me dit point pourquoi vous refusez ma compagnie, insista sir John.

— Attendez donc : je vous ai déjà expliqué comment les fantômes ne se hasardent pas dans certains pays, parce qu'ils n'y trouvent pas certaines conditions atmosphériques ; laissez-moi vous expliquer les chances qu'il faut se ménager quand on désire en voir.

— Expliquez! expliquez! dit sir John; en vérité, vous êtes l'homme que j'aime le mieux entendre parler, Roland.

Et sir John s'étendit à son tour dans un fauteuil, s'apprêtant à écouter avec délices les improvisations de cet esprit fantasque, qu'il avait déjà vu sous tant de faces depuis cinq ou six jours à peine qu'il le connaissait.

Roland s'inclina en signe de remercîment.

— Eh bien, voici donc l'affaire; et vous allez comprendre cela, milord : j'ai tant entendu parler fantômes dans ma vie, que je connais ces gaillards-là comme si je les avais faits. Pourquoi les fantômes se montrent-ils?

— Vous me demandez cela? fit sir John.

— Oui, je vous le demande.

— Je vous avoue que, n'ayant pas étudié les fantômes comme vous, je ne saurais vous faire une réponse positive.

— Vous voyez bien! Les fantômes se montrent, mon cher lord, pour faire peur à celui auquel ils apparaissent.

— C'est incontestable.

— Parbleu! s'ils ne font pas peur à celui à qui ils apparaissent, c'est celui à qui ils apparaissent qui leur fait peur : témoin M. de Turenne, dont les fantômes se sont trouvés être des faux-monnayeurs. Connaissez-vous cette histoire-là?

— Non.

— Je vous la raconterai un autre jour; ne nous embrouillons pas. Voilà pourquoi, lorsqu'ils se décident à apparaître — ce qui est rare — voilà pourquoi les fantômes choisissent les nuits orageuses, où il fait des éclairs, du tonnerre, du vent : c'est leur mise en scène.

— Je suis forcé d'avouer que tout cela est on ne peut pas plus juste.

— Attendez ! il y a certaines secondes où l'homme le plus brave sent un frisson courir dans ses veines ; du temps où je n'avais pas un anévrisme, cela m'est arrivé dix fois, quand je voyais briller sur ma tête l'éclair des sabres et que j'entendais gronder à mes oreilles le tonnerre des canons. Il est vrai que, depuis que j'ai un anévrisme, je cours où l'éclair brille, où le tonnerre gronde ; mais j'ai une chance : c'est que les fantômes ne sachent pas cela, c'est que les fantômes croient que je puis avoir peur.

— Tandis que c'est impossible, n'est-ce pas ? demanda sir John.

— Que voulez-vous ? quand, au lieu d'avoir peur de la mort, on croit, à tort ou à raison, avoir un motif de chercher la mort, je ne sais pas de quoi l'on aurait peur ; mais, je vous le répète, il est possible que les fantômes, qui savent beaucoup de choses cependant, ne sachent point cela. Seulement, ils savent ceci : c'est que le sentiment de la peur s'augmente ou diminue par la vue et par l'audition des objets extérieurs. Ainsi, par exemple, où les fantômes apparaissent-ils de préférence ? dans les lieux obscurs, dans les cimetières, dans les vieux cloîtres, dans les ruines, dans les souterrains, parce que déjà l'aspect des localités a disposé l'âme à la peur. Après quoi apparaissent-ils ? après des bruits de chaînes, des gémissements, des soupirs, parce que tout cela n'a rien de bien récréatif ; ils n'ont garde de venir au milieu d'une grande lumière ou après un air de contredanse ; non, la peur est un abîme où l'on descend marche à marche, jusqu'à ce que le vertige vous prenne, jusqu'à ce que le pied vous glisse, jusqu'à ce que vous tombiez les yeux fermés jusqu'au fond du précipice. Ainsi, lisez le récit de toutes les apparitions, voici comment les fantômes procèdent : d'abord le ciel s'obscurcit, le tonnerre gronde ; le vent siffle, les fenêtres et les portes crient, la lampe, s'il y a une lampe dans la chambre de celui à qui ils tiennent à faire peur, la lampe pétille, pâlit et s'éteint ; obscurité complète ! alors, dans l'obscurité, on entend des plaintes, des gémissements, des bruits de chaînes, enfin la porte s'ouvre et le fantôme apparaît. Je dois dire que toutes les apparitions que j'ai, non pas vues, mais lues, se sont produites dans des circonstances pareilles. Voyons, est-ce bien cela, sir John ?

— Parfaitement.

— Et avez-vous jamais vu qu'un fantôme ait apparu à deux personnes à la fois ?

— En effet, je ne l'ai jamais lu, ni entendu dire.

— C'est tout simple, mon cher lord : à deux, vous comprenez, on n'a pas peur ; la peur, c'est une chose mystérieuse, étrange, indépendante de la volonté, pour laquelle il faut l'isolement, les ténèbres, la solitude. Un fantôme n'est pas plus dangereux qu'un boulet de canon. Eh bien, est-ce qu'un soldat a peur d'un boulet de canon, le jour, quand il est en compagnie de ses camarades, quand il sent les coudes à gauche ? Non, il va droit à la pièce, il est tué ou il tue : c'est ce que ne veulent pas les fantômes ; c'est ce qui fait qu'ils n'apparaissent pas à deux personnes à la fois ! c'est ce qui fait que je veux aller seul à la chartreuse, milord ; votre présence empêcherait le fantôme le plus résolu de paraître. Si je n'ai rien vu, ou si j'ai vu quelque chose qui en vaille la peine, eh bien, ce sera votre tour après demain. Le marché vous convient-il ?

— A merveille ! mais pourquoi n'irais-je pas le premier ?

— Ah ! d'abord, parce que l'idée ne vous en est pas venue, et que c'est bien le moins que j'aie le bénéfice de mon idée ; ensuite, parce que je suis du pays, que j'étais lié avec tous ces bons moines de leur vivant, et qu'il y a dans cette liaison une chance de plus qu'ils m'apparaissent après leur mort ; enfin, parce que, connaissant les localités, s'il faut fuir ou poursuivre, je me tirerai mieux que vous de l'agression ou de la retraite. Tout cela vous paraît-il juste, mon cher lord?

— On ne peut plus juste, oui; mais, moi, j'irai le lendemain?

— Le lendemain, le surlendemain, tous les jours, toutes les nuits si vous voulez; ce à quoi je tiens, c'est à la primeur. Maintenant, continua Roland en se levant, c'est entre vous et moi, n'est-ce pas? Pas un mot à qui que ce soit au monde; les fantômes pourraient être prévenus et agir en conséquence. Il ne faut pas nous faire rouler par ces gaillards-là, ce serait trop grotesque.

— Soyez tranquille. Vous prendrez des armes, n'est-ce pas?

— Si je croyais n'avoir affaire qu'à des fantômes, j'irais les deux mains dans mes poches, et rien dans les goussets; mais, comme je vous disais tout à l'heure, je me rappelle les faux-monnayeurs de M. de Turenne, et je prendrai des pistolets.

— Voulez-vous les miens?

— Non, merci; ceux-là, quoiqu'ils soient bons, j'ai à peu près résolu de ne m'en servir jamais.

Puis avec un sourire dont il serait impossible de rendre l'amertume :

— Ils me portent malheur, ajouta Roland. Bonne nuit, milord! Il faut que je dorme les poings fermés, cette nuit, pour ne pas avoir envie de dormir demain.

Et, après avoir secoué énergiquement la main de l'Anglais, il sortit de la chambre de celui-ci, et rentra dans la sienne.

Seulement, en rentrant dans la sienne, une chose le frappa : c'est qu'il retrouvait ouverte sa porte, qu'il était sûr d'avoir laissée fermée.

Mais il fut à peine entré, que la vue de sa sœur lui expliqua ce changement.

— Tiens! fit-il moitié étonné, moitié inquiet, c'est toi, Amélie?

— Oui, c'est moi, fit la jeune fille.

Puis, s'approchant de son frère et lui donnant son front à baiser:

— Tu n'iras pas, dit-elle d'un ton suppliant, n'est-ce pas, mon ami?

— Où cela? demanda Roland.

— A la chartreuse.

— Bon! et qui t'a dit que j'y allais?

— Oh! lorsqu'on te connaît, comme c'est difficile à deviner!

— Et pourquoi veux-tu que je n'aille pas à la chartreuse?

— Je crains qu'il ne t'arrive un malheur.

— Ah çà! tu crois donc aux fantômes, toi? dit Roland en fixant son regard sur celui d'Amélie.

Amélie baissa les yeux, et Roland sentit la main de sa sœur trembler dans la sienne.

— Voyons, dit Roland, Amélie, celle qu'autrefois j'ai connue du moins, la fille du général de Montrevel, la sœur de Roland, est trop intelligente pour subir des terreurs vulgaires; il est impossible que tu croies à ces contes d'apparitions, de chaînes, de flammes, de spectres, de fantômes.

— Si j'y croyais, mon ami, mes craintes seraient moins grandes : si les fantômes existent, ce sont des âmes dépouillées de leur corps, et, par conséquent, qui ne peuvent sortir du tombeau avec les haines de la matière; or, pourquoi un fantôme te haïrait-il, toi, Roland, qui n'as jamais fait de mal à personne?

— Bon! tu oublies ceux que j'ai tués à l'armée ou en duel.

Amélie secoua la tête.

— Je ne crains pas ceux-là.

— Que crains-tu donc, alors?

La jeune fille leva sur Roland ses beaux yeux tout mouillés de larmes, et, se jetant dans les bras de son frère :

— Je ne sais, dit-elle, Roland; mais, que veux-tu! je crains!

Le jeune homme, par une légère violence, releva la tête qu'Amélie cachait dans sa poitrine, et, baisant doucement et tendrement ses longues paupières :

— Tu ne crois pas que ce soient des fantômes que j'aurai demain à combattre, n'est-ce pas? demanda-t-il.

— Mon frère, ne va pas à la chartreuse! insista Amélie d'un ton suppliant, en éludant la question.

— C'est notre mère qui t'a chargée de me demander cela : avoue-le, Amélie.

— Oh! mon frère, non, ma mère ne m'en a pas dit un mot ; c'est moi qui ai deviné que tu voulais y aller.

— Eh bien, si je voulais y aller, Amélie, dit Roland d'un ton ferme, tu dois savoir une chose, c'est que j'irais.

— Même si je t'en prie à mains jointes, mon frère? dit Amélie avec un accent presque douloureux, même si je t'en prie à genoux?

Et elle se laissa glisser aux pieds de son frère.

— Oh! femmes! femmes! murmura Roland, inexplicables créatures dont les paroles sont un mystère, dont la bouche ne dit jamais les secrets du cœur, qui pleurent, qui prient, qui tremblent, pourquoi? Dieu le sait! mais nous autres hommes, jamais! J'irai, Amélie, parce que j'ai résolu d'y aller, et que, quand j'ai pris une fois une résolution, nulle puissance au monde n'a le pouvoir de m'en faire changer. Maintenant, embrasse-moi, ne crains rien, et je te dirai tout bas un grand secret.

Amélie releva la tête, fixant sur Roland un regard à la fois interrogateur et désespéré.

— J'ai reconnu depuis plus d'un an, répondit le jeune homme, que j'ai le malheur de ne pouvoir mourir ; rassure-toi donc et sois tranquille.

Roland prononça ces paroles d'un ton si douloureux, qu'Amélie, qui jusque-là était parvenue à retenir ses larmes, rentra chez elle en éclatant en sanglots.

Le jeune officier après s'être assuré que sa sœur avait refermé sa porte, referma la sienne en murmurant :

— Nous verrons bien qui se lassera enfin, de moi ou de la destinée.

XVI

LE FANTOME

Le lendemain, à l'heure à peu près à laquelle nous venons de quitter Roland, le jeune officier, après s'être assuré que tout le monde était couché au château des Noires-Fontaines, entr'ouvrit doucement sa porte, descendit l'escalier en retenant sa respiration, gagna le vestibule, tira sans bruit les verrous de la porte d'entrée, descendit le perron, se retourna pour s'assurer que tout était bien tranquille, et, rassuré par l'obscurité des fenêtres, il attaqua bravement la grille.

La grille, dont les gonds avaient, selon toute probabilité, été huilés dans la journée, tourna sans faire entendre le moindre grincement, et se referma comme elle s'était ouverte, après avoir donné passage à Roland, qui s'avança rapidement alors dans la direction du chemin de Pont-d'Ain à Bourg.

A peine eut-il fait cent pas, que la cloche de Saint-Just tinta un coup : celle de Montagnat lui répondit comme un écho de bronze; dix heures et demie sonnaient.

Au pas dont marchait le jeune homme, il lui fallait à peine vingt minutes pour atteindre la chartreuse de Seillon, surtout, si, au lieu de contourner le bois, il prenait le sentier qui conduisait droit au monastère.

Roland était trop familiarisé depuis sa jeunesse avec les moindres laies de la forêt de Seillon pour allonger inutilement son chemin de dix minutes. Il prit donc sans hésiter à travers bois, et, au bout de cinq minutes, il reparut de l'autre côté de la forêt.

Arrivé là, il n'avait plus à traverser qu'un bout de plaine pour être arrivé au mur du verger du cloître.

Ce fut l'affaire de cinq autres minutes à peine.

Au pied du mur, il s'arrêta, mais ce fut pour quelques secondes.

Il dégrafa son manteau, le roula en tampon et le jeta par-dessus le mur.

Son manteau ôté, il resta avec une redingote de velours, une culotte de peau blanche et des bottes à retroussis.

La redingote était serrée autour du corps par une ceinture dans laquelle étaient passés deux pistolets.

Un chapeau à larges bords couvrait son visage et le voilait d'ombre.

Avec la même rapidité qu'il s'était débarrassé du vêtement qui pouvait le gêner pour franchir le mur, il se mit à l'escalader.

Son pied chercha une jointure qu'il n'eut pas de peine à trouver; il s'élança, saisit la crête du chaperon, et retomba de l'autre côté sans avoir même touché le faîte de ce mur, par-dessus lequel il avait bondi.

Il ramassa son manteau, le rejeta sur ses épaules, l'agrafa de nouveau, et, à travers le verger, gagna à grands pas une petite porte qui servait de communication entre le verger et le cloître.

Comme il franchissait le seuil de cette petite porte, onze heure sonnaient.

Roland s'arrêta, compta les coups, fit lentement le tour du cloître, regardant et écoutant.

Il ne vit rien et n'entendit pas le moindre bruit.

Le monastère offrait l'image de la désolation et de la solitude; toutes les portes étaient ouvertes: celle des cellules, celle de la chapelle, celle du réfectoire.

Dans le réfectoire, immense pièce où les tables étaient encore dressées, Roland vit voleter cinq ou six chauves-souris; une chouette effrayée s'échappa par une fenêtre brisée, se percha sur un arbre à quelques pas de là et fit entendre son cri funèbre.

— Bon! dit tout haut Roland, je crois que c'est ici que je dois établir mon quartier général; chauves-souris et chouettes sont l'avant-garde des fantômes.

Le son de cette voix humaine, s'élevant du milieu de cette solitude, de ces ténèbres et de cette désolation, avait quelque chose d'insolite et de lugubre qui eût fait frissonner celui-là même qui venait de parler, si Roland, comme il l'avait dit lui-même, n'avait pas eu une âme inaccessible à la peur.

Il chercha un point d'où il pût du regard embrasser toute la salle: une table isolée, placée sur une espèce d'estrade, à l'une des extrémités du réfectoire, et qui avait sans doute servi au supérieur du couvent, soit pour faire une lecture pieuse pendant le repas, soit pour prendre son repas séparé des autres frères, lui parut un lieu d'observation réunissant tous les avantages qu'il pouvait désirer.

Appuyé au mur, il ne pouvait être surpris par derrière, et, de là, son regard, lorsqu'il serait habitué aux ténèbres, dominerait tous les points de la salle.

Il chercha un siége quelconque et trouva renversé, à trois pas de la table, l'escabeau qui avait dû être celui du convive ou du lecteur isolé.

Il s'assit devant la table, détacha son manteau pour avoir toute liberté dans ses mouvements, prit ses pistolets à sa ceinture, en disposa un devant lui, et, frappant trois coups sur la table avec la crosse de l'autre:

— La séance est ouverte, dit-il à haute voix, les fantômes peuvent venir.

Ceux qui, la nuit, traversant à deux des cimetières ou des églises, ont quelquefois éprouvé, sans s'en rendre compte, ce suprême besoin de parler bas et religieusement, qui s'attache à certaines localités, ceux-là seuls comprendront quelle étrange impression eût produite, sur celui qui l'eût entendue, cette voix railleuse et saccadée troublant la solitude et les ténèbres.

Elle vibra un instant dans l'obscurité, qu'elle fit en quelque sorte tressaillir; puis elle s'éteignit et mourut sans écho, s'échappant à la fois par toutes ces ouvertures que les ailes du temps avaient faites sur son passage.

Comme il s'y était attendu, les yeux de Roland s'étaient habitués aux ténèbres, et maintenant, grâce à la pâle lumière de la lune, qui venait de se lever, et qui pénétrait dans le réfectoire en longs rayons blanchâtres, par les fenêtres brisées, il pouvait voir distinctement d'un bout à l'autre de l'immense chambre.

Quoique évidemment, à l'intérieur comme à l'extérieur, Roland fût sans crainte, il n'était pas sans défiance, et son oreille percevait les moindres bruits.

Il entendit sonner la demie.

Malgré lui, le timbre le fit tressaillir ; il venait de l'église même du couvent.

Comment, dans cette ruine où tout était mort, l'horloge, cette pulsation du temps, était-elle demeurée vivante ?

— Oh ! oh ! dit Roland, voilà qui m'indique que je verrai quelque chose.

Ces paroles furent presque un aparté ; la majesté des lieux et du silence agissait sur ce cœur pétri d'un bronze aussi dur que celui qui venait de lui envoyer cet appel du temps contre l'éternité.

Les minutes s'écoulèrent les unes après les autres ; sans doute un nuage passait entre la lune et la terre, car il semblait à Roland que les ténèbres s'épaississaient.

Puis il lui semblait, à mesure que minuit s'approchait, entendre mille bruits à peine perceptibles, confus et différents, qui, sans doute, venaient de ce monde nocturne qui s'éveille quand l'autre s'endort.

La nature n'a pas voulu qu'il y eût suspension dans la vie, même pour le repos ; elle a fait son univers nocturne comme elle a fait son monde du jour, depuis le moustique bourdonnant au chevet du dormeur, jusqu'au lion rôdant autour du douar de l'Arabe.

Mais, Roland, veilleur des camps, sentinelle perdue dans le désert, Roland chasseur, Roland soldat, connaissait tous ces bruits ; ces bruits ne le troublaient donc pas, lorsque, tout à coup, à ces bruits vint se mêler de nouveau le timbre de l'horloge vibrant pour la seconde fois au-dessus de sa tête.

Cette fois, c'était minuit ; il compta les douze coups les uns après les autres.

Le dernier se fit entendre, frissonna dans l'air comme un oiseau aux ailes de bronze, puis s'éteignit lentement, tristement, douloureusement.

En même temps, il sembla au jeune homme qu'il entendait une plainte.

Roland tendit l'oreille du côté d'où venait le bruit.

La plainte se fit entendre plus rapprochée.

Il se leva, mais les mains appuyées sur la table et ayant sous la paume de chacune de ses mains la crosse d'un pistolet. Un frôlement pareil à celui d'un drap ou d'une robe qui traînerait sur l'herbe, se fit entendre à sa gauche, à dix pas de lui.

Il se redressa comme mû par un ressort.

Au même moment, une ombre apparut au seuil de la salle immense. Cette ombre ressemblait à une de ces vieilles statues couchées sur les sépulcres ; elle était enveloppée d'un immense linceul qui traînait derrière elle.

Roland douta un instant de lui-même. La préoccupation de son esprit lui faisait-elle voir ce qui n'était pas ? était-il la dupe de ses sens, le jouet de ces hallucinations que la médecine constate, mais ne peut expliquer ?

Une plainte poussée par le fantôme fit évanouir ses doutes.

— Ah ! par ma foi ! dit-il en éclatant de rire, à nous deux, ami spectre !

Le spectre s'arrêta et étendit la main vers le jeune officier.

— Roland ! Roland, dit le spectre d'une voix sourde, ce serait une pitié que de ne pas poursuivre les morts dans le tombeau où tu les as fait descendre.

Et le spectre continua son chemin sans hâter le pas.

Roland, un instant étonné, descendit de son estrade et se mit résolûment à la poursuite du fantôme.

Le chemin était difficile, encombré qu'il se présentait de pierres, de bancs mis en travers, de tables renversées.

Et cependant on eût dit qu'à travers tous ces obstacles un sentier invisible était tracé pour le spectre, qui marchait du même pas sans que rien l'arrêtât.

Chaque fois qu'il passait devant une fenêtre, la lumière extérieure, si faible qu'elle fût, se réfléchissait sur ce linceul, et le fantôme dessinait ses contours, qui, la fenêtre franchie, se perdaient dans l'obscurité pour reparaître bientôt et se perdre encore.

Roland, l'œil fixé sur celui qu'il poursuivait, craignant de le perdre de vue s'il en détachait un instant son regard, ne pouvait interroger du regard ce chemin si facile au spectre et si hérissé d'obstacles pour lui.

A chaque pas, il trébuchait ; le fantôme gagnait sur lui.

Le fantôme arriva près de la porte opposée à celle par laquelle il était entré, Roland vit s'ouvrir l'entrée d'un corridor obscur ; il comprit que l'ombre allait lui échapper.

— Homme ou spectre, voleur ou moine, dit-il, arrête, ou je fais feu !

— On ne tue pas deux fois le même corps, et la mort, tu le sais bien, continua le fantôme d'une voix sourde, n'a pas de prise sur les âmes.

— Qui es-tu donc ? demanda Roland.

— Je suis le spectre de celui que tu as violemment arraché de ce monde.

Le jeune officier éclata de rire, de son rire strident et nerveux rendu plus effrayant encore dans les ténèbres.

— Par ma foi, dit-il, si tu n'as pas d'autre indication à me donner, je ne prendrai pas même la peine de chercher, je t'en préviens.

— Rappelle-toi la fontaine de Vaucluse, dit le fantôme avec un accent si faible, que cette phrase sembla sortir de sa bouche plutôt comme un soupir que comme des paroles articulées.

Un instant, Roland sentit, non pas son cœur faiblir, mais la sueur perler à son front ; par une réaction sur lui-même, il reprit sa force, et, d'une voix menaçante :

— Une dernière fois, apparition ou réalité, cria-t-il, je te préviens que, si tu ne m'attends pas, je fais feu.

Le spectre fut sourd et continua son chemin.

Roland s'arrêta une seconde pour viser :

le spectre était à dix pas de lui : Roland avait la main sûre, c'était lui-même qui avait glissé la balle dans le pistolet, un instant auparavant ; il venait de passer la baguette dans les canons pour s'assurer qu'ils étaient chargés.

Au moment où le spectre se dessinait de toute sa hauteur, blanc, sous la voûte sombre du corridor, Roland fit feu.

La flamme illumina comme un éclair le corridor, dans lequel continua de s'enfoncer le spectre, sans hâter ni ralentir le pas.

Puis tout rentra dans une obscurité d'autant plus profonde que la lumière avait été plus vive.

Le spectre avait disparu sous l'arcade sombre.

Roland s'y élança à sa poursuite, tout en faisant passer son second pistolet dans sa main droite.

Mais, si court qu'eût été le temps d'arrêt, le fantôme avait gagné du chemin ; Roland le vit au bout du corridor, se dessinant cette fois en vigueur sur l'atmosphère grise de la nuit.

Il doubla le pas et arriva à l'extrémité du corridor au moment où le spectre disparaissait derrière la porte de la citerne.

Roland redoubla de vitesse ; arrivé sur le seuil de la porte, il lui sembla que le spectre s'enfonçait dans les entrailles de la terre.

Cependant tout le torse était encore visible.

— Fusses-tu le démon, dit Roland, je te rejoindrai.

Et il lâcha son second coup de pistolet, qui emplit de flamme et de fumée le caveau dans lequel s'était englouti le spectre.

Quand la fumée fut dissipée, Roland chercha vainement ; il était seul.

Roland se précipita dans le caveau en hurlant de rage ; il sonda les murs de la crosse de ses pistolets, il frappa le sol du pied : partout le sol et la pierre rendirent ce son mat des objets solides.

Il essaya de percer l'obscurité du regard ; mais c'était chose impossible : le peu de lumière que laissait filtrer la lune s'arrêtait aux premières marches de la citerne.

— Oh! s'écria Roland, une torche ! une torche !

Personne ne lui répondit; le seul bruit qui se fit entendre était le murmure de la source coulant à trois pas de lui.

Il vit qu'une plus longue recherche serait inutile, sortit du caveau, tira de sa poche une poire à poudre, deux balles tout enveloppées dans du papier, et rechargea vivement ses pistolets.

Puis il reprit le chemin qu'il venait de suivre, retrouva le couloir sombre, au bout du couloir le réfectoire immense, et alla reprendre, à l'extrémité de la salle muette, la place qu'il avait quittée pour suivre le fantôme.

Là, il attendit.

Mais les heures de la nuit sonnèrent successivement jusqu'à ce qu'elles devinssent les heures matinales et que les premiers rayons du jour teignissent de leurs tons blafards les murailles du cloître.

— Allons, murmura Roland, c'est fini pour cette nuit; peut-être une autre fois serai-je plus heureux.

Vingt minutes après, il rentrait au château des Noires-Fontaines.

XVII

PERQUISITION

Deux personnes attendaient le retour de Roland, l'une avec angoisse, l'autre avec impatience.

Ces deux personnes étaient Amélie et sir John.

Ni l'une ni l'autre n'avaient dormi une seconde.

Amélie ne manifesta son angoisse que par le bruit de sa porte, qui se refermait au fur et à mesure que Roland montait l'escalier. Roland avait entendu ce bruit. Il n'eut point le courage de passer à deux pas de sa sœur sans la rassurer.

— Sois tranquille, Amélie, c'est moi! dit-il.

Il ne pouvait point se figurer que sa sœur craignît pour un autre que lui.

Amélie s'élança hors de sa chambre avec son peignoir de nuit.

Il était facile de voir, à la pâleur de son teint, au cercle de bistre s'étendant jusqu'à la moitié de sa joue, qu'elle n'avait pas fermé l'œil de la nuit.

— Il ne t'est rien arrivé, Roland? s'écria-t-elle en serrant son frère dans ses bras et en le tâtant avec inquiétude.

— Rien.

— Ni à toi ni à personne?

— Ni à moi ni à personne.

— Et tu n'as rien vu?

— Je ne dis pas cela, fit Roland.

— Qu'as-tu vu, mon Dieu?

— Je te raconterai cela plus tard; en attendant, tant tués que blessés, il n'y a personne de mort.

— Ah! je respire.

— Maintenant, si j'ai un conseil à te donner, petite sœur, c'est d'aller te mettre gentiment dans ton lit et de dormir, si tu peux, jusqu'à l'heure du déjeuner. J'en vais faire autant, et je te promets que l'on n'aura pas besoin de me bercer pour m'endormir : bonne nuit ou plutôt bon matin !

Roland embrassa tendrement sa sœur, et, en affectant de siffloter insoucieusement un air de chasse, il monta l'escalier du second étage.

Sir John l'attendait franchement dans le corridor.

Il alla droit au jeune homme.

— Eh bien? lui demanda-t-il.

— Eh bien, je n'ai point fait complétement buisson creux.

— Vous avez vu un fantôme.

— J'ai vu quelque chose, du moins, qui y ressemblait beaucoup.

— Vous allez me raconter cela.

— Oui, je comprends, vous ne dormiriez pas ou vous dormiriez mal ; voici en deux mots la chose telle qu'elle s'est passée...

Et Roland fit un récit exact et circonstancié de l'aventure de la nuit.

— Bon! dit sir John quand Roland eut achevé, j'espère que vous en avez laissé pour moi?

Roland fit feu. — Page 95.

— J'ai même peur, dit Roland, de vous avoir laissé le plus dur.

Puis, comme sir John insistait, revenant sur chaque détail, se faisant indiquer la disposition des localités :

— Écoutez, dit Roland ; aujourd'hui, après déjeuner, nous irons faire à la chartreuse une visite de jour, ce qui ne vous empêchera point d'y faire votre station de nuit ; au contraire, la visite de jour vous servira à étudier les localités. Seulement, ne dites rien à personne.

— Oh ! fit sir John, ai-je donc l'air d'un bavard ?

— Non, c'est vrai, dit Roland en riant ; ce n'est pas vous, milord, qui êtes un bavard, c'est moi qui suis un niais.

Et il rentra dans sa chambre.

Après le déjeuner, les deux hommes descendirent les pentes du jardin comme pour aller faire une promenade aux bords de la Reyssousse, puis ils appuyèrent à gauche, remontèrent au bout de quarante pas, gagnèrent la grande route, traversèrent le bois, et se trouvèrent au pied du mur de la chartreuse, à l'endroit même où la veille Roland l'avait escaladé.

— Milord, dit Roland, voici le chemin.

— Eh bien, fit sir John, prenons-le.

Et lentement, mais avec une admirable force de poignet qui indiquait un homme possédant à fond sa gymnastique, l'Anglais saisit le chaperon du mur, s'assit sur le faîte, et se laissa retomber de l'autre côté.

Roland le suivit avec la prestesse d'un homme qui n'en était point à son coup d'essai.

Tous deux se trouvèrent de l'autre côté.

L'abandon était encore plus visible le jour que la nuit.

L'herbe avait poussé partout dans les allées et montait jusqu'aux genoux ; les espaliers étaient envahis par des vignes devenues si épaisses, que le raisin n'y pouvait mûrir sous l'ombre des feuilles ; en plusieurs endroits, le mur était dégradé, et le lierre, ce parasite bien plus que cet ami des ruines, commençait à s'étendre de tous côtés.

Quant aux arbres en plein vent, pruniers, pêchers, abricotiers, ils avaient poussé avec la liberté des hêtres et des chênes de la forêt, dont ils semblaient envier la hauteur et l'épaisseur, et la séve, tout entière absorbée par les branches aux jets mutiples et vigoureux, ne donnait que des fruits rares et mal venus.

Deux ou trois fois, au mouvement des longues herbes agitées devant eux, sir John et Roland devinèrent que la couleuvre, cette hôtesse rampante de la solitude, avait établi là son domicile et fuyait tout étonnée qu'on la dérangeât.

Roland conduisit son ami droit à la porte donnant du verger dans le cloître ; mais, avant d'entrer dans le cloître, il jeta les yeux sur le cadran de l'horloge ; l'horloge, qui marchait la nuit, était arrêtée le jour.

Du cloître, il passa dans le réfectoire. Là, le jour lui révéla sous leur véritable aspect les objets que l'obscurité avait revêtus des formes fantastiques de la nuit.

Roland montra à sir John l'escabeau renversé, la table rayée sous les batteries des pistolets, la porte par laquelle était entré le fantôme.

Il suivit, avec l'Anglais, le chemin qu'il avait suivi à la piste du fantôme ; il reconnut les obstacles qui l'avaient arrêté, mais qui étaient faciles à franchir pour quelqu'un qui d'avance aurait pris connaissance de la localité.

Arrivé à l'endroit où il avait fait feu, il retrouva les bourres, mais il chercha inutilement la balle.

Par la disposition du corridor, fuyant en biais, il était cependant impossible, si la balle n'avait pas laissé de traces sur la muraille, qu'elle n'eût point atteint le fantôme.

Et cependant, si le fantôme avait été atteint et présentait un corps solide, comment se faisait-il que ce corps fût resté debout ? comment, au moins, n'avait-il point été blessé ? et comment, ayant été blessé, ne trouvait-on sur le sol aucune trace de sang ?

Or, il n'y avait ni trace de sang ni trace de balle.

Lord Tanlay n'était pas loin d'admettre que son ami eût eu affaire à un spectre véritable.

— On est venu depuis moi, dit Roland, et l'on a ramassé la balle.

— Mais, si vous avez tiré sur un homme, comment la balle n'est-elle pas entrée ?

— Oh ! c'est bien simple, l'homme avait une cotte de mailles sous son linceul.

C'était possible : cependant, sir John secoua la tête en signe de doute ; il aimait mieux croire à un événement surnaturel, cela le fatiguait moins.

L'officier et lui continuèrent leur investigation.

On arriva au bout du corridor, et l'on se trouva à l'autre extrémité du verger.

C'était là que Roland avait revu son spectre, un instant disparu sous la voûte sombre.

Il alla droit à la citerne ; il semblait suivre encore le fantôme, tant il hésitait peu.

Là, il comprit l'obscurité de la nuit devenue plus intense encore par l'absence de tout reflet extérieur : à peine y voyait-on pendant le jour.

Roland tira de dessous son manteau deux torches d'un pied de long, prit un briquet, y alluma de l'amadou, et à l'amadou une allumette.

Les deux torches flambèrent.

Il s'agissait de découvrir le passage par où le fantôme avait disparu.

Roland et sir John approchèrent les torches du sol.

La citerne était pavée de grandes dalles de liais qui semblaient parfaitement jointes les unes aux autres.

Roland cherchait sa seconde balle avec autant de persistance qu'il avait cherché la première. Une pierre se trouvait sous ses pieds, il repoussa la pierre et aperçut un anneau scellé dans une des dalles.

Sans rien dire, Roland passa sa main dans l'anneau, s'arc-bouta sur ses pieds et tira à lui.

La dalle tourna sur son pivot avec une facilité qui indiquait qu'elle opérait souvent la même manœuvre.

En tournant, elle découvrit l'entrée du souterrain.

— Ah! fit Roland, voici le passage de mon spectre.

Et il descendit dans l'ouverture béante.

Sir John le suivit.

Ils firent le même trajet qu'avait fait Morgan lorsqu'il était revenu rendre compte de son expédition; au bout du souterrain, ils trouvèrent la grille donnant sur les caveaux funéraires.

Roland secoua la grille; la grille n'était point fermée, elle céda.

Ils traversèrent le cimetière souterrain et atteignirent l'autre grille; comme la première, elle était ouverte.

Roland marchant toujours le premier, ils montèrent quelques marches et se trouvèrent dans le chœur de la chapelle où s'était passée la scène que nous avons racontée entre Morgan et les compagnons de Jéhu.

Seulement, les stalles étaient vides, le chœur était solitaire, et l'autel, dégradé par l'abandon du culte, n'avait plus ni ses cierges flamboyants, ni sa nappe sainte.

Il était évident pour Roland que là avait abouti la course du faux fantôme que sir John s'obstinait à croire véritable.

Mais, que le fantôme fût vrai ou faux, sir John avouait que c'était là en effet que sa course avait dû aboutir.

Il réfléchit un instant: puis, après cet instant de réflexion:

— Eh bien, dit l'Anglais, puisque c'est à mon tour à veiller ce soir, puisque j'ai le droit de choisir la place où je veillerai, je veillerai là, dit-il.

Et il montra une espèce de table formée au milieu du chœur par le pied de chêne qui supportait autrefois l'aigle du lutrin.

— En effet, dit Roland avec la même insouciance que s'il se fût agi de lui-même, vous ne serez pas mal là; seulement, comme ce soir vous pourriez trouver la pierre scellée et les deux grilles fermées, nous allons chercher une issue qui vous conduise directement ici.

Au bout de cinq minutes, l'issue était trouvée.

La porte d'une ancienne sacristie s'ouvrait sur le chœur, et, de cette sacristie, une fenêtre dégradée donnait passage dans la forêt.

Les deux hommes sortirent par la fenêtre et se trouvèrent dans le plus épais du bois, juste à vingt pas de l'endroit où ils avaient tué le sanglier.

— Voilà notre affaire, dit Roland; seulement, mon cher lord, comme vous ne vous retrouveriez pas de nuit dans cette forêt où l'on a déjà assez de mal à se retrouver de jour, je vous accompagnerai jusqu'ici.

— Oui, mais, moi entré, vous vous retirez aussitôt, dit l'Anglais; je me souviens de ce que vous m'avez dit touchant la susceptibilité des fantômes: vous sachant à quelques pas de moi, ils pourraient hésiter à apparaître, et, puisque vous en avez vu un, je veux aussi en voir un au moins.

— Je me retirerai, répondit Roland, soyez tranquille; seulement, ajouta-t-il en riant, je n'ai qu'une peur.

— Laquelle?

— C'est qu'en votre qualité d'Anglais et

d'hérétique, ils ne soient mal à l'aise avec vous.

— Oh! dit sir John gravement, quel malheur que je n'aie pas le temps d'abjurer d'ici à ce soir!

Les deux amis avaient vu tout ce qu'ils avaient à voir: en conséquence, ils revinrent au château.

Personne, pas même Amélie, n'avait paru soupçonner dans leur promenade autre chose qu'une promenade ordinaire.

La journée se passa donc sans questions et même sans inquiétudes apparentes : d'ailleurs, au retour des deux amis, elle était déjà bien avancée.

On se mit à table, et, à la grande joie d'Édouard, on projeta une nouvelle chasse.

Cette chasse fit les frais de la conversation pendant le dîner et pendant une partie de la soirée.

A dix heures, comme d'habitude, chacun était rentré dans sa chambre, seulement Roland était dans celle de sir John.

La différence des caractères éclatait visiblement dans les préparatifs : Roland avait fait les siens joyeusement, comme pour une partie de plaisir ; sir John faisait les siens gravement comme pour un duel.

Les pistolets furent chargés avec le plus grand soin et passés à la ceinture de l'Anglais, et, au lieu d'un manteau qui pouvait gêner ses mouvements, ce fut une grande redingote à collet qu'il endossa par-dessus son habit.

A dix heures et demie, tous deux sortirent avec les mêmes précautions que Roland avait prises pour lui tout seul.

A onze heures moins cinq minutes, ils étaient au pied de la fenêtre dégradée, mais à laquelle des pierres tombées de la voûte pouvaient servir de marchepied.

Là, ils devaient, selon leurs conventions, se séparer.

Sir John rappela ces conditions à Roland.

— Oui, dit le jeune homme, avec moi, milord, une fois pour toutes, ce qui est convenu est convenu ; seulement, à mon tour, une recommandation.

— Laquelle?

— Je n'ai pas retrouvé les balles parce que l'on est venu les enlever ; on est venu les enlever pour que je ne visse pas l'empreinte qu'elles avaient conservée sans doute.

— Et, dans votre opinion, quelle empreinte eussent-elles conservée?

— Celle des chaînons d'une cotte de mailles; mon fantôme était un homme cuirassé.

— Tant pis, dit sir John, j'aimais fort le fantôme, moi.

Puis, après un moment de silence où un soupir de l'Anglais exprimait son regret profond d'être forcé de renoncer au spectre :

— Et votre recommandation ? dit-il.

— Tirez au visage.

L'Anglais fit un signe d'assentiment, serra la main du jeune officier, escalada les pierres, entra dans la sacristie, et disparut.

— Bonne nuit! lui cria Roland.

Et, avec cette insouciance du danger qu'en général un soldat a pour lui-même et pour ses compagnons, Roland, comme il l'avait promis à sir John, reprit le chemin du château des Noires-Fontaines.

XVIII

LE JUGEMENT

Le lendemain, Roland, qui n'était parvenu à s'endormir que vers deux heures du matin, s'éveilla à sept heures.

En s'éveillant, il réunit ses souvenirs épars, se rappela ce qui s'était passé, la veille, entre lui et sir John, et s'étonna qu'à son retour l'Anglais ne l'eût point éveillé.

Il s'habilla vivement et alla, au risque de le réveiller au milieu de son premier sommeil, frapper à la porte de la chambre de sir John.

Mais sir John ne répondit point.

Roland frappa plus fort.

Même silence.

Cette fois, un peu d'inquiétude se mêlait à la curiosité de Roland.

La clef était en dehors ; le jeune officier ouvrit la porte et plongea dans la chambre un regard rapide.

Sir John n'était point dans la chambre, sir John n'était point rentré.

Le lit était intact.

Qu'était-il donc arrivé ?

Il n'y avait pas un instant à perdre, et, avec la rapidité de résolution que nous connaissons à Roland, on devine qu'il ne perdit pas un instant.

Il s'élança dans sa chambre, acheva de s'habiller, mit son couteau de chasse à sa ceinture, son fusil en bandoulière, et sortit.

Personne n'était encore éveillé, sinon la femme de chambre.

Roland la rencontra sur l'escalier.

— Vous direz à madame de Montrevel, dit-il, que je suis sorti pour faire un tour dans la forêt de Seillon avec mon fusil ; qu'on ne soit pas inquiet si milord et moi ne rentrions pas précisément à l'heure du déjeuner.

Et Roland s'élança rapidement hors du château.

Dix minutes après, il était près de la fenêtre où, la veille, à onze heures du soir, il avait quitté lord Tanlay.

Il écouta : on n'entendait aucun bruit à l'intérieur ; à l'extérieur seulement, l'oreille d'un chasseur pouvait reconnaître toutes ces rumeurs matinales que fait le gibier dans les bois.

Roland escalada la fenêtre avec son agilité ordinaire et s'élança de la sacristie dans le chœur.

Un regard lui suffit pour s'assurer que non-seulement le chœur, mais le vaisseau entier de la petite chapelle, était vide.

Les fantômes avaient-ils fait suivre à l'Anglais le chemin opposé à celui qu'il avait suivi lui-même ?

C'était possible.

Roland passa rapidement derrière l'autel, gagna la grille des caveaux : la grille était ouverte.

Il s'engagea dans le cimetière souterrain.

L'obscurité l'empêchait de voir dans ses profondeurs. Il appela à trois reprises sir John ; personne ne lui répondit.

Il gagna l'autre grille donnant dans le souterrain ; elle était ouverte comme la première.

Il s'engagea dans le passage voûté.

Seulement, là, comme il eût été impossible, au milieu des ténèbres, de se servir de son fusil, il le passa en bandoulière et mit le couteau de chasse à la main.

En tâtonnant, il s'enfonça toujours davantage sans rencontrer personne, et, au fur et à mesure qu'il allait en avant, l'obscurité redoublait, ce qui indiquait que la dalle de la citerne était fermée.

Il arriva ainsi à la première marche de l'escalier, monta jusqu'à ce qu'il touchât la dalle tournante avec sa tête, fit un effort, la dalle tourna.

Roland revit le jour.

Il s'élança dans la citerne.

La porte qui donnait sur le verger était ouverte ; Roland sortit par cette porte, traversa la partie du verger qui se trouvait entre la citerne et le corridor, à l'autre extrémité duquel il avait fait feu sur son fantôme.

Il traversa le corridor et se trouva dans le réfectoire.

Le réfectoire était vide.

Comme il avait fait dans le souterrain funèbre, Roland appela trois fois sir John.

L'écho étonné, qui semblait avoir désappris les sons de la parole humaine, lui répondit seul en balbutiant.

Il n'était point probable que sir John fût venu de ce côté ; il fallait retourner au point de départ.

Roland repassa par le même chemin et se retrouva dans le chœur de la chapelle.

C'était là que sir John avait dû passer la nuit, c'était là qu'on devait retrouver sa trace.

Roland s'avança dans le chœur.

A peine y fut-il, qu'un cri s'échappa de sa poitrine.

Une large tache de sang s'étendait à ses pieds et tachait les dalles du chœur.

De l'autre côté du chœur, à quatre pas

de celle qui rougissait le marbre à ses pieds, il y avait une seconde tache non moins large, non moins rouge, non moins récente, et qui semblait faire le pendant de la première.

Une de ces taches était à droite, l'autre à gauche de cet espèce de piédestal devant lequel milord avait dit qu'il établirait son domicile.

Roland s'approcha du piédestal; le piédestal était ruisselant de sang.

C'était là évidemment que le drame s'était passé.

Le drame, s'il fallait en croire les traces qu'il avait laissées, le drame avait été terrible.

Roland, en sa double qualité de chasseur et de soldat, devait être un habile chercheur de piste.

Il avait pu calculer ce qu'a répandu de sang un homme mort, ou ce qu'en répand un homme blessé.

Cette nuit avait vu tomber trois hommes morts ou blessés.

Maintenant, quelles étaient les probabilités?

Les deux taches de sang du chœur, celle de droite et celle de gauche, étaient probablement le sang de deux des antagonistes de sir John.

Le sang du piédestal était probablement le sien.

Attaqué de deux côtés, à droite et à gauche, il avait fait feu des deux mains et avait tué ou blessé un homme de chaque coup.

De là les deux taches de sang qui rougissaient le pavé.

Attaqué à son tour lui-même, il avait été frappé près du piédestal, et sur le piédestal son sang avait rejailli.

Au bout de cinq secondes d'examen, Roland était aussi sûr de ce que nous venons de dire, que s'il avait vu la lutte de ses propres yeux.

Maintenant qu'avait-on fait des deux autres corps et du corps de sir John?

Ce qu'on avait fait des deux autres corps, Roland s'en inquiétait assez peu.

Mais il tenait fort à savoir ce qu'était devenu celui de sir John.

Une trace de sang partait du piédestal allait jusqu'à la porte.

Le corps de sir John avait été porté dehors.

Roland secoua la porte massive; elle n'était fermée qu'au pêne.

Sous son premier effort elle s'ouvrit: de l'autre côté du seuil, il retrouva les traces de sang.

Puis, à travers les broussailles, le chemin qu'avaient suivi les gens qui emportaient le corps.

Les branches brisées, les herbes foulées conduisirent Roland jusqu'à la lisière de la forêt donnant sur le chemin de Pont-d'Ain à Bourg.

Là, vivant ou mort, le corps semblait avoir été déposé le long du talus du fossé.

Après quoi, plus rien.

Un homme passa, venant du côté du château des Noires-Fontaines; Roland alla à lui.

— N'avez-vous rien vu sur votre chemin? n'avez-vous rencontré personne? demanda-t-il.

— Si fait, répondit l'homme, j'ai vu deux paysans qui portaient un corps sur une civière.

— Ah! s'écria Roland, et ce corps était celui d'un homme vivant?

— L'homme était pâle et sans mouvement, et il avait bien l'air d'être mort.

— Le sang coulait-il?

— J'en ai vu des gouttes sur le chemin.

— En ce cas, il vit.

Alors, tirant un louis de sa poche:

— Voilà un louis, dit-il; cours chez le docteur Milliet, à Bourg; dis-lui de monter à cheval et de se rendre à franc étrier au château des Noires-Fontaines; ajoute qu'il y a un homme en danger de mort.

Et, tandis que le paysan, stimulé par la récompense reçue, pressait sa course vers Bourg, Roland, bondissant sur son jarret de fer, pressait la sienne vers le château.

Et maintenant, comme notre lecteur est, selon toute probabilité, aussi curieux que Roland de savoir ce qui est arrivé à sir John, nous allons le mettre au courant des événements de la nuit.

Sir John, comme on l'a vu, était entré à onze heures moins quelques minutes dans ce que l'on avait coutume d'appeler la Correrie ou le pavillon de la chartreuse, et qui n'était rien autre chose qu'une chapelle élevée au milieu du bois.

De la sacristie, il avait passé dans le chœur.

Le chœur était vide et paraissait solitaire. Une lune assez brillante, mais qui cependant disparaissait de temps en temps voilée par les nuages, infiltrait son rayon bleuâtre à travers les fenêtres en ogive et les vitraux de couleur à moitié brisés de la chapelle.

Sir John pénétra jusqu'au milieu du chœur, s'arrêta devant le piédestal et s'y tint debout.

Les minutes s'écoulèrent ; mais, cette fois, ce ne fut point l'horloge de la chartreuse qui donna la mesure du temps, ce fut l'église de Péronnaz, c'est-à-dire du village le plus proche de la chapelle où sir John attendait.

Tout se passa, jusqu'à minuit, comme tout s'était passé pour Roland, c'est-à-dire que sir John ne fut distrait que par de vagues rumeurs et par des bruits passagers.

Minuit sonna : c'était le moment qu'attendait avec impatience sir John, car c'était celui où l'événement devait se produire, si un événement quelconque se produisait.

Au dernier coup, il lui sembla entendre des pas souterrains et voir une lumière apparaître du côté de la grille qui communiquait aux tombeaux.

Toute son attention se porta donc de ce côté.

Un moine sortit du passage, son capuchon rabattu sur ses yeux et tenant une torche à la main.

Il portait la robe des chartreux.

Un second le suivit, puis un troisième. Sir John en compta douze.

Ils se séparèrent devant l'autel. Il y avait douze stalles dans le chœur ; six à la droite de sir John, six à sa gauche.

Les douze moines prirent silencieusement place dans les douze stalles.

Chacun planta sa torche dans un trou pratiqué à cet effet dans les appuis du chêne, et attendit.

Un treizième parut et se plaça devant l'autel.

Aucun de ces moines n'affectait l'allure fantastique des fantômes ou des ombres ; tous appartenaient évidemment encore à la terre, tous étaient des hommes vivants.

Sir John, debout, un pistolet de chaque main, appuyé à son piédestal placé juste au milieu du chœur, regardait avec un grand flegme cette manœuvre qui tendait à l'envelopper.

Comme lui, les moines étaient debout et muets.

Le moine de l'autel rompit le silence.

— Frères, demanda-t-il, pourquoi les vengeurs sont-ils réunis?

— Pour juger un profane, répondirent les moines.

— Ce profane, reprit l'interrogateur, quel crime a-t-il commis?

— Il a tenté de pénétrer les secrets des compagnons de Jéhu.

— Quelle peine a-t-il méritée?

— La peine de mort.

Le moine de l'autel laissa, pour ainsi dire, à l'arrêt qui venait d'être rendu le temps de pénétrer jusqu'au cœur de celui qu'il atteignait.

Puis, se retournant vers l'Anglais, toujours aussi calme que s'il eût assisté à une comédie :

— Sir John Tanlay, lui dit-il, vous êtes étranger, vous êtes Anglais ; c'était une double raison pour laisser tranquillement les compagnons de Jéhu débattre leurs affaires avec le gouvernement dont ils ont juré la perte. Vous n'avez point eu cette sagesse ; vous avez cédé à une vaine curiosité ; au lieu de vous en écarter, vous avez pénétré dans l'antre du lion, le lion vous déchirera.

Puis, après un instant de silence pendant lequel il sembla attendre la réponse de l'Anglais, voyant que celui-ci demeurait muet :

— Sir John Tanlay, ajouta-t-il, tu es condamné à mort ; prépare-toi à mourir.

— Ah ! ah ! je vois que je suis tombé au milieu d'une bande de voleurs. S'il en est ainsi, on peut se racheter par une rançon.

Puis se tournant vers le moine de l'autel :

— A combien la fixez-vous, capitaine ?

Un murmure de menaces accueillit ces insolentes paroles.

Le moine de l'autel étendit la main.

— Tu te trompes, sir John : nous ne sommes pas une bande de voleurs, dit-il d'un ton qui pouvait lutter de calme et de sang-froid avec celui de l'Anglais, et la preuve, c'est que, si tu as quelque somme considérable ou quelques bijoux précieux sur toi, tu n'as qu'à donner tes instructions, et argent et bijoux seront remis, soit à ta famille, soit à la personne que tu désigneras.

— Et quel garant aurais-je que ma dernière volonté sera accomplie ?

— Ma parole.

— La parole d'un chef d'assassins ! je n'y crois pas.

— Cette fois comme l'autre, tu te trompes, sir John : je ne suis pas plus un chef d'assassins que je n'étais un capitaine de voleurs.

— Et qu'es-tu donc alors ?

— Je suis l'élu de la vengeance céleste ; je suis l'envoyé de Jéhu, roi d'Israël, qui a été sacré par le prophète Élisée pour exterminer la maison d'Achab.

— Si vous êtes ce que vous dites, pourquoi vous voilez-vous le visage ? Pourquoi vous cuirassez-vous sous vos robes ? Des élus frappent à découvert et risquent la mort en donnant la mort. Rabattez vos capuchons, montrez-moi vos poitrines nues, et je vous reconnaîtrai pour ce que vous prétendez être.

— Frères, vous avez entendu ? dit le moine de l'autel.

Et, dépouillant sa robe, il ouvrit d'un seul coup son habit, son gilet et jusqu'à sa chemise.

Chaque moine en fit autant, et se trouva visage découvert et poitrine nue.

C'étaient tous de beaux jeunes gens dont le plus âgé ne paraissait pas avoir trente-cinq ans.

Leur mise indiquait l'élégance la plus parfaite ; seulement, chose étrange, pas un seul n'était armé.

C'étaient bien des juges et pas autre chose.

— Sois content, sir John Tanlay, dit le moine de l'autel, tu vas mourir ; mais, en mourant, comme tu en as exprimé le désir tout à l'heure, tu pourras reconnaître et tuer. Sir John, tu as cinq minutes pour recommander ton âme à Dieu.

Sir John, au lieu de profiter de la permission accordée et de songer à son salut spirituel, souleva tranquillement la batterie de ses pistolets pour voir si l'amorce était en bon état, fit jouer les chiens pour s'assurer de la bonté des ressorts, et passa la baguette dans les canons pour être bien certain de l'immobilité des balles.

Puis, sans attendre les cinq minutes qui lui étaient accordées :

— Messieurs, dit-il, je suis prêt ; l'êtes-vous ?

Les jeunes gens se regardèrent : puis, sur un signe de leur chef, marchèrent droit à sir John, l'enveloppant de tous les côtés.

Le moine de l'autel resta immobile à sa place, dominant du regard la scène qui allait se passer.

Sir John n'avait que deux pistolets, par conséquent que deux hommes à tuer.

Il choisit ses victimes et fit feu.

Deux compagnons de Jéhu roulèrent sur les dalles qu'ils rougirent de leur sang.

Les autres, comme si rien ne s'était passé, s'avancèrent du même pas, étendant la main sur sir John.

Sir John avait pris ses pistolets par le canon et s'en servait comme de deux marteaux.

Il était vigoureux, la lutte fut longue.

Pendant près de dix minutes, un groupe confus s'agita au milieu du chœur ; puis, enfin, ce mouvement désordonné cessa, et les compagnons de Jéhu s'écartèrent à droite et à gauche, regagnant leurs stalles,

Deux torches restaient pour éclairer les trois cadavres. — Page 106.

et laissant sir John garrotté avec les cordes de leur robes et couché sur le piédestal au milieu du chœur.

— As-tu recommandé ton âme à Dieu? demanda le moine de l'autel.

— Oui, assassin! répondit sir John; tu peux frapper.

Le moine prit sur l'autel un poignard, s'avança le bras haut vers sir John, et suspendant le poignard au-dessus de sa poitrine :

— Sir John Tanlay, lui dit-il, tu es brave, tu dois être loyal; fais serment que pas un mot de ce que tu viens de voir ne sortira de ta bouche; jure que dans quel- que circonstance que ce soit, tu ne reconnaîtras aucun de nous, et nous te faisons grâce de la vie.

— Aussitôt sorti d'ici, répondit sir John, ce sera pour vous dénoncer; aussitôt libre, ce sera pour vous poursuivre.

— Jure! répéta une seconde fois le moine.

— Non! dit sir John.

— Jure! répéta une troisième fois le moine.

— Jamais! répéta à son tour sir John.

— Eh bien, meurs donc, puisque tu le veux!

Et il enfonça son poignard jusqu'à la

garde dans la poitrine de sir John, qui, soit force de volonté, soit qu'il eût été tué sur le coup, ne poussa pas même un soupir.

Puis, d'une voix pleine, sonore, de la voix d'un homme qui a la conscience d'avoir accompli son devoir :

— Justice est faite ! dit le moine.

Alors, remontant à l'autel en laissant le poignard dans la blessure :

— Frères, dit-il, vous savez que vous êtes invités à Paris, rue du Bac, n° 35, au bal des victimes, qui aura lieu le 21 janvier prochain, en mémoire de la mort du roi Louis XVI.

Puis, le premier, il rentra dans le souterrain, où le suivirent les dix moines restés debout, emportant chacun sa torche.

Deux torches restaient pour éclairer les trois cadavres.

Un instant après, à la lueur de ces deux torches, quatre frères servants entrèrent ; ils commencèrent par prendre les deux cadavres gisant sur les dalles et les emportèrent dans le caveau.

Puis ils rentrèrent, soulevèrent le corps de sir John, le posèrent sur un brancard et l'emportèrent hors de la chapelle, par la grande porte d'entrée, qu'ils refermèrent derrière eux.

Les deux moines qui marchaient devant le brancard avaient pris les deux dernières torches.

Et maintenant, si nos lecteurs nous demandent pourquoi cette différence entre les événements arrivés à Roland et ceux arrivés à sir John ; pourquoi cette mansuétude envers l'un, et pourquoi cette rigueur envers l'autre, nous leur répondrons :

Souvenez-vous que Morgan avait sauvegardé le frère d'Amélie, et que, sauvegardé ainsi, Roland, dans aucun cas, ne pouvait mourir de la main d'un compagnon de Jéhu.

XIX

LA PETITE MAISON DE LA RUE DE LA VICTOIRE

Tandis que l'on transporte au château des Noires-Fontaines le corps de sir John Tanlay ; tandis que Roland s'élance dans la direction qui lui a été indiquée ; tandis que le paysan dépêché par lui court à Bourg prévenir le docteur Milliet de la catastrophe qui rend sa présence nécessaire chez madame de Montrevel, franchissons l'espace qui sépare Bourg de Paris et le temps qui s'est écoulé entre le 16 octobre et le 7 novembre, c'est-à-dire entre le 24 vendémiaire et le 7 brumaire, et pénétrons, vers les quatre heures de l'après-midi, dans cette petite maison de la rue de la Victoire rendue historique par la fameuse conspiration du 18 brumaire, qui en sortit tout armée.

C'est la même qui semble étonnée de présenter encore aujourd'hui, après tant de changements successifs de gouvernements, les faisceaux consulaires sur chaque battant de sa double porte de chêne et qui s'offre — située au côté droit de la rue, sous le numéro 60 — à la curiosité des passants.

Suivons la longue et étroite allée de tilleuls qui conduit de la porte de la rue à la porte de la maison ; entrons dans l'antichambre ; prenons le couloir à droite, et montons les vingt marches qui conduisent à un cabinet de travail tendu de papier vert et meublé de rideaux, de chaises, de fauteuils et de canapés de la même couleur.

Ses murailles sont couvertes de cartes géographiques et de plans des villes ; une double bibliothèque en bois d'érable s'étend aux deux côtés de la cheminée, qu'elle emboîte ; les chaises, les fauteuils, les canapés, les tables et les bureaux sont surchargés de livres ; à peine y a-t-il place sur les siéges pour s'asseoir, et sur les tables et les bureaux pour écrire.

Au milieu d'un encombrement de rapports, de lettres, de brochures et de livres où il s'est ménagé une place, un homme est assis, et essaye, en s'arrachant de temps en temps les cheveux d'impatience, de déchiffrer une page de notes près desquelles les hiéroglyphes de l'obélisque de Louqsor sont intelligibles jusqu'à la transparence.

Au moment où l'impatience du secrétaire approchait du désespoir, la porte s'ouvrit, et un jeune officier entra en costume d'aide de camp.

Le secrétaire leva la tête et une vive expression de joie se réfléchit sur son visage.

— Oh! mon cher Roland, dit-il, c'est vous, enfin! Je suis enchanté de vous voir pour trois raisons : la première, parce que je m'ennuyais de vous à en mourir ; la seconde, parce que le général vous attend avec impatience et vous demande à cor et à cri ; la troisième parce que vous allez m'aider à lire ce mot-là, sur lequel je pâlis depuis dix minutes... Mais, d'abord, et avant tout, embrassez-moi.

Le secrétaire et l'aide de camp s'embrassèrent.

— Eh bien, voyons, dit ce dernier, quel est ce mot qui vous embarrasse tant, mon cher Bourrienne?

— Ah! mon cher, quelle écriture! il m'en vient un cheveu blanc par page que je déchiffre, et j'en suis à ma troisième page d'aujourd'hui! Tenez, lisez si vous pouvez.

Roland prit la page des mains du secrétaire et, fixant son regard à l'endroit indiqué, il lut assez couramment :

— « *Paragraphe XI*. Le Nil, depuis Assouan jusqu'à trois lieues au nord du Caire, coule dans une seule branche... » Eh bien, mais, fit-il en s'interrompant, cela va tout seul. Que disiez-vous donc? Le général s'est appliqué au contraire.

— Continuez, continuez, dit Bourrienne.

Le jeune homme reprit :

— « De ce point que l'on appelle... » Ah! ah!

— Nous y sommes, qu'en dites-vous?

Roland répéta :

— « Que l'on appelle... » Diable! « Que l'on appelle... »

— Oui, que l'on appelle, après?

— Que me donnerez-vous, Bourrienne, s'écria Roland, si je le tiens?

— Je vous donnerai le premier brevet de colonel que je trouverai signé en blanc.

— Par ma foi, non, je ne veux pas quitter le général, j'aime mieux avoir un bon père que cinq cents mauvais enfants. Je vais vous donner vos trois mots pour rien.

— Comment! il y a trois mots là?

— Qui n'ont pas l'air d'en faire tout à fait deux, j'en conviens. Écoutez et inclinez-vous : « De ce point que l'on appelle *Ventre della Vacca*. »

— Ah! *Ventre de la Vache!*... Pardieu! c'est déjà illisible en français : s'il va se mettre dans l'imagination d'écrire en italien, et en patois d'Ajaccio encore! je croyais ne courir que le risque de devenir fou, je deviendrai stupide!... C'est cela.

Et il répéta la phrase tout entière :

— « Le Nil, depuis Assouan jusqu'à trois lieues au nord du Caire, coule dans une seule branche ; de ce point, que l'on appelle *Ventre de la Vache*, il forme les branches de Rosette et de Damiette. » Merci, Roland.

Et il se mit en devoir d'écrire la fin du paragraphe dont le commencement était déjà jeté sur le papier.

— Ah çà! demanda Roland, il a donc toujours son dada, notre général : coloniser l'Égypte?

— Oui, oui, et puis, par contre-coup, un petit peu gouverner la France ; nous coloniserons... à distance.

— Eh bien, voyons, mon cher Bourrienne, mettez-moi au courant de l'air du pays, que je n'aie point l'air d'arriver du Monomotapa.

— D'abord, revenez-vous de vous-même, ou êtes-vous rappelé?

— Rappelé, tout ce qu'il y a de plus rappelé!

— Par qui?

— Mais par le général lui-même.
— Dépêche particulière?
— De sa main; voyez!

Le jeune homme tira de sa poche un papier contenant deux lignes non signées, de cette même écriture dont Bourrienne avait tout un cahier sous les yeux.

Ces deux lignes disaient :

« Pars, et sois à Paris le 16 brumaire ; j'ai besoin de toi. »

— Oui, fit Bourrienne, je crois que ce sera pour le 18.

— Pour le 18, quoi ?

— Ah ! par ma foi, vous m'en demandez plus que je n'en sais, Roland. L'homme, vous ne l'ignorez pas, n'est point communicatif. Qu'y aura-t-il le 18 brumaire ? Je n'en sais rien encore; cependant, je répondrais qu'il y aura quelque chose.

— Oh ! vous avez bien un léger doute ?

— Je crois qu'il veut se faire directeur à la place de Sieyès, peut-être président à la place de Gohier.

— Bon! et la constitution de l'an III?

— Comment! la constitution de l'an III?

— Eh bien, oui, il faut quarante ans pour être directeur, et il s'en faut juste de dix ans que le général n'en ait quarante.

— Dame, tant pis pour la constitution : on la violera.

— Elle est bien jeune encore, Bourrienne ; on ne viole guère les enfants de sept ans.

— Entre les mains du citoyen Barras, mon cher, on grandit bien vite : la petite fille de sept ans est déjà une vieille courtisane.

Roland secoua la tête.

— Eh bien, quoi? demanda Bourrienne.

— Eh bien, je ne crois pas que notre général se fasse simple directeur avec quatre collègues; juge donc, mon cher, cinq rois de France, ce n'est plus un dictatoriat, c'est un attelage.

— En tout cas, jusqu'à présent, il n'a laissé apercevoir que cela ; mais, vous savez, mon cher ami, avec notre général, quand on veut savoir, il faut deviner.

— Ah ! ma foi, je suis trop paresseux pour prendre cette peine, Bourrienne ; moi, je suis un véritable janissaire : ce qu'il fera sera bien fait. Pourquoi diable me donnerais-je la peine d'avoir une opinion, de la débattre, de la défendre ? C'est déjà bien assez ennuyeux de vivre.

Et le jeune homme appuya cet aphorisme d'un long bâillement; puis il ajouta, avec l'accent d'une profonde insouciance :

— Croyez-vous que l'on se donnera des coups de sabre, Bourrienne ?

— C'est probable.

— Eh bien, il y aura une chance de se faire tuer ; c'est tout ce qu'il me faut. Où est le général ?

— Chez madame Bonaparte ; il est descendu il y a un quart d'heure. Lui avez-vous fait dire que vous étiez arrivé?

— Non, je n'étais point fâché de vous voir d'abord. Mais, tenez, j'entends son pas : le voici.

Au même moment, la porte s'ouvrit brusquement, et le même personnage historique que nous avons vu remplir incognito à Avignon un rôle silencieux, apparut sur le seuil de la porte dans son costume pittoresque de général en chef de l'armée d'Égypte.

Seulement, comme il était chez lui, la tête était nue.

Roland lui trouva les yeux plus caves et le teint plus plombé encore que d'habitude.

Cependant, en apercevant le jeune homme, l'œil sombre ou plutôt méditatif de Bonaparte lança un éclair de joie.

— Ah! c'est toi, Roland ! dit-il; fidèle comme l'acier; on t'appelle, tu accours. Sois le bienvenu.

Et il tendit la main au jeune homme.

Puis, avec un imperceptible sourire :

— Que fais-tu chez Bourrienne?

— Je vous attends, général.

Et, en attendant, vous bavardez comme deux vieilles femmes.

— Je vous l'avoue, général ; je lui montrais mon ordre d'être ici le 16 brumaire.

— T'ai-je écrit le 16 ou le 17 ?

— Oh ! le 16, général ; le 17, c'eût été trop tard.

— Pourquoi trop tard le 17?
— Dame, s'il y a, comme l'a dit Bourrienne, de grands projets pour le 18.
— Bon! murmura Bourrienne, voilà mon écervelé qui va me faire laver la tête.
— Ah! il t'a dit que j'avais de grands projets pour le 18?

Il alla à Bourrienne, et, le prenant par l'oreille :
— Portière! lui dit-il.
Puis à Roland :
— Eh bien, oui, mon cher, nous avons de grands projets pour le 18 : nous dînons, ma femme et moi, chez le président Gohier, un excellent homme, qui a parfaitement reçu Joséphine en mon absence. Tu dîneras avec nous, Roland.

Roland regarda Bonaparte.
— C'est pour cela que vous m'avez fait revenir, général ? dit-il en riant.
— Pour cela, oui, et peut-être encore pour autre chose. — Écris, Bourrienne.

Bourrienne reprit vivement la plume.
— Y es-tu?
— Oui, général.

« Mon cher président, je vous préviens que ma femme, moi et un de mes aides de camp, irons vous demander à dîner après-demain 18.

» C'est vous dire que nous nous contenterons du dîner de famille... »

— Après ? fit Bourrienne.
— Comment, après?
— Faut-il mettre : « Liberté, égalité, fraternité? »
— « Ou la mort! » ajouta Roland.
— Non, dit Bonaparte. Donne-moi la plume.

Il prit la plume des mains de Bourrienne et ajouta de la sienne :

» Tout à vous,
» BONAPARTE. »

Puis, repoussant le papier :
— Tiens, mets l'adresse, Bourrienne, et envoie cela par ordonnance.

Bourrienne mit l'adresse, cacheta, sonna. Un officier de service entra.
— Faites porter cela par ordonnance, dit Bourrienne.
— Il y a réponse, ajouta Bonaparte.

L'officier referma la porte.
— Bourrienne, dit le général en montrant Roland, regarde ton ami.
— Eh bien, général, je le regarde.
— Sais-tu ce qu'il a fait à Avignon ?
— J'espère qu'il n'a pas fait un pape.
— Non ; il a jeté une assiette à la tête d'un homme.
— Oh ! c'est vif.
— Ce n'est pas le tout.
— Je le présume bien.
— Il s'est battu en duel avec cet homme.
— Et tout naturellement il l'a tué, dit Bourrienne.
— Justement ; et sais-tu pourquoi ?
— Non.

Le général haussa les épaules.
— Parce que cet homme avait dit que j'étais un voleur.

Puis, regardant Roland avec une indéfinissable expression de raillerie et d'amitié :
— Niais ! dit-il.

Puis, tout à coup :
— A propos, et l'Anglais ?
— Justement, l'Anglais, mon général, j'allais vous en parler.
— Il est toujours en France ?
— Oui, et j'ai même cru un instant qu'il y resterait jusqu'au jour où la trompette du jugement dernier sonnera la diane dans la vallée de Josaphat.
— As-tu manqué de tuer celui-là aussi ?
— Oh ! non, pas moi ; nous sommes les meilleurs amis du monde ; et, mon général, c'est un si excellent homme, et si original en même temps, que je vous demanderai un tout petit brin de bienveillance pour lui.
— Diable ! pour un Anglais ?

Bonaparte secoua la tête.
— Je n'aime pas les Anglais.
— Bon ! comme peuple ; mais les individus...

— Eh bien, que lui est-il arrivé, à ton ami ?

— Il a été jugé, condamné et exécuté.

— Que diable me contes-tu là ?

— La vérité du bon Dieu, mon général.

— Comment ! il a été jugé, condamné et guillotiné ?

— Oh ! pas tout à fait ; jugé, condamné, oui ; guillotiné, non ; s'il avait été guillotiné, il serait encore plus malade qu'il n'est.

— Voyons, que me rabâches-tu ? par quel tribunal a-t-il été jugé et condamné ?

— Par le tribunal des compagnons de Jéhu.

— Qu'est-ce que c'est que cela, les compagnons de Jéhu ?

— Allons ! voilà que vous avez déjà oublié notre ami Morgan, l'homme masqué qui a rapporté au marchand de vin ses deux cents louis.

— Non, fit Bonaparte, je ne l'ai pas oublié. Bourrienne, je t'ai raconté l'audace de ce drôle, n'est-ce pas ?

— Oui, général, fit Bourrienne, et je vous ai répondu qu'à votre place j'aurais voulu savoir qui il était.

— Oh ! le général le saurait déjà s'il m'avait laissé faire : j'allais lui sauter à la gorge et lui arracher son masque, quand le général m'a dit de ce ton que vous lui connaissez : *Ami Roland !*

— Voyons, reviens à ton Anglais, bavard ! fit le général. Ce Morgan l'a-t-il assassiné ?

— Non, pas lui... ce sont ses compagnons.

— Mais tu parlais tout à l'heure de tribunal, de jugement.

— Mon général, vous êtes toujours le même, dit Roland avec ce reste de familiarité prise à l'École militaire : vous voulez savoir, et vous ne donnez pas le temps de parler.

— Entre aux Cinq-Cents, et tu parleras tant que tu voudras.

— Bon ! aux Cinq-Cents, j'aurai quatre cent quatre-vingt-dix-neuf collègues qui auront tout autant envie de parler que moi, et qui me couperont la parole. J'aime encore mieux être interrompu par vous que par un avocat.

— Parleras-tu ?

— Je ne demande pas mieux. Imaginez-vous, général, qu'il y a près de Bourg une chartreuse...

— La chartreuse de Seillon : je connais cela.

— Comment ! vous connaissez la chartreuse de Seillon ? demanda Roland.

— Est-ce que le général ne connaît pas tout ? fit Bourrienne.

— Voyons, ta chartreuse, est-ce qu'il y a encore des chartreux ?

— Non ; il n'y a plus que des fantômes.

— Aurais-tu, par hasard, une histoire de revenant à me raconter ?

— Et des plus belles.

— Diable ! Bourrienne sait que je les adore. Va.

— Eh bien, on est venu nous dire chez ma mère qu'il revenait des fantômes à la chartreuse ; vous comprenez que nous avons voulu en avoir le cœur net, sir John et moi, ou plutôt moi et sir John ; nous y avons donc passé chacun une nuit.

— Où cela ?

— A la chartreuse, donc.

Bonaparte pratiqua avec le pouce un imperceptible signe de croix, habitude corse qu'il ne perdit jamais.

— Ah ! ah ! fit-il ; et en as-tu vu des fantômes ?

— J'en ai vu un.

— Et qu'en as-tu fait ?

— J'ai tiré dessus.

— Alors ?

— Alors, il a continué son chemin.

— Et tu t'es tenu pour battu !

— Ah ! bon ! voilà comme vous me connaissez ! Je l'ai poursuivi, et j'ai retiré dessus ; mais, comme il connaissait mieux son chemin que moi à travers les ruines, il m'a échappé.

— Diable !

— Le lendemain, c'était le tour de sir John, de notre Anglais.

— Et a-t-il vu ton revenant ?

— Il a vu mieux que cela : il a vu douze moines qui sont entrés dans l'église, qui l'ont jugé comme ayant voulu pénétrer leurs secrets, qui l'ont condamné à mort, et qui l'ont, ma foi ! poignardé.

— Et il ne s'est pas défendu ?

— Comme un lion. Il en a tué deux.

— Et il est mort ?

— Il n'en vaut guère mieux ; mais j'espère cependant qu'il s'en tirera. Imaginez-vous, général, qu'on l'a retrouvé au bord du chemin et qu'on l'a rapporté chez ma mère avec un poignard planté au milieu de la poitrine, comme un échalas dans une vigne.

— Ah çà ! mais c'est une scène de la Sainte-Vehme que tu me racontes là, ni plus ni moins.

— Et sur la lame du poignard, afin qu'on ne doutât point d'où venait le coup, il y avait gravé en creux : *Compagnons de Jéhu.*

— Voyons, il n'est pas possible qu'il se passe de pareilles choses en France, pendant la dernière année du dix-huitième siècle ! C'était bon en Allemagne, au moyen âge, du temps des Henri et des Othon.

— Pas possible, général ? Eh bien, voilà le poignard ; que dites vous de la forme ? Elle est avenante, n'est-ce pas ?

Et le jeune homme tira de dessous son habit un poignard tout en fer, lame et garde. La garde, ou plutôt la poignée, avait la forme d'une croix, et sur la lame étaient, en effet, gravés ces trois mots : *Compagnons de Jéhu.*

Bonaparte examina l'arme avec soin.

— Et tu dis qu'ils lui ont planté ce joujou-là dans la poitrine, à ton Anglais ?

— Jusqu'au manche.

— Et il n'est pas mort ?

— Pas encore, du moins.

— Tu as entendu, Bourrienne ?

— Avec le plus grand intérêt.

— Il faudra me rappeler cela, Roland.

— Quand, général ?

— Quand... quand je serai maître. Viens dire bonjour à Joséphine ; viens, Bourrienne, tu dîneras avec nous ; faites attention à ce que vous direz l'un et l'autre : nous avons Moreau à dîner. — Ah ! je garde le poignard comme curiosité.

Et il sortit le premier, suivi de Roland, qui bientôt fut suivi lui-même de Bourrienne.

Sur l'escalier, il rencontra l'ordonnance qu'il avait envoyée à Gohier.

— Eh bien ? demanda-t-il ?

— Voici la réponse du président.

— Donnez.

Il décacheta la lettre et lut.

« Le président Gohier est enchanté de la bonne fortune que lui promet le général Bonaparte ; il l'attendra après-demain, 18 brumaire, à dîner avec sa charmante femme et l'aide de camp annoncé, quel qu'il soit.

» On se mettra à table à cinq heures.

» Si cette heure ne convenait pas au général Bonaparte, il est prié de faire connaître celle contre laquelle il désirerait qu'elle fût changée.

» Le président,
» GOHIER.

» 16 brumaire an VII. »

Bonaparte mit, avec un indescriptible sourire, la lettre dans sa poche.

Puis, se retournant vers Roland :

— Connais-tu le président Gohier ? lui demanda-t-il.

— Non, mon général.

— Ah ! tu verras, c'est un bien brave homme.

Et ces paroles furent prononcées avec un accent non moins indescriptible que le sourire.

XX

LES CONVIVES DU GÉNÉRAL BONAPARTE

Joséphine, malgré ses trente-quatre ans, et peut-être même à cause de ses trente-quatre ans, — cet âge délicieux de la femme, du sommet duquel elle plane à la fois sur sa jeunesse passée et sur sa vieillesse future, — Joséphine, toujours belle, plus que jamais gracieuse, était la femme charmante que vous savez.

Une confidence imprudente de Junot avait, au moment du retour de son mari, jeté un peu de froid entre celui-ci et elle; mais trois jours avaient suffi pour rendre à l'enchanteresse tout son pouvoir sur le vainqueur de Rivoli et des Pyramides.

Elle faisait les honneurs du salon quand Roland y entra.

Toujours incapable, en véritable créole qu'elle était, de maîtriser ses sensations, elle jeta un cri de joie et lui tendit la main en l'apercevant ; elle savait Roland profondément dévoué à son mari ; elle connaissait sa folle bravoure ; elle n'ignorait pas que, si le jeune homme avait eu vingt existences, il les eût données toutes pour le général Bonaparte.

Roland prit avec empressement la main qu'elle lui tendait, et la baisa avec respect.

Joséphine avait connu la mère de Roland à la Martinique ; jamais, lorsqu'elle voyait Roland, elle ne manquait de lui parler de son grand-père maternel M. de la Clémencière, dans le magnifique jardin duquel, étant enfant, elle allait cueillir ces fruits splendides inconnus à nos froides régions.

Le texte de la conversation était donc tout trouvé ; elle s'informa tendrement de la santé de madame de Montrevel, de celle de sa fille et de celle du petit Édouard.

Puis, ces informations prises :

— Mon cher Roland, lui dit-elle, je me dois à tout monde ; mais tâchez donc, ce soir, de rester après les autres ou de vous trouver demain seul avec moi : j'ai à vous parler de *lui* (elle désignait Bonaparte de l'œil), et j'ai des millions de choses à vous raconter.

Puis, avec un soupir et en serrant la main du jeune homme :

— Quoi qu'il arrive, dit-elle, vous ne le quitterez point, n'est-ce pas ?

— Comment ! quoi qu'il arrive ? demanda Roland étonné.

— Je me comprends, dit Joséphine, et je suis sûre que, quand vous aurez causé dix minutes avec Bonaparte, vous me comprendrez aussi. En attendant, regardez, écoutez et taisez-vous.

Roland salua et se retira à l'écart, résolu, ainsi que le conseil venait de lui en être donné par Joséphine, de se borner au rôle d'observateur.

Il y avait de quoi observer.

Trois groupes principaux occupaient le salon.

Un premier, qui était réuni autour de madame Bonaparte, seule femme qu'il y eût dans l'appartement ; — c'était, au reste, plutôt un flux et un reflux qu'un groupe.

Un second, qui était réuni autour de Talma et qui se composait d'Arnault, de Parseval-Grandmaison, de Monge, de Berthollet et de deux ou trois autres membres de l'Institut.

Un troisième, auquel Bonaparte venait de se mêler et dans lequel on remarquait Talleyrand, Barras, Lucien, l'amiral Bruix[1], Rœderer, Regnaud de Saint-Jean-d'Angely, Fouché, Réal et deux ou trois généraux au milieu desquels on remarquait Lefebvre.

Dans le premier groupe, on parlait modes, musique, spectacle ; dans le second, on parlait littérature, sciences, art dramatique ; dans le troisième, on parlait de tout, excepté de la chose dont chacun avait envie de parler.

Sans doute, cette retenue ne correspondait point à la pensée qui animait en ce moment Bonaparte ; car, après quelques secondes de cette banale conversation, il prit par le bras l'ancien évêque d'Autun et l'emmena dans l'embrasure d'une fenêtre.

— Eh bien ? lui demanda-t-il.

Talleyrand regarda Bonaparte avec cet air qui n'appartenait qu'à lui.

— Eh bien, que vous avais-je dit de Sieyès, général ?

— Vous m'avez dit : « Cherchez un appui dans les gens qui traitent de jacobins les amis de la République, et soyez convaincu que Sieyès est à la tête de ces gens-là. »

— Je ne m'étais pas trompé.

---

1. Ne pas confondre avec le contre-amiral de Bruys, qui avait été tué à Aboukir, le 1ᵉʳ août 1798. L'amiral Bruix, négociateur du 18 brumaire avec Talleyrand, ne mourut qu'en 1805.

— Il se rend donc?
— Il fait mieux, il est rendu...
— L'homme qui voulait me faire fusiller pour avoir débarqué à Fréjus sans faire quarantaine!
— Oh! non, ce n'était point pour cela.
— Pourquoi donc?
— Pour ne l'avoir point regardé et pour ne lui avoir point adressé la parole à un dîner chez Gohier.
— Je vous avoue que je l'ai fait exprès; je ne puis pas souffrir ce moine défroqué.

Bonaparte s'aperçut, mais un peu tard, que la parole qu'il venait de lâcher était, comme le glaive de l'archange, à double tranchant : si Sieyès était défroqué, Talleyrand était démitré.

Il jeta un coup d'œil rapide sur le visage de son interlocuteur; l'ex-évêque d'Autun souriait de son plus doux sourire.

— Ainsi je puis compter sur lui?
— J'en répondrais.
— Et Cambacérès, et Lebrun, les avez-vous vus?
— Je m'étais chargé de Sieyès, c'est-à-dire du plus récalcitrant; c'est Bruix qui a vu les deux autres.

L'amiral, du milieu du groupe où il était resté, ne quittait pas des yeux le général et le diplomate; il se doutait que leur conversation avait une certaine importance.

Bonaparte lui fit signe de venir le rejoindre.

Un homme moins habile eût obéi à l'instant même; Bruix s'en garda bien.

Il fit, avec une indifférence affectée, deux ou trois tours dans le salon; puis, comme s'il apercevait tout à coup Talleyrand et Bonaparte causant ensemble, il alla à eux.

— C'est un homme très-fort que Bruix, dit Bonaparte, qui jugeait les hommes aussi bien d'après les petites choses que d'après les grandes.

— Et très-prudent surtout, général! dit Talleyrand.

— Eh bien, mais il va falloir un tire-bouchon pour lui tirer les paroles du ventre.

— Oh! non; maintenant qu'il nous a rejoints, il va, au contraire, aborder franchement la question.

En effet, à peine Bruix était-il réuni à Bonaparte et à Talleyrand, qu'il entra en matière par ces mots aussi clairs que concis :

— Je les ai vus, ils hésitent!
— Ils hésitent! Cambacérès et Lebrun hésitent? Lebrun, je le comprends encore : une espèce d'homme de lettres, un modéré, un puritain; mais Cambacérès...
— C'est comme cela.
— Ne leur avez-vous pas dit que je comptais faire de chacun d'eux un consul?
— Je ne me suis pas avancé jusque-là, répondit Bruix en riant.
— Et pourquoi cela? demanda Bonaparte.
— Mais parce que voilà le premier mot que vous me dites de vos intentions, citoyen général.
— C'est juste, dit Bonaparte en se mordant les lèvres.
— Faut-il réparer cette omission? demanda Bruix.
— Non, non, fit vivement Bonaparte; ils croiraient que j'ai besoin d'eux; je ne veux pas de tergiversations. Qu'ils se décident aujourd'hui sans autres conditions que celles que vous leur avez offertes, sinon, demain, il sera trop tard; je me sens assez fort pour être seul, et j'ai maintenant Sieyès et Barras.
— Barras? répétèrent les deux négociateurs étonnés.
— Oui, Barras, qui me traite de petit caporal et qui ne me renvoie pas en Italie parce que, dit-il, j'y ai fait ma fortune, et qu'il est inutile que j'y retourne... eh bien, Barras...
— Barras?
— Rien...

Puis, se reprenant :

— Ah! ma foi, au reste, je puis bien vous le dire! Savez-vous ce que Barras a avoué hier à dîner devant moi? qu'il était impossible de marcher plus longtemps avec la constitution de l'an III; qu'il reconnaissait la nécessité d'une dictature; qu'il était décidé à se retirer, à abandonner les rênes du gouvernement, ajoutant qu'il était usé dans l'opinion et que la République avait besoin d'hommes nouveaux. Or, devinez sur qui il est disposé à déverser son pouvoir; — je vous le donne, comme madame de Sévigné, en cent, en mille, en dix mille! — sur le général Hédouville, un brave homme... mais je n'ai eu besoin que de le regarder en face pour lui faire baisser les yeux; il est vrai que mon regard devait être foudroyant! Il en est résulté que, ce matin, à huit heures, Barras était auprès de mon lit, s'excusant comme il pouvait de sa bêtise d'hier, reconnaissant que, seul, je pouvais sauver la République, me déclarant qu'il venait se mettre à ma disposition, faire ce que je voudrais, prendre le rôle que je lui donnerais, et me priant de lui promettre que, si je méditais quelque chose, je compterais sur lui... oui, sur lui, qu'il m'attende sous l'orme!

— Cependant, général, dit M. de Talleyrand ne pouvant résister au désir de faire un mot, du moment où l'orme n'est point un arbre de la liberté.

Bonaparte jeta un regard de côté à l'ex-évêque.

— Oui, je sais que Barras est votre ami, celui de Fouché et de Réal ; mais il n'est pas le mien et je le lui prouverai. Vous retournerez chez Lebrun et chez Cambacérès, Bruix, et vous leur mettrez le marché à la main.

Puis, regardant à sa montre et fronçant le sourcil :

— Il me semble que Moreau se fait attendre.

Et il se dirigea vers le groupe où dominait Talma.

Les deux diplomates le regardèrent s'éloigner.

Puis, tout bas :

— Que dites-vous, mon cher Maurice, demanda l'amiral Bruix, de ces sentiments pour l'homme qui l'a distingué au siége de Toulon n'étant que simple officier, qui lui a donné la défense de la Convention au 13 vendémiaire, qui, enfin, l'a fait nommer à vingt-six ans général en chef de l'armée d'Italie ?

— Je dis, mon cher amiral, répondit M. de Talleyrand avec son sourire pâle et narquois tout ensemble, qu'il existe des services si grands, qu'ils ne peuvent se payer que par l'ingratitude.

En ce moment la porte s'ouvrit et l'on annonça le général Moreau.

A cette annonce, qui était plus qu'une nouvelle, qui était un étonnement pour la plupart des assistants, tous les regards se tournèrent vers la porte.

Moreau parut.

Trois hommes occupaient à cette époque les regards de la France, et Moreau était un de ces trois hommes.

Les deux autres étaient Bonaparte et Pichegru.

Chacun d'eux était devenu une espèce de symbole.

Pichegru, depuis le 18 fructidor, était le symbole de la monarchie.

Moreau, depuis qu'on l'avait surnommé Fabius, était le symbole de la république.

Bonaparte, symbole de la guerre, les dominait tous deux par le côté aventureux de son génie.

Moreau était alors dans toute la force de l'âge, nous dirions dans toute la force de son génie, si un des caractères du génie n'était pas la décision. Or, nul n'était plus indécis que le fameux *cunctateur*.

Il avait alors trente-six ans, était de haute taille, avait à la fois la figure douce, calme et ferme ; il devait ressembler à Xénophon.

Bonaparte ne l'avait jamais vu : lui, de son côté, n'avait jamais vu Bonaparte.

Tandis que l'un combattait sur l'Adige et le Mincio, l'autre combattait sur le Danube et sur le Rhin.

Bonaparte, en l'apercevant, alla au-devant de lui.

— Soyez le bienvenu, général ! lui dit-il.

Moreau sourit avec une extrême courtoisie :

— Général, répondit-il pendant que chacun faisait cercle autour d'eux pour voir comment cet autre César aborderait cet autre Pompée, vous arrivez d'Égypte victorieux, et moi, j'arrive d'Italie après une grande défaite.

— Qui n'était pas vôtre et dont vous ne devez pas répondre, général. Cette défaite, c'est la faute de Joubert ; s'il s'était rendu à l'armée d'Italie aussitôt qu'il en a été nommé général en chef, il est plus que probable que les Russes et les Autrichiens, avec les seules troupes qu'ils avaient alors, n'eussent pas pu lui résister ; mais la lune de miel l'a retenu à Paris, ce mois fatal, que le pauvre Joubert a payé de sa vie, leur a donné le temps de réunir toutes leurs forces ; la reddition de Mantoue les a accrues de quinze mille hommes arrivés la veille du combat ; il était impossible que notre brave armée ne fût pas accablée par tant de forces réunies !

— Hélas ! oui, dit Moreau, c'est toujours le plus grand nombre qui bat le plus petit.

— Grande vérité, général ! s'écria Bonaparte, vérité incontestable !

— Cependant, dit Arnault se mêlant à la conversation, avec de petites armées, général, vous en avez battu de grandes.

— Si vous étiez Marius, au lieu d'être l'auteur de *Marius*, vous ne diriez pas cela, monsieur le poëte. Même quand j'ai battu de grandes armées avec de petites, — écoutez bien cela, vous surtout, jeunes gens qui obéissez aujourd'hui et qui commanderez plus tard, — c'est toujours le plus petit nombre qui a été battu par le grand.

— Je ne comprends pas, dirent ensemble Arnault et Lefebvre.

Mais Moreau fit un signe de tête indiquant qu'il comprenait, lui.

Bonaparte continua :

— Suivez bien ma théorie, c'est tout l'art de la guerre. Lorsque avec de moindres forces j'étais en présence d'une grande armée, groupant avec rapidité la mienne, je tombais comme la foudre sur l'une de ses ailes et je la culbutais ; je profitais ensuite du désordre que cette manœuvre ne manquait jamais de mettre dans l'armée ennemie pour l'attaquer dans une autre partie, toujours avec toutes mes forces ; je la battais ainsi en détail, et la victoire qui était le résultat était toujours, comme vous le voyez, le triomphe du grand nombre sur le petit.

Au moment où l'habile général venait de donner cette définition de son génie, la porte s'ouvrit et un domestique annonça qu'on était servi.

— Allons, général, dit Bonaparte conduisant Moreau à Joséphine, donnez le bras à ma femme, et à table !

Et, sur cette invitation, chacun passa du salon dans la salle à manger.

Après le dîner, sous le prétexte de lui montrer un sabre magnifique qu'il avait rapporté d'Égypte, Bonaparte emmena Moreau dans son cabinet.

Là, les deux rivaux restèrent plus d'une heure enfermés.

Que se passa-t-il entre eux ? quel fut le pacte signé ? quelles furent les promesses faites ? Nul ne le sut jamais.

Seulement, Bonaparte, en rentrant seul au salon, répondit à Lucien, qui lui demandait : « Eh bien, Moreau ? »

— Comme je l'avais prévu, il préfère le pouvoir militaire au pouvoir politique ; je lui ai promis le commandement d'une armée...

En prononçant ces derniers mots, Bonaparte sourit.

— Et, en attendant..., continua-t-il.

— En attendant ? demanda Lucien.

— Il aura celui du Luxembourg ; je ne suis pas fâché d'en faire le geôlier des directeurs avant d'en faire le vainqueur des Autrichiens.

Le lendemain on lisait dans le *Moniteur* :

« *Paris, 17 brumaire.* — Bonaparte a fait présent à Moreau d'un damas garni de pierres précieuses qu'il a rapporté d'Égypte, et qui est estimé douze mille francs. »

XXI

LE BILAN DU DIRECTOIRE

Nous avons dit que Moreau, muni sans doute de ses instructions, était sorti de la petite maison de la rue de la Victoire, tandis que Bonaparte était rentré seul au salon.

Tout était objet de contrôle dans une pareille soirée ; aussi remarqua-t-on l'absence de Moreau, la rentrée solitaire de Bonaparte, et la visible bonne humeur qui animait la physionomie de ce dernier.

Les regards qui s'étaient fixés le plus ardemment sur lui étaient ceux de Joséphine et de Roland : Moreau pour Bonaparte ajoutait vingt chances de succès au complot ; Moreau contre Bonaparte lui en enlevait cinquante.

L'œil de Joséphine était si suppliant, que, en quittant Lucien, Bonaparte poussa son frère du côté de sa femme.

Lucien comprit ; il s'approcha de Joséphine.

— Tout va bien, dit-il.

— Moreau ?

— Il est avec nous.

— Je le croyais républicain.

— On lui a prouvé que l'on agissait pour le bien de la République.

— Moi, je l'eusse cru ambitieux, dit Roland.

Lucien tressaillit et regarda le jeune homme.

— Vous êtes dans le vrai, vous, dit-il.

— Eh bien, alors, demanda Joséphine, s'il est ambitieux, il ne laissera pas Bonaparte s'emparer du pouvoir.

— Pourquoi cela ?

— Parce qu'il le voudra pour lui-même.

— Oui ; mais il attendra qu'on le lui apporte tout fait, vu qu'il ne saura pas le créer et qu'il n'osera pas le prendre.

Pendant ce temps Bonaparte s'approchait du groupe qui s'était formé, comme avant le dîner, autour de Talma ; les hommes supérieurs sont toujours au centre.

— Que racontez-vous là, Talma ? demanda Bonaparte ; il me semble qu'on vous écoute avec bien de l'attention.

— Oui, mais voilà mon règne fini, dit l'artiste.

— Et pourquoi cela ?

— Je fais comme le citoyen Barras, j'abdique.

— Le citoyen Barras abdique donc ?

— Le bruit en court.

— Et sait-on qui sera nommé à sa place ?

— On s'en doute.

— Est-ce un de vos amis, Talma ?

— Autrefois, dit Talma en s'inclinant, il m'a fait l'honneur de me dire que j'étais le sien.

— Eh bien, en ce cas, Talma, je vous demande votre protection.

— Elle vous est acquise, dit Talma en riant ; maintenant reste à savoir pourquoi faire.

— Pour m'envoyer en Italie, où le citoyen Barras ne veut pas que je retourne.

— Dame, fit Talma, vous connaissez la chanson, général ?

Nous n'irons plus au bois,
Les lauriers sont coupés !

— O Roscius ! Roscius ! dit en souriant Bonaparte, serais-tu devenu flatteur en mon absence ?

— Roscius était l'ami de César, général, et, à son retour des Gaules, il dut lui dire à peu près ce que je vous dis.

Bonaparte posa la main sur l'épaule de Talma.

— Lui eût-il dit les mêmes paroles après le passage du Rubicon ?

Talma regarda Bonaparte en face.

— Non, répondit-il ; il lui eût dit, comme le devin : « César, prends garde aux ides de mars ! »

Bonaparte fourra sa main dans sa poitrine comme pour y chercher quelque chose, et, y retrouvant le poignard des compagnons de Jéhu, il l'y serra convulsivement.

Avait-il un pressentiment des conspirations d'Aréna, de Saint-Régent et de Cadoudal ?

En ce moment la porte s'ouvrit et l'on annonça :

— Le général Bernadotte.

— Bernadotte ! ne put s'empêcher de murmurer Bonaparte, que vient-il faire ici ?

En effet, depuis le retour de Bonaparte, Bernadotte s'était tenu à l'écart, se refusant à toutes les instances que le général en chef lui avait faites ou lui avait fait faire par ses amis.

C'est que, dès longtemps, Bernadotte avait deviné l'homme politique sous la capote du soldat, le dictateur sous le général en chef ; c'est que Bernadotte, tout roi qu'il fut depuis, était alors bien autrement républicain que Moreau.

D'ailleurs, Bernadotte croyait avoir à se plaindre de Bonaparte.

Sa carrière militaire avait été non moins brillante que celle du jeune général ; sa fortune devait égaler la sienne jusqu'au bout ; seulement, plus heureux que lui, il devait mourir sur le trône.

Il est vrai que, ce trône, Bernadotte ne l'avait pas conquis : il y avait été appelé.

Fils d'un avocat de Pau, Bernadotte, né en 1764, c'est-à-dire cinq ans avant Bonaparte, s'était engagé comme simple soldat à l'âge de dix-sept ans. En 1789, il n'était encore que sergent-major ; mais c'était l'époque des avancements rapides ; en 1794, Kléber l'avait proclamé général de brigade sur le champ de bataille même où il venait de décider de la victoire ; devenu général de division, il avait pris une part brillante aux journées de Fleurus et de Juliers, fait capituler Maëstricht, pris Altdorf, et protégé, contre une armée une fois plus nombreuse que la sienne, la marche de Jourdan forcé de battre en retraite ; en 1797, le Directoire l'avait chargé de conduire dix-sept mille hommes à Bonaparte : ces dix-sept mille hommes, c'étaient ses vieux soldats, les vieux soldats de Kléber, de Marceau, de Hoche, des soldats de Sambre-et-Meuse, et, alors, il avait oublié la rivalité et secondé Bonaparte de tout son pouvoir, ayant sa part du passage du Tagliamento, prenant Gradiska, Trieste, Laybach, Idria, venant après la campagne rapporter au Directoire les drapeaux pris à l'ennemi, et acceptant, à contre-cœur peut-être, l'ambassade de Vienne, tandis que Bonaparte se faisait donner le commandement en chef de l'armée d'Égypte.

A Vienne, une émeute suscitée par le drapeau tricolore arboré à la porte de l'ambassade, émeute dont l'ambassadeur ne put obtenir satisfaction, le força de demander ses passe-ports. De retour à Paris, il avait été nommé par le Directoire ministre de la guerre ; une subtilité de Sieyès, que le républicanisme de Bernadotte offusquait, avait amené celui-ci à donner sa démission, la démission avait été acceptée, et, lorsque Bonaparte avait débarqué à Fréjus, le démissionnaire était depuis trois mois remplacé par Dubois-Crancé.

Depuis le retour de Bonaparte, quelques amis de Bernadotte avaient voulu le rappeler au ministère ; mais Bonaparte s'y était opposé ; il en résultait une hostilité, sinon ouverte, du moins réelle, entre les deux généraux.

La présence de Bernadotte dans le salon de Bonaparte était donc un événement presque aussi extraordinaire que celle de Moreau, et l'entrée du vainqueur de Maëstricht fit retourner au moins autant de têtes que l'entrée du vainqueur de Rastadt.

Seulement, au lieu d'aller à lui comme il avait été au-devant de Moreau, Bonaparte, pour le nouveau venu, se contenta de se retourner et d'attendre.

Bernadotte, du seuil de la porte, jeta un regard rapide sur le salon ; il divisa et analysa les groupes, et, quoiqu'il eût, au centre du groupe principal, aperçu Bonaparte, il s'approcha de Joséphine, à demi couchée au coin de la cheminée sur une chaise longue, belle et drapée comme la statue d'Agrippine du musée Pitti, et la salua avec toute la courtoisie d'un chevalier, lui adressa quelques compliments, s'informa de sa santé, et, alors seulement, releva la tête pour voir sur quel point il devait aller chercher Bonaparte.

Toute chose avait trop de signification dans un pareil moment pour que chacun ne remarquât point cette affectation de courtoisie de la part de Bernadotte.

Bonaparte, avec son esprit rapide et compréhensif, n'avait point été le dernier à faire cette remarque ; aussi l'impatience le prit-elle, et, au lieu d'attendre Bernadotte au milieu du groupe où il se trouvait, se dirigea-t-il vers l'embrasure d'une fenêtre, comme s'il portait à l'ex-ministre de la guerre le défi de l'y suivre.

Bernadotte salua gracieusement à droite et à gauche, et, commandant le calme à sa physionomie d'ordinaire si mobile, il s'avança vers Bonaparte, qui l'attendait comme un lutteur attend son adversaire, le pied droit en avant et les lèvres serrées.

Les deux hommes se saluèrent ; seulement, Bonaparte ne fit aucun mouvement pour tendre la main à Bernadotte ; celui-ci, de son côté, ne fit aucun mouvement pour la lui prendre.

— C'est vous, dit Bonaparte ; je suis bien aise de vous voir.

— Merci, général, répondit Bernadotte ; je viens ici parce que je crois avoir à vous donner quelques explications.

— Je ne vous avais pas reconnu d'abord.

— Mais il me semble cependant, général, que mon nom avait été prononcé, par le domestique qui m'a annoncé, d'une voix assez haute et assez claire pour qu'il n'y eût point de doute sur mon identité.

— Oui : mais il avait annoncé le général Bernadotte.

— Eh bien ?

— Eh bien, j'ai vu un homme en bourgeois, et, tout en vous reconnaissant, je doutais que ce fût vous.

Depuis quelque temps, en effet, Bernadotte affectait de porter l'habit bourgeois, de préférence à l'uniforme.

— Vous savez, répondit-il en riant, que je ne suis plus militaire qu'à moitié : je suis mis au traitement de réforme par le citoyen Sieyès.

— Il paraît qu'il n'est point malheureux pour moi que vous n'ayez plus été ministre de la guerre, lors de mon débarquement à Fréjus.

— Pourquoi cela ?

— Vous avez dit, à ce que l'on m'assure, que si vous aviez reçu l'ordre de me faire arrêter pour avoir transgressé les lois sanitaires, vous l'eussiez fait.

— Je l'ai dit et je le répète, général ; soldat, j'ai toujours été un fidèle observateur de la discipline ; ministre, je devenais un esclave de la loi.

Bonaparte se mordit les lèvres.

— Et vous direz après cela que vous n'avez pas une inimitié personnelle contre moi !

— Une inimitié personnelle contre vous, général ? répondit Bernadotte ; pourquoi cela ? nous avons toujours marché à peu près sur le même rang, j'étais même général avant vous ; mes campagnes sur le Rhin, pour être moins brillantes que vos campagnes sur l'Adige, n'ont pas été moins profitables à la République, et, quand j'ai eu l'honneur de servir sous vos ordres en Italie, vous avez, je l'espère, trouvé en moi un lieutenant dévoué, sinon à l'homme, du moins à la patrie. Il est vrai que, depuis votre départ, général, j'ai été plus heureux que vous, n'ayant pas la responsabilité d'une grande armée que, s'il faut en croire les dernières dépêches de Kléber, vous avez laissée dans une fâcheuse position.

— Comment ! d'après les dernières dépêches de Kléber ? Kléber a écrit ?

— L'ignorez-vous, général ? Le Directoire ne vous aurait-il pas communiqué les plaintes de votre successeur ? Ce serait une grande faiblesse de sa part, et je me félicite alors doublement d'être venu redresser dans votre esprit ce que l'on dit de moi, et vous apprendre ce que l'on dit de vous.

Bonaparte fixa sur Bernadotte un œil sombre comme celui de l'aigle.

— Et que dit-on de moi ? demanda-t-il.

— On dit que, puisque vous reveniez,

vous auriez dû ramener l'armée avec vous.

— Avais-je une flotte? et ignorez-vous que Brueys a laissé brûler la sienne?

— Alors, on dit, général, que, n'ayant pu ramener l'armée, il eût peut-être été meilleur pour votre renommée de rester avec elle.

— C'est ce que j'eusse fait, monsieur, si les événements ne m'eussent pas rappelé en France.

— Quels événements, général?

— Vos défaites.

— Pardon, général, vous voulez dire les défaites de Schérer?

— Ce sont toujours vos défaites.

— Je ne réponds des généraux qui ont commandé nos armées du Rhin et d'Italie que depuis que je suis ministre de la guerre. Or, depuis ce temps-là, énumérons défaites et victoires, général, et nous verrons de quel côté penchera la balance.

— Ne viendrez-vous pas me dire que vos affaires sont en bon état?

— Non; mais je vous dirai qu'elles ne sont pas dans un état aussi désespéré que vous affectez de le croire.

— Que j'affecte!... En vérité, général, à vous entendre, il semblerait que j'eusse intérêt à ce que la France soit abaissée aux yeux de l'étranger...

— Je ne dis pas cela : je dis que je suis venu pour établir avec vous la balance de nos victoires et de nos défaites depuis trois mois, et, comme je suis venu pour cela, que je suis chez vous, que j'y viens en accusé...

— Ou en accusateur.

— En accusé d'abord... je commence.

— Et, moi, dit Bonaparte visiblement sur les charbons, j'écoute.

— Mon ministère date du 30 prairial, du 8 juin, si vous l'aimez mieux; nous n'aurons jamais de querelle pour les mots.

— Ce qui veut dire que nous en aurons pour les choses.

Bernadotte continua sans répondre :

— J'entrai donc, comme je vous le disais, au ministère le 8 juin, c'est-à-dire quelques jours après la levée du siège de Saint-Jean-d'Acre.

Bonaparte se mordit les lèvres.

— Je n'ai levé le siège de Saint-Jean-d'Acre qu'après avoir ruiné les fortifications, répliqua-t-il.

— Ce n'est pas ce qu'écrit Kléber; mais cela ne me regarde point...

Et, en souriant, il ajouta :

— C'était du temps du ministère de Clarke.

Il y eut un instant de silence pendant lequel Bonaparte essaya de faire baisser les yeux à Bernadotte; mais, voyant qu'il n'y réussissait pas :

— Continuez, lui dit-il.

Bernadotte s'inclina et reprit :

— Jamais ministre de la guerre peut-être, — et les archives du ministère sont là pour en faire foi, — jamais ministre de la guerre ne reçut son portefeuille dans des circonstances plus critiques : la guerre civile à l'intérieur, l'étranger à nos portes, le découragement dans nos vieilles armées, le dénûment le plus absolu de moyens pour en mettre sur pied de nouvelles; voilà où j'en étais le 8 juin au soir; mais j'étais déjà entré en fonctions... A partir du 8 juin, une correspondance active, établie avec les autorités civiles et militaires, ranimait leur courage et leurs espérances; mes adresses aux armées — c'est un tort peut-être — sont celles, non pas d'un ministre à des soldats, mais d'un camarade à des camarades, de même que mes adresses aux administrateurs sont celles d'un citoyen à ses concitoyens. Je m'adressais au courage de l'armée et au cœur des Français, j'obtins tout ce que je demandais : la garde nationale s'organisa avec un nouveau zèle, des légions se formèrent sur le Rhin, sur la Moselle, des bataillons de vétérans prirent la place d'anciens régiments pour aller renforcer ceux qui défendent nos frontières; aujourd'hui, notre cavalerie se recrute d'une remonte de quarante mille chevaux, cent mille conscrits habillés, armés et équipés, reçoivent au cri de « Vive la République! » les drapeaux sous lesquels ils vont combattre et vaincre...

— Mais, interrompit amèrement Bonaparte, c'est toute une apologie que vous faites là de vous-même !

— Soit ; je diviserai mon discours en deux parties : la première sera une apologie contestable ; la seconde sera une exposition de faits incontestés ; laissons de côté l'apologie, je passe aux faits.

» Les 17 et 18 juin, bataille de la Trebbia : Macdonald veut combattre sans Moreau ; il franchit la Trebbia, attaque l'ennemi, est battu par lui et se retire sur Modène. Le 20 juin, combat de Tortona : Moreau bat l'Autrichien Bellegarde. Le 22 juillet, reddition de la citadelle d'Alexandrie aux Austro-Russes. — La balance penche pour la défaite. — Le 30, reddition de Mantoue : encore un échec ! Le 15 août, bataille de Novi : cette fois, c'est plus qu'un échec, c'est une défaite ; enregistrez-la, général, c'est la dernière.

» En même temps que nous nous faisons battre à Novi, Masséna se maintient dans ses positions de Zug et de Lucerne, et s'affermit sur l'Aar et sur le Rhin, tandis que Lecourbe, les 14 et 15 août, prend le Saint-Gothard. Le 19, bataille de Bergen : Brune défait l'armée anglo-russe, forte de quarante-quatre mille hommes et fait prisonnier le général russe Hermann. Les 25, 26 et 27 du même mois, combats de Zurich : Masséna bat les Austro-Russes commandés par Korsakoff ; Hotze et trois autres généraux autrichiens sont pris, trois sont tués ; l'ennemi perd douze mille hommes, cent canons, tous ses bagages ! les Autrichiens, séparés des Russes, ne peuvent les rejoindre qu'au delà du lac de Constance. — Là s'arrêtent les progrès que l'ennemi faisait depuis le commencement de la campagne ; depuis la reprise de Zurich, le territoire de la France est garanti de toute invasion.

» Le 30 août, Molitor bat les généraux autrichiens Jellachich et Linken, et les rejette dans les Grisons. Le 1ᵉʳ septembre, Molitor attaque et bat dans la Muttathal le général Rosemberg. Le 2, Molitor force Souvaroff d'évacuer Glaris, d'abandonner ses blessés, ses canons et seize cents prisonniers. Le 6, le général Brune bat pour la seconde fois les Anglo-Russes, commandés par le duc d'York. Le 7, le général Gazan s'empare de Constance. Le 9, vous abordez près de Fréjus.

» Eh bien, général, continua Bernadotte, puisque la France va probablement passer entre vos mains, il est bon que vous sachiez dans quel état vous la prenez, et qu'à défaut de reçu, un état des lieux fasse foi de la situation dans laquelle nous vous la donnons. Ce que nous faisons à cette heure-ci, général, c'est de l'histoire, et il est important que ceux qui auront intérêt à la falsifier un jour, trouvent sur leur chemin le démenti de Bernadotte !

— Dites-vous cela pour moi, général ?

— Je dis cela pour les flatteurs... Vous avez prétendu, assure-t-on, que vous reveniez parce que nos armées étaient détruites, parce que la France était menacée, la République aux abois. Vous pouvez être parti d'Égypte dans cette crainte ; mais, une fois arrivé en France, il faut que cette crainte disparaisse et fasse place à une croyance contraire.

— Je ne demande pas mieux que de me ranger à votre avis, général, répondit Bonaparte avec une suprême dignité, et plus vous me montrerez la France grande et puissante, plus j'en serai reconnaissant à ceux à qui elle devra sa puissance et sa grandeur.

— Oh ! le résultat est clair, général ! Trois armées battues et disparues, les Russes exterminés, les Autrichiens vaincus et mis en déroute ; vingt mille prisonniers, cent pièces de canon ; quinze drapeaux, tous les bagages de l'ennemi en notre pouvoir ; neuf généraux pris ou tués, la Suisse libre, nos fontières assurées, le Rhin fier de leur servir de limite ; voilà le contingent de Masséna et la situation de l'Helvétie.

» L'armée anglo-russe deux fois vaincue, entièrement découragée, nous abandonnant son artillerie, ses bagages, ses magasins de guerre et de bouche, et jusqu'aux femmes et aux enfants débarqués avec les Anglais, qui se regardaient déjà

Bataille de Zurich. — Page 120.

comme maîtres de la Hollande ; huit mille prisonniers français et bataves rendus à la patrie, la Hollande complétement évacuée : voilà le contingent de Brune et la situation de la Hollande.

» L'arrière-garde du général Klenau forcée de mettre bas les armes à Villanova ; mille prisonniers, trois pièces de canon tombées entre nos mains et les Autrichiens rejetés derrière la Bormida ; en tout, avec les combats de la Stura, de Pignerol, quatre mille prisonniers, seize bouches à feu, la place de Mondovi, l'occupation de tout le pays situé entre la Stura et le Tanaro ; voilà le contingent de Championnet et la situation de l'Italie.

» Deux cent mille soldats sous les armes, quarante mille cavaliers montés, voilà mon contingent à moi, et la situation de la France.

— Mais, demanda Bonaparte d'un air railleur, si vous avez, comme vous le dites, deux cent quarante mille soldats sous les armes, qu'aviez-vous affaire que je vous ramenasse les quinze ou vingt mille hommes que j'avais en Égypte et qui sont utiles là-bas pour coloniser ?

— Si je vous les réclame, général, ce n'est pas pour le besoin que nous avons d'eux, c'est dans la crainte qu'il ne leur arrive malheur.

— Et quel malheur voulez-vous qu'il leur arrive, commandés par Kléber ?

— Kléber peut être tué, général, et,

derrière Kléber, que reste-t-il ? Menou... Kléber et vos vingt mille hommes sont perdus, général !

— Comment, perdus ?

— Oui, le sultan enverra des troupes ; il a la terre. Les Anglais enverront des flottes ; ils ont la mer. Nous, nous n'avons ni la terre ni la mer, et nous serons obligés d'assister d'ici à l'évacuation de l'Égypte et à la capitulation de notre armée.

— Vous voyez les choses en noir, général !

— L'avenir dira qui de nous deux les a vues comme elles étaient.

— Qu'eussiez-vous donc fait à ma place ?

— Je ne sais ; mais, quand j'aurais dû les ramener par Constantinople, je n'eusse pas abandonné ceux que la France m'avait confiés. Xénophon, sur les rives du Tigre, était dans une situation plus désespérée que vous sur les bords du Nil : il ramena les dix mille jusqu'en Ionie, et ces dix mille, ce n'étaient point des enfants d'Athènes, ce n'étaient pas ses concitoyens, c'étaient des mercenaires !

Depuis que Bernadotte avait prononcé le mot de Constantinople, Bonaparte n'écoutait plus ; on eût dit que ce nom avait éveillé en lui une source d'idées nouvelles et qu'il suivait sa propre pensée.

Il posa sa main sur le bras de Bernadotte étonné, et les yeux perdus comme un homme qui suit dans l'espace le fantôme d'un grand projet évanoui :

— Oui, dit-il, oui ! j'y ai pensé, et voilà pourquoi je m'obstinais à prendre cette bicoque de Saint-Jean-d'Acre. Vous n'avez vu d'ici que mon entêtement, vous, une perte d'hommes inutile, sacrifice à l'amour-propre d'un général médiocre qui craint qu'on ne lui reproche un échec ; que m'eût importé la levée du siége de Saint-Jean-d'Acre, si Saint-Jean-d'Acre n'avait été une barrière placée au-devant du plus immense projet qui ait jamais été conçu !...

Des villes ! eh ! mon Dieu, j'en prendrai autant qu'en ont pris Alexandre et César ; mais c'était Saint-Jean-d'Acre qu'il fallait prendre ! si j'avais pris Saint-Jean-d'Acre, savez-vous ce que je faisais ?

Et son regard se fixa, ardent, sur celui de Bernadotte, qui, cette fois, baissa les yeux sous la flamme du génie.

— Ce que je faisais, répéta Bonaparte, et, comme Ajax, il sembla menacer le ciel du poing, si j'avais pris Saint-Jean-d'Acre, je trouvais dans la ville les trésors du pacha et des armes pour trois cent mille hommes ; je soulevais et j'armais toute la Syrie, qu'avait tant indignée la férocité de Djezzar, qu'à chacun de mes assauts, les populations en prière demandaient sa chute à Dieu ; je marchais sur Damas et Alep ; je grossissais mon armée de tous les mécontents ; à mesure que j'avançais dans le pays, j'annonçais aux peuples l'abolition de la servitude et l'anéantissement du gouvernement tyrannique des pachas. J'arrivais à Constantinople avec des masses armées ; je renversais l'empire turc, et je fondais à Constantinople un grand empire qui fixait ma place dans la postérité au-dessus de Constantin et de Mahomet II ! Enfin, peut-être revenais-je à Paris par Andrinople ou par Vienne, après avoir anéanti la maison d'Autriche.

— Eh bien ! mon cher général, voilà le projet que cette bicoque de Saint-Jean-d'Acre a fait avorter !

Et il s'oubliait si bien à qui il parlait, pour se bercer dans les débris de son rêve évanoui, qu'il appelait Bernadotte *mon cher général*.

Celui-ci, presque épouvanté de la grandeur du projet que venait de lui développer Bonaparte, avait fait un pas en arrière.

— Oui, dit Bernadotte, je vois ce qu'il vous faut, et vous venez de trahir votre pensée : en Orient et en Occident, un trône ! — Un trône ! soit ; pourquoi pas ! comptez sur moi pour le conquérir, mais partout ailleurs qu'en France : je suis républicain et je mourrai républicain.

Bonaparte secoua la tête, comme pour chasser les pensées qui le soutenaient dans les nuages.

— Et moi aussi, je suis républicain, dit-il; mais voyez donc ce qu'est devenue votre République !

— Qu'importe ! s'écria Bernadotte, ce n'est ni au mot ni à la forme que je suis fidèle, c'est au principe. Que les directeurs me donnent le pouvoir, et je saurai bien défendre la République de ses ennemis intérieurs comme je l'ai défendue de ses ennemis extérieurs.

Et, en disant ces derniers mots, Bernadotte releva les yeux; son regard se croisa avec celui de Bonaparte.

Deux glaives nus qui se choquent ne jettent pas un éclair plus terrible et plus brûlant.

Depuis longtemps Joséphine inquiète observait les deux hommes avec attention.

Elle vit ce double regard, plein de menaces réciproques.

Elle se leva vivement, et, allant à Bernadotte :

— Général, dit-elle.

Bernadotte s'inclina.

— Vous êtes lié avec Gohier, n'est-ce pas ? continua-t-elle.

— C'est un de mes meilleurs amis, madame, dit Bernadotte.

— Eh bien, nous dînons chez lui après-demain, 18 brumaire; venez donc y dîner aussi, et amenez-nous madame Bernadotte; je serais si heureuse de me lier avec elle !

— Madame, dit Bernadotte, du temps des Grecs, vous eussiez été une des trois Grâces; au moyen âge, vous eussiez été une fée; aujourd'hui, vous êtes la femme la plus adorable que je connaisse.

Et, faisant trois pas en arrière, en saluant, il trouva moyen de se retirer sans que Bonaparte eût la moindre part à son salut.

Joséphine suivit des yeux Bernadotte jusqu'à ce qu'il fût sorti.

Alors, se retournant vers son mari :

— Eh bien, lui demanda-t-elle, il paraît que cela n'a pas été avec Bernadotte comme avec Moreau ?

— Entreprenant, hardi, désintéressé, républicain sincère, inaccessible à la séduction. — C'est un homme obstacle : on le tournera puisqu'on ne peut le renverser.

Et, quittant le salon sans prendre congé de personne, il remonta dans son cabinet, où Roland et Bourrienne le suivirent.

A peine y étaient-ils depuis un quart d'heure, que la clef tourna doucement dans la serrure et que la porte s'ouvrit.

Lucien parut.

XXII

UN PROJET DE DÉCRET

Lucien était évidemment attendu. Pas une seule fois Bonaparte, depuis son entrée dans le cabinet, n'avait prononcé son nom; mais, tout en gardant le silence, il avait, avec une impatience croissante, tourné trois ou quatre fois la tête vers la porte, et, lorsque le jeune homme parut, une exclamation d'attente satisfaite s'échappa de la bouche de Bonaparte.

Lucien, frère du général en chef, était né en 1775, ce qui lui donnait vingt-cinq ans à peine : depuis 1797, c'est-à-dire à l'âge de vingt-deux ans et demi, il était entré au conseil des Cinq-Cents, qui, pour faire honneur à Bonaparte, venait de le nommer son président.

Avec les projets qu'il avait conçus, c'était ce que Bonaparte pouvait désirer de plus heureux.

Franc et loyal au reste, républicain de cœur, Lucien, en secondant les projets de son frère, croyait servir encore plus la République que le futur premier consul.

A ses yeux, nul ne pouvait mieux la sauver une seconde fois que celui qui l'avait déjà sauvée une première.

C'est donc animé de ce sentiment qu'il venait retrouver son frère.

— Te voilà ! lui dit Bonaparte; je t'attendais avec impatience.

— Je m'en doutais; mais il me fallait attendre, pour sortir, un moment où personne ne songeait à moi.

— Et tu crois que tu as réussi ?

— Oui; Talma racontait je ne sais quelle histoire sur Marat et Dumouriez. Tout intéressante qu'elle paraissait être, je me suis privé de l'histoire et me voilà.

— Je viens d'entendre une voiture qui s'éloignait; la personne qui sortait ne t'a-t-elle pas vu prendre l'escalier de mon cabinet?

— La personne qui sortait, c'était moi-même; la voiture qui s'éloignait, c'était la mienne; ma voiture absente, tout le monde me croira parti.

Bonaparte respira.

— Eh bien, voyons, demanda-t-il, à quoi as-tu employé ta journée?

— Oh! je n'ai pas perdu mon temps, va!

— Aurons-nous le décret du conseil des Anciens?

— Nous l'avons rédigé aujourd'hui, et je te l'apporte, — le brouillon du moins, — pour que tu voies s'il y a quelque chose à en retrancher ou à y ajouter.

— Voyons! dit Bonaparte.

Et prenant vivement des mains de Lucien le papier que celui-ci lui présentait, il lut :

« Art. 1er. Le Corps législatif est transféré dans la commune de Saint-Cloud; les deux conseils y siégeront dans les deux ailes du palais... »

— C'était l'article important, dit Lucien; je l'ai fait mettre en tête pour qu'il frappe tout d'abord le peuple.

— Oui, oui, fit Bonaparte.

Et il continua :

« Art. 2. Ils y seront rendus demain 20 brumaire... »

— Non, non, dit Bonaparte : « Demain 19. » Changez la date, Bourrienne.

Et il passa le papier à son secrétaire.

— Tu crois être en mesure pour le 18?

— Je le serai. Fouché m'a dit avant-hier : « Pressez-vous ou je ne réponds plus de rien. »

— « 19 brumaire, » dit Bourrienne en rendant le papier au général.

Bonaparte reprit :

« Art. 2. — Ils seront rendus demain, 19 brumaire, à midi. Toute continuation de délibérations est interdite ailleurs et avant ce terme. »

Bonaparte relut cet article.

— C'est bien, dit-il, il n'y a point de double entente. Et il poursuivit :

« Art. 3. Le général Bonaparte est chargé de l'exécution du présent décret : il prendra toutes les mesures nécessaires pour la sûreté de la représentation nationale. »

Un sourire railleur passa sur les lèvres de pierre du lecteur; mais, presque aussitôt, continuant :

« Le général commandant la 17e division militaire, la garde du Corps législatif, la garde nationale sédentaire, les troupes de ligne qui se trouvent dans la commune de Paris, dans l'arrondissement constitutionnel et dans toute l'étendue de la 17e division, sont mis immédiatement sous ses ordres et tenus de le reconnaître en cette qualité. »

— Ajoute, Bourrienne : « Tous les citoyens lui porteront main-forte à sa première réquisition. » Les bourgeois adorent se mêler des affaires politiques, et quand ils peuvent nous servir dans nos projets, il faut leur donner cette satisfaction.

Bourrienne obéit; puis il rendit le papier au général, qui continua :

« Art. 4. Le général Bonaparte est appelé dans le sein du conseil pour y recevoir une expédition du présent décret et prêter serment. Il se concertera avec les commissaires inspecteurs des deux Conseils.

» Art. 5. Le présent décret sera *de suite* transmis par un messager au conseil des Cinq-Cents et au Directoire exécutif.

» Il sera imprimé, affiché, promulgué dans toutes les communes de la République par des courriers extraordinaires.

» Paris, ce... »

— La date est en blanc, dit Lucien.

— Mets : « 18 brumaire, » Bourrienne ; il faut que le décret surprenne tout le monde. Rendu à sept heures du matin, il faut qu'en même temps qu'il sera rendu, auparavant même, il soit affiché sur tous les murs de Paris.

— Mais, si les Anciens allaient refuser de le rendre... ?

— Raison de plus pour qu'il soit affiché, niais! dit Bonaparte ; nous agirons comme s'il était rendu.

— Faut-il corriger en même temps une faute de français qui se trouve dans le dernier paragraphe? demanda Bourrienne en riant.

— Laquelle ? fit Lucien avec l'accent d'un auteur blessé dans son amour-propre.

— *De suite*, reprit Bourrienne ; dans ce cas-là on ne dit pas *de suite*, on dit *tout de suite*.

— Ce n'est point la peine, dit Bonaparte ; j'agirai, soyez tranquille, comme s'il y avait *tout de suite*.

Puis, après une seconde de réflexion :

— Quant à ce que tu disais tout à l'heure de la crainte que tu avais que le décret ne passât point, il y a un moyen bien simple pour qu'il passe.

— Lequel ?

— C'est de convoquer pour six heures du matin les membres dont nous sommes sûrs, et pour huit heures ceux dont nous ne sommes pas sûrs. N'ayant que des hommes à nous, c'est bien le diable si nous manquons la majorité.

— Mais six heures aux uns, et huit heures aux autres..., fit Lucien.

— Prends deux secrétaires différents ; il y en aura un qui se sera trompé.

Puis, se tournant vers Bourrienne :

— Écris, lui dit-il.

Et, tout en se promenant, il dicta sans hésiter, comme un homme qui a songé d'avance et longtemps à ce qu'il dicte, mais en s'arrêtant de temps en temps devant Bourrienne pour voir si la plume du secrétaire suivait sa parole :

« Citoyens !

» Le conseil des Anciens, dépositaire de la sagesse nationale, vient de rendre le décret ci-joint ; il y est autorisé par les articles 102 et 103 de l'acte constitutionnel.

» Il me charge de prendre des mesures pour la sûreté de la représentation nationale, sa translation nécessaire et momentanée... »

Bourrienne regarda Bonaparte : c'était *instantanée* que celui-ci avait voulu dire ; mais, comme le général ne se reprit point, Bourrienne laissa *momentanée*.

Bonaparte continua de dicter :

« Le Corps législatif se trouvera à même de tirer la représentation du danger imminent où la désorganisation de toutes les parties de l'administration nous a conduits.

» Il a besoin, dans cette circonstance essentielle, de l'union et de la confiance des patriotes ; ralliez-vous autour de lui ; c'est le seul moyen d'asseoir la République sur les bases de la liberté civile, du bonheur intérieur, de la victoire et de la paix. »

Bonaparte relut cette espèce de proclamation, et, de la tête, fit signe que c'était bien.

Puis il tira sa montre.

— Onze heures, dit-il ; il est temps encore.

Alors, s'asseyant à la place de Bourrienne, il écrivit quelques mots en forme de billet, cacheta et mit sur l'adresse : « Au citoyen Barras. »

— Roland, dit-il quand il eut achevé, tu vas prendre, soit un cheval à l'écurie, soit une voiture sur la place, et tu te rendras chez Barras ; je lui demande un rendez-vous pour demain à minuit. Il y a réponse.

Roland sortit.

Un instant après, on entendit dans la

cour de l'hôtel le galop d'un cheval qui s'éloignait dans la direction de la rue du Mont-Blanc.

— Maintenant, Bourrienne, dit Bonaparte après avoir prêté l'oreille au bruit, demain à minuit, que je sois à l'hôtel ou que je n'y sois pas, vous ferez atteler, vous monterez dans ma voiture et vous irez à ma place chez Barras.

— A votre place, général?

— Oui; toute la journée, il comptera sur moi pour le soir, et ne fera rien, croyant que je le mets dans ma partie. A minuit, vous serez chez lui, vous lui direz qu'un grand mal de tête m'a forcé de me coucher, mais que je serai chez lui à sept heures du matin sans faute. Il vous croira ou ne vous croira pas; mais, en tout cas, il sera trop tard pour qu'il agisse contre nous : à sept heures du matin, j'aurai dix mille hommes sous mes ordres.

— Bien, général. Avez-vous d'autres ordres à me donner?

— Non, pas pour ce soir, répondit Bonaparte. Soyez demain ici de bonne heure.

— Et moi? demanda Lucien.

— Vois Sieyès; c'est lui qui a dans sa main le conseil des Anciens; prends toutes tes mesures avec lui. Je ne veux pas qu'on le voie chez moi, ni qu'on me voie chez lui; si par hasard nous échouons, c'est un homme à renier. Je veux après-demain être maître de mes actions et n'avoir d'engagement absolu avec personne.

— Crois-tu avoir besoin de moi demain?

— Viens dans la nuit, et rends-moi compte de tout.

— Rentres-tu au salon?

— Non. Je vais attendre Joséphine chez elle. Bourrienne, vous lui direz un mot à l'oreille en passant, afin qu'elle se débarrasse le plus vite possible de tout son monde.

Et, saluant de la main et presque du même geste son frère et Bourrienne, il passa, par un corridor particulier, de son cabinet dans la chambre de Joséphine.

Là, éclairé par la simple lueur d'une lampe d'albâtre, qui faisait le front du conspirateur plus pâle encore que d'habitude, Bonaparte écouta le bruit des voitures qui s'éloignaient les unes après les autres.

Enfin, un dernier roulement se fit entendre, et, cinq minutes après, la porte de la chambre s'ouvrit pour donner passage à Joséphine.

Elle était seule et tenait à la main un candélabre à deux branches.

Son visage, éclairé par la double lumière, exprimait la plus vive angoisse.

— Eh bien, lui demanda Bonaparte, qu'as-tu donc?

— J'ai peur! dit Joséphine.

— Et de quoi? des niais du Directoire ou des deux Conseils? Allons donc! aux Anciens, j'ai Sieyès; aux Cinq-Cents, j'ai Lucien.

— Tout va donc bien?

— A merveille!

— C'est que, comme tu m'avais fait dire que tu m'attendais chez moi, je craignais que tu n'eusses de mauvaises nouvelles à me communiquer.

— Bon! si j'avais de mauvaises nouvelles, est-ce que je te le dirais?

— Comme c'est rassurant!

— Mais, sois tranquille, je n'en ai que de bonnes; seulement, je t'ai donné une part dans la conspiration.

— Laquelle?

— Mets-toi là, et écris à Gohier.

— Que nous n'irons pas dîner chez lui?

— Au contraire : qu'il vienne avec sa femme déjeuner chez nous; entre gens qui s'aiment comme nous nous aimons, on ne saurait trop se voir.

Joséphine se mit à un petit secrétaire en bois de rose.

— Dicte, dit-elle, j'écrirai.

— Bon! pour qu'on reconnaisse mon style! allons donc! tu sais bien mieux que moi comment on écrit un de ces billets charmants auxquels il est impossible de résister.

Joséphine sourit du compliment, tendit son front à Bonaparte qui l'embrassa amoureusement, et écrivit ce billet que nous copions sur l'original :

« Au citoyen Gohier, président du Directoire exécutif de la République française... »

— Est-ce cela? demanda-t-elle.
— Parfait! Comme il n'a pas longtemps à garder ce titre de président, ne le lui marchandons pas.
— N'en ferez-vous donc rien?
— J'en ferai tout ce qu'il voudra, s'il fait tout ce que je veux! Continue, chère amie.

Joséphine reprit la plume et écrivit :

« Venez, mon cher Gohier et votre femme, déjeuner demain avec moi, à huit heures du matin; n'y manquez pas : j'ai à causer avec vous sur des choses très-intéressantes.

» Adieu, mon cher Gohier! comptez toujours sur ma sincère amitié!

» LA PAGERIE-BONAPARTE. »

— J'ai mis *demain*, fit Joséphine; il faut que je date ma lettre du 17 brumaire.
— Et tu ne mentiras pas, dit Bonaparte : voilà minuit qui sonne.

En effet, un jour de plus venait de tomber dans l'abîme du temps : la pendule tinta douze coups.

Bonaparte les écouta, grave et rêveur; il n'était plus séparé que par vingt-quatre heures du jour solennel qu'il préparait depuis un mois, qu'il rêvait depuis trois ans!

Faisons ce qu'il eût bien voulu faire, sautons par-dessus les vingt-quatre heures qui nous séparent de ce jour que l'histoire n'a pas encore jugé, et voyons ce qui se passait, à sept heures du matin, sur les différents points de Paris où les événements que nous allons raconter devaient produire une suprême sensation.

XXIII

ALEA JACTA EST

A sept heures du matin, le ministre de la police Fouché entrait chez Gohier, président du Directoire.

— Oh! oh! fit Gohier en l'apercevant, qu'y a-t-il donc de nouveau, monsieur le ministre de la justice, que j'aie le plaisir de vous voir si matin?
— Vous ne connaissez pas encore le décret? dit Fouché.
— Quel décret? demanda l'honnête Gohier.
— Le décret du conseil des Anciens.
— Rendu quand?
— Rendu cette nuit.
— Le conseil des Anciens se réunit donc la nuit maintenant?
— Quand il y a urgence, oui.
— Et que dit le décret?
— Il transfère les séances du corps législatif à Saint-Cloud.

Gohier sentit le coup. Il comprenait tout le parti que le génie entreprenant de Bonaparte pouvait tirer de cet isolement.

— Et depuis quand? demanda-t-il à Fouché, un ministre de la police est-il transformé en messager du conseil des Anciens?
— Voilà ce qui vous trompe, citoyen président, répondit l'ex-conventionnel; je suis ce matin plus ministre de la police que jamais, puisque je viens vous dénoncer un acte qui peut avoir les plus graves conséquences.

Fouché ne savait pas encore comment tournerait la conspiration de la rue de la Victoire; il n'était point fâché de se ménager une porte de retraite au Luxembourg.

Mais Gohier, tout honnête qu'il était, connaissait trop bien l'homme pour être sa dupe.

— C'était hier qu'il fallait m'annoncer le décret, citoyen ministre, et non ce matin; car, en me faisant cette communication, vous ne devancez que de quelques instants l'annonce officielle qui va m'en être faite.

En effet, en ce moment, un huissier ouvrit la porte et prévint le président qu'un envoyé des inspecteurs du palais des Anciens était là et demandait à lui faire une communication.

— Qu'il entre! dit Gohier.

Le messager entra et présenta une lettre au président.

Celui-ci la décacheta vivement et lut :

« Citoyen président,

» La commission s'empresse de vous faire part du décret de la translation de la résidence du Corps législatif à Saint-Cloud.

» Le décret va vous être expédié; mais des mesures de sûreté exigent des détails dont nous nous occupons.

» Nous vous invitons à venir à la commission des Anciens ; vous y trouverez Sieyès et Ducos.

» Salut fraternel,

» BARILLON ;
» FARGUES ;
» CORNET. »

— C'est bien, dit Gohier au messager en le congédiant d'un signe.

Le messager sortit.

Gohier se retourna vers Fouché.

— Ah! dit-il, le complot est bien mené: on m'annonce le décret, mais on ne me l'envoie pas; par bonheur vous allez me dire dans quels termes il est conçu.

— Mais, dit Fouché, je n'en sais rien.

— Comment! il y a séance au conseil des Anciens, et vous, ministre de la police, vous n'en savez rien, quand cette séance est extraordinaire, quand elle a été arrêtée par lettres?

— Si fait, je savais la séance, mais je n'ai pu y assister.

— Et vous n'y aviez pas un de vos secrétaires, un sténographe, qui pût, paroles pour paroles, vous rendre compte de cette séance, quand, selon toute probabilité, cette séance va disposer du sort de la France?... Ah! citoyen Fouché, vous êtes un ministre de la police bien maladroit ou plutôt bien adroit!

— Avez-vous des ordres à me donner, citoyen président? demanda Fouché.

— Aucun, citoyen ministre, répondit le président. Si le Directoire juge à propos de donner des ordres, il les donnera à des hommes qu'il croira dignes de sa confiance. Vous pouvez retourner vers ceux qui vous envoient, ajouta-t-il en tournant le dos à son interlocuteur.

Fouché sortit. Gohier sonna aussitôt.

Un huissier entra.

— Passez chez Barras, chez Sieyès, chez Ducos et chez Moulin, et invitez-les à se rendre à l'instant même chez moi... Ah! prévenez en même temps madame Gohier de passer dans mon cabinet et d'apporter la lettre de madame Bonaparte qui nous invite à déjeuner.

Cinq minutes après, madame Gohier entrait, la lettre à la main et tout habillée; l'invitation était pour huit heures du matin; il était plus de sept heures et demie, et il fallait vingt minutes au moins pour aller du Luxembourg à la rue de la Victoire.

— Voici, mon ami, dit madame Gohier en présentant la lettre à son mari ; c'est pour huit heures.

— Oui, répondit Gohier, je ne doute pas de l'heure, mais du jour.

Et, prenant la lettre des mains de sa femme, il relut :

« Venez, mon cher Gohier et votre femme, déjeuner demain avec moi, à huit heures du matin... n'y manquez pas... j'ai à causer avec vous sur des choses très-intéressantes. »

— Ah! continua-t-il, il n'y a pas à s'y tromper!

— Eh bien, mon ami, y allons-nous? demanda madame Gohier.

— Toi, tu y vas, mais pas moi. Il nous survient un événement auquel le citoyen Bonaparte n'est probablement pas étranger, et qui nous retient, mes collègues et moi, au Luxembourg.

Est-ce cela? demanda Joséphine. — Page 127.

— Un événement grave?
— Peut-être.
— Alors, je reste près de toi.
— Non pas : tu ne peux m'être d'aucune utilité. Va chez madame Bonaparte ; je me trompe peut-être, mais, s'il s'y passe quelque chose d'extraordinaire et qui te paraisse alarmant, fais-le-moi savoir par un moyen quelconque ; tout sera bon, je comprendrai à demi-mot.

— C'est bien, mon ami, j'y vais ; l'espoir de t'être utile là-bas me décide.

— Va!

En ce moment l'huissier rentra.

— Le général Moulin me suit, dit-il ; le citoyen Barras est au bain et va venir ; les citoyens Sieyès et Ducos sont sortis à cinq heures du matin et ne sont point rentrés.

— Voilà les deux traîtres! dit Gohier. Barras n'est que dupe.

Et, embrassant sa femme :

— Va! dit-il, va!

En se retournant, madame Gohier se trouva face à face avec le général Moulin ; celui-ci, d'un caractère emporté, paraissait furieux.

— Pardon, citoyenne, dit-il.

Puis, s'élançant dans le cabinet de Gohier :

— Eh bien, dit-il, vous savez ce qui se passe, président?
— Non ; mais je m'en doute.
— Le corps législatif est transféré à Saint-Cloud ; le général Bonaparte est chargé de l'exécution du décret, et la force armée est mise sous ses ordres.
— Ah! voilà le fond du sac! dit Gohier. Eh bien, il faut nous réunir et lutter.
— Vous avez entendu : Sieyès et Roger-Ducos ne sont pas au palais.
— Parbleu! ils sont aux Tuileries! mais Barras est au bain ; courons chez Barras. Le Directoire peut prendre des arrêtés du moment où il est en majorité ; nous sommes trois : je le répète, luttons?
— Alors, faisons dire à Barras de venir nous trouver aussitôt qu'il sera sorti du bain.
— Non, allons le trouver avant qu'il en sorte.
Les deux directeurs sortirent et se dirigèrent vivement vers l'appartement de Barras.
Ils le trouvèrent effectivement au bain ; ils insistèrent pour entrer.
— Eh bien? demanda Barras en les apercevant.
— Vous savez?
— Rien au monde !
Ils lui racontèrent alors ce qu'ils savaient eux-mêmes.
— Ah! dit Barras, tout m'est expliqué maintenant.
— Comment?
— Oui, voilà pourquoi il n'est pas venu hier au soir.
— Qui ?
— Eh! Bonaparte!
— Vous l'attendiez hier au soir?
— Il m'avait fait dire par un de ses aides de camp qu'il viendrait de onze heures à minuit.
— Et il n'est pas venu?
— Non ; il m'a envoyé Bourrienne avec sa voiture en me faisant dire qu'un violent mal de tête le retenait au lit, mais que, ce matin, de bonne heure, il serait ici.
Les directeurs se regardèrent.
— C'est clair ! dirent-ils.

— Maintenant, continua Barras, j'ai envoyé Bollot, mon secrétaire, un garçon très-intelligent, à la découverte.
Il sonna, un domestique parut.
— Aussitôt que le citoyen Bollot rentrera, dit Barras, vous le prierez de se rendre ici.
— Il descend à l'instant même de voiture dans la cour du palais.
— Qu'il monte! qu'il monte!
Bollot était déjà à la porte.
— Eh bien? firent les trois directeurs.
— Eh bien, le général Bonaparte, en grand uniforme, accompagné des généraux Beurnonville, Macdonald et Moreau, marche sur les Tuileries, dans la cour desquelles dix mille hommes l'attendent!
— Moreau !... Moreau est avec lui ! s'écria Gohier.
— A sa droite !
— Je vous l'ai toujours dit ! s'écria Moulin avec sa rudesse militaire, Moreau, c'est une... salope et pas autre chose !
— Êtes-vous toujours d'avis de résister, Barras? demanda Gohier.
— Oui, répondit Barras.
— Eh bien, alors, habillez-vous et venez nous rejoindre dans la salle des séances.
— Allez, dit Barras, je vous suis.
Les deux directeurs se rendirent dans la salle des séances.
Au bout de dix minutes d'attente :
— Nous aurions dû attendre Barras, dit Moulin : si Moreau est une s..., Barras est une p... !
Deux heures après, ils attendaient encore Barras.
Derrière eux, on avait introduit, dans la même salle de bain, Talleyrand et Bruix, et, en causant avec eux, Barras avait oublié qu'il était attendu.
Voyons ce qui s'était passé rue de la Victoire.
A sept heures, contre son habitude, Bonaparte était levé et attendait en grand uniforme dans sa chambre.
Roland entra.
Bonaparte était parfaitement calme ; on était à la veille d'une bataille.
— N'est-il venu personne encore, Roland ? demanda-t-il.

— Non, mon général, répondit le jeune homme ; mais j'ai entendu tout à l'heure le roulement d'une voiture.

— Moi aussi, dit Bonaparte.

En ce moment, on annonça :

— Le citoyen Joseph Bonaparte et le citoyen général Bernadotte.

Roland interrogea Bonaparte de l'œil. Devait-il rester ou sortir ?

Il devait rester.

Roland resta debout à l'angle d'une bibliothèque, comme une sentinelle à son poste.

— Ah! ah! fit Bonaparte en voyant Bernadotte habillé comme la surveille en simple bourgeois, vous avez donc décidément horreur de l'uniforme, général ?

— Ah çà! reprit Bernadotte, pourquoi diable serais-je en uniforme à sept heures du matin, quand je ne suis pas de service ?

— Vous y serez bientôt.

— Bon ! je suis en non-activité.

— Oui ; mais, moi, je vous remets en activité.

— Vous ?

— Oui, moi.

— Au nom du Directoire ?

— Est-ce qu'il y a encore un Directoire ?

— Comment ! il n'y a plus de Directoire ?

— N'avez-vous pas vu, en venant ici, des soldats échelonnés dans les rues conduisant aux Tuileries ?

— Je les ai vus et m'en suis étonné.

— Ces soldats, ce sont les miens.

— Pardon ! dit Bernadotte, j'avais cru que c'étaient ceux de la France.

— Eh ! moi ou la France, n'est-ce pas tout un ?

— Je l'ignorais, dit froidement Bernadotte.

— Alors, vous vous en doutez maintenant ; ce soir, vous en serez sûr. Tenez, Bernadotte, le moment est suprême, décidez-vous !

— Général, dit Bernadotte, j'ai le bonheur d'être en ce moment simple citoyen ; laissez-moi rester simple citoyen.

— Bernadotte, prenez garde, qui n'est pas pour moi est contre moi !

— Général, faites attention à vos paroles ; vous m'avez dit : « Prenez garde ! » si c'est une menace, vous savez que je ne les crains pas.

Bonaparte revint à lui et lui prit les deux mains.

— Eh ! oui, je sais cela ; voilà pourquoi je veux absolument vous avoir avec moi. Non-seulement je vous estime, Bernadotte, mais encore je vous aime. Je vous laisse avec Joseph ; vous êtes beaux-frères ; que diable ! entre parents, on ne se brouille pas.

— Et vous, où allez-vous ?

— En votre qualité de Spartiate, vous êtes un rigide observateur des lois, n'est-ce pas ? Eh bien, voici un décret rendu cette nuit par le conseil des Cinq-Cents, qui me confère immédiatement le commandement de la force armée de Paris ; j'avais donc raison, ajouta-t-il, de vous dire que les soldats que vous avez rencontrés sont mes soldats, puisqu'ils sont sous mes ordres.

Et il remit entre les mains de Bernadotte l'expédition du décret qui avait été rendu à six heures du matin.

Bernadotte lut le décret depuis la première jusqu'à la dernière ligne.

— A ceci, je n'ai rien à ajouter, fit-il : veillez à la sûreté de la représentation nationale, et tous les bons citoyens seront avec vous.

— Eh bien, soyez donc avec moi, alors !

— Permettez-moi, général, d'attendre encore vingt-quatre heures pour voir comment vous remplirez votre mandat.

— Diable d'homme, va ! fit Bonaparte.

Alors le prenant par le bras et l'entraînant à quelques pas de Joseph :

— Bernadotte, reprit-il, je veux jouer franc jeu avec vous !

— A quoi bon, répondit celui-ci, puisque je ne suis pas de votre partie ?

— N'importe ! vous êtes à la galerie et je veux que la galerie dise que je n'ai pas triché.

— Me demandez-vous le secret ?

— Non.

— Vous faites bien ; car, dans ce cas,

j'eusse refusé d'écouter vos confidences.

— Oh! mes confidences, elles ne sont pas longues !... Votre Directoire est détesté, votre Constitution est usée; il faut faire maison nette et donner une autre direction au gouvernement. Vous ne me répondez pas ?

— J'attends ce qui vous reste à me dire.

— Ce qui me reste à vous dire, c'est d'aller mettre votre uniforme; je ne puis vous attendre plus longtemps : vous viendrez me rejoindre aux Tuileries au milieu de tous nos camarades.

Bernadotte secoua la tête.

— Vous croyez que vous pouvez compter sur Moreau, sur Beurnonville, sur Lefebvre, reprit Bonaparte; tenez, regardez par la fenêtre, qui voyez-vous là... là ! Moreau et Beurnonville ! Quant à Lefebvre, je ne le vois pas, mais je suis certain que je ne ferai pas cent pas sans le rencontrer... Eh bien, vous décidez-vous ?

— Général, reprit Bernadotte, je suis l'homme qui se laisse le moins entraîner par l'exemple, et surtout par le mauvais exemple. Que Moreau, que Beurnonville, que Lefebvre fassent ce qu'ils veulent ; je ferai, moi, ce que je dois.

— Ainsi, vous refusez positivement de m'accompagner aux Tuileries?

— Je ne veux pas prendre part à une rébellion.

— Une rébellion! une rébellion! et contre qui? Contre un tas d'imbéciles qui avocassent du matin au soir dans leur taudis !

— Ces imbéciles, général, sont en ce moment les représentants de la loi, la Constitution les sauvegarde; ils sont sacrés pour moi.

— Au moins, promettez-moi une chose, barre de fer que vous êtes !

— Laquelle?

— C'est de rester tranquille.

— Je resterai tranquille comme citoyen; mais...

— Mais quoi ?.. Voyons, je vous ai vidé mon sac, videz le vôtre !

— Mais, si le Directoire me donne l'ordre d'agir, je marcherai contre les perturbateurs, quels qu'ils soient.

— Ah çà! mais vous croyez donc que je suis ambitieux? dit Bonaparte.

Bernadotte sourit.

— Je le soupçonne, dit-il.

— Ah ! par ma foi ! dit Bonaparte, vous ne me connaissez guère ; j'en ai assez de la politique, et, si je désire une chose, c'est la paix. Ah ! mon cher, la Malmaison avec cinquante mille livres de rente, et je donne ma démission de tout le reste. Vous ne voulez pas me croire ; je vous invite à venir m'y voir dans trois mois, et, si vous aimez la pastorale, eh bien, nous en ferons ensemble. Allons, au revoir ! je vous laisse avec Joseph, et, malgré vos refus, je vous attends aux Tuileries... Tenez, voilà nos amis qui s'impatientent.

On criait : « Vive Bonaparte ! »

Bernadotte pâlit légèrement.

Bonaparte vit cette pâleur.

— Ah! ah! murmura-t-il, jaloux... Je me trompais, ce n'est point un Spartiate : c'est un Athénien!

En effet, comme l'avait dit Bonaparte, ses amis s'impatientaient.

Depuis une heure que le décret était affiché, le salon, les antichambres et la cour de l'hôtel étaient encombrés.

La première personne que Bonaparte rencontra au haut de l'escalier fut son compatriote le colonel Sébastiani.

Il commandait le 9º régiment de dragons.

— Ah! c'est vous, Sébastiani! dit Bonaparte. Et vos hommes ?

— En bataille dans la rue de la Victoire, général.

— Bien disposés?

— Enthousiastes! Je leur ai fait distribuer dix mille cartouches qui étaient en dépôt chez moi.

— Oui ; mais qui n'en devaient sortir que sur un ordre du commandant de Paris. Savez-vous que vous avez brûlé vos vaisseaux, Sébastiani ?

— Prenez-moi avec vous dans votre barque, général ; j'ai foi en votre fortune.

— Tu me prends pour César, Sébastiani?
— Par ma foi! on se tromperait de plus loin... Il y a, en outre, dans la cour de votre hôtel, une quarantaine d'officiers de toutes armes, sans solde, et que le Directoire laisse depuis un an dans le dénûment le plus complet; ils n'ont d'espoir qu'en vous, général; aussi sont-ils prêts à se faire tuer pour vous.

— C'est bien. Va te mettre à la tête de ton régiment et fais-lui tes adieux!

— Mes adieux! comment cela, général?

— Je te le troque contre une brigade. Va, va!

Sébastiani ne se le fit pas répéter deux fois; Bonaparte continua son chemin.

Au bas de l'escalier, il rencontra Lefebvre.

— C'est moi, général, dit Lefebvre.

— Toi!... Eh bien, et la 17e division militaire, où est-elle?

— J'attends ma nomination, pour la faire agir.

— N'es-tu pas nommé?

— Par le Directoire, oui; mais, comme je ne suis pas un traître, je viens de lui envoyer ma démission, afin qu'il sache qu'il ne doit pas compter sur moi.

— Et tu viens pour que je te nomme, afin que j'y puisse compter, moi?

— Justement!

— Vite, Roland, un brevet en blanc; remplis-le aux noms du général, que je n'aie plus qu'à y mettre mon nom. Je le signerai sur l'arçon de ma selle.

— Ce sont ceux-là qui sont les bons, dit Lefebvre.

— Roland?

Le jeune homme, qui avait déjà fait quelques pas pour obéir, se rapprocha de son général.

— Prends sur ma cheminée, lui dit Bonaparte à voix basse, une paire de pistolets à deux coups, et apporte-les-moi en même temps. On ne sait pas ce qui peut arriver.

— Oui, général, dit Roland; d'ailleurs, je ne vous quitterai pas.

— A moins que je n'aie besoin de te faire tuer ailleurs.

— C'est juste, dit le jeune homme.

Et il courut remplir la double commission qu'il venait de recevoir.

Bonaparte allait continuer son chemin quand il aperçut comme une ombre dans le corridor.

Il reconnut Joséphine et courut à elle.

— Mon Dieu! lui dit celle-ci, y a-t-il donc tant de danger?

— Pourquoi cela?

— Je viens d'entendre l'ordre que tu as donné à Roland.

— C'est bien fait! voilà ce que c'est que d'écouter aux portes... Et Gohier?

— Il n'est pas venu.

— Ni sa femme?

— Sa femme est là.

Bonaparte écarta Joséphine de la main et entra dans le salon. Il y vit madame Gohier, seule et assez pâle.

— Eh quoi! demanda-t-il sans autre préambule, le président ne vient pas?

— Cela ne lui a pas été possible, général, répondit madame Gohier.

Bonaparte réprima un mouvement d'impatience.

— Il faut absolument qu'il vienne, dit-il. Écrivez-lui que je l'attends; je vais lui faire porter la lettre.

— Merci, général, répliqua madame Gohier, j'ai mes gens ici: ils s'en chargeront.

— Écrivez, ma bonne amie, écrivez, dit Joséphine.

Et elle présenta une plume, de l'encre et du papier à la femme du président.

Bonaparte était placé de façon à lire par-dessus l'épaule de celle-ci ce qu'elle allait écrire.

Madame Gohier le regarda fixement.

Il recula d'un pas en s'inclinant.

Madame Gohier écrivit.

Puis elle plia la lettre, et chercha de la cire; mais — soit hasard, soit préméditation — il n'y avait sur la table que des pains à cacheter.

Elle mit un pain à cacheter à la lettre et sonna.

Un domestique parut.

— Remettez cette lettre à Comtois, dit madame Gohier, et qu'il la porte à l'instant au Luxembourg.

Bonaparte suivit des yeux le domestique ou plutôt la lettre jusqu'à ce que la porte fût refermée.

Puis :

— Je regrette, dit-il à madame Gohier, de ne pouvoir déjeuner avec vous ; mais si le président a ses affaires, moi aussi, j'ai les miennes. Vous déjeunerez avec ma femme ; bon appétit !

Et il sortit.

A la porte, il rencontra Roland.

— Voici le brevet, général, dit le jeune homme, et voilà la plume.

Bonaparte prit la plume, et, sur le revers du chapeau de son aide de camp, signa le brevet.

Roland présenta alors les deux pistolets au général.

— Les as-tu visités ? demanda celui-ci.

Roland sourit.

— Soyez tranquille, dit-il, je vous réponds d'eux.

Bonaparte passa les pistolets à sa ceinture, et, tout en les y passant, murmura :

— Je voudrais bien savoir ce qu'elle a écrit à son mari.

— Ce qu'elle a écrit, mon général, je vais vous le dire mot pour mot.

— Toi, Bourrienne ?

— Oui ; elle a écrit : « Tu as bien fait de ne pas venir, mon ami : tout ce qui se passe ici m'annonce que l'invitation était un piège. Je ne tarderai à te rejoindre. »

— Tu as décacheté la lettre ?...

— Général, Sextus Pompée donnait à dîner sur sa galère à Antoine et à Lépide ; son affranchi vint lui dire : « Voulez-vous que je vous fasse empereur du monde ? — Comment cela ? — C'est bien simple : je coupe le câble de votre galère, et Antoine et Lépide sont vos prisonniers. — Il fallait le faire sans me le dire, répondit Sextus ; maintenant, sur ta vie, ne le fais pas ! » Je me suis rappelé ces mots, général : *Il fallait le faire sans me le dire.*

Bonaparte resta un instant pensif ; puis, sortant de sa rêverie :

— Tu te trompes, dit-il à Bourrienne : c'était Octave, et non pas Antoine, qui était avec Lépide sur la galère de Sextus.

Et il descendit dans la cour, bornant ses reproches à rectifier cette faute historique.

A peine le général parut-il sur le perron, que les cris de « Vive Bonaparte ! » retentirent dans la cour, et, se prolongeant jusqu'à la rue, allèrent éveiller le même cri dans la bouche des dragons qui stationnaient à la porte.

— Voilà qui est de bon augure, général, dit Roland.

— Oui ; donne vite à Lefebvre son brevet, et, s'il n'a pas de cheval, qu'il en prenne un des miens. Je lui donne rendez-vous dans la cour des Tuileries.

— Sa division y est déjà.

— Raison de plus.

Alors, regardant autour de lui, Bonaparte vit Beurnonville et Moreau qui l'attendaient ; leurs chevaux étaient tenus par des domestiques. Il les salua du geste, mais déjà bien plus en maître qu'en camarade.

Puis, apercevant le général Debel sans uniforme, il descendit deux marches et alla à lui.

— Pourquoi en bourgeois ? demanda-t-il.

— Mon général, je n'étais aucunement prévenu ; je passais par hasard dans la rue, et, voyant un attroupement devant votre hôtel, je suis entré, craignant que vous ne courussiez quelque danger.

— Allez vite mettre votre uniforme.

— Bon ! je demeure à l'autre bout de Paris : ce serait trop long.

Et cependant, il fit un pas pour se retirer.

— Qu'allez-vous faire ?

— Soyez tranquille, général.

Debel avait avisé un artilleur à cheval : l'homme était à peu près de sa taille.

— Mon ami, lui dit-il, je suis le général Debel ; par ordre du général Bonaparte, donne-moi ton habit et ton cheval : je te dispense de tout service aujourd'hui. Voilà un louis pour boire à la santé du général en chef. Demain, tu reviendras prendre le tout chez moi, uniforme et cheval. Je demeure rue du Cherche-Midi, n° 11.

— Et il ne m'arrivera rien?
— Si fait, tu seras nommé brigadier.
— Bon! fit l'artilleur.

Et il remit son habit et son cheval au général Debel.

Pendant ce temps, Bonaparte avait entendu causer au-dessus de lui; il avait levé la tête et avait vu Joseph et Bernadotte à sa fenêtre.

— Une dernière fois, général, dit-il à Bernadotte, voulez-vous venir avec moi?
— Non, lui répondit fermement celui-ci.

Puis, à voix basse :

— Vous m'avez dit tout à l'heure de prendre garde? dit Bernadotte.
— Oui.
— Eh bien, je vous le dis à mon tour, prenez garde.
— A quoi?
— Vous allez aux Tuileries?
— Sans doute.
— Les Tuileries sont bien près de la place de la Révolution.
— Bah! dit Bonaparte, la guillotine a été transférée à la barrière du Trône.
— Qu'importe! c'est toujours le brasseur Santerre qui commande au faubourg Saint-Antoine, et Santerre est l'ami de Moulin.
— Santerre est prévenu qu'au premier mouvement qu'il tente, je le fais fusiller. Venez-vous?
— Non.
— Comme vous voudrez. Vous séparez votre fortune de la mienne; mais je ne sépare pas la mienne de la vôtre.

Puis, s'adressant à son piqueur :

— Mon cheval, dit-il.

On lui amena son cheval.

Mais, voyant un simple artilleur près de lui :

— Que fais-tu là, au milieu des grosses épaulettes? dit-il.

L'artilleur se mit à rire.

— Vous ne me reconnaissez pas, général? dit-il.

— Ah! par ma foi, c'est vous, Debel! Et à qui avez-vous pris ce cheval et cet uniforme?

— A cet artilleur que vous voyez là, à pied et en bras de chemise. Il vous en coûtera un brevet de brigadier.

— Vous vous trompez, Debel, dit Bonaparte, il m'en coûtera deux : un de brigadier et un de général de division. — En marche, messieurs! nous allons aux Tuileries.

Et, courbé sur son cheval, comme c'était son habitude, sa main gauche tenant les rênes lâches, son poignet droit appuyé sur sa cuisse, la tête inclinée, le front rêveur, le regard perdu, il fit les premiers pas sur cette pente glorieuse et fatale à la fois, qui devait le conduire au trône... et à Sainte-Hélène.

XXIV

LE 18 BRUMAIRE

En débouchant dans la rue de la Victoire, Bonaparte trouva les dragons de Sébastiani rangés en bataille.

Il voulut les haranguer; mais ceux-ci, l'interrompant aux premiers mots :

— Nous n'avons pas besoin d'explications, crièrent-ils; nous savons que vous ne voulez que le bien de la République. Vive Bonaparte!

Et le cortège suivit, aux cris de « Vive Bonaparte! » les rues qui conduisaient de la rue de la Victoire aux Tuileries.

Le général Lefebvre, selon sa promesse, attendait à la porte du palais.

Bonaparte, à son arrivée aux Tuileries, fut salué des mêmes vivats qui l'avaient accompagné jusque-là.

Alors, il releva le front et secoua la tête. Peut-être n'était-ce point assez pour lui que ce cri de « Vive Bonaparte! » et rêvait-il déjà celui de « Vive Napoléon! »

Il s'avança sur le front de la troupe, et, entouré d'un immense état-major, il lut le décret des Cinq-Cents qui transférait les séances du corps législatif à Saint-Cloud et lui donnait le commandement de la force armée.

Puis, de mémoire, ou en improvisant, —

Bonaparte ne mettait personne dans cette sorte de secret, — au lieu de la proclamation qu'il avait dictée l'avant-veille à Bourrienne, il prononça celle-ci :

« Soldats,

» Le conseil extraordinaire des Anciens m'a remis le commandement de la ville et de l'armée.

» Je l'ai accepté pour seconder les mesures qu'il va prendre et qui sont tout entières en faveur du peuple.

» La République est mal gouvernée depuis deux ans; vous avez espéré que mon retour mettrait un terme à tant de maux; vous l'avez célébré avec une union qui m'impose des obligations que je remplis. Vous remplirez les vôtres, et vous seconderez votre général avec l'énergie, la fermeté, la confiance que j'ai toujours vues en vous.

» La liberté, la victoire, la paix, replaceront la République française au rang qu'elle occupait en Europe et que l'ineptie et la trahison ont pu seules lui faire perdre. »

Les soldats applaudirent avec frénésie; c'était une déclaration de guerre au Directoire, et des soldats applaudissent toujours à une déclaration de guerre.

Le général mit pied à terre, au milieu des cris et des bravos.

Il entra aux Tuileries.

C'était la seconde fois qu'il franchissait le seuil du palais des Valois, dont les voûtes avaient si mal abrité la couronne et la tête du dernier Bourbon qui y avait régné.

A ses côtés marchait le citoyen Rœderer.

En le reconnaissant, Bonaparte tressaillit.

— Ah! dit-il, citoyen Rœderer, vous étiez ici dans la matinée du 10 août?

— Oui, général, répondit le futur comte de l'Empire.

— C'est vous qui avez donné à Louis XVI le conseil de se rendre à l'Assemblée nationale?

— Oui.

— Mauvais conseil, citoyen Rœderer! je ne l'eusse pas suivi.

— Selon que l'on connaît les hommes on les conseille. Je ne donnerai pas au général Bonaparte le conseil que j'ai donné au roi Louis XVI. Quand un roi a dans son passé la fuite à Varennes et le 20 juin, il est difficile à sauver!

Au moment où Rœderer prononçait ces paroles, on était arrivé devant une fenêtre qui donnait sur le jardin des Tuileries.

Bonaparte s'arrêta, et, saisissant Rœderer par le bras :

— Le 20 juin, dit-il, j'étais là (et il montrait du doigt la terrasse du bord de l'eau), derrière le troisième tilleul; je pouvais voir, à travers la fenêtre ouverte, le pauvre roi avec le bonnet rouge sur la tête; il faisait une piteuse figure, j'en eus pitié.

— Et que fîtes-vous?

— Oh! je ne fis rien, je ne pouvais rien faire : j'étais lieutenant d'artillerie; seulement j'eus envie d'entrer comme les autres et de dire tout bas : « Sire! donnez-moi quatre pièces d'artillerie, et je me charge de vous balayer toute cette canaille! »

Que serait-il arrivé si le lieutenant Bonaparte eût cédé à son envie, et, bien accueilli par Louis XVI, eût, en effet, balayé *cette canaille*, c'est-à-dire le peuple de Paris ? En mitraillant, le 20 juin, au profit du roi, n'eût-il plus eu à mitrailler, le 13 vendémiaire, au profit de la Convention ?...

Pendant que l'ex-procureur-syndic, demeuré rêveur, esquissait peut-être déjà dans sa pensée les premières pages de son *Histoire du Consulat*, Bonaparte se présentait à la barre du conseil des Anciens, suivi de son état-major, suivi lui-même de tous ceux qui avaient voulu le suivre.

Quand le tumulte causé par l'arrivée de cette foule fut apaisé, le président donna lecture au général du décret qui l'investissait du pouvoir militaire. Puis, en l'invitant à prêter serment :

— Celui qui ne promit jamais en vain des victoires à la patrie, ajouta le président, ne peut qu'exécuter religieusement sa nouvelle promesse de la servir et de lui rester fidèle.

Bonaparte étendit la main et dit solennellement :

— Je le jure !

Tous les généraux répétèrent après lui, chacun pour soi :

— Je le jure !

Le dernier achevait à peine, quand Bonaparte reconnut le secrétaire de Barras, ce même Bollot, dont le directeur avait parlé le matin à ses deux collègues.

Il était purement et simplement venu là pour pouvoir rendre compte à son patron de ce qui se passait ; Bonaparte le crut chargé de quelque mission secrète de la part de Barras.

Il résolut de lui épargner le premier pas, et, marchant droit au jeune homme :

— Vous venez de la part des directeurs ? dit-il.

Puis, sans lui donner le temps de répondre :

— Qu'ont-ils fait, continua-t-il, de cette France que j'avais laissée si brillante ? J'avais laissé la paix, j'ai retrouvé la guerre ; j'avais laissé des victoires, j'ai retrouvé des revers ; j'avais laissé les millions de l'Italie, j'ai retrouvé la spoliation et la misère ! Que sont devenus cent mille Français que je connaissais tous par leur nom ? Ils sont morts !

Ce n'était point précisément au secrétaire de Barras que ces choses devaient être dites ; mais Bonaparte voulait les dire, avait besoin de les dire ; peu lui importait à qui il les disait.

Peut-être même, à son point de vue, valait-il mieux qu'il les dît à quelqu'un qui ne pouvait lui répondre.

En ce moment, Sieyès se leva.

— Citoyens, dit-il, les directeurs Moulin et Gohier demandent à être introduits.

— Ils ne sont plus directeurs, dit Bonaparte, puisqu'il n'y a plus de Directoire.

— Mais, objecta Sieyès, ils n'ont pas encore donné leur démission.

— Qu'ils entrent donc et qu'ils la donnent, répliqua Bonaparte.

Moulin et Gohier entrèrent.

Ils étaient pâles mais calmes ; ils savaient qu'ils venaient chercher la lutte, et que, derrière leur résistance, il y avait peut-être Sinnamari. Les déportés qu'ils avaient faits au 18 fructidor leur en montraient le chemin.

— Je vois avec satisfaction, se hâta de dire Bonaparte, que vous vous rendez à nos vœux et à ceux de vos deux collègues.

Gohier fit un pas en avant, et, d'une voix ferme :

— Nous nous rendons, non pas à vos vœux ni à ceux de nos deux collègues, qui ne sont plus nos collègues, puisqu'ils ont donné leur démission, mais aux vœux de la loi : elle veut que le décret qui transfère à Saint-Cloud le siège du corps législatif soit proclamé sans délai ; nous venons remplir le devoir que nous impose la loi, bien déterminés à la défendre contre les factieux, quels qu'ils soient, qui tenteraient à l'attaquer.

— Votre zèle ne nous étonne point, reprit froidement Bonaparte, et c'est parce que vous êtes connu pour un homme aimant votre pays que vous allez vous réunir à nous.

— Nous réunir à vous ! et pour quoi faire ?

— Pour sauver la République.

— Sauver la République !... il fut un temps, général, où vous aviez l'honneur d'en être le soutien ; mais, aujourd'hui, c'est à nous qu'est réservée la gloire de la sauver.

— La sauver ! fit Bonaparte, et avec quoi ? avec les moyens que vous donne votre Constitution ? Voyez donc ! elle croule de toute part, et, quand même je ne la pousserais pas du doigt à cette heure, elle n'aurait pas huit jours à vivre.

— Ah ! s'écria Moulin, vous avouez enfin vos projets hostiles !

— Mes projets ne sont pas hostiles ! s'écria Bonaparte en frappant le parquet du talon de sa botte ; la République est en péril, il faut la sauver, je le veux !

— Vous le voulez ? dit Gohier, mais il me semble que c'est au Directoire, et non à vous, de dire : « Je le veux ! »

— Il n'y a plus de Directoire !

— En effet, on m'a dit qu'un instant avant notre entrée, vous aviez annoncé cela.

— Il n'y a plus de Directoire du moment où Sieyès et Roger-Ducos ont donné leur démission.

— Vous vous trompez : il y a un Directoire tant qu'il reste trois directeurs, et ni Moulin, ni moi, ni Barras, ne vous avons donné la nôtre.

En ce moment, on glissa un papier dans la main de Bonaparte en disant :

— Lisez !

Bonaparte lut.

— Vous vous trompez vous-même, reprit-il : Barras a donné sa démission, car la voici. La loi veut que vous soyez trois pour exister : vous n'êtes que deux ! et qui résiste à la loi, vous l'avez dit tout à l'heure, est un rebelle.

Puis, donnant le papier au président :

— Réunissez, dit-il, la démission du citoyen Barras à celle des citoyens Sieyès et Ducos, et proclamez la déchéance du Directoire. Moi, je vais l'annoncer à mes soldats.

Moulin et Gohier restèrent anéantis ; cette démission de Barras détruisait tous leurs projets.

Bonaparte n'avait plus rien à faire au conseil des Anciens et il lui restait encore beaucoup de choses à faire dans la cour des Tuileries.

Il descendit suivi de ceux qui l'avaient accompagné pour monter.

A peine les soldats le virent-ils reparaître, que les cris de « Vive Bonaparte ! » retentirent plus bruyants et plus pressés qu'à son arrivée.

Il sauta sur son cheval et fit signe qu'il voulait parler.

Dix mille voix qui éclataient en cris se turent à la fois, et le silence se fit comme par enchantement.

— Soldats ! dit Bonaparte d'une voix si puissante, que tout le monde l'entendit, vos compagnons d'armes qui sont aux frontières sont dénués des choses les plus nécessaires ; le peuple est malheureux.

Les auteurs de tant de maux sont les factieux contre lesquels je vous rassemble aujourd'hui. J'espère sous peu vous conduire à la victoire ; mais, auparavant, il faut réduire à l'impuissance de nuire tous ceux qui voudraient s'opposer au bon ordre public et à la prospérité générale !

Soit lassitude du gouvernement dictatorial, soit fascination exercée par l'homme magique qui en appelait à la victoire si longtemps oubliée en son absence, des cris d'enthousiasme s'élevèrent, et, comme une traînée de poudre enflammée, se communiquèrent des Tuileries au Carrousel, du Carrousel aux rues adjacentes.

Bonaparte profita de ce mouvement, et, se tournant vers Moreau :

— Général, lui dit-il, je vais vous donner une preuve de l'immense confiance que j'ai en vous. Bernadotte, que j'ai laissé chez moi, et qui refuse de nous suivre, a eu l'audace de me dire que, s'il recevait un ordre du Directoire, il l'exécuterait, quels que fussent les perturbateurs. Général, je vous confie la garde du Luxembourg ; la tranquillité de Paris et le salut de la République sont entre vos mains.

Et, sans attendre la réponse de Moreau, il mit son cheval au galop et se porta sur le point opposé de la ligne.

Moreau, par ambition militaire, avait consenti à jouer un rôle dans ce grand drame : il était forcé d'accepter celui que lui distribuait l'auteur.

Gohier et Moulin, en revenant au Luxembourg, ne trouvèrent rien de changé en apparence ; toutes les sentinelles étaient à leurs postes. Ils se retirèrent dans un des salons de la présidence afin de se consulter.

Mais à peine venaient-ils d'entrer en conférence, que le général Jubé, commandant du Luxembourg, recevait l'ordre de rejoindre Bonaparte aux Tuileries avec la garde directoriale, et que Moreau prenait sa place avec des soldats encore électrisés par le discours de Bonaparte.

Cependant, les deux directeurs rédigeaient un message au conseil des Cinq-Cents, message où ils protestaient énergiquement contre ce qui venait de se faire.

Quand il fut terminé, Gohier le remit à son secrétaire, et Moulin, tombant d'inanition, passa chez lui pour prendre quelque nourriture.

Il était près de quatre heures de l'après-midi.

Un instant après, le secrétaire de Gohier rentra tout agité.

— Eh bien! lui demanda Gohier, vous n'êtes pas encore parti?

— Citoyen président, répondit le jeune homme, nous sommes prisonniers au palais!

— Comment! prisonniers?

— La garde est changée, et ce n'est plus le général Jubé qui la commande.

— Qui le remplace donc?

— J'ai cru entendre que c'était le général Moreau.

— Moreau? impossible!... et Barras, le lâche! où est-il?

— Parti pour sa terre de Grosbois.

— Ah! il faut que je voie Moulin! s'écria Gohier en s'élançant vers la porte.

Mais, à l'entrée du corridor, il trouva une sentinelle qui lui barra le passage.

Gohier voulut insister.

— On ne passe pas! dit la sentinelle.

— Comment! on ne passe pas?

— Non.

— Mais je suis le président Gohier!

— On ne passe pas! c'est la consigne.

Gohier vit que cette consigne, il ne parviendrait point à la faire lever. L'emploi de la force était impossible. Il rentra chez lui.

Pendant ce temps, le général Moreau se présentait chez Moulin : il venait pour se justifier.

Mais, sans vouloir l'entendre, l'ex-directeur lui tourna le dos ; et, comme Moreau insistait :

— Général, lui dit-il, passez dans l'antichambre : c'est la place des geôliers.

Moreau courba la tête et comprit seulement alors dans quel piége fatal à sa renommée il venait de tomber.

A cinq heures, Bonaparte reprenait le chemin de la rue de la Victoire ; tout ce qu'il y avait de généraux et d'officiers supérieurs à Paris l'accompagnaient.

Les plus aveugles, ceux qui n'avaient pas compris le 13 vendémiaire, ceux qui n'avaient pas compris le retour d'Égypte, venaient de voir rayonner au-dessus des Tuileries l'astre flamboyant de son avenir ; et, chacun ne pouvant être planète, c'était à qui se ferait satellite!

Les cris de « Vive Bonaparte! » qui venaient du bas de la rue du Mont-Blanc, et montaient comme une marée sonore vers la rue de la Victoire, annoncèrent à Joséphine le retour de son époux.

L'impressionnable créole l'attendait avec anxiété ; elle s'élança au-devant de lui tellement émue, qu'elle ne pouvait prononcer une seule parole.

— Voyons, voyons, lui dit Bonaparte redevenant le bonhomme qu'il était dans son intérieur, tranquillise-toi ; tout ce que l'on a pu faire aujourd'hui est fait.

— Et tout est-il fait, mon ami?

— Oh! non, répondit Bonaparte.

— Ainsi, ce sera à recommencer demain?

— Oui ; mais, demain, ce n'est qu'une formalité.

La *formalité* fut un peu rude ; mais chacun sait le résultat des événements de Saint-Cloud : nous nous dispenserons donc de les raconter, nous reportant tout de suite au résultat, pressé que nous sommes de revenir au véritable sujet de notre drame, dont la grande figure historique que nous y avons introduite nous a un instant écarté.

Un dernier mot.

Le 20 brumaire, à une heure du matin, Bonaparte était nommé premier consul pour dix ans, et se faisait adjoindre Cambacérès et Lebrun, à titre de seconds consuls, bien résolu toutefois à concentrer dans sa personne non-seulement les fonctions de ses deux collègues, mais encore celles des ministres.

Le 20 brumaire au soir, il couchait au Luxembourg, dans le lit du citoyen Gohier, mis en liberté dans la journée, ainsi que son collègue Moulin.

Roland fut nommé gouverneur du château du Luxembourg.

XXV

UNE COMMUNICATION IMPORTANTE

Quelque temps après cette révolution militaire, qui avait eu un immense retentissement dans toute l'Europe, dont elle devait un instant bouleverser la face comme la tempête bouleverse la face de l'Océan; quelque temps après, disons-nous, dans la matinée du 30 nivôse, autrement et plus clairement dit pour nos lecteurs, du 20 janvier 1800, Roland, en décachetant la volumineuse correspondance que lui valait sa charge nouvelle, trouva, au milieu de cinquante autres demandes d'audience, une lettre ainsi conçue :

« Monsieur le gouverneur,

» Je connais votre loyauté, et vous allez voir si j'en fais cas.

» J'ai besoin de causer avec vous pendant cinq minutes; pendant ces cinq minutes, je resterai masqué.

» J'ai une demande à vous faire.

» Cette demande, vous me l'accorderez ou me la refuserez; dans l'un et l'autre cas, n'essayant de pénétrer dans le palais du Luxembourg que pour l'intérêt du premier consul Bonaparte et de la cause royaliste, à laquelle j'appartiens, je vous demande votre parole d'honneur de me laisser sortir librement comme vous m'aurez laissé entrer.

» Si demain, à sept heures du soir, je vois une lumière isolée à la fenêtre située au-dessous de l'horloge, c'est que le colonel Roland de Montrevel m'aura engagé sa parole d'honneur, et je me présenterai hardiment à la petite porte de l'aile gauche du palais, donnant sur le jardin.

» Je frapperai trois coups espacés, à la manière des francs-maçons.

» Afin que vous sachiez d'avance à qui vous engagez ou refusez votre parole, je signe d'un nom qui vous est connu, ce nom ayant déjà, dans une circonstance que vous n'avez probablement pas oubliée, été prononcé devant vous.

» MORGAN,
» *Chef des compagnons de Jéhu.* »

Roland relut deux fois la lettre, resta un instant pensif; puis, tout à coup, il se leva et, passant dans le cabinet du premier consul, il lui tendit silencieusement la lettre.

Celui-ci la lut sans que son visage trahît la moindre émotion, ni même le moindre étonnement, et, avec un laconisme tout lacédémonien :

— Il faut mettre la lumière, dit-il.

Et il rendit la lettre à Roland.

Le lendemain, à sept heures du soir, la lumière brillait à la fenêtre, et, à sept heures cinq minutes, Roland, en personne, attendait à la petite porte du jardin.

Il y était à peine depuis quelques instants, que trois coups furent frappés à la manière des francs-maçons, c'est-à-dire deux et un.

La porte s'ouvrit aussitôt : un homme enveloppé d'un manteau se dessina en vigueur sur l'atmosphère grisâtre de cette nuit d'hiver ; quant à Roland, il était absolument caché dans l'ombre.

Ne voyant personne, l'homme au manteau demeura une seconde immobile.

— Entrez, dit Roland.

— Ah! c'est vous, colonel!

— Comment savez-vous que c'est moi? demanda Roland.

— Je reconnais votre voix.

— Ma voix! mais, pendant les quelques secondes où nous nous sommes trouvés dans la même chambre, à Avignon, je n'ai point prononcé une seule parole.

— En ce cas, j'aurai entendu votre voix ailleurs.

Roland chercha où le chef des compagnons de Jéhu avait pu entendre sa voix.

Mais celui-ci, gaiement :

— Est-ce une raison, colonel, parce que je connais votre voix, pour que nous restions à cette porte ?

— Non pas, dit Roland ; prenez-moi par le pan de mon habit, et suivez-moi ; j'ai défendu à dessein qu'on éclairât l'escalier et le corridor qui conduisent à ma chambre.

— Je vous sais gré de l'intention ; mais, avec votre parole, je traverserais le palais d'un bout à l'autre, fût-il éclairé *a giorno*, comme disent les Italiens.

— Vous l'avez, ma parole, répondit Roland ; ainsi, montez hardiment.

Morgan n'avait pas besoin d'être encouragé : il suivit hardiment son guide.

Au haut de l'escalier, celui-ci prit un corridor aussi sombre que l'escalier lui-même, fit une vingtaine de pas, ouvrit une porte et se trouva dans sa chambre.

Morgan l'y suivit.

La chambre était éclairée, mais par deux bougies seulement.

Une fois entré, Morgan rejeta son manteau et déposa ses pistolets sur une table.

— Que faites-vous ? demanda Roland.

— Ma foi, avec votre permission, dit gaiement son interlocuteur, je me mets à mon aise.

— Mais ces pistolets dont vous vous dépouillez... ?

— Ah çà ! croyez-vous que ce soit pour vous que je les ai pris ?

— Pour qui donc ?

— Mais pour dame Police ; vous entendez bien que je ne suis pas disposé à me laisser prendre par le citoyen Fouché, sans brûler quelque peu la moustache au premier de ses sbires qui mettra la main sur moi.

— Alors, une fois ici, vous avez la conviction de n'avoir plus rien à craindre ?

— Parbleu ! dit le jeune homme, puisque j'ai votre parole.

— Alors, pourquoi n'ôtez-vous pas votre masque ?

— Parce que ma figure n'est que moitié à moi ; l'autre moitié est à mes compagnons. Qui sait si un seul de nous, reconnu, n'entraîne pas les autres à la guillotine ? car vous pensez bien, colonel, que je ne me dissimule pas que c'est là le jeu que nous jouons.

— Alors, pourquoi le jouez-vous ?

— Ah ! que voilà une bonne question ! Pourquoi allez-vous sur le champ de bataille, où une balle peut vous trouer la poitrine ou un boulet vous emporter la tête ?

— C'est bien différent, permettez-moi de vous le dire : sur un champ de bataille, je risque une mort honorable.

— Ah çà ! vous figurez-vous que, le jour où j'aurai eu le cou tranché par le triangle révolutionnaire, je me croirai déshonoré ? Pas le moins du monde : j'ai la prétention d'être un soldat comme vous ; seulement, tous ne peuvent pas servir leur cause de la même façon : chaque religion a ses héros et ses martyrs ; bienheureux dans ce monde les héros, mais bienheureux dans l'autre les martyrs !

Le jeune homme avait prononcé ces paroles avec une conviction qui n'avait pas laissé que d'émouvoir ou plutôt d'étonner Roland.

— Mais, continua Morgan, abandonnant bien vite l'exaltation, et revenant à la gaieté qui paraissait le trait distinctif de son caractère, je ne suis pas venu pour faire de la philosophie politique ; je suis venu pour vous prier de me faire parler au premier consul.

— Comment ! au premier consul ? s'écria Roland.

— Sans doute ; relisez ma lettre : je vous dis que j'ai une demande à vous faire ?

— Oui.

— Eh bien, cette demande, c'est de me faire parler au général Bonaparte.

— Permettez, comme je ne m'attendais point à cette demande...

— Elle vous étonne : elle vous inquiète même. Mon cher colonel, vous pourrez, si vous ne vous en rapportez pas à ma parole, me fouiller des pieds à la tête, et vous verrez que je n'ai d'autres armes que ces pistolets, que je n'ai même plus, puisque les voilà sur votre table. Il y a mieux : prenez-en un de chaque main, placez-vous entre le premier consul et moi, et brûlez-moi la cervelle au premier mouvement suspect que je ferai. La condition vous va-t-elle?

— Mais si je dérange le premier consul pour qu'il écoute la communication que vous avez à lui faire, vous m'assurez que cette communication en vaut la peine?

— Oh! quant à cela, je vous en réponds!

Puis, avec son joyeux accent :

— Je suis pour le moment, ajouta-t-il, l'ambassadeur d'une tête couronnée, ou plutôt découronnée, ce qui ne la rend pas moins respectable pour les nobles cœurs; d'ailleurs, je prendrai peu de temps à votre général, monsieur Roland, et, du moment où la conversation traînera en longueur, il pourra me congédier; je ne me le ferai pas redire à deux fois, soyez tranquille.

Roland demeura un instant pensif et silencieux.

— Et c'est au premier consul seul que vous pouvez faire cette communication?

— Au premier consul seul, puisque, seul, le premier consul peut me répondre.

— C'est bien, attendez-moi, je vais prendre ses ordres.

Roland fit un pas vers la chambre de son général ; mais il s'arrêta, jetant un regard d'inquiétude vers une foule de papiers amoncelés sur sa table.

Morgan surprit ce regard.

— Ah! bon! dit-il, vous avez peur qu'en votre absence je ne lise ces paperasses? Si vous saviez comme je déteste lire! c'est au point que ma condamnation à mort serait sur cette table, que je ne me donnerais pas la peine de la lire; je dirais : C'est l'affaire du greffier, à chacun sa besogne. Monsieur Roland, j'ai froid aux pieds, je vais en votre absence me les chauffer, assis dans votre fauteuil; vous m'y retrouverez à votre retour, et je n'en aurai pas bougé.

— C'est bien, monsieur, dit Roland.

Et il entra chez le premier consul.

Bonaparte causait avec le général Hédouville, commandant en chef des troupes de la Vendée.

En entendant la porte s'ouvrir, il se retourna avec impatience.

— J'avais dit à Bourrienne que je n'y étais pour personne.

— C'est ce qu'il m'a appris en passant, mon général ; mais je lui ai répondu que je n'étais pas quelqu'un.

— Tu as raison. Que me veux-tu? dis vite.

— Il est chez moi.

— Qui cela?

— L'homme d'Avignon.

— Ah! ah! et que demande-t-il?

— Il demande à vous voir.

— A me voir, moi?

— Oui, vous, général ; cela vous étonne?

— Non ; mais que peut-il avoir à me dire.

— Il a obstinément refusé de m'en instruire ; mais j'oserais affirmer que ce n'est ni un importun ni un fou.

— Non ; mais c'est peut-être un assassin.

Roland secoua la tête.

— En effet, du moment où c'est toi qui l'introduis...

— D'ailleurs, il ne se refuse pas à ce que j'assiste à la conférence : je serai entre vous et lui.

Bonaparte réfléchit un instant.

— Fais-le entrer, dit-il.

— Vous savez, mon général, qu'excepté moi...

— Oui ; le général Hédouville aura la complaisance d'attendre une seconde ; notre conversation n'est point de celles que l'on épuise en une séance. Va, Roland.

Roland sortit, traversa le cabinet de Bourrienne, rentra dans sa chambre, et retrouva Morgan, qui se chauffait les pieds comme il avait dit.

— Venez! le premier consul vous attend, dit le jeune homme.

Morgan se leva et suivit Roland.

Lorsqu'ils rentrèrent dans le cabinet de Bonaparte, celui-ci était seul.

Il jeta un coup d'œil rapide sur le chef des compagnons de Jéhu, et ne fit point de doute que ce ne fût le même homme qu'il avait vu à Avignon.

Morgan s'était arrêté à quelques pas de la porte, et, de son côté, regardait curieusement Bonaparte, et s'affermissait dans la conviction que c'était bien lui qu'il avait entrevu à la table d'hôte le jour où il avait tenté cette périlleuse restitution des deux cents louis volés par mégarde à Jean Picot.

— Approchez, dit le premier consul.

Morgan s'inclina et fit trois pas en avant.

Bonaparte répondit à son salut par un léger signe de tête.

— Vous avez dit à mon aide de camp, le colonel Roland, que vous aviez une communication à me faire.

— Oui, citoyen premier consul.

— Cette communication exige-t-elle le tête-à-tête?

— Non, citoyen premier consul, quoiqu'elle soit d'une telle importance...

— Que vous aimeriez mieux que je fusse seul.

— Sans doute, mais la prudence...

— Ce qu'il y a de plus prudent en France, citoyen Morgan, c'est le courage.

— Ma présence chez vous, général, est une preuve que je suis parfaitement de votre avis.

Bonaparte se retourna vers le jeune colonel.

— Laisse-nous seuls, Roland, dit-il.

— Mais, mon général!... insista celui-ci.

Bonaparte s'approcha de lui; puis, tout bas :

— Je vois ce que c'est, reprit-il : tu es curieux de savoir ce que ce mystérieux chevalier de grand chemin peut avoir à me dire, sois tranquille, tu le sauras...

— Ce n'est pas cela; mais, si, comme vous le disiez tout à l'heure, cet homme était un assassin?

— Ne m'as-tu pas répondu que non ? Allons, ne fais pas l'enfant, laisse-nous.

Roland sortit.

— Nous voilà seuls, monsieur, dit le premier consul; parlez!

Morgan, sans répondre, tira une lettre de sa poche et la présenta au général.

Le général l'examina : elle était à son adresse et fermée d'un cachet aux trois fleurs de lis de France.

— Oh! oh! dit-il, qu'est-ce que cela, monsieur?

— Lisez, citoyen premier consul.

Bonaparte ouvrit la lettre et alla droit à la signature.

— « Louis, » dit-il.

— Louis, répéta Morgan.

— Quel Louis ?

— Mais Louis de Bourbon, je présume.

— M. le comte de Provence, le frère de Louis XVI !

— Et, par conséquent, Louis XVIII depuis que son neveu le Dauphin est mort.

Bonaparte regarda de nouveau l'inconnu; car il était évident que ce nom de Morgan qu'il s'était donné n'était qu'un pseudonyme destiné à cacher son véritable nom.

Après quoi, reportant son regard sur la lettre, il lut :

« 3 janvier 1800.

» Quelle que soit leur conduite apparente, monsieur, des hommes tels que vous n'inspirent jamais d'inquiétude ; vous avez accepté une place éminente, je vous en sais gré : mieux que personne, vous savez ce qu'il faut de force et de puissance pour faire le bonheur d'une grande nation. Sauvez la France de ses propres fureurs, et vous aurez rempli le vœu de mon cœur; rendez-lui son roi, et les générations futures béniront votre mémoire. Si vous doutez que je sois susceptible de reconnaissance, marquez votre place, fixez le sort de vos amis. Quant à mes principes, je suis Français; clément par caractère, je le serai encore par raison. Non, le vainqueur de Lodi, de Castiglione et d'Arcole, le conquérant de l'Italie et de l'Égypte ne peut préférer à la gloire une vaine célébrité. Ne perdez pas un temps précieux :

nous pouvons assurer la gloire de la France, je dis *nous* parce que j'ai besoin de Bonaparte pour cela et qu'il ne le pourrait sans moi. Général, l'Europe vous observe, la gloire vous attend, et je suis impatient de rendre le bonheur à mon peuple.

» Louis. »

Bonaparte se retourna vers le jeune homme, qui attendait debout, immobile et muet comme une statue.

— Connaissez-vous le contenu de cette lettre ? demanda-t-il.

Le jeune homme s'inclina.

— Oui, citoyen premier consul.

— Elle était cachetée, cependant.

— Elle a été envoyée sous cachet volant à celui qui me l'a remise, et, avant même de me la confier, il me l'a fait lire afin que j'en connusse bien toute l'importance.

— Et peut-on savoir le nom de celui qui vous l'a confiée ?

— Georges Cadoudal.

Bonaparte tressaillit légèrement.

— Vous connaissez Georges Cadoudal ? demanda-t-il.

— C'est mon ami.

— Et pourquoi vous l'a-t-il confiée, à vous, plutôt qu'à un autre ?

— Parce qu'il savait qu'en me disant que cette lettre devait vous être remise en main propre, elle serait remise comme il le désirait.

— En effet, monsieur, vous avez tenu votre promesse.

— Pas encore tout à fait, citoyen premier consul.

— Comment cela ? ne me l'avez-vous pas remise ?

— Oui ; mais j'ai promis de rapporter une réponse.

— Et si je vous dis que je ne veux pas en faire ?

— Vous aurez répondu, pas précisément comme j'eusse désiré que vous le fissiez, mais ce sera toujours une réponse.

Bonaparte demeura quelques instants pensif.

Puis, sortant de sa rêverie par un mouvement d'épaules :

— Ils sont fous ! dit-il.

— Qui cela, citoyen ? demanda Morgan.

— Ceux qui m'écrivent de pareilles lettres ; fous, archifous ! Croient-ils donc que je suis de ceux qui prennent leurs exemples dans le passé, qui se modèlent sur d'autres hommes ? Recommencer Monk ! à quoi bon ? Pour faire un Charles II ! Ce n'est, ma foi, pas la peine. Quand on a derrière soi Toulon, le 13 vendémiaire, Lodi, Castiglione, Arcole, Rivoli, les Pyramides, on est un autre homme que Monk, et l'on a le droit d'aspirer à autre chose qu'au duché d'Albemarle et au commandement des armées de terre et de mer de Sa Majesté Louis XVIII.

— Aussi, vous dit-on de faire vos conditions, citoyen premier consul.

Bonaparte tressaillit au son de cette voix comme s'il eût oublié que quelqu'un était là.

— Sans compter, reprit-il, que c'est une famille perdue, un rameau mort d'un tronc pourri ; les Bourbons se sont tant mariés entre eux, que c'est une race abâtardie, qui a usé sa séve et toute sa vigueur dans Louis XIV. Vous connaissez l'histoire, monsieur ? dit Bonaparte en se tournant vers le jeune homme.

— Oui, général, répondit celui-ci ; du moins, comme un ci-devant peut la connaître.

— Eh bien, vous avez dû remarquer dans l'histoire, dans celle de France surtout, que chaque race a son point de départ, son point culminant et sa décadence. Voyez les Capétiens directs : partis de Hugues, ils arrivent à leur apogée avec Philippe-Auguste et Louis IX, et tombent avec Philippe V et Charles IV. Voyez les Valois : partis de Philippe VI, ils ont leur point culminant dans François Ier et tombent avec Charles IX et Henri III. Enfin, voyez les Bourbons : partis de Henri IV, ils ont leur point culminant dans Louis XIV et tombent avec Louis XV et Louis XVI ; seulement, ils tombent plus bas que les autres : plus bas dans la débauche avec

Depuis une heure que le décret était affiché. — Page 132.

Louis XV, plus bas dans le malheur avec Louis XVI. Vous me parlez des Stuarts, et vous me montrez l'exemple de Monk. Voulez-vous me dire qui succède à Charles II? Jacques II; et à Jacques II? Guillaume d'Orange, un usurpateur. N'aurait-il pas mieux valu, je vous le demande, que Monk mît tout de suite la couronne sur sa tête? Eh bien, si j'étais assez fou pour rendre le trône à Louis XVIII, comme Charles II, il n'aurait pas d'enfants, comme Jacques II, son frère Charles X lui succéderait, et, comme Jacques II, il se ferait chasser par quelque Guillaume d'Orange. Oh! non, Dieu n'a pas mis la destinée d'un beau et grand pays qu'on appelle la France entre mes mains pour que je la rende à ceux qui l'ont jouée et qui l'ont perdue.

— Remarquez, général, que je ne vous demandais pas tout cela.

— Mais, moi, je vous le demande...

— Je crois que vous me faites l'honneur de me prendre pour la postérité.

Bonaparte tressaillit, se retourna, vit à qui il parlait, et se tut.

— Je n'avais besoin, continua Morgan avec une dignité qui étonna celui auquel il s'adressait, que d'un oui ou d'un non.

— Et pourquoi aviez-vous besoin de cela?

— Pour savoir si nous continuerions de

vous faire la guerre comme à un ennemi, ou si nous tomberions à vos genoux comme devant un sauveur.

— La guerre ! dit Bonaparte, la guerre ! insensés ceux qui me la font ; ne voient-ils pas que je suis l'élu de Dieu ?

— Attila disait la même chose.

— Oui ; mais il était l'élu de la destruction, et moi, je suis celui de l'ère nouvelle ; l'herbe séchait où il avait passé ; les moissons mûriront partout où j'aurai passé la charrue. La guerre ! dites-moi ce que sont devenus ceux qui me l'ont faite ? Ils sont couchés dans les plaines du Piémont, de la Lombardie ou du Caire.

— Vous oubliez la Vendée. La Vendée est toujours debout.

— Debout, soit ; mais ses chefs ? mais Cathelineau, mais Lescure, mais La Rochejaquelein, mais d'Elbée, mais Bonchamp, mais Stofflet, mais Charette ?

— Vous ne parlez là que des hommes : les hommes ont été moissonnés, c'est vrai ; mais le principe est debout, et tout autour de lui combattent aujourd'hui d'Autichamp, Suzannet, Grignon, Frotté, Châtillon, Cadoudal ; les cadets ne valent peut-être pas les aînés ; mais pourvu qu'ils meurent à leur tour, c'est tout ce que l'on peut exiger d'eux.

— Qu'ils prennent garde ! si je décide une campagne de la Vendée, je n'y enverrai ni des Santerre ni des Rossignol !

— La Convention y a envoyé Kléber, et le Directoire Hoche !...

— Je n'enverrai pas, j'irai moi-même.

— Il ne peut rien leur arriver de pis que d'être tués comme Lescure ou fusillés comme Charette.

— Il peut leur arriver que je leur fasse grâce.

— Caton nous a appris comment on échappait au pardon de César.

— Ah ! faites attention : vous citez un républicain !

— Caton est un de ces hommes dont on peut suivre l'exemple, à quelque parti que l'on appartienne.

— Et si je vous disais que je tiens la Vendée dans ma main ?...

— Vous !

— Et que, si je veux, dans trois mois elle sera pacifiée ?

Le jeune homme secoua la tête.

— Vous ne me croyez pas ?

— J'hésite à vous croire.

— Si je vous affirme que ce que je dis est vrai ; si je vous le prouve en vous disant par quel moyen ou plutôt par quels hommes j'y arriverai ?

— Si un homme comme le général Bonaparte m'affirme une chose, je la croirai, et si cette chose qu'il m'affirme est la pacification de la Vendée, je lui dirai à mon tour : Prenez garde ! mieux vaut pour vous la Vendée combattant que la Vendée conspirant : la Vendée combattant, c'est l'épée ; la Vendée conspirant, c'est le poignard.

— Oh ! je le connais, votre poignard, dit Bonaparte ; le voilà !

Et il alla prendre dans un tiroir le poignard qu'il avait tiré des mains de Roland et le posa sur une table, à la portée de la main de Morgan.

— Mais, ajouta-t-il, il y a loin de la poitrine de Bonaparte au poignard d'un assassin ; essayez plutôt.

Et il s'avança sur le jeune homme en fixant sur lui son regard de flamme.

— Je ne suis pas venu ici pour vous assassiner, dit froidement le jeune homme ; plus tard, si je crois votre mort indispensable au triomphe de la cause, je ferai de mon mieux, et, si alors je vous manque, ce n'est point parce que vous serez Marius et que je serai le Cimbre... Vous n'avez pas autre chose à me dire, citoyen premier consul ? continua le jeune homme en s'inclinant.

— Si fait ; dites à Cadoudal que, lorsqu'il voudra se battre contre l'ennemi au lieu de se battre contre des Français, j'ai dans mon bureau son brevet de colonel tout signé.

— Cadoudal commande, non pas à un régiment, mais à une armée ; vous n'avez pas voulu déchoir en devenant, de Bonaparte, Monk ; pourquoi voulez-vous qu'il devienne, de général, colonel ?... Vous n'avez pas autre chose à me dire, citoyen premier consul?

— Si fait; avez-vous un moyen de faire passer ma réponse au comte. de Provence?

— Vous voulez dire au roi Louis XVIII?

— Ne chicanons pas sur les mots; à celui qui m'a écrit.

— Son envoyé est au camp des Aubiers.

— Eh bien! je change d'avis, je lui réponds; ces Bourbons sont si aveugles, que celui-là interpréterait mal mon silence.

Et Bonaparte, s'asseyant à son bureau, écrivit la lettre suivante avec une application indiquant qu'il tenait à ce qu'elle fût lisible.

« J'ai reçu, monsieur, votre lettre; je vous remercie de la bonne opinion que vous y exprimez sur moi. Vous ne devez pas souhaiter votre retour en France, il vous faudrait marcher sur cent mille cadavres; sacrifiez votre intérêt au repos et au bonheur de la France, l'histoire vous en tiendra compte. Je ne suis point insensible aux malheurs de votre famille, et j'apprendrai avec plaisir que vous êtes environné de tout ce qui peut contribuer à la tranquillité de votre retraite.

» BONAPARTE. »

Et, pliant et cachetant la lettre, il écrivit l'adresse : *A monsieur le comte de Provence*, la remit à Morgan, puis appela Roland, comme s'il pensait bien que celui-ci n'était pas loin.

— Général?... demanda le jeune officier, paraissant en effet au même instant.

— Reconduisez monsieur jusque dans la rue, dit Bonaparte; jusque-là, vous répondez de lui.

Roland s'inclina en signe d'obéissance, laissa passer le jeune homme, qui se retira sans prononcer une parole, et sortit derrière lui.

Mais, avant de sortir, Morgan jeta un dernier regard sur Bonaparte.

Celui-ci était debout, immobile, muet et les bras croisés, l'œil fixé sur ce poignard, qui préoccupait sa pensée plus qu'il ne voulait se l'avouer à lui-même.

En traversant la chambre de Roland, le chef des compagnons de Jéhu reprit son manteau et ses pistolets.

Tandis qu'il les passait à sa ceinture :

— Il paraît, lui dit Roland, que le citoyen premier consul vous a montré le poignard que je lui ai donné.

— Oui, monsieur, répondit Morgan.

— Et vous l'avez reconnu?

— Pas celui-là particulièrement... tous nos poignards se ressemblent.

— Eh bien! fit Roland, je vais vous dire d'où il vient.

— Ah!... Et d'où vient-il?

— De la poitrine d'un de mes amis, où vos compagnons, et peut-être vous-même l'aviez enfoncé.

— C'est possible, répondit insoucieusement le jeune homme; mais votre ami se sera exposé à ce châtiment.

— Mon ami a voulu voir ce qui se passait la nuit dans la chartreuse de Seillon.

— Il a eu tort.

— Mais, moi, j'avais eu le même tort la veille, pourquoi ne m'est-il rien arrivé?

— Parce que sans doute quelque talisman vous sauvegardait.

— Monsieur, je vous dirai une chose : c'est que je suis un homme de droit chemin et de grand jour; il en résulte que j'ai horreur du mystérieux.

— Heureux ceux qui peuvent marcher au grand jour et suivre le grand chemin, monsieur de Montrevel!

— C'est pour cela que je vais vous dire le serment que j'ai fait, monsieur Morgan. En tirant le poignard que vous avez vu de la poitrine de mon ami, le plus délicatement possible, pour ne pas en tirer son âme en même temps, j'ai fait serment que ce serait désormais entre ses assassins et moi une guerre à mort, et c'est en grande partie pour vous dire cela à vous-même je vous ai donné la parole qui vous sauvegardait.

— C'est un serment que j'espère vous voir oublier, monsieur de Montrevel.

— C'est un serment que je tiendrai dans toutes les occasions, monsieur Morgan, et vous serez bien aimable de m'en fournir une le plus tôt possible.

— De quelle façon, monsieur ?

— Eh bien ! mais, par exemple, en acceptant avec moi une rencontre soit au bois de Boulogne, soit au bois de Vincennes ; nous n'avons pas besoin de dire, bien entendu, que nous nous battons parce que vous ou vos amis avez donné un coup de poignard à lord Tanlay. Non, nous dirons ce que vous voudrez, que c'est à propos, par exemple... (Roland chercha) de l'éclipse de lune qui doit avoir lieu le 12 du mois prochain. Le prétexte vous va-t-il ?

— Le prétexte m'irait, monsieur, répondit Morgan avec un accent de mélancolie dont on l'eût cru incapable, si le duel lui-même me pouvait aller. Vous avez fait un serment, et vous le tiendrez, dites-vous ? Eh bien ! tout initié en fait un aussi en entrant dans la compagnie de Jéhu : c'est de n'exposer dans aucune querelle particulière une vie qui appartient à sa cause, et non plus à lui.

— Oui ; si bien que vous assassinez, mais ne vous battez pas.

— Vous vous trompez, nous nous battons quelquefois.

— Soyez assez bon pour m'indiquer une occasion d'étudier ce phénomène.

— C'est bien simple : tâchez, monsieur de Montrevel, de vous trouver, avec cinq ou six hommes résolus comme vous, dans quelque diligence portant l'argent du gouvernement ; défendez ce que nous attaquerons, et l'occasion que vous cherchez sera venue ; mais, croyez-moi, faites mieux que cela : ne vous trouvez pas sur notre chemin.

— C'est une menace, monsieur ? dit le jeune homme en relevant la tête.

— Non, monsieur, fit Morgan d'une voix douce, presque suppliante, c'est une prière.

— M'est-elle particulièrement adressée, ou la feriez-vous à un autre ?

— Je la fais à vous particulièrement.

Et le chef des compagnons de Jéhu appuya sur ce dernier mot.

— Ah ! ah ! fit le jeune homme, j'ai donc le bonheur de vous intéresser ?

— Comme un frère, répondit Morgan, toujours de sa même voix douce et caressante.

— Allons, dit Roland, décidément c'est une gageure.

En ce moment, Bourrienne entra.

— Roland, dit-il, le premier consul vous demande.

— Le temps de reconduire monsieur jusqu'à la porte de la rue, et je suis à lui.

— Hâtez-vous ; vous savez qu'il n'aime point à attendre.

— Voulez-vous me suivre, monsieur ? dit Roland à son mystérieux compagnon.

— Il y a longtemps que je suis à vos ordres, monsieur.

— Venez, alors.

Et Roland, reprenant le même chemin par lequel il avait amené Morgan, le reconduisit, non pas jusqu'à la porte donnant dans le jardin, — le jardin était fermé, — mais jusqu'à celle de la rue.

Arrivé là :

— Monsieur, dit-il à Morgan, je vous ai donné ma parole, je l'ai tenue fidèlement ; mais, pour qu'il n'y ait point de malentendu entre nous, dites-moi bien que cette parole était pour une fois et pour aujourd'hui seulement.

— C'est comme cela que je l'ai entendu, monsieur.

— Ainsi, cette parole, vous me la rendez ?

— Je voudrais la garder, monsieur ; mais je reconnais que vous êtes libre de me la reprendre.

— C'est tout ce que je désirais. Au revoir, monsieur Morgan.

— Permettez-moi de ne pas faire le même souhait, monsieur de Montrevel.

Les deux jeunes gens se saluèrent avec une courtoisie parfaite, Roland rentrant au Luxembourg, et Morgan prenant, en suivant la ligne d'ombre projetée par la muraille, une des petites rues qui conduisent à la place Saint-Sulpice.

C'est celui-ci que nous allons suivre.

XXVI

LE BAL DES VICTIMES

Au bout de cent pas à peine, Morgan ôta son masque ; au milieu des rues de Paris, il courait bien autrement risque d'être remarqué avec un masque que remarqué sans masque.

Arrivé rue Taranne, il frappa à la porte d'un petit hôtel garni qui faisait le coin de cette rue et de la rue du Dragon, entra, prit sur un meuble un chandelier, à un clou la clef du numéro 12, et monta sans éveiller d'autre sensation que celle d'un locataire bien connu qui rentre après être sorti.

Dix heures sonnaient à la pendule au moment même où il refermait sur lui la porte de sa chambre.

Il écouta attentivement les heures, la lumière de la bougie ne se projetant pas jusqu'à la cheminée ; puis, ayant compté dix coups :

— Bon ! se dit-il à lui-même, je n'arriverai pas trop tard.

Malgré cette probabilité, Morgan parut décidé à ne point perdre de temps ; il passa un papier flamboyant sous un grand foyer préparé dans la cheminée, et qui s'enflamma aussitôt, alluma quatre bougies, c'est-à-dire tout ce qu'il y en avait dans la chambre, en disposa deux sur la cheminée, deux sur la commode en face, ouvrit un tiroir de la commode, et étendit sur le lit un costume complet d'incroyable du dernier goût.

Ce costume se composait d'un habit court et carré par devant, long par derrière, d'une couleur tendre, flottant entre le vert d'eau et le gris-perle, d'un gilet de panne chamois à dix-huit boutons de nacre, d'une immense cravate blanche de la plus fine batiste, d'un pantalon collant de casimir blanc, avec un flot de rubans à l'endroit où il se boutonnait, c'est-à-dire au-dessous du mollet ; enfin des bas de soie gris-perle, rayés transversalement du même vert que l'habit, et de fins escarpins à boucles de diamants.

Le lorgnon de rigueur n'était pas oublié. Quant au chapeau, c'était le même que celui dont Carle Vernet a coiffé son élégant du Directoire.

Ces objets préparés, Morgan parut attendre avec impatience.

Au bout de cinq minutes, il sonna ; un garçon parut.

— Le perruquier, demanda Morgan, n'est-il point venu ?

A cette époque, les perruquiers n'étaient pas encore des coiffeurs.

— Si fait, citoyen, répondit le garçon, il est venu ; mais vous n'étiez pas encore rentré, et il a dit qu'il allait revenir. Du reste, comme vous sonniez, on frappait à la porte ; c'était probablement...

— Voilà ! voilà ! dit une voix dans l'escalier.

— Ah ! bravo ! fit Morgan ; arrivez, maître Cadenette ! il s'agit de faire de moi quelque chose comme Adonis.

— Ce ne sera pas difficile, monsieur le baron, dit le perruquier.

— Eh bien, eh bien, vous voulez donc absolument me compromettre, citoyen Cadenette ?

— Monsieur le baron, je vous en supplie, appelez-moi Cadenette tout court, cela m'honorera, car ce sera une preuve de familiarité ; mais ne m'appelez pas citoyen : fi ! c'est une dénomination révolutionnaire ; et, au plus fort de la Terreur, j'ai toujours appelé mon épouse *madame* Cadenette. Maintenant, excusez-moi de ne pas vous avoir attendu ; mais il y a ce soir grand bal rue du Bac, bal des victimes (le perruquier appuya sur ce mot) ; j'aurais cru que monsieur le baron devait en être.

— Ah çà ! fit Morgan en riant, vous êtes donc toujours royaliste, Cadenette ?

Le perruquier mit tragiquement la main sur son cœur.

— Monsieur le baron, dit-il, c'est non-seulement une affaire de conscience, mais aussi une affaire d'état.

— De conscience ! je comprends, maître Cadenette, mais d'état ! que diable l'honorable corporation des perruquiers a-t-elle à faire à la politique ?

— Comment ! monsieur le baron, dit Cadenette tout en s'apprêtant à coiffer son client, vous demandez cela ? vous, un aristocrate !

— Chut, Cadenette !

— Monsieur le baron, entre ci-devant, on peut se dire ces choses-là.

— Alors vous êtes un ci-devant ?

— Tout ce qu'il y a de plus ci-devant. Quelle coiffure monsieur le baron désire-t-il ?

— Les oreilles de chien, et les cheveux retroussés par derrière.

— Avec un œil de poudre ?

— Deux yeux si vous voulez, Cadenette.

— Ah ! monsieur, quand on pense que, pendant cinq ans, on n'a trouvé que chez moi de la poudre à la maréchale ! monsieur le baron, pour une boîte de poudre, on était guillotiné.

— J'ai connu des gens qui l'ont été pour moins que cela, Cadenette. Mais expliquez-moi comment vous vous trouvez être un ci-devant ; j'aime à me rendre compte de tout.

— C'est bien simple, monsieur le baron. Vous admettez, n'est-ce pas, que, parmi les corporations, il y en avait de plus ou moins aristocrates ?

— Sans doute, selon qu'elles se rapprochaient des hautes classes de la société.

— C'est cela, monsieur le baron. Eh bien, les hautes classes de la société, nous les tenions par les cheveux ; moi, tel que vous me voyez, j'ai coiffé un soir madame de Polignac ; mon père a coiffé madame du Barry, mon grand-père madame de Pompadour ; nous avions nos priviléges, monsieur : nous portions l'épée. Il est vrai que, pour éviter les accidents qui pouvaient arriver entre têtes chaudes comme les nôtres, la plupart du temps nos épées étaient en bois ; mais tout au moins, si ce n'était pas la chose, c'était le simulacre. Oui, monsieur le baron, continua Cadenette avec un soupir, ce temps-là, c'était le beau temps, non-seulement des perruquiers, mais aussi de la France. Nous étions de tous les secrets, de toutes les intrigues, on ne se cachait pas de nous : et il n'y a pas d'exemple, monsieur le baron, qu'un secret ait été trahi par un perruquier. Voyez notre pauvre reine, à qui a-t-elle confié ses diamants ? au grand, à l'illustre Léonard, au prince de la coiffure. Eh bien, monsieur le baron, deux hommes ont suffi pour renverser l'échafaudage d'une puissance qui reposait sur les perruques de Louis XIV, sur les poufs de la Régence, sur les crêpes de Louis XV et sur les galeries de Marie-Antoinette.

— Et ces deux hommes, ces deux niveleurs, ces deux révolutionnaires, quels sont-ils, Cadenette ? que je les voue, autant qu'il sera en mon pouvoir, à l'exécration publique.

— M. Rousseau et le citoyen Talma. M. Rousseau, qui a dit cette absurdité : « Revenez à la nature, » et le citoyen Talma, qui a inventé les coiffures à la Titus.

— C'est vrai, Cadenette, c'est vrai.

— Enfin, avec le Directoire, on a eu un instant d'espérance. M. Barras n'a jamais abandonné la poudre, et le citoyen Moulin a conservé la queue ; mais, vous comprenez, le 18 brumaire a tout anéanti : le moyen de faire friser les cheveux de M. Bonaparte !... Ah ! tenez, continua Cadenette en faisant bouffer les oreilles de chien de sa pratique, à la bonne heure, voilà de véritables cheveux d'aristocrate, doux et fins comme de la soie, et qui tiennent le fer, que c'est à croire que vous portez perruque. Regardez-vous, monsieur le baron ; vous vouliez être beau comme Adonis... Ah ! si Vénus vous avait vu, ce n'est point d'Adonis que Mars eût été jaloux.

Et Cadenette, arrivé au bout de son travail et satisfait de son œuvre, présenta un miroir à main à Morgan, qui se regarda avec complaisance.

— Allons, allons ! dit-il au perruquier, décidément, mon cher, vous êtes un artiste ! Retenez bien cette coiffure-là : si jamais on me coupe le cou, comme il y aura probablement des femmes à mon exécution, c'est cette coiffure-là que je me choisis.

— Monsieur le baron veut qu'on le regrette, dit sérieusement le perruquier.

— Oui, et, en attendant, mon cher Cadenette, voici un écu pour la peine que vous avez prise. Ayez la bonté de dire en descendant que l'on m'appelle une voiture.

Cadenette poussa un soupir.

— Monsieur le baron, dit-il, il y a une époque où je vous eusse répondu : Montrez-vous à la cour avec cette coiffure, et je serai payé ; mais il n'y a plus de cour, monsieur le baron, et il faut vivre... Vous aurez votre voiture.

Sur quoi, Cadenette poussa un second soupir, mit l'écu de Morgan dans sa poche, fit le salut révérencieux des perruquiers et des maîtres de danse, et laissa le jeune homme parachever sa toilette.

Une fois la coiffure achevée, ce devait être chose bientôt faite ; la cravate seule prit un peu de temps à cause des brouillards qu'elle nécessitait, mais Morgan se tira de cette tâche difficile en homme expérimenté, et, à onze heures sonnantes, il était prêt à monter en voiture.

Cadenette n'avait point oublié la commission : un fiacre attendait à la porte.

Morgan y sauta en criant :

— Rue du Bac, n° 60.

Le fiacre prit la rue de Grenelle, remonta la rue du Bac et s'arrêta au n° 60.

— Voilà votre course payée double, mon ami, dit Morgan, mais à la condition que vous ne stationnerez pas à la porte.

Le fiacre reçut trois francs et disparut au coin de la rue de Varennes.

Morgan jeta les yeux sur la façade de la maison ; c'était à croire qu'il s'était trompé de porte, tant cette façade était sombre et silencieuse.

Cependant Morgan n'hésita point, il frappa d'une certaine façon.

La porte s'ouvrit.

Au fond de la cour s'étendait un grand bâtiment ardemment éclairé.

Le jeune homme se dirigea vers le bâtiment ; à mesure qu'il approchait, le son des instruments venait à lui.

Il monta un étage et se trouva dans le vestiaire.

Il tendit son manteau au contrôleur chargé de veiller sur les pardessus.

— Voici un numéro, lui dit le contrôleur ; quant aux armes, déposez-les dans la galerie, de manière que vous puissiez les reconnaître.

Morgan mit le numéro dans la poche de son pantalon, et entra dans une grande galerie transformée en arsenal.

Il y avait là une véritable collection d'armes de toutes les espèces, pistolets, tromblons, carabines, épées, poignards. Comme le bal pouvait être tout à coup interrompu par une descente de la police, il fallait qu'à la seconde chaque danseur pût se transformer en combattant.

Débarrassé de ses armes, Morgan entra dans la salle du bal.

Nous doutons que la plume puisse donner à nos lecteurs une idée de l'aspect qu'offrait ce bal.

En général, comme l'indiquait son nom, bal des victimes, on n'était admis à ce bal qu'en vertu des droits étranges que vous y avaient donnés vos parents envoyés sur l'échafaud par la Convention ou la commune de Paris, mitraillés par Collot-d'Herbois, ou noyés par Carrier ; mais comme, à tout prendre, c'étaient les guillotinés qui, pendant les trois années de terreur que l'on venait de traverser, l'avaient emporté en nombre sur les autres victimes, les costumes qui formaient la majorité étaient les costumes des victimes de l'échafaud.

Ainsi, la plus grande partie des jeunes filles, dont les mères et les sœurs aînées étaient tombées sous la main du bourreau, portaient elles-mêmes le costume que leur mère et leur sœur avaient revêtu pour la suprême et lugubre cérémonie, c'est-à-dire la robe blanche, le châle rouge et les cheveux coupés à fleur de cou.

Quelques-unes, pour ajouter à ce costume, déjà si caractéristique, un détail plus significatif encore, quelques-unes avaient noué autour de leur cou un fil de soie rouge, mince comme le tranchant d'un rasoir, lequel, comme chez la Marguerite de Faust au sabbat, indiquait le passage du fer entre les mastoïdes et les clavicules.

Quant aux hommes qui se trouvaient dans le même cas, ils avaient le collet de leur habit rabattu en arrière, celui de leur chemise flottant, le cou nu et les cheveux coupés.

Mais beaucoup avaient d'autres droits, pour entrer dans ce bal, que d'avoir eu des victimes dans leurs familles : beaucoup avaient fait eux-mêmes des victimes. Ceux-là cumulaient.

Il y avait là des hommes de quarante à quarante-cinq ans, qui avaient été élevés dans les boudoirs des belles courtisanes du XVIIe siècle, qui avaient connu madame du Barry dans les mansardes de Versailles, la Sophie Arnoult chez M. de Lauraguais, la Duthé chez le comte d'Artois, qui avaient emprunté à la politesse du vice le vernis dont ils recouvraient leur férocité. Ils étaient encore jeunes et beaux ; ils entraient dans un salon secouant leurs chevelures odorantes et leurs mouchoirs parfumés, et ce n'était point une précaution inutile, car, s'ils n'eussent senti l'ambre ou la verveine, ils eussent senti le sang.

Il y avait là des hommes de vingt-cinq à trente ans, mis avec une élégance infinie, qui faisaient partie de l'Association des Vengeurs, qui semblaient saisis de la monomanie de l'assassinat, de la folie de l'égorgement ; qui avaient la frénésie du sang, et que le sang ne désaltérait pas ; qui, lorsque l'ordre leur était venu de tuer, tuaient celui qui leur était désigné, ami ou ennemi ; qui portaient la conscience du commerce dans la comptabilité du meurtre ; qui recevaient la traite sanglante qui leur demandait la tête de tel ou tel jacobin, et qui la payaient à vue.

Il y avait là des jeunes gens de dix-huit à vingt ans, des enfants presque, mais des enfants nourris comme Achille, de la moelle des bêtes féroces, comme Pyrrhus de la chair des ours ; c'étaient des élèves bandits de Schiller, des apprentis francs-juges de la sainte Vehme ; c'était cette génération étrange qui arrive après les grandes convulsions politiques, comme vinrent les Titans après le chaos, les hydres après le déluge, comme viennent enfin les vautours et les corbeaux après le carnage.

C'était un spectre de bronze, impassible, implacable, inflexible qu'on appelle le talion.

Et ce spectre se mêlait aux vivants ; il entrait dans les salons dorés, il faisait un signe du regard, un geste de la main, un mouvement de la tête, et on le suivait.

On faisait, dit l'auteur auquel nous empruntons ces détails si inconnus et cependant si véridiques, on faisait Charlemagne à la bouillotte pour une partie d'extermination.

La Terreur avait affecté un grand cynisme dans ses vêtements, une austérité lacédémonienne dans ses repas, le plus profond mépris enfin d'un peuple sauvage pour tous les arts et pour tous les spectacles.

La réaction thermidorienne, au contraire, était élégante, parée et opulente ; elle épuisait tous les luxes et toutes les voluptés, comme sous la royauté de Louis XV ; seulement, elle ajouta le luxe de la vengeance, la volupté du sang.

Fréron donna son nom à toute cette jeunesse que l'on appela la jeunesse de Fréron ou jeunesse dorée.

Pourquoi Fréron, plutôt qu'un autre, eut-il cet étrange et fatal honneur ?

Je ne me chargerai pas de vous le dire : mes recherches, — et ceux qui me connaissent me rendront cette justice que, quand je veux arriver à un but, les recherches ne me coûtent pas, — mes recherches ne m'ont rien appris là-dessus.

Ce fut un caprice de la mode ; la mode est la seule déesse plus capricieuse encore que la fortune.

A peine nos lecteurs savent-ils aujourd'hui ce que c'était que Fréron, et celui qui fut le plastron de Voltaire est plus connu que celui qui fut le patron de ces élégants assassins.

Le 20 juin, j'étais là, derrière le troisième tilleul. — Page 136.

L'un était le fils de l'autre. Louis Stanislas était le fils d'Élie-Catherine; le père était mort de colère de voir son journal supprimé par le garde des sceaux Miromesnil.

L'autre, irrité par les injustices dont son père avait été victime, avait d'abord embrassé avec ardeur les principes révolutionnaires, et, à la place de l'*Année littéraire*, morte et étranglée en 1775, il avait, en 1789, créé l'*Orateur du peuple*. Envoyé dans le Midi, comme agent extraordinaire, Marseille et Toulon gardent encore aujourd'hui le souvenir de ses cruautés.

Mais tout fut oublié quand, au 9 thermidor, il se prononça contre Robespierre, et aida à précipiter de l'autel de l'Être suprême le colosse qui, d'apôtre, s'était fait dieu. Fréron, répudié par la Montagne, qui l'abandonna aux lourdes mâchoires de Moïse Bayle; Fréron, repoussé avec dédain par la Gironde, qui le livra aux imprécations d'Isnard; Fréron, comme le disait le terrible et pittoresque orateur du Var, Fréron tout nu et tout couvert de la lèpre du crime, fut recueilli, caressé, choyé par les thermidoriens; puis, du camp de ceux-ci, il passa dans le camp des royalistes, et, sans aucune raison d'obtenir ce fatal honneur, se trouva tout à coup à la tête d'un parti puissant de jeunesse, d'énergie et de vengeance, placé entre les passions du temps, qui menaient à tout, et l'impuissance des lois, qui souffraient tout.

Ce fut au milieu de cette jeunesse dorée, de cette jeunesse de Fréron, grasseyant, zézayant, donnant sa parole d'honneur à tout propos, que Morgan se fraya un passage.

Toute cette jeunesse, il faut le dire, malgré le costume dont elle était revêtue, malgré les souvenirs que rappelaient ces costumes, toute cette jeunesse était d'une gaieté folle.

C'est incompréhensible, mais c'était ainsi.

Expliquez si vous pouvez cette danse macabre qui, au commencement du XVe siècle, avec la furie d'un galop moderne conduit par Musard, déroulant ses anneaux dans le cimetière même des Innocents, laissa choir au milieu des tombes cinquante mille de ses funèbres danseurs.

Morgan cherchait évidemment quelqu'un.

Un jeune élégant qui plongeait, dans une bonbonnière de vermeil que lui tendait une charmante victime, un doigt rouge de sang, seule partie de sa main délicate qui eût été soustraite à la pâte d'amande, voulait l'arrêter pour lui donner des détails sur l'expédition dont il avait rapporté ce sanglant trophée ; mais Morgan lui sourit, pressa celle de ses deux mains qui était gantée, et se contenta de lui répondre :

— Je cherche quelqu'un.
— Affaire pressée ?
— Compagnie de Jéhu.

Le jeune homme au doigt sanglant le laissa passer.

Une adorable furie, comme eût dit Corneille, qui avait ses cheveux retenus par un poignard à la lame plus pointue que celle d'une aiguille, lui barra le passage en lui disant :

— Morgan, vous êtes le plus beau, le plus brave et le plus digne d'être aimé de tous ceux qui sont ici. Qu'avez-vous à répondre à la femme qui vous dit cela ?

— J'ai à lui répondre que j'aime, dit Morgan, et que mon cœur est trop étroit pour une haine et deux amours.

Et il continua sa recherche.

Deux jeunes gens qui discutaient, l'un disant : « C'est un Anglais, » l'autre disant : « C'est un Allemand, » arrêtèrent Morgan.

— Ah ! pardieu ! dit l'un, voilà l'homme qui peut nous tirer d'embarras.

— Non, répondit Morgan en essayant de rompre la barrière qu'ils lui opposaient, car je suis pressé.

— Il n'y a qu'un mot à répondre, dit l'autre. Nous venons de parier, Saint-Amand et moi, que l'homme jugé et exécuté dans la chartreuse de Seillon était, selon lui un Allemand, selon moi un Anglais.

— Je ne sais, répondit Morgan ; je n'y étais pas. Adressez-vous à Hector ; c'est lui qui présidait ce soir-là.

— Dis-nous alors où est Hector ?
— Dites-moi plutôt où est Tiffauges ; je le cherche.

— Là-bas, au fond, dit le jeune homme en indiquant un point de la salle où la contredanse bondissait plus joyeuse et plus animée. Tu le reconnaîtras à son gilet ; son pantalon, non plus, n'est point à dédaigner, et je m'en ferai faire un pareil avec la peau du premier mathévon à qui j'aurai affaire.

Morgan ne prit point le temps de demander ce que le gilet de Tiffauges avait de remarquable, et par quelle coupe bizarre ou quelle étoffe précieuse son pantalon avait pu obtenir l'approbation d'un homme aussi expert en pareille matière que l'était celui qui lui adressait la parole. Il alla droit au point indiqué par le jeune homme, et vit celui qu'il cherchait dansant un pas d'été qui semblait, par son habileté et son tricotage, qu'on me pardonne ce terme technique, sorti des salons de Vestris lui-même.

Morgan fit un signe au danseur.

Tiffauges s'arrêta à l'instant même, salua sa danseuse, la reconduisit à sa place, s'excusa sur l'urgence de l'affaire qui l'appelait, et vint prendre le bras de Morgan.

— L'avez-vous vu? demanda Tiffauges à Morgan.

— Je le quitte, répondit celui-ci.

— Et vous lui avez remis la lettre du roi?

— A lui-même.

— L'a-t-il lue?

— A l'instant.

— Et il a fait une réponse?

— Il en a fait deux, une verbale et une écrite ; la seconde dispense de la première.

— Et vous l'avez?

— La voici.

— Et savez-vous le contenu?

— C'est un refus.

— Positif?

— Tout ce qu'il y a de plus positif.

— Sait-il que, du moment où il nous ôte tout espoir, nous le traitons en ennemi?

— Je le lui ai dit.

— Et il a répondu?

— Il n'a pas répondu, il a haussé les épaules.

— Quelle intention lui croyez-vous donc?

— Ce n'est pas difficile à deviner.

— Aurait-il l'idée de garder le pouvoir pour lui ?

— Cela m'en a bien l'air.

— Le pouvoir, mais pas le trône?

— Pourquoi pas le trône?

— Il n'oserait se faire roi.

— Oh! je ne puis pas vous répondre si c'est précisément roi qu'il se fera; mais je vous réponds qu'il se fera quelque chose.

— Mais, enfin, c'est un soldat de fortune.

— Mon cher, mieux vaut en ce moment être le fils de ses œuvres que le petit-fils d'un roi.

Le jeune homme resta pensif.

— Je rapporterai tout cela à Cadoudal, fit-il.

— Et ajoutez que le premier consul a dit ces propres paroles : « Je tiens la Vendée dans ma main, et, si je veux, dans trois mois, il ne s'y brûlera plus une amorce. »

— C'est bon à savoir.

— Vous le savez ; que Cadoudal le sache, et faites-en votre profit.

En ce moment, la musique cessa tout à coup; le bourdonnement des danseurs s'éteignit ; il se fit un grand silence, et, au milieu de ce silence, quatre noms furent prononcés par une voix sonore et accentuée.

Ces quatre noms étaient ceux de Morgan, de Montbar, d'Adler et de d'Assas.

— Pardon, dit Morgan à Tiffauges, il se prépare probablement quelque expédition dont je suis; force m'est donc, à mon grand regret, de vous dire adieu : seulement, avant de vous quitter, laissez-moi regarder de plus près votre gilet et votre pantalon, dont on m'a parlé ; c'est une curiosité d'amateur, j'espère que vous l'excuserez.

— Comment donc! fit le jeune Vendéen, bien volontiers.

XXVII

LA PEAU DES OURS

Et, avec une rapidité et une complaisance qui faisaient honneur à sa courtoisie, il s'approcha des candélabres qui brûlaient sur la cheminée.

Le gilet et le pantalon paraissaient être de la même étoffe ; mais quelle était cette étoffe? c'était là que le connaisseur le plus expérimenté se fût trouvé dans l'embarras.

Le pantalon était un pantalon collant ordinaire, de couleur tendre, flottant entre le chamois et la couleur de chair ; il n'offrait rien de remarquable que d'être sans couture aucune et de coller exactement sur la chair.

Le gilet avait, au contraire, deux signes caractéristiques qui appelaient plus particulièrement l'attention sur lui : il était troué de trois balles dont on avait laissé les trous béants, en les ravivant avec du carmin qui jouait le sang à s'y méprendre.

En outre, au côté gauche était peint le cœur sanglant qui servait de point de reconnaissance aux Vendéens.

Morgan examina les deux objets avec la plus grande attention, mais l'examen fut infructueux.

— Si je n'étais pas si pressé, dit-il, je voudrais en avoir le cœur net et ne m'en rapporter qu'à mes propres lumières ; mais, vous avez entendu, il est probablement arrivé quelques nouvelles au comité ; c'est de l'argent que vous pouvez annoncer à Cadoudal : seulement, il faut l'aller prendre. Je commande d'ordinaire ces sortes d'expéditions, et, si je tardais, un autre se présenterait à ma place. Dites-moi donc quel est le tissu dont vous êtes habillé ?

— Mon cher Morgan, dit le Vendéen, vous avez peut-être entendu dire que mon frère avait été pris aux environs de Bressuire et fusillé par les bleus ?

— Oui, je sais cela.

— Les bleus étaient en retraite ; ils laissèrent le corps au coin d'une haie ; nous les poursuivions l'épée dans les reins, de sorte que nous arrivâmes derrière eux. Je retrouvai le corps de mon frère encore chaud. Dans une de ses blessures était plantée une branche d'arbre avec cette étiquette : « Fusillé comme brigand, par moi, Claude Flageolet, caporal au 3ᵉ bataillon de Paris. » Je recueillis le corps de mon frère ; je lui fis enlever la peau de la poitrine, cette peau qui, trouée de trois balles, devait éternellement crier vengeance devant mes yeux, et j'en fis faire mon gilet de bataille.

— Ah ! ah ! fit Morgan avec un certain étonnement dans lequel, pour la première fois, se mêlait quelque chose qui ressemblait à de la terreur ; ah ! ce gilet est fait avec la peau de votre frère ? Et le pantalon ?

— Oh ! répondit le Vendéen, le pantalon, c'est autre chose : il est fait avec celle du citoyen Claude Flageolet, caporal au 3ᵉ bataillon de Paris.

En ce moment la même voix retentit, appelant pour la seconde fois, et dans le même ordre, les noms de Morgan, de Montbar, d'Adler et de d'Assas.

Morgan s'élança hors du cabinet.

Morgan traversa la salle de danse dans toute sa longueur et se dirigea vers un petit salon situé de l'autre côté du vestiaire.

Ses trois compagnons, Montbar, Adler et d'Assas l'y attendaient déjà.

Avec eux se trouvait un jeune homme portant le costume d'un courrier de cabinet à la livrée du gouvernement, c'est-à-dire l'habit vert et or.

Il avait les grosses bottes poudreuses, la casquette-visière et le sac de dépêches qui constituent le harnachement essentiel d'un courrier de cabinet.

Une carte de Cassini, sur laquelle on pouvait relever jusqu'aux moindres sinuosités de terrain, était étendue sur une table.

Avant de dire ce que faisait là ce courrier et dans quel but était étendue cette carte, jetons un coup d'œil sur les trois nouveaux personnages dont les noms venaient de retentir dans la salle du bal, et qui sont destinés à jouer un rôle important dans la suite de cette histoire.

Le lecteur connaît déjà Morgan, l'Achille et le Pâris tout à la fois de cette étrange association. Morgan avec ses yeux bleus, ses cheveux noirs, sa taille haute et bien prise, sa tournure gracieuse, vive et svelte, son œil qu'on n'avait jamais vu sans un regard animé ; sa bouche aux lèvres fraîches et aux dents blanches, qu'on n'avait jamais vue sans un sourire ; sa physionomie si remarquable, composée d'un mélange d'éléments qui semblaient étrangers les uns aux autres, et sur laquelle on retrouvait tout à la fois la force et la tendresse, la douceur et l'énergie, et tout cela mêlé à l'étourdissante expression d'une gaieté qui devenait effrayante parfois lorsqu'on songeait que cet homme côtoyait éternellement la mort, et la plus effrayante de toutes les morts, celle de l'échafaud.

Quant à d'Assas, c'était un homme de trente-cinq à trente-huit ans, aux cheveux touffus et grisonnants, mais aux sourcils et aux moustaches d'un noir d'ébène ; pour ses yeux, ils étaient de cette admirable nuance des yeux indiens tirant sur le marron. C'était un ancien capitaine de dragons, admirablement bâti pour la lutte physique et morale, dont les muscles indiquaient la force, et la physionomie l'entêtement. Au reste, d'une tournure noble, d'une grande élégance de manières, parfumé comme un petit-maître, et respirant par manie ou par manière de volupté, soit un flacon de sel anglais, soit une cassolette de vermeil contenant les parfums les plus subtils.

Montbar et Adler, dont on ne connaissait pas plus les véritables noms que l'on ne connaissait ceux de d'Assas et de Morgan, étaient généralement appelés dans la compagnie *les inséparables*. Figurez-vous Damon et Pythias, Euryale et Nisus, Oreste et Pylade à vingt-deux ans ; l'un joyeux, loquace, bruyant; l'autre triste, silencieux, rêveur, partageant tout, dangers, argent, maîtresses ; se complétant l'un par l'autre, atteignant à eux deux les limites de tous les extrêmes ; chacun dans le péril s'oubliant lui-même pour veiller sur l'autre, comme les jeunes Spartiates du bataillon sacré, et vous aurez une idée de Montbar et d'Adler.

Il va sans dire que tous trois étaient compagnons de Jéhu.

Ils étaient convoqués, comme s'en était douté Morgan, pour affaire de la compagnie.

Morgan, en entrant, alla droit au faux courrier et lui serra la main.

— Ah ! ce cher ami ! dit celui-ci avec un mouvement de l'arrière-train indiquant qu'on ne fait pas impunément, si bon cavalier que l'on soit, une cinquantaine de lieues à franc étrier sur des bidets de poste ; vous vous la passez douce, vous autres Parisiens, et, relativement à vous, Annibal à Capoue était sur des ronces et des épines ! Je n'ai fait que jeter un coup d'œil sur la salle de bal, en passant, comme doit faire un pauvre courrier de cabinet portant les dépêches du général Masséna au citoyen premier consul ; mais vous avez là, il me semble, un choix de victimes parfaitement entendu ; seulement, mes pauvres amis, il faut pour le moment dire adieu à tout cela ; c'est désagréable, c'est malheureux, c'est désespérant, mais la maison de Jéhu avant tout.

— Mon cher Hastier, dit Morgan.

— Holà ! dit Hastier, pas de noms propres, s'il vous plaît, messieurs. La famille Hastier est une honnête famille de Lyon faisant négoce, comme on dit, place des Terreaux, de père en fils, et qui serait fort humiliée d'apprendre que son héritier s'est fait courrier de cabinet, et court les grands chemins avec la besace nationale sur le dos. Lecoq, tant que vous voudrez, mais Hastier point ; je ne connais pas Hastier. Et vous, messieurs, continua le jeune homme s'adressant à Montbar, à Adler et à d'Assas, le connaissez-vous ?

— Non, répondirent les trois jeunes gens, et nous demandons pardon pour Morgan, qui a fait erreur.

— Mon cher Lecoq, fit Morgan.

— A la bonne heure, interrompit Hastier, je réponds à ce nom-là. Eh bien, voyons, que voulais-tu me dire ?

— Je voulais te dire que, si tu n'étais pas l'antipode du dieu Harpocrate, que les Égyptiens représentaient un doigt sur la bouche, au lieu de te jeter dans une foule de divagations plus ou moins fleuries, nous saurions déjà pourquoi ce costume et pourquoi cette carte ?

— Eh ! pardieu ! si tu ne le sais pas encore, reprit le jeune homme, c'est ta faute et non la mienne. S'il n'avait point fallu t'appeler deux fois, perdu que tu étais probablement avec quelque belle Euménide, demandant à un beau jeune homme vivant vengeance pour de vieux parents morts, tu serais aussi avancé que ces messieurs, et je ne serais pas obligé de bisser ma cavatine. Voici ce que c'est : il s'agit tout simplement d'un reste du trésor des ours de Berne, que, par ordre du général Masséna, le général Lecourbe a expédié au citoyen premier consul. Une misère, cent mille francs, qu'on n'ose faire passer par le Jura à cause des partisans de M. Teysonnet, qui seraient, à ce que l'on prétend, gens à s'en emparer, et que l'on expédie par Genève, Bourg, Mâcon, Dijon et Troyes ; route bien autrement sûre, comme on s'en apercevra au passage.

— Très-bien !

— Nous avons été avisés de la nouvelle par Renard, qui est parti de Gex à franc étrier, et qui l'a transmise à l'Hirondelle, pour le moment en station à Châlons-sur-Saône, lequel ou laquelle l'a transmise à Auxerre, à moi, Lecoq, lequel viens de faire quarante-cinq lieues pour vous la transmettre à mon tour. Quant aux détails secondaires, les voici. Le trésor est parti de Berne octodi dernier, 28 nivôse an VIII de la République triple et divisible. Il doit arriver aujourd'hui duodi à Genève ; il en partira demain tridi avec la diligence de Genève à Bourg ; de sorte qu'en partant cette nuit même, après-demain quintidi, vous pouvez, mes chers fils d'Israël, rencontrer le trésor de MM. les ours entre Dijon et Troyes, vers Bar-sur-Seine ou Châtillon. Qu'en dites-vous ?

— Pardieu ! fit Morgan, ce que nous en disons, il me semble qu'il n'y a pas de discussions là-dessus ; nous disons que jamais nous ne nous serions permis de toucher à l'argent de messeigneurs les ours de Berne tant qu'il ne serait pas sorti des coffres de Leurs Seigneuries ; mais que, du moment où il a changé de destination une première fois, je ne vois aucun inconvénient à ce qu'il en change une seconde. Seulement comment allons-nous partir ?

— N'avez-vous donc pas la chaise de poste ?

— Si fait, elle est ici, sous la remise.

— N'avez-vous pas des chevaux pour vous conduire jusqu'à la prochaine poste ?

— Ils sont à l'écurie.

— N'avez-vous pas chacun votre passeport ?

— Nous en avons chacun quatre.

— Eh bien ?

— Eh bien, nous ne pouvons pas arrêter la diligence en chaise de poste ; nous ne nous gênons guère, mais nous ne prenons pas encore nos aises à ce point-là.

— Bon ! pourquoi pas ? dit Montbar ; ce serait original. Je ne vois pas pourquoi, puisqu'on prend un bâtiment à l'abordage avec une barque, on ne prendrait pas aussi une diligence à l'abordage avec une chaise de poste ; cela nous manque comme fantaisie ; en essayons-nous, Adler ?

— Je ne demanderais pas mieux, répondit celui-ci ; mais le postillon, qu'en feras-tu ?

— C'est juste, répondit Montbar.

— Le cas est prévu, mes enfants, dit le courrier ; on a expédié une estafette à Troyes : vous laisserez votre chaise de poste chez Delbauce ; vous y trouverez quatre chevaux tout sellés qui regorgeront d'avoine ; vous calculerez votre temps, et, après-demain, ou plutôt demain, car minuit est sonné, demain, entre sept ou huit heures du matin, l'argent de MM. les ours passera un mauvais quart d'heure.

— Allons-nous changer de costume ? demanda d'Assas.

— Pour quoi faire ? dit Morgan ; il me semble que nous sommes fort présentables comme nous voici ; jamais diligence n'aura été soulagée d'un poids incommode par des gens mieux vêtus. Jetons un dernier coup d'œil sur la carte, faisons apporter du buffet dans les coffres de la voiture un pâté, une volaille froide et une douzaine de bouteilles de vin de Champagne, armons-nous à l'arsenal, enveloppons-nous dans de bons manteaux, et fouette cocher !

— Tiens, dit Montbar, c'est une idée, cela.

— Je crois bien, continua Morgan ; nous crèverons les chevaux s'il le faut ; nous serons de retour ici à sept heures du soir, et nous nous montrerons à l'Opéra.

— Ce qui établira un alibi, dit d'Assas.

— Justement, continua Morgan avec son inaltérable gaieté ; le moyen d'admettre que des gens qui applaudissent mademoiselle Clotilde et M. Vestris à huit heures du soir, étaient occupés le matin, entre Bar et Châtillon, à régler leurs comptes avec le conducteur d'une diligence? Voyons, mes enfants, un coup d'œil sur la carte, afin de choisir notre endroit.

Les quatre jeunes gens se penchèrent sur l'œuvre de Cassini.

— Si j'avais un conseil topographique à vous donner, dit le courrier, ce serait de vous embusquer un peu en deçà de Massu; il y a un gué en face des Riceys... tenez, là!

Et le jeune homme indiqua le point précis sur la carte.

— Je gagnerais Chaource, que voilà; de Chaource, vous avez une route départementale, droite comme un I, qui vous conduit à Troyes; à Troyes, vous retrouvez votre voiture, vous prenez la route de Sens au lieu de celle de Coulommiers; les badauds — il y en a en province — qui vous ont vus passer la veille, ne s'étonnent pas de vous voir repasser le lendemain; vous êtes à l'Opéra à dix heures, au lieu d'y être à huit, ce qui est de bien meilleur ton, — et ni vu ni connu, je t'embrouille.

— Adopté pour mon compte, dit Morgan.

— Adopté! répétèrent en chœur les trois autres jeunes gens.

Morgan tira une des deux montres dont les chaînes se balançaient à sa ceinture; c'était un chef-d'œuvre de Petitot comme émail, et sur la double boîte qui protégeait la peinture était un chiffre en diamants. La filiation de ce merveilleux bijou était établie comme celle d'un cheval arabe : elle avait été faite pour Marie-Antoinette, qui l'avait donnée à la duchesse de Polastron, laquelle l'avait donnée à la mère de Morgan.

— Une heure du matin, dit Morgan; allons, messieurs, il faut qu'à trois heures nous relayions à Lagny.

A partir de ce moment, l'expédition était commencée, Morgan devenait le chef; il ne consultait plus, il ordonnait.

D'Assas, — qui en son absence commandait, — lui présent, obéissait tout le premier.

Une demi-heure après, une voiture enfermant quatre jeunes gens enveloppés de leurs manteaux était arrêtée à la barrière Fontainebleau par le chef de poste, qui demandait les passe-ports.

— Oh! la bonne plaisanterie! fit l'un d'eux en passant sa tête par la portière et en affectant l'accent à la mode; il faut donc des passe-ports pour *sasser* à Grosbois, chez le citoyen *Baas*? Ma *paole* d'honneur *panachée*, vous êtes fou, mon *ché ami!* Allons, fouette cocher!

Le cocher fouetta et la voiture passa sans difficulté.

XXVIII

EN FAMILLE

Laissons nos quatre *chasseurs* gagner Lagny, où, grâce aux passe-ports qu'ils doivent à la complaisance des employés du citoyen Fouché, ils troqueront leurs chevaux de maître contre des chevaux de poste, et leur cocher contre un postillon, et voyons pourquoi le premier consul avait fait demander Roland.

Roland s'était empressé, en quittant Morgan, de se rendre aux ordres de son général.

Il avait trouvé celui-ci debout et pensif devant la cheminée.

Au bruit qu'il avait fait en entrant, le général Bonaparte avait levé la tête.

— Que vous êtes-vous dit tous les deux? demanda Bonaparte sans préambule, et se fiant à l'habitude que Roland avait de répondre à sa pensée.

— Mais, dit Roland, nous nous sommes fait toute sorte de compliments..... et nous nous sommes quittés les meilleurs amis du monde.

— Quel effet te fait-il?

— L'effet d'un homme parfaitement élevé.

— Quel âge lui donnes-tu ?
— Mon âge, tout au plus.
— Oui, c'est bien cela ; la voix est jeune. Ah çà, Roland, est-ce que je me tromperais ? est-ce qu'il y aurait une jeune génération royaliste ?
— Eh ! mon général, répondit Roland avec un mouvement d'épaules, c'est un reste de la vieille.
— Eh bien, Roland, il faut en faire une autre qui soit dévouée à mon fils, si jamais j'ai un fils.

Roland fit un geste qui pouvait se traduire par ces mots : « Je ne m'y oppose pas. »

Bonaparte comprit parfaitement le geste.

— Ce n'est pas le tout que tu ne t'y opposes pas, dit-il, il faut y contribuer.

Un frissonnement nerveux passa sur le corps de Roland.

— Et comment cela ? demanda-t-il.
— En te mariant.

Roland éclata de rire.

— Bon ! avec mon anévrisme ! dit-il.

Bonaparte le regarda.

— Mon cher Roland, dit-il, ton anévrisme m'a bien l'air d'un prétexte pour rester garçon.

— Vous croyez ?
— Oui ; et, comme je suis un homme moral, je veux qu'on se marie.
— Avec cela que je suis immoral, moi, répondit Roland, et que je cause du scandale avec mes maîtresses !
— Auguste, reprit Bonaparte, avait rendu des lois contre les célibataires ; il les privait de leurs droits de citoyens romains.
— Auguste...
— Eh bien ?
— J'attendrai que vous soyez Auguste ; vous n'êtes encore que César.

Bonaparte s'approcha du jeune homme.

— Il y a des noms, mon cher Roland, dit-il en lui posant la main sur l'épaule, que je ne veux pas voir s'éteindre, et le nom de Montrevel est de ceux-là.

— Eh bien ! général, est-ce qu'à mon défaut, et en supposant que, par un caprice, une fantaisie, un entêtement, je me refuse à la perpétuer, est-ce qu'il n'y a pas mon frère !

— Comment ton frère ? tu as donc un frère ?
— Mais oui, j'ai un frère ! pourquoi donc n'aurais-je pas un frère ?
— Quel âge a-t-il ?
— Onze à douze ans.
— Pourquoi ne m'as-tu jamais parlé de lui ?
— Parce que j'ai pensé que les faits et gestes d'un gamin de cet âge-là ne vous intéresseraient pas beaucoup.
— Tu te trompes, Roland : je m'intéresse à tout ce qui touche mes amis ; il fallait me demander quelque chose pour ce frère.
— Quoi, général ?
— Son admission dans un collège de Paris.
— Bah ! vous avez assez de solliciteurs autour de vous sans que j'en grossisse le nombre.
— Tu entends, il faut qu'il vienne dans un collège de Paris ; quand il aura l'âge, je le ferai entrer à l'École militaire ou à quelque autre école que je fonderai d'ici là.
— Ma foi, général, répondit Roland, à l'heure qu'il est, comme si j'eusse deviné vos bonnes intentions à son égard, il est en route ou bien près de s'y mettre.
— Comment cela ?
— J'ai écrit, il y a trois jours, à ma mère d'amener l'enfant à Paris ; je comptais lui choisir un collège sans vous en rien dire, et, quand il aurait l'âge, vous en parler... en supposant toutefois que mon anévrisme ne m'ait pas enlevé d'ici là. Mais, dans ce cas...
— Dans ce cas ?
— Dans ce cas, je laissais un bout de testament à votre adresse, qui vous recommandait la mère, le fils et la fille, tout le bataclan.
— Comment, la fille ?
— Oui, ma sœur.
— Tu as donc aussi une sœur ?
— Parfaitement.

— Quel âge ?
— Dix-sept ans.
— Jolie ?
— Charmante !
— Je me charge de son établissement.

Roland se mit à rire.

— Qu'as-tu ? lui demanda le premier consul.

— Je dis, général, que je vais faire mettre un écriteau au-dessus de la grande porte du Luxembourg.

— Et sur cet écriteau ?

— *Bureau de mariages.*

— Ah çà ! mais, si tu ne veux pas te marier, toi, ce n'est point une raison pour que ta sœur reste fille. Je n'aime pas plus les vieilles filles que les vieux garçons.

— Je ne vous dis pas, mon général, que ma sœur restera vieille fille ; c'est bien assez qu'un membre de la famille Montrevel encoure votre mécontentement.

— Eh bien, alors, que me dis-tu ?

— Je vous dis que, si vous le voulez bien, comme la chose la regarde, nous la consulterons là-dessus.

— Ah ! ah ! y aurait-il quelque passion de province ?

— Je ne dirais pas non ! J'avais quitté la pauvre Amélie fraîche et souriante, je l'ai retrouvée pâle et triste. Je tirerai tout cela au clair avec elle ; et, puisque vous voulez que je vous en reparle, eh bien, je vous en reparlerai.

— Oui, à ton retour de la Vendée ; c'est cela.

— Ah ! je vais donc en Vendée ?

— Est-ce comme pour le mariage ? as-tu des répugnances ?

— Aucunement.

— Eh bien, alors, tu vas en Vendée.

— Quand cela ?

— Oh ! rien ne presse, et, pourvu que tu partes demain matin...

— A merveille ! plus tôt si vous voulez ; dites-moi ce que j'y vais faire.

— Une chose de la plus haute importance, Roland.

— Diable ! ce n'est pas une mission diplomatique, je présume ?

— Si, c'est une mission diplomatique pour laquelle j'ai besoin d'un homme qui ne soit pas diplomate.

— Oh ! général, comme je fais votre affaire ! Seulement, vous comprenez, moins je suis diplomate, plus il me faut des instructions précises.

— Aussi vais-je te les donner. Tiens, vois-tu cette carte ?

Et il montra au jeune homme une grande carte du Piémont étendue à terre et éclairée par une lampe suspendue au plafond.

— Oui, je la vois, répondit Roland, habitué à suivre son général dans tous les bonds inattendus de son génie ; seulement c'est une carte du Piémont.

— Oui, c'est une carte du Piémont.

— Ah ! il est donc question de l'Italie ?

— Il est toujours question de l'Italie.

— Je croyais qu'il s'agissait de la Vendée ?

— Secondairement.

— Ah çà, général, vous n'allez pas m'envoyer dans la Vendée et vous en aller en Italie, vous ?

— Non, sois tranquille.

— A la bonne heure ! je vous préviens que, dans ce cas-là, je déserte et vais vous rejoindre.

— Je te le permets ; mais revenons à Mélas.

— Pardon, général, c'est la première fois que nous en parlons.

— Oui ; mais il y a longtemps que j'y pense. Sais-tu où je bats Mélas ?

— Parbleu !

— Où cela ?

— Où vous le rencontrerez.

Bonaparte se mit à rire.

— Niais ! dit-il avec la plus intime familiarité.

Puis, se couchant sur la carte :

— Viens ici, dit-il à Roland.

Roland se coucha près de lui.

— Tiens, reprit Bonaparte, voilà où je le bats.

— Près d'Alexandrie ?

— A deux ou trois lieues. Il a à Alexandrie ses magasins, ses hôpitaux, son artillerie, ses réserves ; il ne s'en éloignera pas. Il faut que je frappe un grand coup, je n'obtiendrai la paix qu'à cette condition. Je passe les Alpes, — il montra le grand Saint-Bernard, — je tombe sur Mélas au moment où il s'y attend le moins, et je le bats à plate couture.

— Oh! je m'en rapporte bien à vous pour cela.

— Mais, tu comprends, pour que je m'éloigne tranquille, Roland, pas d'inflammation d'entrailles, c'est-à-dire pas de Vendée derrière moi.

— Ah! voilà votre affaire : pas de Vendée! et vous m'envoyez en Vendée pour que je supprime la Vendée.

— Ce jeune homme m'a dit de la Vendée des choses très-graves. Ce sont de braves soldats que ces Vendéens conduits par un homme de tête; il y a Georges Cadoudal surtout... Je lui ai fait offrir un régiment, qu'il n'acceptera pas.

— Peste! il est bien dégoûté.

— Mais il y a une chose dont il ne se doute point.

— Qui, Cadoudal?

— Cadoudal. C'est que l'abbé Bernier m'a fait des ouvertures.

— L'abbé Bernier?

— Oui.

— Qu'est-ce que c'est que cela, l'abbé Bernier?

— C'est le fils d'un paysan de l'Anjou, qui peut avoir aujourd'hui de trente-trois à trente-quatre ans, qui était curé à Saint-Laud à Angers lors de l'insurrection, qui a refusé le serment, et qui s'est jeté parmi les Vendéens. Deux ou trois fois la Vendée a été pacifiée, une ou deux fois on l'a crue morte. On se trompait : la Vendée était pacifiée; mais l'abbé Bernier n'avait pas signé la paix; la Vendée était morte, mais l'abbé Bernier était vivant. Un jour, la Vendée fut ingrate envers lui : il voulait être nommé agent général de toutes les armées royalistes de l'intérieur; Stofflet pesa sur la décision et fit nommer le comte Colbert de Maulevrier, son ancien maître. A deux heures du matin, le conseil s'était séparé, l'abbé Bernier avait disparu. Ce qu'il fit, cette nuit-là, Dieu et lui pourraient seuls le dire; mais, à quatre heures du matin, un détachement républicain entourait la métairie où dormait Stofflet désarmé et sans défense. A quatre heures et demie, Stofflet était pris; huit jours après, il était exécuté à Angers... Le lendemain, d'Autichamp prenait le commandement en chef, et, le même jour, afin de ne pas tomber dans la même faute que son prédécesseur Stofflet, il nommait l'abbé Bernier agent général... Y es-tu?

— Parfaitement!

— Eh bien, l'abbé Bernier, agent général des puissances belligérantes, fondé des pleins pouvoirs du comte d'Artois, l'abbé Bernier m'a fait faire des ouvertures.

— A vous, à Bonaparte, premier consul, il daigne...? Savez-vous que c'est très-bien de la part de l'abbé Bernier? Et vous acceptez les ouvertures de l'abbé Bernier?

— Oui, Roland; que la Vendée me donne la paix, je lui rouvre ses églises, je lui rends ses prêtres.

— Et s'ils chantent le *Domine, salvum fac regem*?

— Cela vaut encore mieux que de ne rien chanter du tout. Dieu est tout-puissant et décidera. La mission te convient-elle, maintenant que je te l'ai expliquée?

— A merveille!

— Eh bien, voilà une lettre pour le général Hédouville. Il traitera avec l'abbé Bernier, comme général en chef de l'armée de l'Ouest; mais tu assisteras à toutes les conférences : lui, ne sera que ma parole; toi, tu es ma pensée. Maintenant, pars le plus tôt possible; plus tôt tu reviendras, plus tôt Mélas sera battu.

— Général, je vous demande le temps d'écrire à ma mère, voilà tout.

— Où doit-elle descendre?

— Hôtel des Ambassadeurs.

— Quand crois-tu qu'elle arrive?

— Nous sommes dans la nuit du 21 au 22 janvier; elle arrivera le 23 au soir ou le 24 au matin.

— Et elle descend hôtel des Ambassadeurs?

— Oui, général.

— Je me charge de tout.

— Comment! vous vous chargez de tout?
— Certainement! ta mère ne peut pas rester à l'hôtel.
— Où voulez-vous donc qu'elle reste?
— Chez un ami.
— Elle ne connaît personne à Paris.
— Je vous demande bien pardon, monsieur Roland : elle connaît le citoyen Bonaparte, premier consul, et la citoyenne Joséphine, sa femme.
— Vous n'allez pas loger ma mère au Luxembourg, général ; je vous préviens que cela la gênerait beaucoup.
— Non, mais je la logerai rue de la Victoire.
— Oh! général!
— Allons! allons! c'est décidé. Pars et reviens le plus vite possible.

Roland prit la main du premier consul pour la baiser; mais Bonaparte, l'attirant vivement à lui :

— Embrasse-moi, mon cher Roland, lui dit-il, et bonne chance.

Deux heures après, Roland roulait en chaise de poste sur la route d'Orléans.

Le lendemain, à neuf heures du matin, il entrait à Nantes après trente-trois heures de voyage.

XXIX

LA DILIGENCE DE GENÈVE

A l'heure à peu près où Roland entrait à Nantes, une diligence pesamment chargée s'arrêtait à l'auberge de la Croix-d'Or au milieu de la grande rue de Châtillon-sur-Seine.

Les diligences se composaient, à cette époque, de deux compartiments seulement, le coupé et l'intérieur.

La rotonde est une adjonction d'invention moderne.

La diligence à peine arrêtée, le postillon mit pied à terre et ouvrit les portières.

La voiture éventrée donna passage aux voyageurs.

Ces voyageurs, voyageuses comprises, atteignaient en tout au chiffre de sept personnes.

Dans l'intérieur, trois hommes, deux femmes et un enfant à la mamelle.

Dans le coupé, une mère et son fils.

Les trois hommes de l'intérieur étaient, l'un un médecin de Troyes, l'autre un horloger de Genève, le troisième un architecte de Bourg.

Les deux femmes étaient, l'une une femme de chambre qui allait rejoindre sa maîtresse à Paris, l'autre une nourrice. — L'enfant était le nourrisson de cette dernière : elle le ramenait à ses parents.

La mère et le fils du coupé étaient, la mère une femme d'une quarantaine d'années, gardant les traces d'une grande beauté, et le fils un enfant de onze à douze ans.

La troisième place du coupé était occupée par le conducteur.

Le déjeuner était préparé, comme d'habitude, dans la grande salle de l'hôtel ; un de ces déjeuners que le conducteur, d'accord sans doute avec l'hôte, ne laisse jamais aux voyageurs le temps de manger.

La femme et la nourrice descendirent pour aller chez le boulanger y prendre chacune un petit pain chaud, auquel la nourrice joignit un saucisson à l'ail, et toutes deux remontèrent dans la voiture, où elles s'établirent tranquillement pour déjeuner, s'épargnant ainsi les frais, sans doute trop considérables pour leur budget, du déjeuner de l'hôte.

Le médecin, l'architecte, l'horloger, la mère et son fils entrèrent à l'auberge, et, après s'être rapidement chauffés en passant à la grande cheminée de la cuisine, entrèrent dans la salle à manger et se mirent à table.

La mère se contenta d'une tasse de café à la crème et de quelques fruits.

L'enfant, enchanté de constater qu'il était un homme, par l'appétit du moins, attaqua bravement le déjeuner à la fourchette.

Le premier moment fut, comme toujours, donné à l'apaisement de la faim.

L'horloger de Genève prit le premier la parole.

— Ma foi! citoyen, dit-il (dans les endroits publics on s'appelait encore citoyen), je vous avouerai franchement que je n'ai été aucunement fâché ce matin quand j'ai vu venir le jour.

— Monsieur ne dort pas en voiture? demanda le médecin.

— Si fait, monsieur, répondit le compatriote de Jean-Jacques; d'habitude, au contraire, je ne fais qu'un somme; mais l'inquiétude a été plus forte que la fatigue.

— Vous craigniez de verser? demanda l'architecte.

— Non pas, j'ai de la chance, sous ce rapport, et je crois qu'il suffit que je sois dans une voiture pour qu'elle devienne inversable; non, ce n'est point cela encore.

— Qu'était-ce donc? demanda le médecin.

— C'est qu'on dit là-bas, à Genève, que les routes de France ne sont pas sûres.

— C'est selon, dit l'architecte.

— Ah! c'est selon, fit le Génevois.

— Oui, continua l'architecte; ainsi, par exemple, si nous transportions avec nous de l'argent du gouvernement, nous serions bien sûrs d'être arrêtés, ou plutôt nous le serions déjà.

— Vous croyez? dit le Génevois.

— Ça, c'est immanquable; je ne sais comment ces diables de compagnons de Jéhu s'y prennent pour être si bien renseignés; mais ils n'en manquent pas une.

Le médecin fit un signe de tête affirmatif.

— Ah! ainsi, demanda le Génevois au médecin, vous aussi, vous êtes de l'avis de monsieur?

— Entièrement.

— Et, sachant qu'il y a de l'argent du gouvernement sur la diligence, auriez-vous fait l'imprudence de vous y embarquer?

— Je vous avoue, dit le médecin, que j'y eusse regardé à deux fois.

— Et vous, monsieur? demanda le questionneur à l'architecte.

— Oh! moi, répondit celui-ci, étant appelé par une affaire très-pressée, je fusse parti tout de même.

— J'ai bien envie, dit le Génevois, de faire descendre ma valise et mes caisses et d'attendre la diligence de demain, parce que j'ai pour une vingtaine de mille francs de montres dans mes caisses; nous avons eu de la chance jusqu'à aujourd'hui, mais il ne faut pas tenter Dieu.

— N'avez-vous pas entendu, monsieur, dit la mère se mêlant à la conversation, que nous ne courions risque d'être arrêtés, — ces messieurs le disent du moins, — que dans le cas où nous porterions de l'argent du gouvernement?

— Eh bien, c'est justement cela, reprit l'horloger en regardant avec inquiétude tout autour de lui : nous en avons là!

La mère pâlit légèrement en regardant son fils : avant de craindre pour elle, toute mère craint pour son enfant.

— Comment! nous en transportons? reprirent en même temps, et d'une voix émue à des degrés différents, le médecin et l'architecte; êtes-vous bien sûr de ce que vous dites?

— Parfaitement sûr, monsieur.

— Alors, vous auriez dû nous le dire plus tôt, ou, nous le disant maintenant, vous deviez nous le dire tout bas.

— Mais, répéta le médecin, monsieur n'est peut-être pas bien certain de ce qu'il dit?

— Ou monsieur s'amuse peut-être? ajouta l'architecte.

— Dieu m'en garde!

— Les Génevois aiment fort à rire, reprit le médecin.

— Monsieur, dit le Génevois fort blessé que l'on pût penser qu'il aimât à rire, monsieur, je l'ai vu charger devant moi.

— Quoi?

— L'argent.

— Et y en a-t-il beaucoup?

— J'ai vu passer bon nombre de sacs.

— Mais d'où vient cet argent-là?

— Il vient du trésor des ours de Berne. Vous n'êtes-pas sans savoir, messieurs, que les ours de Berne ont eu jusqu'à cinquante et même soixante mille livres de rente.

Le médecin éclata de rire.

— Décidément, dit-il, monsieur nous fait peur.

— Messieurs, dit l'horloger, je vous donne ma parole d'honneur...

— En voiture, messieurs! cria le conducteur ouvrant la porte; en voiture! nous sommes en retard de trois quarts d'heure.

— Un instant, conducteur, un instant, dit l'architecte, nous nous consultons.

— Sur quoi?

— Fermez donc la porte, conducteur, et venez ici.

— Buvez donc un verre de vin avec nous, conducteur.

— Avec plaisir, messieurs, dit le conducteur; un verre de vin, cela ne se refuse pas.

— Le conducteur tendit son verre; les trois voyageurs trinquèrent avec lui.

Au moment où il allait porter le verre à sa bouche, le médecin lui arrêta le bras.

— Voyons, conducteur, franchement, est-ce que c'est vrai?

— Quoi?

— Ce que nous dit monsieur.

Et il montra le Génevois.

— Monsieur Féraud?

— Je ne sais pas si monsieur s'appelle M. Féraud.

— Oui, monsieur, c'est mon nom, pour vous servir, dit le Génevois en s'inclinant, Féraud et compagnie, horlogers, rue du Rempart, n° 6, à Genève.

— Messieurs, dit le conducteur, en voiture!

— Mais vous ne nous répondez pas.

— Que diable voulez-vous que je vous réponde? vous ne me demandez rien.

— Si fait, nous vous demandons s'il est vrai que vous transportez dans votre diligence une somme considérable appartenant au gouvernement français?

— Bavard! dit le conducteur à l'horloger; c'est vous qui avez dit cela?

— Dame, mon cher monsieur...

— Allons, messieurs, en voiture.

— Mais c'est qu'avant de remonter, nous voudrions savoir...

— Quoi? si j'ai de l'argent au gouvernement? Oui, j'en ai; maintenant, si nous sommes arrêtés, ne soufflez pas un mot, et tout se passera à merveille.

— Vous êtes sûr?

— Laissez-moi arranger l'affaire avec ces messieurs.

— Que ferez-vous si l'on nous arrête? demanda le médecin à l'architecte.

— Ma foi! je suivrai le conseil du conducteur.

— C'est ce que vous avez de mieux à faire, reprit celui-ci.

— Alors, je me tiendrai tranquille, dit l'architecte.

— Et moi aussi, dit l'horloger.

— Allons, messieurs, en voiture, dépêchons-nous.

L'enfant avait écouté toute cette conversation le sourcil contracté, les dents serrées.

— Eh bien, moi, dit-il à sa mère, si nous sommes arrêtés, je sais bien ce que je ferai.

— Et que feras-tu? demanda celle-ci.

— Tu verras.

— Que dit ce jeune enfant? demanda l'horloger.

— Je dis que vous êtes tous des poltrons, répondit l'enfant sans hésiter.

— Eh bien, Édouard! fit la mère, qu'est-ce que cela?

— Je voudrais qu'on arrêtât la diligence, moi, dit l'enfant, l'œil étincelant de volonté.

— Allons, allons, messieurs, au nom du ciel! en diligence, s'écria pour la dernière fois le conducteur.

— Conducteur, dit le médecin, je présume que vous n'avez pas d'armes.

— Si fait, j'ai des pistolets.

— Malheureux!

Le conducteur se pencha à son oreille, et, tout bas:

— Soyez tranquille, docteur; ils ne sont chargés qu'à poudre.

— A la bonne heure.

Et il ferma la portière de l'intérieur.

— Allons, postillon, en route!

Et tandis que le postillon fouettait ses

chevaux et que la lourde machine s'ébranlait, il referma la portière du coupé.

— Ne montez-vous pas avec nous, conducteur ? demanda la mère.

— Merci, madame de Montrevel, répondit le conducteur, j'ai affaire sur l'impériale.

Puis, en passant devant l'ouverture du carreau :

— Prenez garde, dit-il, que M. Édouard ne touche aux pistolets qui sont dans la poche, il pourrait se blesser.

— Bon ! dit l'enfant, comme si l'on ne savait pas ce que c'est que des pistolets ; j'en ai de plus beaux que les vôtres, allez, que mon ami sir John m'a fait venir d'Angleterre ; n'est-ce pas, maman ?

— N'importe, dit madame de Montrevel ; je t'en prie, Édouard, ne touche à rien.

— Oh ! sois tranquille, petite mère.

Seulement, il répéta à demi-voix :

— C'est égal, si les compagnons de Jéhu nous arrêtent, je sais bien ce que je ferai, moi.

La diligence avait repris sa marche pesante et roulait vers Paris.

Il faisait une de ces belles journées d'hiver qui font comprendre, à ceux qui croient la nature morte, que la nature ne meurt pas, mais dort seulement. L'homme qui vit soixante et dix ou quatre-vingts ans, dans ses longues années a des nuits de dix à douze heures, et se plaint que la longueur de ses nuits abrége encore la brièveté de ses jours ; la nature, qui a une existence infinie, les arbres, qui ont une vie millénaire, ont des sommeils de cinq mois, qui sont des hivers pour nous et qui ne sont que des nuits pour eux. Les poëtes chantent, dans leurs vers envieux, l'immortalité de la nature, qui meurt chaque automne et ressuscite chaque printemps ; les poëtes se trompent : la nature ne meurt pas chaque automne, elle s'endort ; la nature ne ressuscite pas chaque printemps, elle se réveille. Le jour où notre globe mourra réellement, il sera bien mort, et alors il roulera dans l'espace ou tombera dans les abîmes du chaos, inerte, muet, solitaire, sans arbres, sans fleurs, sans verdure, sans poëtes.

Or, par cette belle journée du 23 février 1800, la nature endormie semblait rêver du printemps ; un soleil brillant, presque joyeux, faisait étinceler l'herbe du double fossé qui accompagnait la route dans toute sa longueur, ces trompeuses perles de givre qui fondent aux doigts des enfants et qui réjouissent l'œil du laboureur lorsqu'elles tremblent à la pointe de ses blés sortant bravement de terre. On avait ouvert les vitres de la diligence, pour donner passage à ce précoce sourire de Dieu, et l'on disait au rayon, depuis si longtemps absent : Sois le bienvenu, voyageur que nous avions cru perdu dans les profonds nuages de l'ouest ou dans les vagues tumultueuses de l'Océan.

Tout à coup, et après avoir roulé une heure à peu près depuis Châtillon, en arrivant à un coude de la rivière, la voiture s'arrêta sans obstacle apparent ; seulement, quatre cavaliers s'avançaient tranquillement au pas de leurs chevaux, et l'un d'eux, qui marchait à deux ou à trois pas en avant des autres, avait fait de la main, au postillon, signe de s'arrêter.

Le postillon avait obéi.

— Oh ! maman, dit le petit Édouard qui, debout malgré les recommandations de madame de Montrevel, regardait par l'ouverture de la vitre baissée ; oh ! maman, les beaux chevaux ! Mais pourquoi donc les cavaliers ont-ils un masque ? nous ne sommes point en carnaval.

Madame de Montrevel rêvait ; une femme rêve toujours un peu : jeune, à l'avenir ; vieille, au passé.

Elle sortit de sa rêverie, avança à son tour la tête hors de la diligence, et poussa un cri.

Édouard se retourna vivement.

— Qu'as-tu donc, mère ? lui demanda-t-il.

Madame de Montrevel, pâlissant, le prit dans ses bras sans lui répondre.

On entendait des cris de terreur dans l'intérieur de la diligence.

— Mais qu'y a-t-il donc ? demandait le

petit Édouard en se débattant dans la chaîne passée à son cou par le bras de sa mère.

— Il y a, mon petit ami, dit d'une voix pleine de douceur un des hommes masqués en passant sa tête dans le coupé, que nous avons un compte à régler avec le conducteur, un compte qui ne regarde en rien MM. les voyageurs ; dites donc à madame votre mère de vouloir bien agréer l'hommage de nos respects, et de ne pas faire plus d'attention à nous que si nous n'étions pas là.

Puis, passant à l'intérieur :

— Messieurs, votre serviteur, dit-il, ne craignez rien pour votre bourse ou pour vos bijoux, et rassurez la nourrice ; nous ne sommes pas venus pour faire tourner son lait.

Puis au conducteur :

— Allons ! père Jérôme, nous avons une centaine de mille francs sur l'impériale et dans les coffres, n'est-ce pas ?

— Messieurs, je vous assure...

— L'argent est au gouvernement, il appartient au trésor des ours de Berne ; soixante et dix mille francs sont en or, le reste en argent ; l'argent est sur la voiture, l'or dans le coffre du coupé ; est-ce cela, et sommes-nous bien renseignés ?

A ces mots *dans le coffre du coupé*, madame de Montrevel poussa un second cri de terreur ; elle allait se trouver en contact immédiat avec ces hommes qui, malgré leur politesse, lui inspiraient une profonde terreur.

— Mais qu'as-tu donc, mère ? qu'as-tu donc ? demandait l'enfant avec impatience.

— Tais-toi, Édouard, tais-toi.

— Pourquoi me taire ?

— Ne comprends-tu pas ?

— Non.

— La diligence est arrêtée.

— Pourquoi ? mais dis donc pourquoi ?... Ah ! mère, je comprends.

— Non, non, dit madame de Montrevel, tu ne comprends pas.

— Ces messieurs, ce sont des voleurs.

— Garde-toi bien de dire cela.

— Comment ! ce ne sont pas des voleurs ? les voilà qui prennent l'argent du conducteur.

En effet, l'un d'eux chargeait, sur la croupe de son cheval, les sacs d'argent que le conducteur lui jetait de dessus l'impériale.

— Non, dit madame de Montrevel, non, ce ne sont pas des voleurs.

Puis, baissant la voix :

— Ce sont des *compagnons de Jéhu*.

— Ah ! dit l'enfant, ce sont donc ceux-là qui ont assassiné mon ami sir John ?

Et l'enfant devint très-pâle à son tour, et sa respiration commença de siffler entre ses dents serrées.

En ce moment, un des hommes masqués ouvrit la portière du coupé, et, avec la plus exquise politesse :

— Madame la comtesse, dit-il, à notre grand regret, nous sommes forcés de vous déranger ; mais nous avons, ou plutôt le conducteur a affaire dans le coffre de son coupé ; soyez donc assez bonne pour mettre un instant pied à terre ; Jérôme fera la chose aussi vite que possible.

Puis, avec un accent de gaieté qui n'était jamais complétement absent de cette voix rieuse :

— N'est-ce pas, Jérôme ? dit-il.

Jérôme répondit du haut de sa diligence, confirmant les paroles de son interlocuteur.

Par un mouvement instinctif, et pour se mettre entre le danger et son fils, s'il y avait danger, madame de Montrevel, tout en obéissant à l'invitation, avait fait passer Édouard derrière elle.

Cet instant avait suffi à l'enfant pour s'emparer des pistolets du conducteur.

Le jeune homme à la voix rieuse aida, avec les plus grands égards, madame de Montrevel à descendre, fit signe à un de ses compagnons de lui offrir le bras, et se retourna vers la voiture.

Mais, en ce moment, une double détonation se fit entendre ; Édouard venait de faire feu de ses deux mains sur le compagnon de Jéhu, qui disparut dans un nuage de fumée.

Madame de Montrevel jeta un cri et s'évanouit.

Plusieurs cris, expression de sentiments divers, répondirent au cri maternel.

Dans l'intérieur, ce fut un cri d'angoisse; on était bien convenu de n'opposer aucune résistance, et voilà que quelqu'un résistait.

Chez les trois autres jeunes gens, ce fut un cri de surprise; c'était la première fois qu'arrivait pareille chose.

Ils se précipitèrent vers leur camarade, qu'ils croyaient pulvérisé.

Ils le trouvèrent debout, sain et sauf, et riant aux éclats, tandis que le conducteur, les mains jointes, s'écriait :

— Monsieur, je vous jure qu'il n'y avait pas de balles; monsieur, je vous proteste qu'ils étaient chargés à poudre seulement.

— Pardieu! fit le jeune homme, je le vois bien qu'ils étaient chargés à poudre seulement : mais la bonne intention y était... n'est-ce pas, mon petit Édouard?

Puis, se retournant vers ses compagnons :

— Avouez, messieurs, dit-il, que voilà un charmant enfant, qui est bien le fils de son père, et le frère de son frère; bravo, Édouard, tu seras un homme un jour!

Et, prenant l'enfant dans ses deux bras, il le baisa malgré lui sur les deux joues.

Édouard se débattait comme un démon, trouvant sans doute qu'il était humiliant d'être embrassé par un homme sur lequel il venait de tirer deux coups de pistolet.

Pendant ce temps, un des trois autres compagnons avait emporté la mère d'Édouard à quelques pas de la diligence, et l'avait couchée sur un manteau au bord d'un fossé.

Celui qui venait d'embrasser Édouard avec tant d'affection et de persistance la chercha un instant des yeux, et l'apercevant :

— Avec tout cela, dit-il, madame de Montrevel ne revient pas à elle; nous ne pouvons abandonner une femme dans cet état, messieurs; conducteur, chargez-vous de M. Édouard.

Il remit l'enfant entre ses bras, et s'adressant à l'un de ses compagnons :

— Voyons, toi, l'homme aux précautions, dit-il, est-ce que tu n'as pas sur toi quelque flacon de sels ou quelque bouteille d'eau de mélisse?

— Tiens, répondit celui auquel il s'adressait.

Et il tira de sa poche un flacon de vinaigre anglais.

— Là! maintenant, dit le jeune homme, qui paraissait le chef de la bande, termine sans moi avec maître Jérôme; moi, je me charge de porter secours à madame de Montrevel.

Il était temps, en effet; l'évanouissement de madame de Montrevel prenait peu à peu le caractère d'une attaque de nerfs : des mouvements saccadés agitaient tout son corps, et des cris sourds s'échappaient de sa poitrine.

Le jeune homme s'inclina vers elle et lui fit respirer les sels.

Madame de Montrevel rouvrit des yeux effarés, et tout en appelant : « Édouard! Édouard! » d'un geste involontaire, elle fit tomber le masque de celui qui lui portait secours.

Le visage du jeune homme se trouva à découvert.

Le jeune homme courtois et rieur, — nos lecteurs l'ont déjà reconnu, — c'était Morgan.

Madame de Montrevel demeura stupéfaite à l'aspect de ces beaux yeux bleus, de ce front élevé, de ces lèvres gracieuses, de ces dents blanches entr'ouvertes par un sourire.

Elle comprit qu'elle ne courait aucun danger aux mains d'un pareil homme et que rien de mal n'avait pu arriver à Édouard.

Et, traitant Morgan non pas comme le bandit qui est la cause de l'évanouissement, mais comme l'homme du monde qui porte secours à une femme évanouie :

— Oh! monsieur, dit-elle, que vous êtes bon!

Et il y avait, dans ces paroles et dans l'intonation avec laquelle elles avaient été prononcées, tout un monde de remercîments, non-seulement pour elle, mais pour son enfant.

Des cris d'enthousiasme s'élevèrent. — Page 138.

Avec une coquetterie étrange et qui était tout entière dans son caractère chevaleresque, Morgan, au lieu de ramasser vivement son masque et de le ramener assez rapidement sur son visage pour que madame de Montrevel n'en gardât qu'un souvenir passager et confus, Morgan répondit par une salutation au compliment, laissa à sa physionomie tout le temps de produire son effet, et, passant le flacon de d'Assas aux mains de madame de Montrevel, renoua seulement alors les cordons de son masque.

Madame de Montrevel comprit cette délicatesse du jeune homme.

— Oh! monsieur, dit-elle, soyez tranquille, en quelque lieu et dans quelque situation que je vous retrouve, vous m'êtes inconnu.

— Alors, madame, dit Morgan, c'est à moi de vous remercier et de vous dire, à mon tour, que vous êtes bonne!

— Allons, messieurs les voyageurs, en voiture! dit le conducteur avec son intonation habituelle et comme si rien d'extraordinaire ne s'était passé.

— Êtes-vous tout à fait remise, madame, et avez-vous besoin encore de quelques instants? demanda Morgan; la diligence attendrait.

— Non, messieurs, c'est inutile; je vous rends grâces et me sens parfaitement bien.

Morgan présenta son bras à madame de Montrevel, qui s'y appuya pour traverser tout le revers du chemin et pour remonter dans la diligence.

Le conducteur y avait déjà introduit le petit Édouard.

Lorsque madame de Montrevel eut repris sa place, Morgan, qui avait déjà fait la paix avec la mère, voulut la faire avec le fils.

— Sans rancune, mon jeune héros, dit-il en lui tendant la main.

Mais l'enfant se reculait.

— Je ne donne pas la main à un voleur de grande route, dit-il.

Madame de Montrevel fit un mouvement d'effroi.

— Vous avez un charmant enfant, madame, dit Morgan; seulement, il a des préjugés.

Et, saluant avec la plus grande courtoisie :

— Bon voyage, madame ! ajouta-t-il en refermant la portière.

— En route ! cria le conducteur.

La voiture s'ébranla.

— Oh ! pardon, monsieur, s'écria madame de Montrevel, votre flacon ! votre flacon !

— Gardez-le, madame, dit Morgan, quoique j'espère que vous soyez assez bien remise pour n'en avoir plus besoin.

Mais l'enfant, l'arrachant des mains de sa mère :

— Maman ne reçoit pas de cadeau d'un voleur, dit-il.

Et il jeta le flacon par la portière.

— Diable ! murmura Morgan avec le premier soupir que ses compagnons lui eussent entendu pousser, je crois que je fais bien de ne pas demander ma pauvre Amélie en mariage.

Puis, à ses camarades :

— Allons ! messieurs, dit-il, est-ce fini ?

— Oui ! répondirent ceux-ci d'une seule voix.

— Alors, à cheval et en route ! n'oublions pas que nous devons être ce soir à neuf heures à l'Opéra.

Et, sautant en selle, il s'élança le premier par-dessus le fossé, gagna le bord de la rivière, et, sans hésiter, s'engagea dans le gué indiqué sur la carte de Cassini par le faux courrier.

Arrivé sur l'autre bord et tandis que les jeunes gens se ralliaient :

— Dis donc, demanda d'Assas à Morgan, est-ce que ton masque n'est pas tombé ?

— Oui ; mais madame de Montrevel seule a vu mon visage.

— Hum ! fit d'Assas, mieux vaudrait que personne ne l'eût vu.

Et tous quatre, mettant leurs chevaux au galop, disparurent à travers champs du côté de Chaource.

XXX

LE RAPPORT DU CITOYEN FOUCHÉ

En arrivant le lendemain, vers onze heures du matin, à l'hôtel des Ambassadeurs, madame de Montrevel fut tout étonnée de trouver, au lieu de Roland, un étranger qui l'attendait.

Cet étranger s'approcha d'elle.

— Vous êtes la veuve du général de Montrevel, madame ? lui demanda-t-il.

— Oui, monsieur, répondit madame de Montrevel assez étonnée.

— Et vous cherchez votre fils ?

— En effet, et je ne comprends pas, après la lettre qu'il m'a écrite...

— L'homme propose et le premier consul dispose, répondit en riant l'étranger ; le premier consul a disposé de votre fils pour quelques jours et m'a envoyé pour vous recevoir à sa place.

Madame de Montrevel s'inclina.

— Et j'ai l'honneur de parler... ? demanda-t-elle.

— Au citoyen Fauvelet de Bourrienne, son premier secrétaire, répondit l'étranger.

— Vous remercierez pour moi le premier consul, répliqua madame de Montrevel, et vous aurez la bonté de lui exprimer, je l'espère, le profond regret que j'éprouve de ne pouvoir le remercier moi-même.

— Mais rien ne vous sera plus facile, madame.

— Comment cela?

— Le premier consul m'a ordonné de vous conduire au Luxembourg.

— Moi?

— Vous et monsieur votre fils.

— Oh! je vais voir le général Bonaparte, je vais voir le général Bonaparte, s'écria l'enfant, quel bonheur !

Et il sauta de joie en battant des mains.

— Eh bien, eh bien, Édouard ! fit Madame de Montrevel.

Puis, se retournant vers Bourrienne :

— Excusez-le, monsieur, dit-elle, c'est un sauvage des montagnes du Jura.

Bourrienne tendit la main à l'enfant.

— Je suis un ami de votre frère, lui dit-il ; voulez-vous m'embrasser?

— Oh! bien volontiers, monsieur, répondit Édouard, vous n'êtes pas un voleur, vous.

— Mais non, je l'espère, repartit en riant le secrétaire.

— Encore une fois, excusez-le, monsieur, mais nous avons été arrêtés en route.

— Comment, arrêtés?

— Oui.

— Par des voleurs?

— Pas précisément.

— Monsieur, demanda Édouard, est-ce que les gens qui prennent l'argent des autres ne sont pas des voleurs?

— En général, mon cher enfant, on les nomme ainsi.

— Là! tu vois, maman.

— Voyons, Édouard, tais-toi, je t'en prie.

Bourrienne jeta un regard sur madame de Montrevel et vit clairement, à l'expression de son visage, que le sujet de la conversation lui était désagréable ; il n'insista point.

— Madame, dit-il, oserai-je vous rappeler que j'ai reçu l'ordre de vous conduire au Luxembourg, comme j'ai déjà eu l'honneur de vous le dire, et d'ajouter que madame Bonaparte vous y attend !

— Monsieur, le temps de changer de robe et d'habiller Édouard.

— Et ce temps-là, madame, combien durera-t-il?

— Est-ce trop de vous demander une demi-heure?

— Oh! non, et, si une demi-heure vous suffisait, je trouverais la demande fort raisonnable.

— Soyez tranquille, monsieur, elle me suffira.

— Eh bien, madame, dit le secrétaire en s'inclinant, je fais une course, et, dans une demi-heure, je viens me mettre à vos ordres.

— Je vous remercie, monsieur.

— Ne m'en veuillez pas si je suis ponctuel.

— Je ne vous ferai pas attendre.

Bourrienne partit.

Madame de Montrevel habilla d'abord Édouard puis s'habilla elle-même, et, quand Bourrienne reparut, depuis cinq minutes elle était prête.

— Prenez garde, madame, dit Bourrienne en riant, que je ne fasse part au premier consul de votre ponctualité.

— Et qu'aurais-je à craindre dans ce cas?

— Qu'il ne vous retînt près de lui pour donner des leçons d'exactitude à madame Bonaparte.

— Oh! fit madame de Montrevel, il faut bien passer quelque chose aux créoles.

— Mais vous êtes créole aussi, madame, à ce que je crois.

— Madame Bonaparte, dit en riant madame de Montrevel, voit son mari tous les jours, tandis que, moi, je vais voir le premier consul pour la première fois.

— Partons! partons, mère ! dit Édouard.

Le secrétaire s'effaça pour laisser passer madame de Montrevel.

Un quart d'heure après, on était au Luxembourg.

Bonaparte occupait au petit Luxembourg l'appartement du rez-de-chaussée à droite ; Joséphine avait sa chambre et son boudoir au premier étage ; un couloir conduisait du cabinet du premier consul chez elle.

Elle était prévenue ; car, en apercevant madame de Montrevel, elle lui ouvrit ses bras comme à une amie.

Madame de Montrevel s'était arrêtée respectueusement à la porte.

— Oh ! venez donc ! venez, madame ! dit Joséphine ; je ne vous connais pas d'aujourd'hui, mais du jour où j'ai connu votre digne et excellent Roland. Savez-vous une chose qui me rassure quand Bonaparte me quitte ? C'est que Roland le suit, et que, quand je sais Roland près de lui, je crois qu'il ne peut plus lui arriver malheur... Eh bien, vous ne voulez pas m'embrasser ?

Madame de Montrevel était confuse de tant de bonté.

— Nous sommes compatriotes, n'est-ce pas ? continua-t-elle. Oh ! je me rappelle parfaitement M. de la Clémencière, qui avait un si beau jardin et des fruits si magnifiques ! Je me rappelle avoir entrevu une belle jeune fille qui en paraissait la reine. Vous vous êtes mariée bien jeune, madame ?

— A quatorze ans.

— Il faut cela pour que vous ayez un fils de l'âge de Roland ; mais asseyez-vous donc !

Elle donna l'exemple en faisant signe à madame de Montrevel de s'asseoir à ses côtés.

— Et ce charmant enfant, continua-t-elle en montrant Édouard, c'est aussi votre fils ?...

Elle poussa un soupir.

— Dieu a été prodigue envers vous, madame, reprit-elle, et puisqu'il fait tout ce que vous pouvez désirer, vous devriez bien le prier de m'en envoyer un.

Elle appuya envieusement ses lèvres sur le front d'Édouard.

— Mon mari sera bien heureux de vous voir, madame. Il aime tant votre fils ! Aussi ne serait-ce pas chez moi que l'on vous eût conduite d'abord, s'il n'était pas avec le ministre de la police... Au reste, ajouta-t-elle en riant, vous arrivez dans un assez mauvais moment ; il est furieux !

— Oh ! s'écria madame de Montrevel presque effrayée, s'il en était ainsi, j'aimerais mieux attendre.

— Non pas ! non pas ! au contraire, votre vue le calmera ; je ne sais ce qui est arrivé : on arrête, à ce qu'il paraît, les diligences comme dans la forêt Noire, au grand jour, en pleine route. Fouché n'a qu'à bien se tenir, si la chose se renouvelle.

Madame de Montrevel allait répondre ; mais, en ce moment, la porte s'ouvrit, et un huissier paraissant :

— Le premier consul attend madame de Montrevel, dit-il.

— Allez, allez, dit Joséphine ; le temps est si précieux pour Bonaparte, qu'il est presque aussi impatient que Louis XIV, qui n'avait rien à faire. Il n'aime pas à attendre.

Madame de Montrevel se leva vivement et voulut emmener son fils.

— Non, dit Joséphine, laissez-moi ce bel enfant-là ; nous vous gardons à dîner : Bonaparte le verra à six heures ; d'ailleurs, s'il a envie de le voir, il le fera demander ; pour l'instant, je suis sa seconde maman. Voyons, qu'allons-nous faire pour vous amuser ?

— Le premier consul doit avoir de bien belles armes, madame ? dit l'enfant.

— Oui, très-belles. Eh bien, on va vous montrer les armes du premier consul.

Joséphine sortit par une porte, emmenant l'enfant, et madame de Montrevel par l'autre, suivant l'huissier.

Sur le chemin, la comtesse rencontra un homme blond, au visage pâle et à l'œil terne, qui la regarda avec une inquiétude qui semblait lui être habituelle.

Elle se rangea vivement pour le laisser passer.

L'huissier vit le mouvement.

— C'est le préfet de police, lui dit-il tout bas.

Madame de Montrevel le regarda s'éloigner avec une certaine curiosité ; Fouché, à cette époque, était déjà fatalement célèbre.

En ce moment, la porte du cabinet de Bonaparte s'ouvrit, et l'on vit se dessiner sa tête dans l'entre-bâillement.

Il aperçut madame de Montrevel.

— Madame de Montrevel, dit-il, venez, venez !

Madame de Montrevel pressa le pas et entra dans le cabinet.

— Venez, dit Bonaparte en refermant la porte sur lui-même. Je vous ai fait attendre, c'est bien contre mon désir ; j'étais en train de laver la tête à Fouché. Vous savez que je suis très-content de Roland, et que je compte en faire un général au premier jour. A quelle heure êtes-vous arrivée ?

— A l'instant même, général.

— D'où venez-vous ? Roland me l'a dit, mais je l'ai oublié.

— De Bourg.

— Par quelle route ?

— Par la route de Champagne ! alors vous étiez à Châtillon quand... ?

— Hier matin, à neuf heures.

— En ce cas, vous avez dû entendre parler de l'arrestation d'une diligence ?

— Général...

— Oui, une diligence a été arrêtée à dix heures du matin, entre Châtillon et Bar-sur-Seine.

— Général, c'était la nôtre.

— Comment, la vôtre ?

— Oui.

— Vous étiez dans la diligence qui a été arrêtée ?

— J'y étais.

— Ah ! je vais donc avoir des détails précis ! Excusez-moi, vous comprenez mon désir d'être renseigné, n'est-ce pas ? Dans un pays civilisé, qui a le général Bonaparte pour premier magistrat, on n'arrête pas impunément une diligence sur une grande route, en plein jour, ou alors...

— Général, je ne puis rien vous dire, sinon que ceux qui ont arrêté la diligence étaient à cheval et masqués.

— Combien étaient-ils ?

— Quatre.

— Combien y avait-il d'hommes dans la diligence ?

— Quatre, y compris le conducteur.

— Et l'on ne s'est pas défendu ?

— Non, général.

— Le rapport de la police porte cependant que deux coups de pistolet ont été tirés.

— Oui, général ; mais ces deux coups de pistolet...

— Eh bien ?

— Ont été tirés par mon fils.

— Votre fils ! mais votre fils est en Vendée.

— Roland, oui ; mais Édouard était avec moi.

— Édouard ! qu'est-ce qu'Édouard ?

— Le frère de Roland.

— Il m'en a parlé ; mais c'est un enfant !

— Il n'a pas encore douze ans, général.

— Et c'est lui qui a tiré les deux coups de pistolet ?

— Oui, général.

— Pourquoi ne me l'avez-vous pas amené ?

— Il est avec moi.

— Où cela ?

— Je l'ai laissé chez madame Bonaparte.

Bonaparte sonna, un huissier parut.

— Dites à Joséphine de venir avec l'enfant.

Puis, se promenant dans son cabinet :

— Quatre hommes, murmura-t-il ; et c'est un enfant qui leur donne l'exemple du courage ! Et pas un de ces bandits n'a été blessé ?

— Il n'y avait pas de balles dans les pistolets.

— Comment, il n'y avait pas de balles ?

— Non : c'étaient ceux du conducteur, et le conducteur avait eu la précaution de ne les charger qu'à poudre.

— C'est bien, on saura son nom.

En ce moment, la porte s'ouvrit, et madame Bonaparte parut, tenant l'enfant par la main.

— Viens ici, dit Bonaparte à l'enfant.

Édouard s'approcha sans hésitation et fit le salut militaire.

— C'est donc toi qui tires des coups de pistolet aux voleurs ?

— Vois-tu, maman, que ce sont des voleurs? interrompit l'enfant.

— Certainement que ce sont des voleurs ; je voudrais bien qu'on me dît le contraire! Enfin, c'est donc toi qui tires des coups de pistolet aux voleurs, quand les hommes ont peur?

— Oui, c'est moi, général ; mais, par malheur, ce poltron de conducteur n'avait chargé ses pistolets qu'à poudre ; sans cela, je tuais leur chef.

— Tu n'as donc pas eu peur, toi?

— Moi? non, dit l'enfant ; je n'ai jamais peur.

— Vous devriez vous appeler Cornélie, madame, fit Bonaparte en se retournant vers madame de Montrevel, appuyée au bras de Joséphine.

Puis, à l'enfant :

— C'est bien, dit-il en l'embrassant, on aura soin de toi ; que veux-tu être?

— Soldat d'abord.

— Comment, d'abord?

— Oui ; et puis plus tard colonel comme mon frère et général comme mon père.

— Ce ne sera pas de ma faute si tu ne l'es pas, dit le premier consul.

— Ni la mienne, répliqua l'enfant.

— Édouard! fit madame de Montrevel craintive.

— N'allez-vous pas le gronder pour avoir bien répondu?

Il prit l'enfant, l'amena à la hauteur de son visage et l'embrassa.

— Vous dînez avec nous, dit-il, et, ce soir, Bourrienne, qui a été vous chercher à l'hôtel, vous installera rue de la Victoire ; vous resterez là jusqu'au retour de Roland, qui vous cherchera un logement à sa guise. Édouard entrera au Prytanée, et je marie votre fille.

— Général!

— C'est convenu avec Roland.

Puis, se tournant vers Joséphine :

— Emmène madame de Montrevel, et tâche qu'elle ne s'ennuie pas trop. Madame de Montrevel, si *votre amie* — Bonaparte appuya sur ce mot — veut entrer chez une marchande de modes, empêchez-la ; elle ne doit pas manquer de chapeaux : elle en a acheté trente-huit le mois dernier.

Et, donnant un petit soufflet d'amitié à Édouard, il congédia les deux femmes du geste.

XXXI

LE FILS DU MEUNIER DE LEGUERNO

Nous avons dit qu'au moment même où Morgan et ses trois compagnons arrêtaient la diligence de Genève, entre Bar-sur-Seine et Châtillon, Roland entrait à Nantes.

Si nous voulons savoir le résultat de sa mission, nous devons, non pas le suivre pas à pas, au milieu des tâtonnements dont l'abbé Bernier enveloppait ses désirs ambitieux, mais le prendre au bourg de Muzillac, situé entre Ambon et le Guernic, à deux lieues au-dessus du petit golfe dans lequel se jette la Vilaine.

Là, nous sommes en plein Morbihan, c'est-à-dire à l'endroit où la chouannerie a pris naissance ; c'est près de Laval, sur la closerie des Poiriers, que sont nés, de Pierre Cottereau et de Jeanne Moyné, les quatre frères Chouan. Un de leurs aïeux, bûcheron misanthrope, paysan morose, se tenait éloigné des autres paysans comme le chat-huant se tient éloigné des autres oiseaux : de là, par corruption, le nom de *chouan*.

Ce nom devint celui de tout un parti ; sur la rive droite de la Loire, on disait les *chouans* pour dire les Bretons, comme, sur la rive gauche, on disait les *brigands* pour dire les Vendéens.

Ce n'est pas à nous de raconter la mort, la destruction de cette héroïque famille, de suivre sur l'échafaud les deux sœurs et un frère, sur les champs de bataille, où ils se couchent blessés ou morts, Jean et René, martyrs de leur foi. Depuis les exécutions de Perrine, de René et de Pierre, depuis la mort de Jean, bien des années se sont écoulées, et le supplice des sœurs et les exploits des frères sont passés à l'état de légende.

C'est à leurs successeurs que nous avons affaire.

Il est vrai que ces gars sont fidèles aux traditions : tels on les a vus combattre aux côtés de la Rouërie, de Bois-Hardy et de Bernard de Villeneuve, tels ils combattent aux côtés de Bourmont, de Frotté et de Georges Cadoudal ; c'est toujours le même courage et le même dévouement ; ce sont toujours les soldats chrétiens et les royalistes exaltés ; leur aspect est toujours le même, rude et sauvage ; leurs armes sont toujours les mêmes, le fusil ou le simple bâton que, dans le pays, on appelle une *ferte ;* c'est toujours le même costume, c'est-à-dire le bonnet de laine brune ou le chapeau à larges bords, ayant peine à couvrir les longs cheveux plats qui coulent en désordre sur leurs épaules ; ce sont encore les vieux *Aulerci Cenomani*, comme au temps de César, *promisso capillo ;* ce sont encore les Bretons aux larges braies, dont Martial a dit :

> Tam laxa est...
> Quam veteres braccæ Britonis pauperis.

Pour se protéger contre la pluie et le froid, ils portent la casaque de peau de chèvre garnie de longs poils ; et, pour signe de ralliement, sur la poitrine ceux-ci un scapulaire et un chapelet, ceux-là un cœur, le cœur de Jésus, marque distincte d'une confrérie qui s'astreignait chaque jour à une prière commune.

Tels sont les hommes qui, à l'heure où nous traversons la limite qui sépare la Loire-Inférieure du Morbihan, sont éparpillés de la Roche-Bernard à Vannes, et de Quertemberg à Billers, enveloppant, par conséquent, le bourg de Muzillac.

Seulement, il faut l'œil de l'aigle qui plane du haut des airs, ou du chat-huant qui voit dans les ténèbres, pour les distinguer au milieu des genêts, des bruyères et des buissons où ils sont tapis.

Passons au milieu de ce réseau de sentinelles invisibles, et, après avoir traversé à gué deux ruisseaux affluents du fleuve sans nom qui vient se jeter à la mer près de Billiers, entre Arzal et Damgan, entrons hardiment dans le village de Muzillac.

Tout y est sombre et calme ; une seule lumière brille à travers les fentes des volets d'une maison ou plutôt d'une chaumière que rien, d'ailleurs, ne distingue des autres.

C'est la quatrième à droite, en entrant.

Approchons notre œil d'une des fenêtres de ce volet, et regardons.

Nous voyons un homme vêtu du costume des riches paysans du Morbihan ; seulement, un galon d'or, large d'un doigt, borde le collet et les boutonnières de son habit et les extrémités de son chapeau.

Le reste de son costume se complète d'un pantalon de peau et de bottes à retroussis.

Sur une chaise son sabre est jeté.

Une paire de pistolets est à la portée de sa main.

Dans la cheminée, les canons de deux ou trois carabines reflètent un feu ardent.

Il est assis devant une table ; une lampe éclaire des papiers qu'il lit avec la plus grande attention, et éclaire en même temps son visage.

Ce visage est celui d'un homme de trente ans ; quand les soucis d'une guerre de partisans ne l'assombrissent pas, on voit que son expression doit être franche et joyeuse : de beaux cheveux blonds l'encadrent, de grands yeux bleus l'animent ; la tête a cette forme particulière aux têtes bretonnes, et qu'ils doivent, si l'on en croit le système de Gall, au développement exagéré des organes de l'entêtement.

Aussi, cet homme a-t-il deux noms :

Son nom familier, le nom sous lequel le désignent ses soldats : *la tête ronde ;*

Puis son nom véritable, celui qu'il a reçu de ses dignes et braves parents, Georges Cadudal, ou plutôt Georges Cadoudal, la tradition ayant changé l'orthographe de ce nom devenu historique.

Georges était le fils d'un cultivateur de la paroisse de Kerléano, dans la paroisse de Breh. La légende veut que ce cultivateur ait été en même temps meunier. Il venait, au collége de Vannes, — dont Brech n'est distant que de quelques lieues, — de recevoir une bonne et solide éducation, lorsque les premiers appels de l'insurrection royaliste éclatèrent dans la Vendée : Cadoudal les entendit, réunit quelques-uns de ses compagnons de chasse et de plaisir, traversa la Loire à leur tête, et vint offrir ses services à Stofflet ; mais Stofflet exigea de le voir à l'œuvre avant de l'attacher à lui : c'est ce que demandait Georges. On n'attendait pas longtemps ces sortes d'occasions dans l'armée vendéenne ; dès le lendemain, il y eut combat ; Georges se mit à la besogne, et s'y acharna si bien, qu'en le voyant charger les bleus, l'ancien garde-chasse de M. de Maulevrier ne put s'empêcher de dire tout haut à Bonchamp, qui était près de lui :

— Si un boulet de canon n'emporte pas *cette grosse tête ronde*, elle ira loin, je vous le prédis.

Le nom en resta à Cadoudal.

C'était ainsi que, cinq siècles auparavant, les sires de Malestroit, de Penhoët, de Beaumanoir et de Rochefort désignaient le grand connétable dont les femmes de la Bretagne filèrent la rançon.

« Voilà la grosse tête ronde, disaient-ils : nous allons échanger de bons coups d'épée avec les Anglais. »

Par malheur, ce n'était plus Bretons contre Anglais que l'on échangeait les coups d'épée, à cette heure : c'était Français contre Français.

Georges resta en Vendée jusqu'à la déroute de Savenay.

L'armée vendéenne tout entière demeura sur le champ de bataille, ou s'évanouit comme une fumée.

Georges avait, pendant près de trois ans, fait des prodiges de courage, d'adresse et de force ; il repassa la Loire et rentra dans le Morbihan avec un seul de ceux qui l'avaient suivi.

Celui-là sera à son tour aide de camp, ou plutôt son compagnon de guerre ; il ne le quittera plus, et, en échange de la rude campagne qu'ils ont faite ensemble, il changera son nom de Lemercier contre celui de Tiffauges. Nous l'avons vu, au bal des victimes, chargé d'une mission pour Morgan.

Rentré sur sa terre natale, c'est pour son compte que Cadoudal y fomente dès lors l'insurrection ; les boulets ont respecté la grosse tête ronde, et la grosse tête ronde, justifiant la prophétie de Stofflet, succédant aux La Rochejacquelein, aux d'Elbée, aux Bonchamp, aux Lescure, à Stofflet lui-même, est devenu leur rival en gloire et leur supérieur en puissance ; car il en était arrivé — chose qui donnera la mesure de sa force — à lutter à peu près seul contre le gouvernement de Bonaparte, nommé premier consul depuis trois mois.

Les deux chefs restés fidèles avec lui à la dynastie bourbonienne étaient Frotté et Bourmont.

A l'heure où nous sommes arrivés, c'est-à-dire au 26 janvier 1800, Cadoudal commande à trois ou quatre mille hommes avec lesquels il s'apprête à bloquer dans Vannes le général Hatry.

Tout le temps qu'il a attendu la réponse du premier consul à la lettre de Louis XVIII, il a suspendu les hostilités ; mais, depuis deux jours, Tiffauges est arrivé et la lui a remise.

Elle est déjà expédiée pour l'Angleterre, d'où elle passera à Mittau ; et, puisque le premier consul ne veut point la paix aux conditions dictées par Louis XVIII, Cadoudal, général en chef de Louis XVIII, dans l'Ouest, continuera la guerre contre Bonaparte, dût-il la faire seul avec son ami Tiffauges, en ce moment, au reste, à Pouancé, où se tiennent les conférences entre Châtillon, d'Autichamp, l'abbé Bernier et le général Hédouville.

Il réfléchit, à cette heure, ce dernier survivant des grands lutteurs de la guerre civile, et les nouvelles qu'il vient d'apprendre sont, en effet, matière à réflexion.

Le général Brune, le vainqueur d'Alkmaar et de Castricum, le sauveur de la Hollande, vient d'être nommé général en chef des armées républicaines de l'Ouest,

Il y a loin de la poitrine de Bonaparte au poignard d'un assassin. — Page 146.

et, depuis trois jours, est arrivé à Nantes; il doit, à tout prix, écraser Cadoudal et ses chouans.

A tout prix, il faut que les chouans et Cadoudal prouvent au nouveau général en chef que l'on n'a pas peur et qu'il n'a rien à attendre de l'intimidation.

Dans ce moment, le galop d'un cheval retentit; sans doute, le cavalier a le mot d'ordre, car il passe sans difficulté au milieu des patrouilles échelonnées sur la route de la Roche-Bernard, et, sans difficulté, il est entré dans le bourg de Muzillac.

Il s'arrête devant la porte de la chaumière où est Georges. Celui-ci lève la tête, écoute, et, à tout hasard, met la main sur ses pistolets, quoiqu'il soit probable qu'il va avoir affaire à un ami.

Le cavalier met pied à terre, s'engage dans l'allée, et ouvre la porte de la chambre où se trouve Georges.

— Ah! c'est toi, Cœur-de-Roi! dit Cadoudal; d'où viens-tu?

— De Pouancé, général!

— Quelles nouvelles?

— Une lettre de Tiffauges.

— Donne.

Georges prit vivement la lettre des mains de Cœur-de-Roi, et la lut.

— Ah! fit-il.

Et il la relut une seconde fois.

— As-tu vu celui dont il m'annonce l'arrivée? demanda Cadoudal.

— Oui, général, répondit le courrier.

— Quel homme est-ce?

— Un beau jeune homme de vingt-six à vingt-sept ans.

— Son air?

— Déterminé!

— C'est bien cela; quand arrive-t-il?

— Probablement cette nuit.

— L'as-tu recommandé tout le long de la route?

— Oui; il passera librement.

— Recommande-le de nouveau; il ne doit lui arriver aucun mal : il est sauvegardé par Morgan.

— C'est convenu, général.

— As-tu autre chose à me dire?

— L'avant-garde des républicains est à la Roche-Bernard.

— Combien d'hommes?

— Un millier d'hommes, à peu près; ils ont avec eux une guillotine et le commissaire du pouvoir exécutif Millière.

— Tu en es sûr?

— Je les ai rencontrés en route; le commissaire était à cheval près du colonel, je l'ai parfaitement reconnu. Il a fait exécuter mon frère, et j'ai juré qu'il ne mourrait que de ma main.

— Et tu risqueras ta vie pour tenir ton serment?

— A la première occasion.

— Peut-être ne se fera-t-elle point attendre.

En ce moment, le galop d'un cheval retentit dans la rue.

— Ah! dit Cœur-de-Roi, voilà probablement celui que vous attendez.

— Non, dit Georges; le cavalier qui nous arrive vient du côté de Vannes.

En effet, le bruit étant devenu plus distinct, on put reconnaître que Cadoudal avait raison.

Comme le premier, le second cavalier s'arrêta devant la porte; comme le premier, il mit pied à terre; comme le premier il entra.

Le chef royaliste le reconnut tout de suite, malgré le large manteau dont il était enveloppé.

— C'est toi, Bénédicité, dit-il.

— Oui, mon général.

— D'où viens-tu?

— De Vannes, où vous m'aviez envoyé pour surveiller les bleus.

— Eh bien, que font-ils les bleus?

— Ils craignent de mourir de faim, si vous bloquez la ville, et, pour se procurer des vivres, le général Harty a le projet d'enlever cette nuit les magasins de Grandchamp; le général commandera en personne l'expédition, et pour qu'elle se fasse plus lestement, la colonne sera de cent hommes seulement.

— Es-tu fatigué, Bénédicité?

— Jamais, général.

— Et ton cheval?

— Il est venu bien vite, mais il peut faire encore quatre ou cinq lieues du même train sans crever.

— Donne-lui deux heures de repos, double ration d'avoine, et qu'il en fasse dix.

— A ces conditions, il les fera.

— Dans deux heures, tu partiras; tu seras à Grandchamp au point du jour; tu donneras en mon nom l'ordre d'évacuer le village : je me charge du général Hatry et de sa colonne. Est-ce tout ce que tu as à me dire?

— Non, j'ai à vous apprendre une nouvelle.

— Laquelle?

— C'est que Vannes a un nouvel évêque.

— Ah! l'on nous rend donc nos évêques?

— Il paraît; mais, s'ils sont tous comme celui-là, ils peuvent bien les garder.

— Et quel est celui-là?

— Audrein!

— Le régicide?

— Audrein le renégat.

— Et quand arrive-t-il?

— Cette nuit ou demain.

— Je n'irai pas au-devant de lui, mais qu'il ne tombe pas entre les mains de mes hommes!

Bénédicité et Cœur-de-Roi firent entendre un éclat de rire qui complétait la pensée de Georges.

— Chut! fit Cadoudal.

Les trois hommes écoutèrent.

— Cette fois, c'est probablement lui, dit Georges.

On entendait le galop d'un cheval venant du côté de la Roche-Bernard.

— C'est lui, bien certainement, répéta Cœur-de-Roi.

— Alors, mes amis, laissez-moi seul... Toi, Bénédicité, à Grandchamp le plus tôt possible; toi, Cœur-de-Roi, dans la cour avec une trentaine d'hommes : je puis avoir des messagers à expédier sur différentes routes. A propos, arrange-toi pour que l'on m'apporte ce que l'on aura de mieux à souper dans le village.

— Pour combien de personnes, général?

— Oh! pour deux personnes.

— Vous sortez?

— Non, je vais au-devant de celui qui arrive.

Deux ou trois gars avaient déjà fait passer dans la cour les chevaux des deux messagers.

Les messagers s'esquivèrent à leur tour.

Georges arrivait à la porte de la rue, juste au moment où un cavalier, arrêtant son cheval et regardant de tous côtés, paraissait hésiter.

— C'est ici, monsieur, dit Georges.

— Qui est ici? demanda le cavalier.

— Celui que vous cherchez.

— Comment savez-vous quel est celui que je cherche?

— Je présume que c'est Georges Cadoudal, autrement dit la grosse tête ronde.

— Justement.

— Soyez le bienvenu alors, monsieur Roland de Montrevel, car je suis celui que vous cherchez.

— Ah! ah! fit le jeune homme étonné.

Et, mettant pied à terre, il sembla chercher des yeux quelqu'un à qui confier sa monture.

— Jetez la bride sur le cou de votre cheval, et ne vous inquiétez point de lui; vous le retrouverez quand vous en aurez besoin : rien ne se perd en Bretagne, vous êtes sur la terre de la loyauté.

Le jeune homme ne fit aucune observation, jeta la bride sur le cou de son cheval, comme il en avait reçu l'invitation, et suivit Cadoudal, qui marcha devant lui.

— C'est pour vous montrer le chemin, colonel, dit le chef des chouans.

Et tous deux entrèrent dans la chaumière dont une main invisible venait de ranimer le feu.

XXXII

BLANC ET BLEU

Roland entra, comme nous l'avons dit, derrière Georges, et, en entrant, jeta autour de lui un regard d'insouciante curiosité.

Ce regard lui suffit pour voir qu'ils étaient parfaitement seuls.

— C'est ici votre quartier général? demanda Roland avec un sourire et en approchant de la flamme le dessous de ses bottes.

— Oui, colonel.

— Il est singulièrement gardé.

Georges sourit à son tour.

— Vous me demandez cela, dit-il, parce que, de la Roche-Bernard ici, vous avez trouvé la route libre?

— C'est-à-dire que je n'ai point rencontré une âme.

— Cela ne prouve aucunement que la route n'était point gardée.

— A moins qu'elle ne l'ait été par les chouettes et les chats-huants qui semblaient voler d'arbre en arbre pour m'accompagner, général... en ce cas-là, je retire ma proposition.

— Justement, répondit Cadoudal, ce sont ces chats-huants et ces chouettes qui sont mes sentinelles, sentinelles qui ont de bons yeux, puisque ces yeux ont sur ceux des hommes l'avantage d'y voir la nuit.

— Il n'en est pas moins vrai que, par bonheur, je m'étais fait renseigner à la Roche-Bernard ; sans quoi, je n'eusse pas trouvé un chat pour me dire où je pourrais vous rencontrer.

— A quelque endroit de la route que vous eussiez demandé à haute voix : « Où trouverai-je Georges Cadoudal ? » une voix vous eût répondu : « Au bourg de Muzillac, la quatrième maison à droite. » Vous n'avez vu personne, colonel ; seulement, à l'heure qu'il est, il y a quinze cents hommes, à peu près, qui savent que le colonel Roland, aide de camp du premier consul, est en conférence avec le fils du meunier de Leguerno.

— Mais, s'ils savent que je suis colonel au service de la République et aide de camp du premier consul, comment m'ont-ils laissé passer ?

— Parce qu'ils en avaient reçu l'ordre.

— Vous saviez donc que je venais ?

— Je savais non-seulement que vous veniez, mais encore pourquoi vous veniez.

Roland regarda fixement son interlocuteur.

— Alors, il est inutile que je vous le dise ! et vous me répondriez quand même je garderais le silence ?

— Mais à peu près.

— Ah ! pardieu ! je serais curieux d'avoir la preuve de cette supériorité de votre police sur la nôtre.

— Je m'offre de vous la donner, colonel.

— J'écoute, et cela avec d'autant plus de satisfaction, que je serai tout entier à cet excellent feu, qui, lui aussi, semblait m'attendre.

— Vous ne croyez pas si bien dire, colonel, il n'y a pas jusqu'au feu qui ne fasse de son mieux pour vous souhaiter la bienvenue.

— Oui, mais, pas plus que vous, il ne me dit l'objet de ma mission.

— Votre mission, que vous me faites l'honneur d'étendre jusqu'à moi, colonel, était primitivement pour l'abbé Bernier tout seul. Par malheur, l'abbé Bernier, dans la lettre qu'il a fait passer à son ami Martin Duboys, a un peu trop présumé de ses forces ; il offrait sa médiation au premier consul.

— Pardon, interrompit Roland, mais vous m'apprenez là une chose que j'ignorais : c'est que l'abbé Bernier eût écrit au général Bonaparte.

— Je dis qu'il a écrit à son ami Martin Duboys, ce qui est bien différent... Mes gens ont intercepté sa lettre et me l'ont apportée : je l'ai fait copier, et j'ai envoyé la lettre qui, j'en suis certain, est parvenue à bon port ; votre visite au général Hédouville en fait foi.

— Vous savez que ce n'est plus le général qui commande à Nantes, mais le général Brune.

— Vous pouvez même dire qui commande à la Roche-Bernard ; car un millier de soldats républicains ont fait leur entrée dans cette ville ce soir vers six heures, accompagnés de la guillotine et du citoyen commissaire général Thomas Millière. Ayant l'instrument, il fallait le bourreau.

— Vous dites donc, général, que j'étais venu pour l'abbé Bernier ?

— Oui : l'abbé Bernier avait offert sa médiation ; mais il a oublié qu'aujourd'hui il y a deux Vendées, la Vendée de la rive gauche et la Vendée de la rive droite ; que, si l'on peut traiter avec d'Autichamp, Châtillon et Suzannet à Pouancé, reste à traiter avec Frotté, Bourmont et Cadoudal... mais où cela ? voilà ce que personne ne peut dire...

— Que vous, général.

— Alors, avec la chevalerie qui fait le fond de votre caractère, vous vous êtes chargé de venir m'apporter le traité signé le 25. L'abbé Bernier, d'Autichamp, Châtillon et Suzannet vous ont signé un laissez-passer, et vous voilà.

— Ma foi ! général, je dois dire que vous êtes parfaitement renseigné : le premier consul désire la paix de tout cœur ; il sait qu'il a affaire en vous à un brave et loyal adversaire, et, ne pouvant vous voir, attendu que vous ne viendrez probablement point à Paris, il m'a dépêché vers vous.

— C'est-à-dire vers l'abbé Bernier.

— Général, peu vous importe, si je m'engage à faire ratifier par le premier consul ce que nous aurons arrêté entre nous. Quelles sont vos conditions pour la paix?

— Oh! elles sont bien simples, colonel : que le premier consul rende le trône à Sa Majesté Louis XVIII ; qu'il devienne son connétable, son lieutenant général, le chef de ses armées de terre et de mer, et je deviens, moi, son premier soldat.

— Le premier consul a déjà répondu à cette demande.

— Et voilà pourquoi je suis décidé à répondre moi-même à cette réponse.

— Quand?

— Cette nuit même, si l'occasion s'en présente.

— De quelle façon?

— En reprenant les hostilités.

— Mais vous savez que Châtillon, d'Autichamp et Suzannet ont déposé les armes ?

— Ils sont chefs des Vendéens, et, au nom des Vendéens, ils peuvent faire tout ce qu'ils veulent ; je suis chef des chouans, et, au nom des chouans, je ferai ce qui me conviendra.

— Alors, c'est une guerre d'extermination à laquelle vous condamnez ce malheureux pays, général?

— C'est un martyre auquel je convoque des chrétiens et des royalistes.

— Le général Brune est à Nantes avec les huit mille prisonniers que les Anglais viennent de nous rendre, après leurs défaites d'Alkmaar et de Castricum.

— C'est la dernière fois qu'ils auront eu cette chance ; les bleus nous ont donné cette mauvaise habitude de ne point faire de prisonniers ; quant au nombre de nos ennemis, nous ne nous en soucions pas, c'est une affaire de détail.

— Si le général Brune et ses huit mille prisonniers, joints aux vingt mille soldats qu'il reprend des mains du général Hédouville, ne suffisent point, le premier consul est décidé à marcher contre vous en personne, et avec cent mille hommes.

Cadoudal sourit.

— Nous tâcherons, dit-il, de lui prouver que nous sommes dignes de le combattre.

— Il incendiera vos villes.

— Nous nous retirerons dans nos chaumières.

— Il brûlera vos chaumières.

— Nous vivrons dans nos bois.

— Vous réfléchirez, général.

— Faites-moi l'honneur de rester avec moi quarante-huit heures, colonel, et vous verrez que mes réflexions sont faites.

— J'ai bien envie d'accepter.

— Seulement, colonel, ne me demandez pas plus que je ne puis vous donner : le sommeil sous un toit de chaume ou dans un manteau, sous les branches d'un chêne ; un de mes chevaux pour me suivre, un sauf-conduit pour me quitter.

— J'accepte.

— Votre parole, colonel, de ne vous opposer en rien aux ordres que je donnerai, de ne faire échouer en rien les surprises que je tenterai.

— Je suis trop curieux de vous voir faire pour cela ; vous avez ma parole, général.

— Quelque chose qui se passe sous vos yeux.

— Quelque chose qui se passe sous mes yeux ; je renonce au rôle d'acteur pour m'enfermer dans celui de spectateur ; je veux pouvoir dire au premier consul : « J'ai vu. »

Cadoudal sourit.

— Eh bien, vous verrez, dit-il.

En ce moment, la porte s'ouvrit, et deux paysans apportèrent une table toute servie, où fumaient une soupe aux choux et un morceau de lard ; un énorme pot de cidre qui venait d'être tiré à la pièce, débordait et moussait entre deux verres.

Quelques galettes de sarrasin étaient destinées à faire le dessert de ce modeste repas.

La table portait deux couverts.

— Vous le voyez, monsieur de Montrevel, dit Cadoudal, mes gars espèrent que vous me ferez l'honneur de souper avec moi.

— Et, sur ma foi, ils n'ont pas tort ; je vous le demanderais si vous ne m'invitiez pas, et je tâcherais de vous en prendre de force ma part, si vous me la refusiez.

— Alors à table !

Le jeune colonel s'assit gaiement.

— Pardon pour le repas que je vous offre, dit Cadoudal ; je n'ai point comme vos généraux des indemnités de campagne, et ce sont mes soldats qui me nourrissent. Qu'as-tu à nous donner avec cela, Brise-Bleu ?

— Une fricassée de poulet, général.

— Voilà le menu de votre dîner, monsieur de Montrevel.

— C'est un festin ! Maintenant, je n'ai qu'une crainte, général.

— Laquelle ?

— Cela ira très-bien, tant que nous mangerons ; mais quand il s'agira de boire ?...

— Vous n'aimez pas le cidre ? Ah ! diable, vous m'embarrassez. Du cidre ou de l'eau, voilà ma cave.

— Ce n'est point cela : à la santé de qui boirons-nous ?

— N'est-ce que cela, monsieur ? dit Cadoudal avec une suprême dignité. Nous boirons à la santé de notre mère commune, la France ; nous la servons chacun avec un esprit différent, mais, je l'espère, avec un même cœur. A la France ! monsieur, dit Cadoudal en remplissant les deux verres.

— A la France ! général, répondit Roland en choquant son verre contre celui de Georges.

Et tous deux se rassirent gaiement, et, la conscience en repos, attaquèrent la soupe avec des appétits dont le plus âgé n'avait pas trente ans.

XXXIII

LA PEINE DU TALION

— Maintenant, général, dit Roland lorsque le souper fut fini, et que les deux jeunes gens, les coudes sur la table, allongés devant un grand feu, commencèrent d'éprouver ce bien-être, suite ordinaire d'un repas dont l'appétit et la jeunesse ont été l'assaisonnement ; maintenant, vous m'avez promis de me faire voir des choses que je puisse reporter au premier consul.

— Et vous avez promis, vous, de ne pas vous y opposer ?

— Oui ; mais je me réserve, si ce que vous me ferez voir heurtait trop ma conscience, de me retirer.

— On n'aura que la selle à jeter sur le dos de votre cheval, colonel, ou sur le dos du mien dans le cas où le vôtre serait trop fatigué, et vous êtes libre.

— Très-bien.

— Justement, dit Cadoudal, les événements vous servent ; je suis ici non-seulement général, mais encore haut justicier, et il y a longtemps que j'ai une justice à faire. Vous m'avez dit, colonel, que le général Brune était à Nantes : je le savais ; vous m'avez dit que son avant-garde était à quatre lieues d'ici, à la Roche-Bernard, je le savais encore ; mais une chose que vous ne savez peut-être pas, c'est que cette avant-garde n'est pas commandée par un soldat comme vous et moi : elle est commandée par le citoyen Millière, commissaire du pouvoir exécutif. Une autre chose, que vous ignorez peut-être, c'est que le citoyen Thomas Millière ne se bat point comme nous, avec des canons, des fusils, des baïonnettes, des pistolets et des sabres, mais avec un instrument inventé par un de vos philanthropes républicains et qu'on appelle la guillotine.

— Il est impossible, monsieur, s'écria Roland, que, sous le premier consul, on fasse cette sorte de guerre.

— Ah ! entendons-nous bien, colonel ; je ne vous dis pas que c'est le premier consul qui la fait, je vous dis qu'elle se fait en son nom.

— Et quel est le misérable qui abuse ainsi de l'autorité qui lui est confiée pour faire la guerre avec un état-major de bourreaux ?

— Je vous l'ai dit, il s'appelle le citoyen Thomas Millière ; informez-vous, colonel, et, dans toute la Vendée et dans toute la

Bretagne, il n'y aura qu'une seule voix sur cet homme. Depuis le jour du premier soulèvement vendéen et breton, c'est-à-dire depuis six ans, ce Millière a été toujours et partout un des agents les plus actifs de la Terreur; pour lui, la Terreur n'a point fini avec Robespierre. Dénonçant aux autorités supérieures ou se faisant dénoncer à lui-même les soldats bretons ou vendéens, leurs parents, leurs amis, leurs frères, leurs sœurs, leurs femmes, leurs filles, jusqu'aux blessés, jusqu'aux mourants, il ordonnait de tout fusiller, de tout guillotiner sans jugement. A Daumeray, par exemple, il a laissé une trace de sang qui n'est point encore effacée, qui ne s'effacera jamais; plus de quatre-vingts habitants ont été égorgés sous ses yeux; des fils ont été frappés dans les bras de leurs mères, qui jusqu'ici ont vainement, pour demander vengeance, levé leurs bras sanglants au ciel. Les pacifications successives de la Vendée ou de la Bretagne n'ont point calmé cette soif de meurtre qui brûle ses entrailles. En 1800, il est le même qu'en 1793. Eh bien, cet homme...

Roland regarda le général.

— Cet homme, continua Georges avec le plus grand calme, voyant que la société ne le condamnait pas, je l'ai condamné, moi; cet homme va mourir.

— Comment! il va mourir, à la Roche-Bernard, au milieu des républicains, malgré sa garde d'assassins, malgré son escorte de bourreaux?

— Son heure a sonné, il va mourir.

Cadoudal prononça ces paroles avec une telle solennité, que pas un doute ne demeura dans l'esprit de Roland, non-seulement sur l'arrêt prononcé, mais encore sur l'exécution de cet arrêt.

Il demeura pensif un instant.

— Et vous vous croyez le droit de juger et de condamner cet homme, tout coupable qu'il est?

— Oui; car cet homme a jugé et condamné, non pas des coupables, mais des innocents.

— Si je vous disais : A mon retour à Paris, je demanderai la mise en accusation et le jugement de cet homme, n'auriez-vous pas foi en ma parole?

— J'aurais foi en votre parole; mais je vous dirais : Une bête enragée se sauve de sa cage, un meurtrier se sauve de sa prison; les hommes sont des hommes sujets à l'erreur. Ils ont parfois condamné des innocents, ils peuvent épargner un coupable. Ma justice est plus sûre que la vôtre, colonel, car c'est la justice de Dieu. Cet homme mourra.

— Et de quel droit dites-vous que votre justice, à vous, homme soumis à l'erreur comme les autres hommes, est la justice de Dieu?

— Parce que j'ai mis Dieu de moitié dans mon jugement. Oh! ce n'est pas d'hier qu'il est jugé.

— Comment cela?

— Au milieu d'un orage où la foudre grondait sans interruption, où l'éclair brillait de minute en minute, j'ai levé les bras au ciel et j'ai dit à Dieu : « Mon Dieu! toi dont cet éclair est le regard, toi dont ce tonnerre est la voix, si cet homme doit mourir, éteins pendant dix minutes ton tonnerre et tes éclairs; le silence des airs et l'obscurité du ciel seront ta réponse! » et, ma montre à la main, j'ai compté onze minutes sans éclairs et sans tonnerre... J'ai vu à la pointe du grand mont, par une tempête terrible, une barque montée par un seul homme et qui menaçait à chaque instant d'être submergée; une lame l'enleva comme le souffle d'un enfant enlève une plume, et la laissa retomber sur un rocher. La barque vola en morceaux, l'homme se cramponna au rocher; tout le monde s'écria : « Cet homme est perdu! » Son père était là, ses deux frères étaient là et ni frères ni père n'osaient lui porter secours. Je levai les bras au Seigneur et je dis : « Si Millière est condamné, mon Dieu, par vous comme par moi, je sauverai cet homme, et sans autre secours que vous, je me sauverai moi-même. » Je me déshabillai, je nouai le bout d'une corde autour de mon bras, et je nageai jusqu'au rocher. On eût dit que la mer s'aplanissait sous ma poitrine; j'atteignis l'homme. Son père et ses frères tenaient l'autre bout de la corde. Il gagna le rivage. Je pouvais y revenir comme lui, en fixant ma corde au rocher. Je la jetai loin de moi, et me confiai à Dieu et aux flots ; les flots me portèrent au rivage aussi doucement et aussi sûrement que les eaux du Nil portèrent le berceau de Moïse vers la fille de Pharaon. Une sentinelle ennemie était placée en avant du village de Saint-Nolf ; j'étais caché dans le bois de Grandchamp avec cinquante hommes. Je sortis seul du bois en recommandant mon âme à Dieu et en disant : « Seigneur, si vous avez décidé la mort de Millière, cette sentinelle tirera sur moi et me manquera, et, moi, je reviendrai vers les miens sans faire de mal à cette sentinelle, car vous aurez été avec elle un instant. » Je marchai au républicain ; à vingt pas, il fit feu sur moi et me manqua. Voici le trou de la balle dans mon chapeau, à un pouce de ma tête ; la main de Dieu elle-même a levé l'arme. C'est hier que la chose est arrivée. Je croyais Millière à Nantes. Ce soir, on est venu m'annoncer que Millière et sa guillotine étaient à la Roche-Bernard. Alors j'ai dit : « Dieu me l'amène, il va mourir ! »

Roland avait écouté avec un certain respect la superstitieuse narration du chef breton. Il ne s'étonnait point de trouver cette croyance et cette poésie dans l'homme habitué à vivre en face de la mer sauvage, au milieu des dolmens de Karnac. Il comprit que Millière était véritablement condamné, et que Dieu, qui semblait trois fois avoir approuvé son jugement, pouvait seul le sauver.

Seulement, une dernière question lui restait à faire.

— Comment le frapperez-vous ? demanda-t-il.

— Oh ! dit Georges, je ne m'inquiète point de cela ; il sera frappé.

Un des deux hommes qui avaient apporté la table du souper entrait en ce moment.

— Brise-Bleu, lui dit Cadoudal, préviens Cœur-de-Roi que j'ai un mot à lui dire.

Deux minutes après, le Breton était en face de son général.

— Cœur-de-Roi, lui demanda Cadoudal, n'est-ce pas toi qui m'as dit que l'assassin Thomas Millière était à la Roche-Bernard?

— Je l'y ai vu entrer côte à côte avec le colonel républicain, qui paraissait même peu flatté du voisinage.

— N'as-tu pas ajouté qu'il était suivi de sa guillotine ?

— Je vous ai dit que sa guillotine suivait entre deux canons, et je crois que, si les canons avaient pu s'écarter d'elle, ils l'eussent laissée rouler toute seule.

— Quelles sont les précautions que prend Millière dans les villes qu'il habite?

— Il a autour de lui une garde spéciale ; il fait barricader les rues qui conduisent à sa maison ; il a toujours une paire de pistolets à portée de sa main.

— Malgré cette garde, malgré cette barricade, malgré ces pistolets, te charges-tu d'arriver jusqu'à lui ?

— Je m'en charge, général !

— J'ai, à cause de ses crimes, condamné cet homme ; il faut qu'il meure !

— Ah ! s'écria Cœur-de-Roi, le jour de la justice est donc venu !

— Te charges-tu d'exécuter mon jugement, Cœur-de-Roi ?

— Je m'en charge, général.

— Va, Cœur-de-Roi, prends le nombre d'hommes que tu voudras... imagine le stratagème que tu voudras... mais parviens jusqu'à lui et frappe.

— Si je meurs, général...

— Sois tranquille, le curé de Leguerno dira assez de messes à ton intention pour que ta pauvre âme ne demeure pas en peine ; mais tu ne mourras pas, Cœur-de-Roi.

— C'est bien, c'est bien, général ! du moment où il y aura des messes, on ne vous en demande pas davantage ; j'ai mon plan.

— Quand pars-tu?

— Cette nuit.

— Quand sera-t-il mort?

— Demain.

— Va, et que trois cents hommes soient

prêts à me suivre dans une demi-heure. Cœur-de-Roi sortit aussi simplement qu'il était entré.

— Vous voyez, dit Cadoudal, voilà les hommes auxquels je commande ; votre premier consul est-il aussi bien servi que moi, monsieur de Montrevel ?

— Par quelques-uns, oui.

— Eh bien, moi, ce n'est point par quelques-uns, c'est par tous.

Bénédicité entra et interrogea Georges du regard.

— Oui, répondit Georges, tout à la fois de la voix et de la tête.

Bénédicité sortit.

— Vous n'avez pas vu un homme en venant ici ? dit Georges.

— Pas un.

— J'ai demandé trois cents hommes dans une demi-heure, et, dans une demi-heure, ils seront là ; j'en eusse demandé cinq cents, mille, deux mille, qu'ils eussent été prêts aussi promptement.

— Mais, dit Roland, vous avez, comme nombre du moins, des limites que vous ne pouvez franchir.

— Voulez-vous connaître l'effectif de mes forces, c'est bien simple : je ne vous le dirai pas moi-même, vous ne me croiriez pas ; mais attendez, je vais vous le faire dire.

Il ouvrit la porte et appela :

— Branche-d'or ?

Deux secondes après, Branche-d'or parut.

— C'est mon major général, dit en riant Cadoudal ; il remplit près de moi les fonctions que le général Berthier remplit près du premier consul. Branche-d'or ?

— Mon général !

— Combien d'hommes échelonnés depuis la Roche-Bernard jusqu'ici, c'est-à-dire sur la route suivie par monsieur pour me venir trouver ?

— Six cents dans les landes d'Arzal, six cents dans les bruyères de Marzan, trois cents à Péaule, trois cents à Billiers.

— Total dix-huit cents ; combien entre Noyal et Muzillac ?

— Quatre cents.

— Deux mille deux cents ; combien d'ici à Vannes ?

— Cinquante à Theix, trois cents à la Trinité, six cents entre la Trinité et Muzillac.

— Trois mille deux cents ; et d'Ambon à Leguerno ?

— Douze cents.

— Quatre mille quatre cents ; et dans le bourg même, autour de moi, dans les maisons, dans les jardins, dans les caves ?

— Cinq à six cents, général.

— Merci, Bénédicité.

Il fit un signe de tête, Bénédicité sortit.

— Vous le voyez, dit simplement Cadoudal, cinq mille hommes à peu près. Eh bien, avec ces cinq mille hommes, tous du pays, qui connaissent chaque arbre, chaque pierre, chaque buisson, je puis faire la guerre aux cent mille hommes que le premier consul menace d'envoyer contre moi.

Roland sourit.

— Oui, c'est fort, n'est-ce pas ?

— Je crois que vous vous vantez un peu, général, ou plutôt que vous vantez vos hommes.

— Non ; car j'ai pour auxiliaire toute la population ; un de vos généraux ne peut pas faire un mouvement que je ne le sache ; il ne peut pas envoyer une ordonnance, que je ne la surprenne ; il ne peut pas trouver un refuge, que je ne l'y poursuive ; la terre même est royaliste et chrétienne ! elle parlerait à défaut d'habitants pour me dire : « Les bleus sont passés ici ; les égorgeurs sont cachés là ! » Au reste vous allez en juger.

— Comment ?

— Nous allons faire une expédition à six lieues d'ici. Quelle heure est-il ?

Les jeunes gens tirèrent leurs montres tous deux à la fois.

— Minuit moins un quart, dirent-ils.

— Bon ! fit Georges, nos montres marquent la même heure, c'est bon signe ; peut-être, un jour, nos cœurs seront-ils d'accord comme nos montres.

— Vous disiez, général ?...

— Je disais qu'il était minuit moins un

quart, colonel, qu'à six heures, avant le jour, nous devions être à sept lieues d'ici; avez-vous besoin de repos?

— Moi!

— Oui, vous pouvez dormir une heure.

— Merci; c'est inutile.

— Alors, nous partirons quand vous voudrez.

— Et vos hommes?

— Oh! mes hommes sont prêts.

— Où cela?

— Partout.

— Je voudrais les voir.

— Vous les verrez.

— Quand?

— Quand cela vous sera agréable; oh! mes hommes sont des hommes fort discrets, et ils ne se montrent que si je leur fais signe de se montrer.

— De sorte que, quand je désirerai les voir...

— Vous me le direz, je ferai un signe, et ils se montreront.

— Partons, général!

— Partons.

Les deux jeunes gens s'enveloppèrent de leurs manteaux et sortirent.

A la porte, Roland se heurta à un petit groupe de cinq hommes.

Ces cinq hommes portaient l'uniforme républicain; l'un deux avait sur ses manches des galons de sergent.

— Qu'est-ce que cela? demanda Roland.

— Rien, répondit Cadoudal en riant.

— Mais, enfin, ces hommes, quels sont-ils?

— Cœur-de-Roi et les siens, qui partent pour l'expédition que vous savez.

— Alors, ils comptent à l'aide de cet uniforme?...

— Oh! vous allez tout savoir, colonel, je n'ai point de secret pour vous.

Et, se tournant du côté du groupe:

— Cœur-de-Roi! dit Cadoudal.

L'homme dont les manches étaient ornées de deux galons se détacha du groupe et vint à Cadoudal.

— Vous m'avez appelé, général? demanda le faux sergent.

— Oui, je veux savoir ton plan.

— Oh! général, il est bien simple.

— Voyons, j'en jugerai.

— Je passe ce papier dans la baguette de mon fusil...

Cœur-de-Roi montra une large enveloppe scellée d'un cachet rouge qui, sans doute, avait renfermé quelque ordre républicain surpris par les chouans.

— Je me présente aux factionnaires en disant: « Ordonnance du général de division! » J'entre au premier poste, je demande qu'on m'indique la maison du citoyen commissaire, on me l'indique, je remercie: il faut toujours être poli; j'arrive à la maison, j'y trouve un second factionnaire, je lui fais le même conte qu'au premier, je monte ou je descends chez le citoyen Millière, selon qu'il demeure au grenier ou à la cave, j'entre sans difficulté aucune; vous comprenez: *Ordre du général de division!* je le trouve dans son cabinet ou ailleurs, je lui présente mon papier, et, tandis qu'il le décachette, je le tue avec ce poignard caché dans ma manche.

— Oui, mais toi et tes hommes?

— Ah! ma foi, à la garde de Dieu! nous défendons sa cause, c'est à lui de s'inquiéter de nous.

— Eh bien, vous le voyez, colonel, dit Cadoudal, ce n'est pas plus difficile que cela. A cheval, colonel! Bonne chance, Cœur-de-Roi!

— Lequel des deux chevaux dois-je prendre? demanda Roland.

— Prenez au hasard: ils sont aussi bons l'un que l'autre, et chacun a dans ses fontes une excellente paire de pistolets de fabrique anglaise.

— Tout chargés?

— Et bien chargés, colonel; c'est une besogne pour laquelle je ne me fie à personne.

— Alors à cheval.

Les deux jeunes gens se mirent en selle, et prirent la route qui conduisait à Vannes, Cadoudal servant de guide à Roland, et Branche-d'or, le major général de l'armée, comme l'avait appelé Georges, marchant une vingtaine de pas en arrière.

Arrivé à l'extrémité du village, Roland plongea son regard sur la route qui s'étend sur une ligne presque tirée au cordeau de Muzillac à la Trinité.

La route, entièrement découverte, paraissait parfaitement solitaire.

On fit ainsi une demi-lieue à peu près.

Au bout de cette demi-lieue :

— Mais où diable sont donc vos hommes? demanda Roland.

— A notre droite, à notre gauche, devant nous, derrière nous.

— Ah! la bonne plaisanterie! fit Roland.

— Ce n'est point une plaisanterie, colonel ; croyez-vous que je suis assez imprudent pour me hasarder ainsi sans éclaireurs?

— Vous m'avez dit, je crois, que, si je désirais voir vos hommes, je n'avais qu'à vous le dire.

— Je vous l'ai dit.

— Eh bien, je désire les voir.

— En totalité ou en partie?

— Combien avez-vous dit que vous en emmeniez avec vous?

— Trois cents.

— Eh bien, je désire en voir cent cinquante.

— Halte! fit Cadoudal.

Et, rapprochant ses deux mains de sa bouche, il fit entendre un houhoulement de chat-huant, suivi d'un cri de chouette; seulement, il jeta le houhoulement à droite, et le cri de chouette à gauche.

Presque instantanément, aux deux côtés de la route, on vit s'agiter des formes humaines, lesquelles, franchissant le fossé qui séparait le chemin du taillis, vinrent se ranger aux deux côtés des chevaux.

— Qui commande à droite? demanda Cadoudal.

— Moi, Moustache, répondit un paysan s'approchant.

— Qui commande à gauche? répéta le général.

— Moi, Chante-en-hiver, répondit un paysan s'approchant.

— Combien d'hommes avec toi, Moustache?

— Cent.

— Combien d'hommes avec toi, Chante-en-hiver.

— Cinquante.

— En tout cent cinquante, alors? demanda Georges.

— Oui, répondirent les deux chefs bretons.

— Est-ce votre compte, colonel? demanda Cadoudal en riant.

— Vous êtes un magicien, général.

— Eh! non, je suis un pauvre paysan comme eux; seulement, je commande une troupe où chaque cerveau se rend compte de ce qu'il fait, où chaque cœur bat pour les deux grands principes de ce monde : la religion et la royauté.

Puis, se retournant vers ses hommes :

— Qui commande l'avant-garde? demanda Cadoudal.

— Fend-l'air, répondirent les deux chouans.

— Et l'arrière-garde?

— La Giberne.

La seconde réponse fut faite avec le même ensemble que la première.

— Alors, nous pouvons continuer tranquillement notre route?

— Ah! général, comme si vous alliez à la messe à l'église de votre village.

— Continuons donc notre route, colonel, dit Cadoudal à Roland.

Puis, se retournant vers ses hommes :

— Égayez-vous, mes gars, leur dit-il.

Au même instant chaque homme sauta le fossé et disparut.

On entendit, pendant quelques secondes, le froissement des branches dans le taillis, et le bruit des pas dans les broussailles.

Puis on n'entendit plus rien.

— Eh bien, demanda Cadoudal, croyez-vous qu'avec de pareils hommes j'aie quelque chose à craindre de vos bleus, si braves qu'ils soient?

Roland poussa un soupir; il était parfaitement de l'avis de Cadoudal.

On continua de marcher.

A une lieue à peu près de la Trinité, on vit sur la route apparaître un point noir qui allait grossissant avec rapidité.

Devenu plus distinct, ce point sembla tout à coup rester fixe.

— Qu'est-ce que cela? demanda Roland.

— Vous le voyez bien, répondit Cadoudal, c'est un homme.

— Sans doute, mais cet homme, qui est-il?

— Vous avez pu deviner, à la rapidité de sa course, que c'est un messager.

— Pourquoi s'arrête-t-il?

— Parce qu'il nous a aperçus de son côté, et qu'il ne sait s'il doit avancer ou reculer.

— Que va-t-il faire?

— Il attend pour se décider.

— Quoi?

— Un signal.

— Et à ce signal, il répondra?

— Non-seulement il répondra, mais il obéira. Voulez-vous qu'il avance? voulez-vous qu'il recule? voulez-vous qu'il se jette de côté?

— Je désire qu'il s'avance : c'est un moyen que nous sachions la nouvelle qu'il porte.

Cadoudal fit entendre le chant du coucou avec une telle perfection, que Roland regarda tout autour de lui.

— C'est moi, dit Cadoudal, ne cherchez pas.

— Alors, le messager va venir?

— Il ne va pas venir, il vient.

En effet, le messager avait repris sa course, et s'avançait rapidement : en quelques secondes il fut près de son général.

— Ah! dit celui-ci, c'est toi, Monte-à-l'assaut!

Le général se pencha; Monte-à-l'assaut lui dit quelques mots à l'oreille.

— J'étais déjà prévenu par Bénédicité, dit Georges.

Puis, se retournant vers Roland :

— Il va, dit-il, se passer, dans un quart d'heure, au village de la Trinité, une chose grave et que vous devez voir; au galop!

Et, donnant l'exemple, il mit son cheval au galop.

Roland le suivit.

En arrivant au village, on put distinguer de loin une multitude s'agitant sur la place, à la lueur des torches résineuses.

Les cris et les mouvements de cette multitude annonçaient, en effet, un grave événement.

— Piquons! piquons! dit Cadoudal.

Roland ne demandait pas mieux : il mit les éperons au ventre de sa monture.

Au bruit du galop des chevaux, les paysans s'écartèrent; ils étaient cinq ou six cents au moins, tous armés.

Cadoudal et Roland se trouvèrent dans le cercle de lumière, au milieu de l'agitation et des rumeurs.

Le tumulte se pressait surtout à l'entrée de la rue conduisant au village de Tridon.

Une diligence venait par cette rue, escortée de douze chouans : deux se tenaient à chaque côté du postillon, les dix autres gardaient les portières.

Au milieu de la place, la voiture s'arrêta.

Tout le monde était si préoccupé de la diligence, qu'à peine si l'on avait fait attention à Cadoudal.

— Holà! cria Georges, que se passe-t-il donc?

A cette voix bien connue, chacun se retourna, et les fronts se découvrirent.

— La grosse tête ronde! murmura chaque voix.

— Oui, dit Cadoudal.

Un homme s'approcha de Georges.

— N'étiez-vous pas prévenu, et par Bénédicité et par Monte-à-l'assaut? demanda-t-il.

— Si fait; est-ce donc la diligence de Ploërmel à Vannes que vous ramenez là?

— Oui, mon général; elle a été arrêtée entre Tréfléon et Saint-Nolf.

— Est-il dedans?

— On le croit.

— Faites selon votre conscience; s'il y a crime vis-à-vis de Dieu, prenez-le sur vous; je ne me charge que de la responsabilité vis-à-vis des hommes; j'assisterai à ce qui va se passer, mais sans y prendre

part, ni pour l'empêcher, ni pour y aider.
— Eh bien, demandèrent cent voix, qu'a-t-il dit, Sabre-tout?
— Il a dit que nous pouvions faire selon notre conscience, et qu'il s'en lavait les mains.
— Vive la grosse tête ronde! s'écrièrent tous les assistants en se précipitant vers la diligence.

Cadoudal resta immobile au milieu de ce torrent.

Roland était debout près de lui, immobile comme lui, plein de curiosité; car il ignorait complétement de qui et de quoi il était question.

Celui qui était venu parler à Cadoudal, et que ses compagnons avaient désigné sous le nom de Sabre-tout, ouvrit la portière.

On vit alors les voyageurs se presser, tremblants, dans les profondeurs de la diligence.

— Si vous n'avez rien à vous reprocher contre le roi et la religion, dit Sabre-tout d'une voix pleine et sonore, descendez sans crainte; nous ne sommes pas des brigands, nous sommes des chrétiens et des royalistes.

Sans doute cette déclaration rassura les voyageurs, car un homme se présenta à la portière et descendit, puis deux femmes, puis une mère serrant son enfant entre ses bras, puis un homme encore.

Les chouans les recevaient au bas du marchepied, les regardaient avec attention, puis, ne reconnaissant pas celui qu'ils cherchaient : « Passez! »

Un seul homme resta dans la voiture.

Un chouan y introduisit la flamme d'une torche, et l'on vit que cet homme était un prêtre.

— Ministre du Seigneur, dit Sabre-tout, pourquoi ne descends-tu pas avec les autres? n'as-tu pas entendu que j'ai dit que nous étions des royalistes et des chrétiens?

Le prêtre ne bougea pas; seulement ses dents claquèrent.

— Pourquoi cette terreur? continua Sabre-tout; ton habit ne plaide-t-il pas pour toi?... L'homme qui porte une soutane ne peut avoir rien fait contre la royauté ni contre la religion.

Le prêtre se ramassa sur lui-même en murmurant :
— Grâce! grâce!
— Pourquoi grâce? demanda Sabre-tout; tu te sens donc coupable, misérable!
— Oh! oh! fit Roland; messieurs les royalistes et chrétiens, voilà comme vous parlez aux hommes de Dieu!
— Cet homme, répondit Cadoudal, n'est pas l'homme de Dieu, mais l'homme du démon!
— Qui est-ce donc?
— C'est à la fois un athée et un régicide; il a renié son Dieu et voté la mort de son roi : c'est le conventionnel Audrein.

Roland frissonna.
— Que vont-ils lui faire? demanda-t-il.
— Il a donné la mort, il recevra la mort, répondit Cadoudal.

Pendant ce temps, les chouans avaient tiré Audrein de la diligence.
— Ah! c'est donc bien toi, évêque de Vannes! dit Sabre-tout.
— Grâce! s'écria l'évêque.
— Nous étions prévenus de ton passage, et c'est toi que nous attendions.
— Grâce! répéta l'évêque pour la troisième fois.
— As-tu avec toi tes habits pontificaux?
— Oui, mes amis, je les ai.
— Eh bien, habille-toi en prélat; il y a longtemps que nous n'en avons vu.

On descendit de la diligence une malle au nom du prélat; on l'ouvrit, on en tira un costume complet d'évêque, et on le présenta à Audrein, qui le revêtit.

Puis, lorsque le costume fut entièrement revêtu, les paysans se rangèrent en cercle, chacun tenant son fusil à la main.

La lueur des torches se reflétait sur les canons, qui lançaient de sinistres éclairs.

Deux hommes prirent l'évêque et l'amenèrent dans ce cercle, en le soutenant par-dessous les bras.

Il était pâle comme un mort.

Il se fit un instant de lugubre silence.

Une voix le rompit; c'était celle de Sabre-tout.

— Nous allons, dit le chouan, procéder à ton jugement ; prêtre de Dieu, tu as trahi l'Église ; enfant de la France, tu as condamné ton roi.

— Hélas ! hélas ! balbutia le prêtre.

— Est-ce vrai ?

— Je ne le nie pas.

— Parce que c'est impossible à nier. Qu'as-tu à répondre pour ta justification ?

— Citoyens...

— Nous ne sommes pas des citoyens, dit Sabre-tout d'une voix de tonnerre, nous sommes des royalistes.

— Messieurs...

— Nous ne sommes pas des messieurs, nous sommes des chouans.

— Mes amis...

— Nous ne sommes pas tes amis, nous sommes tes juges ; tes juges t'interrogent, réponds.

— Je me repens de ce que j'ai fait, et j'en demande pardon à Dieu et aux hommes.

— Les hommes ne peuvent te pardonner, répondit la même voix implacable, car, pardonné aujourd'hui, tu recommencerais demain ; tu peux changer de peau, jamais de cœur. Tu n'as plus que la mort à attendre des hommes ; quant à Dieu, implore sa miséricorde.

Le régicide courba la tête, le renégat fléchit le genou.

Mais, tout à coup, se redressant :

— J'ai voté la mort du roi, dit-il, c'est vrai, mais avec la réserve...

— Quelle réserve ?

— La réserve du temps où l'exécution devait avoir lieu.

— Proche ou éloignée, c'était toujours la mort que tu votais, et le roi était innocent.

— C'est vrai, c'est vrai, dit le prêtre, mais j'avais peur.

— Alors, tu es non-seulement un régicide, non-seulement un apostat, mais encore un lâche ! Nous ne sommes pas des prêtres, nous ; mais nous serons plus justes que toi : tu as voté la mort d'un innocent, nous votons la mort d'un coupable. Tu as dix minutes pour te préparer à paraître devant Dieu.

L'évêque jeta un cri d'épouvante et tomba sur ses deux genoux ; les cloches de l'église sonnèrent comme si elles s'ébranlaient toutes seules, et deux de ces hommes, habitués aux chants d'église, commencèrent à répéter les prières des agonisants.

L'évêque fut quelque temps sans trouver les paroles par lesquelles il devait répondre.

Il tournait sur ses juges des regards effarés qui allaient suppliant des uns aux autres ; mais sur aucun visage il n'eut la consolation de rencontrer la douce expression de la pitié.

Les torches qui tremblaient au vent donnaient, au contraire, à tous ces visages une expression sauvage et terrible.

Alors, il se décida à mêler sa voix aux voix qui priaient pour lui.

Les juges laissèrent s'épuiser jusqu'au dernier mot de la prière funèbre.

Pendant ce temps, des hommes préparaient un bûcher.

— Oh ! s'écria le prêtre, qui voyait ces apprêts avec une terreur croissante, auriez-vous la cruauté de me réserver une pareille mort ?

— Non, répondit l'inflexible accusateur, le feu est la mort des martyrs, et tu n'es pas digne d'une pareille mort. Allons, apostat, ton heure est venue.

— Oh ! mon Dieu ! mon Dieu ! s'écria le prêtre en levant les bras au ciel.

— Debout ! dit le chouan.

L'évêque essaya d'obéir, mais les forces lui manquèrent et il retomba sur ses genoux.

— Allez-vous donc laisser s'accomplir cet assassinat sous vos yeux ? demanda Roland à Cadoudal.

— J'ai dit que je m'en lavais les mains, répondit celui-ci.

— C'est le mot de Pilate et les mains de Pilate sont restées rouges du sang de Jésus-Christ.

— Parce que Jésus-Christ était un juste ; mais cet homme, ce n'est pas Jésus-Christ, c'est Barrabas.

— Baise ta croix, baise ta croix ! s'écria Sabre-tout.

Le prélat le regarda d'un air effaré, mais sans obéir ! il était évident qu'il ne voyait déjà plus, qu'il n'entendait déjà plus.

— Oh ! s'écria Roland en faisant un mouvement pour descendre de cheval, il ne sera pas dit que l'on aura assassiné un homme devant moi et que je ne lui aurai pas porté secours.

Un murmure de menaces gronda tout autour de Roland ; les paroles qu'il venait de prononcer avaient été entendues.

C'était juste ce qu'il fallait pour exciter l'impétueux jeune homme.

— Ah ! c'est ainsi ? dit-il.

Et il porta la main droite à une de ses fontes.

Mais, d'un mouvement rapide comme la pensée, Cadoudal lui saisit la main, et, tandis que Roland essayait vainement de la dégager de l'étreinte de fer :

— Feu ! dit Cadoudal.

Vingt coups de fusil retentirent à la fois, et, pareil à une masse inerte, l'évêque tomba foudroyé.

— Ah ! s'écria Roland, que venez-vous de faire ?

— Je vous ai forcé de tenir votre serment, répondit Cadoudal ; vous aviez juré de tout voir et de tout entendre sans vous opposer à rien...

— Ainsi périra tout ennemi de Dieu et du roi, dit Sabre-tout d'une voix solennelle.

— *Amen !* répondirent tous les assistants d'une seule voix et avec un sinistre ensemble.

Puis ils dépouillèrent le cadavre de ses ornements sacerdotaux, qu'ils jetèrent dans la flamme du bûcher, firent remonter les autres voyageurs dans la diligence, remirent le postillon en selle, et s'ouvrant pour les laisser passer :

— Allez avec Dieu ! dirent-ils.

La diligence s'éloigna rapidement.

— Allons, allons, en route ! dit Cadoudal ; nous avons encore quatre lieues à faire, et nous avons perdu une heure ici.

Puis, s'adressant aux exécuteurs :

— Cet homme était coupable, cet homme a été puni ; la justice humaine et la justice divine sont satisfaites. Que les prières des morts soient dites sur son cadavre, et qu'il ait une sépulture chrétienne, vous entendez ?

Et, sûr d'être obéi, Cadoudal mit son cheval au galop.

Roland sembla hésiter un instant s'il le suivrait, puis, comme s'il se décidait à accomplir un devoir :

— Allons jusqu'au bout, dit-il.

Et, lançant à son tour son cheval dans la direction qu'avait prise Cadoudal, il le rejoignit en quelques élans.

Tous deux disparurent bientôt dans l'obscurité, qui allait s'épaississant au fur et à mesure que l'on s'éloignait de la place où les torches éclairaient le prélat mort, où le feu dévorait ses vêtements.

XXXIV

LA DIPLOMATIE DE GEORGES CADOUDAL

Le sentiment qu'éprouvait Roland en suivant Georges Cadoudal ressemblait à celui d'un homme à moitié éveillé qui se sent sous l'empire d'un rêve, et qui se rapproche peu à peu des limites qui séparent pour lui la nuit du jour : il cherche à se rendre compte s'il marche sur le terrain de la fiction ou sur celui de la réalité, et plus il creuse les ténèbres de son cerveau, plus il s'enfonce dans le doute.

Un homme existait pour lequel Roland avait un culte presque divin ; accoutumé à vivre dans l'atmosphère glorieuse qui enveloppait cet homme, habitué à voir les autres obéir à ses commandements et à y obéir lui-même avec une promptitude et une abnégation presque orientales, il lui semblait étonnant de rencontrer aux deux extrémités de la France deux pouvoirs organisés, ennemis du pouvoir de cet homme, et prêts à lutter contre ce pouvoir. Supposez un de ces Juifs de Judas Macchabée, adorateur de Jéhovah, l'ayant, depuis son enfance, entendu appeler le

Roi des rois, le Dieu fort, le Dieu vengeur, le Dieu des armées, l'Éternel, enfin, et se heurtant tout à coup au mystérieux Osiris des Égyptiens ou au foudroyant Jupiter des Grecs.

Ses aventures à Avignon et à Bourg avec Morgan et les compagnons de Jéhu, ses aventures au bourg de Muzillac et au village de la Trinité avec Cadoudal et les chouans, lui semblaient une initiation étrange à quelque religion inconnue; mais comme ces néophytes courageux qui risquent la mort pour connaître le secret de l'initiation, il était résolu d'aller jusqu'au bout.

D'ailleurs, il n'était pas sans une certaine admiration pour ces caractères exceptionnels; ce n'était pas sans étonnement qu'il mesurait ces Titans révoltés, qui luttaient contre son Dieu, et il sentait bien que ce n'étaient point des hommes vulgaires, ceux-là qui poignardaient sir John à la Chartreuse de Seillon, et qui fusillaient l'évêque de Vannes au village de la Trinité.

Maintenant, qu'allait-il voir encore? C'est ce qu'il ne tarderait pas à savoir; on était en marche depuis cinq heures et demie, et le jour approchait.

Au-dessus du village de Tridon, on avait pris à travers champs; puis, laissant Vannes à gauche, on avait gagné Tréfléon. A Tréfléon, Cadoudal, toujours suivi de son major général Branche-d'or, avait retrouvé Monte-à-l'assaut et Chante-en-hiver, leur avait donné des ordres, et avait continué sa route en appuyant à gauche et en gagnant la lisière du petit bois qui s'étend de Grandchamp à Larré.

Là, Cadoudal fit halte, imita trois fois de suite le houhoulement du hibou, et au bout d'un instant, se trouva entouré de ses trois cents hommes.

Une lueur grisâtre apparaissait du côté de Tréfléon et de Saint-Nolf; c'étaient, non pas les premiers rayons du soleil, mais les premières lueurs du jour.

Une épaisse vapeur sortait de terre, et empêchait que l'on ne vît à cinquante pas devant soi.

Avant de se hasarder plus loin, Cadoudal semblait attendre des nouvelles.

Tout à coup, on entendit, à cinq cents pas à peu près, éclater le chant du coq.

Cadoudal dressa l'oreille; ses hommes se regardèrent en riant.

Le chant retentit une seconde fois, mais plus rapproché.

— C'est lui, dit Cadoudal : répondez.

Le hurlement d'un chien se fit entendre à trois pas de Roland, imité avec une telle perfection, que le jeune homme, quoique prévenu, chercha des yeux l'animal qui poussait la plainte lugubre.

Presque au même instant, on vit se mouvoir au milieu du brouillard un homme qui s'avançait rapidement, et dont la forme se dessinait au fur et à mesure qu'il avançait.

Le survenant aperçut les deux cavaliers et se dirigea vers eux.

Cadoudal fit quelques pas en avant, tout en mettant un doigt sur sa bouche, pour inviter l'homme qui accourait à parler bas.

Celui-ci, en conséquence, ne s'arrêta que lorsqu'il fut près du général.

— Eh bien, Fleur-d'épine, demanda Georges, les tenons-nous?

— Comme la souris dans la souricière, et pas un ne rentrera à Vannes, si vous le voulez.

— Je ne demande pas mieux. Combien sont-ils?

— Cent hommes, commandés par le général en personne.

— Combien de chariots?

— Dix-sept.

— Quant se mettent-ils en marche?

— Ils doivent être à trois quarts de lieue d'ici.

— Quelle route suivent-ils?

— Celle de Grandchamp à Vannes.

— De sorte qu'en m'étendant de Meucon à Plescop...

— Vous leur barrez le chemin.

— C'est tout ce qu'il faut.

Cadoudal appela à lui ses quatre lieutenants: Chante-en-hiver, Monte-à-l'assaut, Fend-l'air et la Giberne.

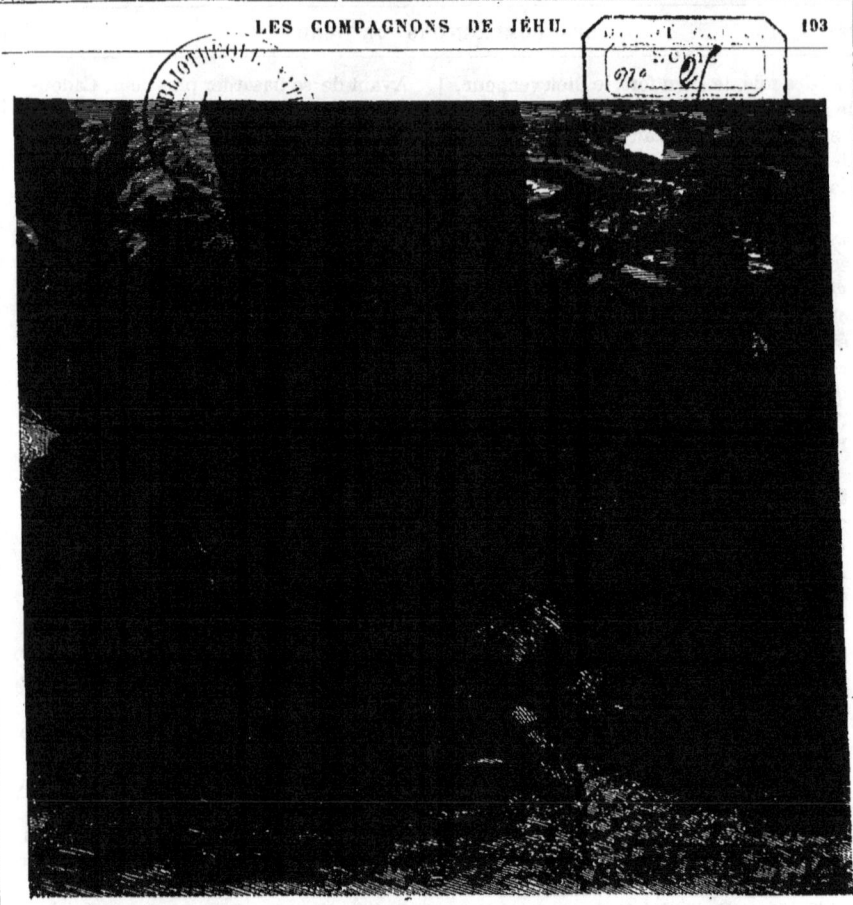

Il faut avoir l'œil exercé du chat-huant qui voit dans les ténèbres pour les distinguer dans les buissons où ils sont tapis. — Page 175.

Puis, quand ils furent près de lui, il donna à chacun ses hommes.

Chacun fit entendre à son tour le cri de la chouette et disparut avec cinquante hommes.

Le brouillard continuait d'être si épais, que les cinquante hommes formant chacun de ces groupes, en s'éloignant de cent pas, disparaissaient comme des ombres.

Cadoudal restait avec une centaine d'hommes, Branche-d'or et Fleur-d'épine.

Il revint près de Roland.

— Eh bien, général, lui demanda celui-ci, tout va-t-il selon vos désirs ?

— Mais, oui, à peu près, colonel, répondit le chouan ; et, dans une demi-heure, vous allez en juger par vous-même.

— Il sera difficile de juger quelque chose avec ce brouillard-là.

Cadoudal jeta les yeux autour de lui.

— Dans une demi-heure, dit-il, il sera dissipé. Voulez-vous utiliser cette demi-heure en mangeant un morceau et en buvant un coup ?

— Ma foi, dit le jeune homme, j'avoue que la marche m'a creusé.

— Et moi, dit Georges, j'ai l'habitude, avant de me battre, de déjeuner du mieux que je puis.

— Vous allez donc vous battre ?

— Je le crois.
— Contre qui ?
— Mais contre les républicains, et, comme nous avons affaire au général Hatry en personne, je doute qu'il se rende sans faire résistance.
— Et les républicains savent-ils qu'ils vont se battre contre vous ?
— Ils ne s'en doutent pas.
— De sorte que c'est une surprise ?
— Pas tout à fait, attendu que le brouillard se lèvera et qu'ils nous verront à ce moment comme nous les verrons eux-mêmes.

Alors, se retournant vers celui qui paraissait chargé du département des vivres :

— Brise-Bleu, demanda Cadoudal, as-tu de quoi nous donner à déjeuner ?

Brise-Bleu fit un signe affirmatif, entra dans le bois et en sortit traînant un âne chargé de deux paniers.

En un instant un manteau fut étendu sur une butte de terre, et, sur le manteau, un poulet rôti, un morceau de petit salé froid, du pain et des galettes de sarrasin furent étalés.

Cette fois, Brise-Bleu y avait mis du luxe : il s'était procuré une bouteille de vin et un verre.

Cadoudal montra à Roland la table mise et le repas improvisé.

Roland sauta à bas de son cheval et remit la bride à un chouan.

Cadoudal l'imita.

— Maintenant, dit celui-ci en se tournant vers ses hommes, vous avez une demi-heure pour en faire autant que nous ; ceux qui n'auront pas déjeuné dans une demi-heure, sont prévenus qu'ils se battront le ventre vide.

L'invitation semblait équivaloir à un ordre, tant elle fut exécutée avec promptitude et précision. Chacun tira un morceau de pain ou une galette de sarrasin de son sac ou de sa poche, et imita l'exemple de son général, qui avait déjà écartelé le poulet à son profit et à celui de Roland.

Comme il n'y avait qu'un verre, tous deux burent dans le même.

Pendant qu'ils déjeunaient côte à côte, pareils à deux amis qui font une halte de chasse, le jour se levait, et, comme l'avait prédit Cadoudal, le brouillard devenait de moins en moins intense.

Bientôt on commença d'apercevoir les arbres les plus proches, puis on distingua la ligne du bois s'étendant à droite de Meucon à Grandchamp, tandis qu'à gauche, la plaine de Plescop, coupée par un ruisseau, allait en s'abaissant jusqu'à Vannes.

On y sentait cette déclivité naturelle à la terre au fur et à mesure qu'elle approche de l'Océan.

Sur la route de Grandchamp à Plescop, on distingua bientôt une ligne de chariots dont la queue se perdait dans le bois.

Cette ligne de chariots était immobile ; il était facile de comprendre qu'un obstacle imprévu l'arrêtait dans sa course.

En effet, à un demi-quart de lieue en avant du premier chariot, on pouvait distinguer les deux cents hommes de Monte-à-l'assaut, de Chante-en-hiver, de Fend-l'air et de la Giberne qui barraient le chemin.

Les républicains, inférieurs en nombre, — nous avons dit qu'ils n'étaient que cent, — avaient fait halte, et attendaient l'évaporation entière du brouillard pour s'assurer du nombre de leurs ennemis et des gens à qui ils avaient affaire.

Hommes et chariots étaient dans un triangle dont Cadoudal et ses cent hommes formaient une des extrémités.

A la vue de ce petit nombre d'hommes enveloppés par des forces triples, à l'aspect de cet uniforme dont la couleur avait fait donner le nom de bleus aux républicains, Roland se leva vivement.

Quant à Cadoudal, il resta nonchalamment étendu, achevant son repas.

Des cent hommes qui entouraient le général, pas un ne semblait préoccupé du spectacle qu'il avait sous les yeux ; on eût dit qu'ils attendaient l'ordre de Cadoudal pour y faire attention.

Roland n'eut besoin de jeter qu'un seul coup d'œil sur les républicains pour voir qu'ils étaient perdus.

Cadoudal suivait sur le visage du jeune homme les divers sentiments qui s'y succédaient.

— Eh bien, lui demanda le chouan après un moment de silence, trouvez-vous mes dispositions bien prises, colonel ?

— Vous pourriez même dire vos précautions, général, répondit Roland avec un sourire railleur.

— N'est-ce point l'habitude du premier consul, demanda Cadoudal, de prendre ses avantages quand il les trouve ?

Roland se mordit les lèvres, et, au lieu de répondre à la question du chef royaliste :

— Général, dit-il, j'ai à vous demander une faveur que vous ne me refuserez pas, je l'espère.

— Laquelle ?

— C'est la permission d'aller me faire tuer avec mes compagnons.

Cadoudal se leva.

— Je m'attendais à cette demande, dit-il.

— Alors, vous me l'accordez, dit Roland, dont les yeux étincelaient de joie.

— Oui ; mais j'ai auparavant un service à réclamer de vous, dit le chef royaliste avec une suprême dignité.

— Dites, monsieur.

— C'est d'être mon parlementaire près du général Hatry.

— Dans quel but ?

— J'ai plusieurs propositions à lui faire avant de commencer le combat.

— Je présume que, parmi ces propositions dont vous voulez me faire l'honneur de me charger, vous ne comptez pas celle de mettre bas les armes ?

— Vous comprenez, au contraire, colonel, que celle-là vient en tête des autres.

— Le général Hatry refusera.

— C'est probable.

— Et alors ?

— Alors, je lui laisserai le choix entre deux autres propositions qu'il pourra accepter, je crois, sans forfaire à l'honneur.

— Lesquelles ?

— Je vous les dirai en temps et lieu ; commencez par la première.

— Formulez-la.

— Voici. Le général Hatry et ses cent hommes sont entourés par des forces triples : je leur offre la vie sauve ; mais ils déposeront leurs armes, et feront serment de ne pas servir à nouveau, de cinq ans, dans la Vendée.

Roland secoua la tête.

— Cela vaudrait mieux cependant que de faire écraser ses hommes ?

— Soit ; mais il aimera mieux les faire écraser et se faire écraser avec eux.

— Ne croyez-vous point, en tout cas, dit en riant Cadoudal, qu'il serait bon, avant tout, de le lui demander ?

— C'est juste, dit Roland.

— Eh bien, colonel, ayez la bonté de monter à cheval, de vous faire reconnaître par le général et de lui transmettre ma proposition.

— Soit, dit Roland.

— Le cheval du colonel, dit Cadoudal en faisant signe au chouan qui le gardait.

On amena le cheval à Roland.

Le jeune homme sauta dessus, et on le vit traverser rapidement l'espace qui le séparait du convoi arrêté.

Un groupe s'était formé sur les flancs de ce convoi : il était évident qu'il se composait du général Hatry et de ses officiers.

Roland se dirigea vers ce groupe, éloigné des chouans de trois portées de fusil à peine.

L'étonnement fut grand, de la part du général Hatry, quand il vit venir à lui un officier portant l'uniforme de colonel républicain.

Il sortit du groupe, et fit trois pas au-devant du messager.

Roland se fit reconnaître, raconta comment il se trouvait parmi les blancs, et transmit la proposition de Cadoudal au général Hatry.

Comme l'avait prévu le jeune homme, celui-ci refusa.

Roland revint vers Cadoudal, le cœur joyeux et fier.

— Il refuse ! cria-t-il d'aussi loin que sa voix put se faire entendre.

Cadoudal fit un signe de tête annonçant qu'il n'était aucunement étonné de ce refus.

— Eh bien, dans ce cas, dit-il, portez-lui ma seconde proposition ; je ne veux avoir rien à me reprocher, ayant à répondre à un juge d'honneur comme vous.

Roland s'inclina.

— Voyons la seconde proposition ? dit-il.

— La voici : le général Hatry viendra au-devant de moi, dans l'espace qui est libre entre nos deux troupes ; il aura les mêmes armes que moi : c'est-à-dire son sabre et deux pistolets, et la question se décidera entre nous deux ; si je le tue, ses hommes se soumettront aux conditions que j'ai dites, car, des prisonniers, nous n'en pouvons pas faire ; s'il me tue, ses hommes passeront librement et gagneront Vannes sans être inquiétés. Ah ! j'espère que voilà une proposition que vous accepteriez, colonel !

— Aussi, je l'accepte pour moi, dit Roland.

— Oui, fit Cadoudal ; mais vous n'êtes pas le général Hatry ; contentez-vous donc, pour le moment, d'être son parlementaire, et, si cette proposition, qu'à sa place je ne laisserais pas échapper, ne lui agrée pas encore, eh bien, je suis bon prince ! vous reviendrez, et je lui en ferai une troisième.

Roland s'éloigna une seconde fois ; il était attendu du côté des républicains avec une visible impatience.

Il transmit son message au général Hatry.

— Citoyen, répondit le général, je dois compte de ma conduite au premier consul, vous êtes son aide de camp, et c'est vous que je charge, à votre retour à Paris, de témoigner pour moi auprès de lui. Que feriez-vous à ma place ? Ce que vous feriez, je le ferai.

Roland tressaillit ; sa figure prit l'expression grave de l'homme qui discute avec lui-même une question d'honneur.

Puis, au bout de quelques secondes :

— Général, dit-il, je refuserais.

— Vos raisons, citoyen ? demanda le général.

— C'est que les chances d'un duel sont aléatoires : c'est que vous ne pouvez soumettre la destinée de cent braves à ces chances ; c'est que, dans une affaire comme celle-ci, où chacun est engagé pour son compte, c'est à chacun à défendre sa peau de son mieux.

— C'est votre avis, colonel ?

— Sur mon honneur !

— C'est aussi le mien ; portez ma réponse au général royaliste.

Roland revint au galop vers Cadoudal, et lui transmit la réponse du général Hatry.

Cadoudal sourit.

— Je m'en doutais, dit-il.

— Vous ne pouviez pas vous en douter, puisque, ce conseil, c'est moi qui le lui ai donné.

— Vous étiez cependant d'un avis contraire, tout à l'heure ?

— Oui ; mais vous-même m'avez fait observer que je n'étais pas le général Hatry... Voyons donc votre troisième proposition ? demanda Roland avec impatience ; car il commençait à s'apercevoir, ou plutôt il s'apercevait depuis le commencement que le général royaliste avait le beau rôle.

— Ma troisième proposition, dit Cadoudal, n'est point une proposition, c'est un ordre : l'ordre que je donne à deux cents de mes hommes de se retirer. Le général Hatry a cent hommes, j'en garde cent ; mes aïeux les Bretons ont été habitués à se battre pied contre pied, poitrine contre poitrine, homme contre homme, et plutôt un contre trois que trois contre un ; si le général Hatry est vainqueur, il passera sur nos corps et rentrera tranquillement à Vannes ; s'il est vaincu, il ne dira point qu'il l'a été par le nombre... Allez, monsieur de Montrevel, et restez avec vos amis ; je leur donne l'avantage du nombre à leur tour : vous valez dix hommes à vous seul.

Roland leva son chapeau.

— Que faites-vous, monsieur ? demanda Cadoudal.

— J'ai l'habitude de saluer tout ce qui me paraît grand, monsieur, et je vous salue...

— Allons, colonel, dit Cadoudal, un dernier verre de vin! chacun de nous le boira à ce qu'il aime, à ce qu'il regrette de quitter sur la terre, à ce qu'il espère revoir au ciel.

Puis, prenant la bouteille et le verre unique, il l'emplit à moitié et le présenta à Roland.

— Nous n'avons qu'un verre, monsieur de Montrevel, buvez le premier.

— Pourquoi le premier?

— Parce que, d'abord, vous êtes mon hôte; ensuite, parce qu'il y a un proverbe qui dit que quiconque boit après un autre sait sa pensée.

Puis, il ajouta en riant :

— Je veux savoir votre pensée, monsieur de Montrevel.

Roland vida le verre, et rendit le verre vide à Cadoudal.

Cadoudal, comme il l'avait fait pour Roland, l'emplit à moitié, et le vida à son tour.

— Eh bien, maintenant, demanda Roland, savez-vous ma pensée, général?

— Non, répondit celui-ci, le proverbe est faux.

— Eh bien, dit Roland avec sa franchise habituelle, ma pensée est que vous êtes un brave général, et je serai honoré qu'au moment de combattre l'un contre l'autre, vous vouliez bien me donner la main.

Les deux jeunes gens se tendirent et se serrèrent la main plutôt comme deux amis qui se quittent pour une longue absence, que comme deux ennemis qui vont se retrouver sur un champ de bataille.

Il y avait une grandeur simple et cependant pleine de majesté dans ce qui venait de se passer.

Chacun d'eux leva son chapeau.

— Bonne chance! dit Roland à Cadoudal; mais permettez-moi de douter que mon souhait se réalise. Je dois vous avouer, il est vrai, que je le fais des lèvres et non du cœur.

— Dieu vous garde, monsieur! dit Cadoudal à Roland, et j'espère que mon souhait, à moi, se réalisera, car il est l'expression complète de ma pensée.

— Quel sera le signal annonçant que vous êtes prêt? demanda Roland.

— Un coup de fusil tiré en l'air, et auquel vous répondrez par un coup de fusil de votre côté.

— C'est bien, général, répondit Roland.

Et, mettant son cheval au galop, il franchit, pour la troisième fois, l'espace qui se trouvait entre le général royaliste et le général républicain.

Alors, étendant la main vers Roland :

— Mes amis, dit Cadoudal, vous voyez ce jeune homme?

Tous les regards se dirigèrent vers Roland, toutes les bouches murmurèrent le mot *oui*.

— Eh bien, il nous est recommandé par nos frères du midi; que sa vie vous soit sacrée; on peut le prendre, mais vivant et sans qu'il tombe un cheveu de sa tête.

— C'est bien, général, répondirent les chouans.

— Et, maintenant, mes amis, souvenez-vous que vous êtes les fils de ces trente Bretons qui combattirent trente Anglais entre Ploermel et Josselin, à dix lieues d'ici, et qui furent vainqueurs.

Puis, avec un soupir et à demi-voix :

— Par malheur, ajouta-t-il, nous n'avons point, cette fois, affaire à des Anglais.

Le brouillard s'était dissipé tout à fait, et, comme il arrive presque toujours en ce cas, quelques rayons d'un soleil d'hiver marbraient d'une teinte jaunâtre la plaine de Plescop.

On pouvait donc distinguer tous les mouvements qui se faisaient dans les deux troupes.

En même temps que Roland retournait vers les républicains, Branche-d'or partait au galop, se dirigeant vers ses deux cents hommes qui leur coupaient la route.

A peine Branche-d'or eut-il parlé aux quatre lieutenants de Cadoudal, que l'on vit cent hommes se séparer et faire demi-tour à droite, et cent autres hommes, par un mouvement opposé, faire demi-tour à gauche.

Les deux troupes s'éloignèrent chacune dans sa direction : l'une marchant sur Plumergat, l'autre marchant sur Saint-Avé, et laissant la route libre.

Chacune fit halte à un quart de lieue de la route, mit la crosse du fusil à terre et se tint immobile.

Branche-d'or revint vers Cadoudal.

— Avez-vous des ordres particuliers à me donner, général? dit-il.

— Un seul, répondit Cadoudal; prends huit hommes et suis-moi; quand tu verras le jeune républicain avec lequel j'ai déjeuné tomber sous son cheval, tu te jetteras sur lui, toi et tes huit hommes, avant qu'il ait eu le temps de se dégager, et tu le feras prisonnier.

— Oui, général.

— Tu sais que je veux le retrouver sain et sauf.

— C'est convenu, général.

— Choisis tes huit hommes; M. de Montrevel prisonnier et sa parole donnée, vous pouvez agir à votre volonté.

— Et s'il ne veut pas donner sa parole?

— Vous l'envelopperez de manière à ce qu'il ne puisse fuir, et vous le garderez jusqu'à la fin du combat.

— Soit! dit Branche-d'or en poussant un soupir; seulement, ce sera un peu triste de se tenir les bras croisés tandis que les autres s'égayeront.

— Bah! qui sait? dit Cadoudal, il y en aura probablement pour tout le monde.

Puis, jetant un regard sur la plaine, voyant ses hommes à l'écart et les républicains massés en bataille:

— Un fusil! dit-il.

On lui apporta un fusil.

Cadoudal le leva au-dessus de sa tête et lâcha le coup en l'air.

Presque au même instant, un coup de feu lâché dans les mêmes conditions, au milieu des républicains, répondit comme un écho au coup de Cadoudal.

On entendit deux tambours qui battaient la charge; un clairon les accompagnait.

Cadoudal se dressa sur ses étriers.

— Enfants! demanda-t-il, tout le monde a-t-il fait sa prière du matin?

— Oui! oui! répondit la presque totalité des voix.

— Si quelqu'un d'entre vous avait oublié ou n'avait pas eu le temps de la faire, qu'il la fasse.

Cinq ou six paysans se mirent aussitôt à genoux et prièrent.

On entendit les tambours et le clairon qui se rapprochaient.

— Général! général! dirent plusieurs voix avec impatience, vous voyez qu'ils approchent.

Le général montra d'un geste les chouans agenouillés.

— C'est juste, dirent les impatients.

Ceux qui priaient se relevèrent tour à tour, selon que leur prière avait été plus ou moins longue.

Lorsque le dernier fut debout, les républicains avaient déjà franchi à peu près le tiers de la distance.

Ils marchaient, la baïonnette en avant, sur trois rangs, chaque rang ayant trois hommes d'épaisseur.

Roland marchait en tête du premier rang; le général Hatry entre le premier et le second.

Ils étaient tous deux faciles à reconnaître, étant les seuls qui fussent à cheval.

Parmi les chouans, Cadoudal était le seul cavalier.

Branche-d'or avait mis pied à terre en prenant le commandement des huit hommes qui devaient suivre Georges.

— Général, dit une voix, la prière est faite et tout le monde est debout.

Cadoudal s'assura que la chose était vraie.

Puis, d'une voix forte:

— Allons! cria-t-il, égayez-vous, mes gars!

Cette permission, qui, pour les chouans et les Vendéens, équivalait à la charge battue ou sonnée, était à peine donnée, que les chouans se répandirent dans la plaine aux cris de « Vive le roi! » en agitant leur chapeau d'une main et leur fusil de l'autre.

Seulement, au lieu de rester serrés comme les républicains, ils s'éparpillèrent en tirailleurs, prenant la forme d'un immense croissant dont Georges et son cheval étaient le centre.

En un instant les républicains furent débordés, et la fusillade commença à petiller.

Presque tous les hommes de Cadoudal étaient des braconniers, c'est-à-dire d'excellents tireurs armés de carabines anglaises d'une portée double des fusils de munition.

Quoique ceux qui avaient tiré les premiers coups eussent paru être hors de portée, quelques messagers de mort n'en pénétrèrent pas moins dans les rangs des républicains, et trois ou quatre hommes tombèrent.

— En avant! cria le général.

Les soldats continuèrent de marcher à la baïonnette.

Mais, en quelques secondes, ils n'eurent plus rien devant eux.

Les cent hommes de Cadoudal étaient devenus des tirailleurs, et avaient disparu comme troupe.

Cinquante hommes s'étaient répandus sur chaque aile.

Le général Hatry ordonna face à droite et face à gauche.

Puis, on entendit retentir le commandement :

— Feu!

Deux décharges s'accomplirent avec l'ensemble et la régularité d'une troupe parfaitement exercée; mais elles furent presque sans résultat, les républicains tirant sur des hommes isolés.

Il n'en était point ainsi des chouans qui tiraient sur une masse; de leur part, chaque coup portait.

Roland vit le désavantage de la position.

Il regarda tout autour de lui, et, au milieu de la fumée, distingua Cadoudal, debout et immobile comme une statue équestre.

Il comprit que le chef royaliste l'attendait.

Il jeta un cri et piqua droit à lui.

De son côté, pour lui épargner une partie du chemin, Cadoudal mit son cheval au galop.

Mais, à cent pas de Roland, il s'arrêta.

— Attention! dit-il à Branche-d'or et à ses hommes,

— Soyez tranquille, général; on est là, dit Branche-d'or.

Cadoudal tira un pistolet de ses fontes et l'arma.

Roland avait mis le sabre à la main et chargeait couché sur le cou de son cheval.

Lorsqu'il ne fut plus qu'à vingt pas de lui, Cadoudal leva lentement la main dans la direction de Roland.

A dix pas, il fit feu.

Le cheval que montait Roland avait une étoile blanche au milieu du front.

La balle frappa au milieu de l'étoile.

Le cheval, mortellement blessé, vint rouler avec son cavalier aux pieds de Cadoudal.

Cadoudal mit les éperons au ventre de sa propre monture, et sauta par-dessus cheval et cavalier.

Branche-d'or et ses hommes se tenaient prêts. Ils bondirent comme une troupe de jaguars sur Roland, engagé sous le corps de son cheval.

Le jeune homme lâcha son sabre et voulut saisir ses pistolets; mais, avant qu'il eût mis la main à ses fontes, deux hommes s'étaient emparés de chacun de ses bras, tandis que les quatre autres lui tiraient le cheval d'entre les jambes.

La chose s'était faite avec un tel ensemble, qu'il était facile de voir que c'était une manœuvre combinée d'avance.

Roland rugissait de rage.

Branche-d'or s'approcha de lui et mit le chapeau à la main.

— Je ne me rends pas! cria Roland.

— Il est inutile que vous vous rendiez, monsieur de Montrevel, répondit Branche-d'or avec la plus grande politesse.

— Et pourquoi cela? demanda Roland épuisant ses forces dans une lutte aussi désespérée qu'inutile.

— Parce que vous êtes pris, monsieur.

La chose était si parfaitement vraie, qu'il n'y avait rien à répondre.

— Eh bien, alors, tuez-moi! s'écria Roland.

— Nous ne voulons pas vous tuer, monsieur, répliqua Branche-d'or.

— Alors, que voulez-vous ?
— Que vous nous donniez votre parole de ne plus prendre part au combat ; à ce prix, nous vous lâchons, et vous êtes libre.
— Jamais ! dit Roland.
— Excusez-moi, monsieur de Montrevel, dit Branche-d'or, mais ce que vous faites là n'est pas loyal.
— Comment ! s'écria Roland au comble de la rage, pas loyal ? Tu m'insultes, misérable, parce que tu sais que je ne puis ni me défendre, ni te punir.
— Je ne suis pas un misérable et je ne vous insulte pas, monsieur de Montrevel ; seulement, je dis qu'en ne donnant pas votre parole, vous privez le général du secours de neuf hommes qui peuvent lui être utiles et qui vont être forcés de rester ici pour vous garder ; ce n'est pas comme cela qu'a agi la grosse tête ronde vis-à-vis de vous ; il avait deux cents hommes de plus que vous, et il les a renvoyés ; maintenant, nous ne sommes plus que quatre-vingt-onze contre cent.

Une flamme passa sur le visage de Roland ; puis presque aussitôt il devint pâle comme la mort.

— Tu as raison, Branche-d'or, lui répondit-il, secouru ou non secouru, je me rends ; tu peux aller te battre avec tes compagnons.

Les chouans jetèrent un cri de joie, lâchèrent Roland et se précipitèrent vers les républicains en agitant leurs chapeaux et leurs fusils et en criant :

— Vive le roi !

Roland, libre de leur étreinte, mais désarmé matériellement par sa chute, moralement par sa parole, alla s'asseoir sur la petite éminence encore couverte du manteau qui avait servi de nappe pour le déjeuner.

De là, il dominait tout le combat et n'en perdait pas un détail.

Cadoudal était debout sur son cheval au milieu du feu et de la fumée, pareil au démon de la guerre, invulnérable et acharné comme lui.

Çà et là, on voyait les cadavres d'une douzaine de chouans éparpillés sur le sol.

Mais il était évident que les républicains, toujours serrés en masse, avaient déjà perdu plus du double.

Des blessés se traînaient dans l'espace vide, se joignaient, se redressaient comme des serpents brisés et luttaient, les républicains avec leurs baïonnettes et les chouans avec leurs couteaux.

Ceux des chouans qui, blessés, étaient trop loin pour se battre corps à corps avec des blessés comme eux, rechargeaient leurs fusils, se relevaient sur un genou, faisaient feu et retombaient.

Des deux côtés, la lutte était impitoyable, incessante, acharnée ; on sentait que la guerre civile, c'est-à-dire la guerre sans merci, sans pitié, secouait sa torche au-dessus du champ de bataille.

Cadoudal tournait, sur son cheval, tout autour de la redoute vivante, faisait feu à vingt pas, tantôt de ses pistolets, tantôt d'un fusil à deux coups qu'il jetait après l'avoir déchargé et qu'il reprenait tout chargé en repassant.

A chacun de ses coups, un homme tombait.

A la troisième fois qu'il renouvelait cette manœuvre, un feu de peloton l'accueillit ; le général Hatry lui en faisait les honneurs pour lui tout seul.

Il disparut dans la flamme et dans la fumée, et Roland le vit s'affaisser, lui et son cheval, comme s'ils eussent été foudroyés tous deux.

Dix ou douze républicains s'élancèrent hors des rangs contre autant de chouans.

Ce fut une lutte terrible, corps à corps, dans laquelle les chouans, avec leurs couteaux, devaient avoir l'avantage.

Tout à coup, Cadoudal se retrouva debout, un pistolet de chaque main ; c'était la mort de deux hommes : deux hommes tombèrent.

Puis, par la brèche de ces dix ou douze hommes, il se précipita avec trente.

Il avait ramassé un fusil de munition, il s'en servait comme d'une massue et à chaque coup abattait un homme.

Il troua le bataillon et reparut de l'autre côté.

D'où viens-tu, Cœur-de-Roi ? — Page 177.

Puis, comme un sanglier qui revient sur un chasseur culbuté et qui lui fouille les entrailles, il rentra dans la blessure béante en l'élargissant.

Dès lors, tout fut fini.

Le général Hatry rallia à lui une vingtaine d'hommes, et, la baïonnette en avant, fonça sur le cercle qui l'enveloppait ; il marchait à pied à la tête de ses vingt soldats ; son cheval avait été éventré.

Dix hommes tombèrent avant d'avoir rompu ce cercle.

Le général se trouva de l'autre côté du cercle.

Les chouans voulurent le poursuivre.

Mais Cadoudal, d'une voix de tonnerre :

— Il ne fallait pas le laisser passer, cria-t-il : mais, du moment où il a passé, qu'il se retire librement.

Les chouans obéirent avec la religion qu'ils avaient pour les paroles de leur chef.

— Et maintenant, cria Cadoudal, que le feu cesse ; plus de morts : des prisonniers.

Les chouans se resserrèrent, enveloppant le monceau de morts et les quelques vivants plus ou moins blessés qui s'agitaient au milieu des cadavres.

Se rendre, c'était encore combattre dans cette guerre où, de part et d'autre, on fusillait les prisonniers : d'un côté, parce qu'on regardait chouans et Vendéens comme des brigands ; de l'autre côté, parce qu'on ne savait où les mettre.

Les républicains jetèrent loin d'eux leurs fusils pour ne pas les rendre.

Lorsqu'on s'approcha d'eux, tous avaient la giberne ouverte.

Ils avaient brûlé jusqu'à leur dernière cartouche.

Cadoudal s'achemina vers Roland.

Pendant toute cette lutte suprême, le jeune homme était resté assis, et, les yeux fixés sur le combat, les cheveux mouillés de sueur, la poitrine haletante, il avait attendu.

Puis, quand il avait vu venir la fortune contraire, il avait laissé tomber sa tête dans ses mains, et était demeuré le front courbé vers la terre.

Cadoudal arriva jusqu'à lui sans qu'il parût entendre le bruit de ses pas ; il lui toucha l'épaule : le jeune homme releva lentement la tête sans essayer de cacher deux larmes qui roulaient sur ses joues.

— Général ! dit Roland, disposez de moi, je suis votre prisonnier.

— On ne fait pas prisonnier un ambassadeur du premier consul, répondit Cadoudal en riant, mais on le prie de rendre un service.

— Ordonnez, général !

— Je manque d'ambulance pour les blessés, je manque de prison pour les prisonniers ; chargez-vous de ramener à Vannes les soldats républicains prisonniers ou blessés.

— Comment, général ? s'écria Roland.

— C'est à vous que je les donne, ou plutôt à vous que je les confie ; je regrette que votre cheval soit mort, je regrette que le mien ait été tué ; mais il vous reste celui de Branche-d'or, acceptez-le.

Le jeune homme fit un mouvement.

— Jusqu'à ce que vous ayez pu vous en procurer un autre, bien entendu, fit Cadoudal en s'inclinant.

Roland comprit qu'il fallait être, par la simplicité du moins, à la hauteur de celui auquel il avait affaire.

— Vous reverrai-je, général ? demanda-t-il en se levant.

— J'en doute, monsieur ; mes opérations m'appellent sur la côte de Port-Louis, votre devoir vous appelle au Luxembourg.

— Que dirai-je au premier consul, général ?

— Ce que vous avez vu, monsieur ; il jugera entre la diplomatie de l'abbé Bernier et celle de Georges Cadoudal.

— D'après ce que j'ai vu, monsieur, je doute que vous ayez jamais besoin de moi, dit Roland ; mais, en tout cas, souvenez-vous que vous avez un ami près du premier consul.

Et il tendit la main à Cadoudal.

Le chef royaliste la lui prit avec la même franchise et le même abandon qu'il l'avait fait avant le combat.

— Adieu, monsieur de Montrevel, lui dit-il ; je n'ai point à vous recommander, n'est-ce pas, de justifier le général Hatry ? une semblable défaite est aussi glorieuse qu'une victoire.

Pendant ce temps, on avait amené au colonel républicain le cheval de Branche-d'or.

Il sauta en selle.

— A propos, lui dit Cadoudal, informez-vous un peu, en passant à la Roche-Bernard, de ce qu'est devenu le citoyen Thomas Millière.

— Il est mort, répondit une voix.

Cœur-de-Roi et ses quatre hommes, couverts de sueur et de boue, venaient d'arriver, mais trop tard pour prendre part à la bataille.

Roland promena un dernier regard sur le champ de bataille, poussa un soupir, et, jetant un adieu à Cadoudal, partit au galop, et à travers champs, pour aller attendre sur la route de Vannes la charrette de blessés et de prisonniers qu'il était chargé de reconduire au général Hatry.

Cadoudal avait fait donner un écu de six livres à chaque homme.

Roland ne put s'empêcher de penser que c'était avec l'argent du Directoire, acheminé vers l'ouest par Morgan et ses compagnons, que le chef royaliste faisait ses libéralités.

XXXV

PROPOSITION DE MARIAGE

La première visite de Roland, en arrivant à Paris, fut pour le premier consul; il lui apportait la double nouvelle de la pacification de la Vendée, mais de l'insurrection plus ardente que jamais de la Bretagne.

Bonaparte connaissait Roland : le triple récit de l'assassinat de Thomas Millière, du jugement de l'évêque Audrein et du combat de Grandchamp, produisit donc sur lui une profonde impression ; il y avait, d'ailleurs, dans la narration du jeune homme, une espèce de désespoir sombre auquel il ne pouvait se tromper.

Roland était désespéré d'avoir manqué cette nouvelle occasion de se faire tuer.

Puis il lui paraissait qu'un pouvoir inconnu veillait sur lui, qu'il sortait sain et sauf de dangers où d'autres laissaient leur vie; où sir John avait trouvé douze juges et un jugement de mort, lui n'avait trouvé qu'un fantôme, invulnérable, c'est vrai, mais inoffensif.

Il s'accusa avec amertume d'avoir cherché un combat singulier avec Georges Cadoudal, combat prévu par celui-ci, au lieu de s'être jeté dans la mêlée générale, où, du moins, il eût pu tuer ou être tué.

Le premier consul le regardait avec inquiétude tandis qu'il parlait; il trouvait persistant dans son cœur ce désir de mort qu'il avait cru voir guérir par le contact de la terre natale, par les embrassements de la famille.

Il s'accusa pour innocenter, pour exalter le général Hatry ; mais, juste et impartial comme un soldat, il fit à Cadoudal la part de courage et de générosité que méritait le général royaliste.

Bonaparte l'écouta gravement, presque tristement; autant il était ardent à la guerre étrangère, pleine de rayonnements glorieux, autant il répugnait à cette guerre intestine où le pays verse son propre sang, déchire ses propres entrailles.

C'était dans ce cas qu'il lui paraissait que la négociation devait être substituée à la guerre.

Mais comment négocier avec un homme comme Cadoudal?

Bonaparte n'ignorait point tout ce qu'il y avait en lui de séductions personnelles lorsqu'il voulait y mettre un peu de bonne volonté; il prit la résolution de voir Cadoudal, et, sans en rien dire à Roland, compta sur lui pour cette entrevue lorsque l'heure en serait arrivée.

En attendant, il voulait savoir si Brune, dans les talents militaires duquel il avait une grande confiance, serait plus heureux que ses prédécesseurs.

Il congédia Roland après lui avoir annoncé l'arrivée de sa mère, et son installation dans la petite maison de la rue de la Victoire.

Roland sauta dans une voiture et se fit conduire à l'hôtel.

Il y trouva madame de Montrevel, heureuse et fière autant que puisse l'être une femme et une mère.

Édouard était installé de la veille au Prytanée français.

Madame de Montrevel s'apprêtait à quitter Paris pour retourner auprès d'Amélie, dont la santé continuait de lui donner des inquiétudes.

Quant à sir John, il était non-seulement hors de danger, mais à peu près guéri; il était à Paris, était venu pour faire une visite à madame de Montrevel, l'avait trouvée sortie pour conduire Édouard au Prytanée, et avait laissé sa carte.

Sur cette carte était son adresse. Sir John logeait rue de Richelieu, hôtel Mirabeau.

Il était onze heures du matin : c'était l'heure du déjeuner de sir John ; Roland avait toute chance de le rencontrer à cette heure. Il remonta en voiture et ordonna au cocher de toucher à l'hôtel Mirabeau.

Il trouva sir John, en effet, devant une table servie à l'anglaise, chose rare à cette époque, et buvant de grandes tasses de thé, et mangeant des côtelettes saignantes.

En apercevant Roland, sir John jeta un cri de joie, se leva et courut au-devant de lui.

Roland avait pris, pour cette nature exceptionnelle où les qualités du cœur semblaient prendre à tâche de se cacher sous les excentricités nationales, un sentiment de profonde affection.

Sir John était pâle et amaigri ; mais, du reste, il se portait à merveille.

Sa blessure était complétement cicatrisée, et, à part une oppression qui allait chaque jour diminuant et qui bientôt devait disparaître tout à fait, il était tout prêt à recouvrer sa première santé.

Lui, de son côté, fit à Roland des tendresses que l'on eût été bien loin d'attendre de cette nature concentrée, et prétendit que la joie qu'il éprouvait de le revoir allait lui rendre ce complément de santé qui lui manquait.

Et d'abord, il offrit à Roland de partager son repas, en s'engageant à le faire servir à la française.

Roland accepta ; mais, comme tous les soldats qui avaient fait ces rudes guerres de la Révolution où le pain manquait souvent, Roland était peu gastronome, et il avait pris l'habitude de manger de toutes les cuisines, dans la prévoyance des jours où il n'aurait pas de cuisine du tout.

L'attention de sir John de le faire servir à la française fut donc une attention à peu près perdue.

Mais ce qui ne fut point perdu, ce que remarqua Roland, ce fut la préoccupation de sir John.

Il était évident que son ami avait sur les lèvres un secret qui hésitait à en sortir.

Roland pensa qu'il fallait l'y aider.

Aussi, le déjeuner arrivé à sa dernière période, Roland, avec cette franchise qui allait chez lui presque jusqu'à la brutalité, appuyant ses coudes sur la table et son menton entre ses deux mains :

— Eh bien ! fit-il, mon cher lord, vous avez donc à dire à votre ami Roland quelque chose que vous n'osez pas lui dire ?

Sir John tressaillit, et, de pâle qu'il était, devint pourpre.

— Peste ! continua Roland, il faut que cela vous paraisse bien difficile ; mais, si vous avez beaucoup de choses à me demander, sir John, j'en sais peu, moi, que j'aie le droit de vous refuser. Parlez donc, je vous écoute.

Et Roland ferma les yeux, comme pour concentrer toute son attention sur ce qu'allait lui dire sir John.

Mais, en effet, c'était, au point de vue de lord Tanlay, quelque chose sans doute de bien difficile à dire, car, au bout d'une dizaine de secondes, voyant que sir John restait muet, Roland rouvrit les yeux.

Sir John était redevenu pâle ; seulement, il était redevenu plus pâle qu'il n'était avant de devenir rouge.

Roland lui tendit la main.

— Allons, dit-il, je vois que vous voulez vous plaindre à moi de la façon dont vous avez été traité au château des Noires-Fontaines.

— Justement, mon ami ; attendu que de mon séjour dans ce château datera le bonheur ou le malheur de ma vie.

Roland regarda fixement sir John.

— Ah ! pardieu ! dit-il, serais-je assez heureux ?...

Et il s'arrêta, comprenant qu'au point de vue ordinaire de la société, il allait commettre une faute d'inconvenance.

— Oh ! dit sir John, achevez mon cher Roland.

— Vous le voulez ?

— Je vous en supplie.

— Et si je me trompe ? si je dis une niaiserie ?

— Mon ami, mon ami, achevez.

— Eh bien ! je disais, milord, serais-je

assez heureux pour que Votre Seigneurie fît à ma sœur l'honneur d'être amoureuse d'elle ?

Sir John jeta un cri de joie, et, d'un mouvement si rapide qu'on l'en eût cru, lui, l'homme flegmatique, complétement incapable, il se précipita dans les bras de Roland.

— Votre sœur est un ange, mon cher Roland, s'écria-t-il, et je l'aime de toute mon âme !

— Vous êtes complétement libre, Milord ?

— Complétement ; depuis douze ans, je vous l'ai dit, je jouis de ma fortune, et cette fortune est de vingt-cinq mille livres sterling par an.

— C'est beaucoup trop, mon cher, pour une femme qui n'a à vous apporter qu'une cinquantaine de mille francs.

— Oh ! fit l'Anglais avec cet accent national qu'il retrouvait parfois dans les grandes émotions, s'il faut se défaire de la fortune, on s'en défera.

— Non, dit en riant Roland, c'est inutile ; vous êtes riche, c'est un malheur ; mais qu'y faire ?... Non, là n'est point la question. Vous aimez ma sœur ?

— Oh ! j'adore elle.

— Mais elle, reprit Roland parodiant l'anglicisme de son ami, aime-t-elle vous, ma sœur ?

— Vous comprenez bien, reprit sir John, que je ne le lui ai pas demandé ; je devais, avant toute chose, mon cher Roland, m'adresser à vous, et, si la chose vous agréait, vous prier de plaider ma cause près de votre mère ; puis, votre aveu à tous deux obtenu, alors je me déclarais, ou plutôt, mon cher Roland, vous me déclariez, car, moi, je n'oserais jamais.

— Alors, c'est moi qui reçois votre première confidence ?

— Vous êtes mon meilleur ami, c'est trop juste.

— Eh bien ! mon cher, vis-à-vis de moi, votre procès est gagné naturellement.

— Restent votre mère et votre sœur.

— C'est tout un. Vous comprenez : ma mère laissera Amélie entièrement libre de son choix, et je n'ai pas besoin de vous dire que, si ce choix se porte sur vous, elle en sera parfaitement heureuse ; mais il reste quelqu'un que vous oubliez.

— Qui cela ? demanda sir John en homme qui a longtemps pesé dans sa tête les chances contraires et favorables à un projet, qui croit les avoir toutes passées en revue, et auquel on présente un nouvel obstacle qu'il n'attendait pas.

— Le premier consul, fit Roland.

— God...! laissa échapper l'Anglais avalant la moitié du juron national.

— Il m'a justement, avant mon départ pour la Vendée, continua Roland, parlé du mariage de ma sœur, me disant que cela ne nous regardait plus, ma mère ni moi, mais bien lui-même.

— Alors, dit sir John, je suis perdu.

— Pourquoi cela ?

— Le premier consul, il n'aime pas les Anglais.

— Dites que les Anglais n'aiment pas le premier consul.

— Mais qui parlera de mon désir au premier consul ?

— Moi.

— Et vous parlerez de ce désir comme d'une chose qui vous est agréable, à vous ?

— Je ferai de vous une colombe de paix entre les deux nations, dit Roland en se levant.

— Oh ! merci, s'écria sir John en saisissant la main du jeune homme.

Puis, avec regret :

— Et vous me quittez ?

— Cher ami, j'ai un congé de quelques heures : j'en ai donné une à ma mère, deux à vous, j'en dois une à votre ami Édouard... Je vais l'embrasser et recommander à ses maîtres de le laisser se cogner tout à son aise avec ses camarades ; puis je rentre au Luxembourg.

— Eh bien, portez-lui mes compliments, et dites-lui que je lui ai commandé une paire de pistolets, afin qu'il n'ait plus besoin, quand il sera attaqué par des brigands, de se servir des pistolets du conducteur.

Roland regarda sir John.

— Qu'est-ce encore? demanda-t-il.
— Comment! vous ne savez pas?
— Non; qu'est-ce que je ne sais pas?
— Une chose qui a failli faire mourir de terreur notre pauvre Amélie!
— Quelle chose?
— L'attaque de la diligence.
— Mais quelle diligence?
— Celle où était votre mère.
— La diligence où était ma mère?
— Oui.
— La diligence où était ma mère a été arrêtée?
— Vous avez vu madame de Montrevel, et elle ne vous a rien dit?
— Pas un mot de cela, du moins.
— Eh bien, mon cher Édouard a été un héros; comme personne ne se défendait, lui s'est défendu. Il a pris les pistolets du conducteur et a fait feu.
— Brave enfant! s'écria Roland.
— Oui; mais par malheur, ou par bonheur, le conducteur avait eu la précaution d'enlever les balles; Édouard a été caressé par MM. les Compagnons de Jéhu, comme étant le brave des braves, mais il n'a tué ni blessé personne.
— Et vous êtes sûr de ce que vous me dites là?
— Je vous répète que votre sœur a pensé en mourir d'effroi.
— C'est bien, dit Roland.
— Quoi, c'est bien? fit sir John.
— Oui... raison de plus pour que je voie Édouard.
— Qu'avez-vous encore?
— Un projet.
— Vous m'en ferez part.
— Ma foi, non; mes projets, à moi, ne tournent pas assez bien pour vous.
— Cependant vous comprenez, cher Roland, s'il y avait une revanche à prendre?
— Eh bien, je la prendrai pour nous deux; vous êtes amoureux, mon cher lord, vivez dans votre amour.
— Vous me promettez toujours votre appui?
— C'est convenu; j'ai le plus grand désir de vous appeler mon frère.
— Êtes-vous las de m'appeler votre ami?

— Ma foi, oui: c'est trop peu.
— Merci.
Et tous deux se serrèrent la main et se séparèrent.

Un quart d'heure après, Roland était au Prytanée français, situé où est situé aujourd'hui le lycée Louis-le-Grand, c'est-à-dire vers le haut de la rue Saint-Jacques, derrière la Sorbonne.

Au premier mot que lui dit le directeur de l'établissement, Roland vit que son jeune frère avait été recommandé tout particulièrement.

On fit venir l'enfant.

Édouard se jeta dans les bras de son grand frère avec cet élan d'adoration qu'il avait pour lui.

Roland, après les premiers embrassements, mit la conversation sur l'arrestation de la diligence.

Si madame de Montrevel n'avait rien dit, si lord Tanlay avait été sobre de détails, il n'en fut pas de même d'Édouard.

Cette arrestation de diligence, c'était son iliade à lui.

Il raconta la chose à Roland dans ses moindres détails, la connivence de Jérôme avec les bandits, les pistolets chargés, mais à poudre seulement, l'évanouissement de sa mère, les secours prodigués pendant cet évanouissement par ceux-là mêmes qui l'avaient causé, son nom de baptême connu des agresseurs, enfin le masque un instant tombé du visage de celui qui portait secours à madame de Montrevel, ce qui faisait que madame de Montrevel avait dû voir le visage de celui qui la secourait.

Roland s'arrêta surtout à ce dernier détail.

Puis vint, racontée par l'enfant, la relation de l'audience du premier consul, comment celui-ci l'avait embrassé, caressé, choyé, et enfin recommandé au directeur du Prytanée français.

Roland apprit de l'enfant tout ce qu'il en voulait savoir, et, comme il n'y a que cinq minutes de chemin de la rue Saint-Jacques au Luxembourg, il était au Luxembourg cinq minutes après.

XXXVI

SCULPTURE ET PEINTURE

Lorsque Roland rentra au Luxembourg, la pendule du palais marquait une heure et un quart de l'après-midi.

Le premier consul travaillait avec Bourrienne.

Si nous ne faisions qu'un simple roman, nous nous hâterions vers le dénoûment, et, pour y arriver plus vite, nous négligerions certains détails dont, assure-t-on, les grandes figures historiques peuvent se passer.

Ce n'est point notre avis.

Du jour où nous avons mis la main à la plume, — et il y aura de cela bientôt trente ans, — soit que notre pensée se concentrât dans un drame, soit qu'elle s'étendît dans un roman, nous avons eu un double but : instruire et amuser.

Et nous disons instruire d'abord ; car l'amusement, chez nous, n'a été qu'un masque à l'instruction.

Avons-nous réussi? Nous le croyons.

Nous allons tantôt avoir parcouru avec nos récits, à quelque date qu'ils se soient rattachés, une période immense : entre la *Comtesse de Salisbury* et le *Comte de Monte-Cristo*, cinq siècles et demi se trouvent enfermés.

— Eh bien, nous avons la prétention d'avoir, sur ces cinq siècles et demi, appris à la France autant d'histoire qu'aucun historien.

Il y a plus : quoique notre opinion soit bien connue; quoique, sous les Bourbons de la branche cadette, sous la république comme sous le gouvernement actuel, nous l'ayons toujours proclamée hautement, nous ne croyons pas que cette opinion se soit jamais manifestée intempestivement ni dans nos drames ni dans nos livres.

Nous admirons le marquis de Posa dans le *Don Carlos* de Schiller ; mais, à la place de Schiller, nous n'eussions pas anticipé sur l'esprit des temps, au point de placer un philosophe du XVIIIe siècle au milieu de héros du XVIe, un encyclopédiste à la cour de Philippe II.

Ainsi, de même que nous avons été — littérairement parlant — monarchiste sous la monarchie, républicain sous la république, nous sommes aujourd'hui reconstructeurs sous le consulat.

Cela n'empêche point notre pensée de planer au-dessus des hommes et au-dessus de l'époque, et de faire à chacun sa part dans le bien comme dans le mal.

Or, cette part, nul n'a le droit, excepté Dieu, de la faire à lui tout seul. Ces rois d'Égypte qui, au moment d'être livrés à l'inconnu, étaient jugés au seuil de leur tombeau, n'étaient point jugés par un homme, mais par un peuple.

C'est pour cela qu'on a dit : « Le jugement du peuple est le jugement de Dieu. »

Historien, romancier, poëte, auteur dramatique, nous ne sommes rien autre chose qu'un de ces présidents de jury qui, impartialement, résument les débats et laissent les jurés prononcer le jugement.

Le livre, c'est le résumé.

Les lecteurs, c'est le jury.

C'est pourquoi, ayant à peindre une des figures les plus gigantesques non-seulement du monde moderne, mais encore de tous les temps, ayant à la peindre à l'époque de sa transition, c'est-à-dire au moment où Bonaparte se fait Napoléon, où le général se fait empereur ; c'est pourquoi, disons-nous, dans la crainte d'être injuste, nous abandonnons les appréciations pour y substituer des faits.

Nous ne sommes pas de l'avis de ceux qui disent,—c'était Voltaire qui disait cela : « Il n'y a pas de héros pour son valet de chambre. »

C'est possible quand le valet de chambre est myope ou envieux, deux infirmités qui se ressemblent plus qu'on ne le pense.

Nous soutenons, nous, qu'un héros peut devenir un bon homme, mais qu'un bon homme, pour être bon homme, n'en est pas moins un héros.

Qu'est-ce qu'un héros en face du public ? Un homme dont le génie l'emporte momentanément sur le cœur.

Qu'est-ce qu'un héros dans l'intimité ? Un homme dont le cœur l'emporte momentanément sur le génie.

Historiens, jugez le génie.

Peuple, juge le cœur.

Qui a jugé Charlemagne ? Les historiens.

Qui a jugé Henri IV ? Le peuple.

Lequel à votre avis est le mieux jugé ?

Eh bien, pour qu'un jugement soit juste, pour que le tribunal d'appel, qui n'est autre chose que la postérité, confirme l'arrêt des contemporains, il ne faut point éclairer un seul côté de la figure que l'on a à peindre : il faut en faire le tour, et là où ne peut arriver le soleil, porter le flambeau et même la bougie.

Revenons à Bonaparte.

Il travaillait, nous l'avons dit, avec Bourrienne.

Quelle était la division du temps pour le premier consul au Luxembourg?

Il se levait de sept à huit heures du matin, appelait aussitôt un de ses secrétaires, — Bourrienne de préférence, — travaillait avec lui jusqu'à dix heures. A dix heures, on venait annoncer que le déjeuner était servi ; Joséphine, Hortense et Eugène attendaient ou se mettaient à table en famille, c'est-à-dire avec les aides de camp de service et Bourrienne. Après le déjeuner, on causait avec les commensaux et les invités, s'il y en avait ; une heure était consacrée à cette causerie, à laquelle venaient prendre part, d'habitude, les deux frères du premier consul, Lucien et Joseph, Regnault de Saint-Jean-d'Angely, Boulay (de la Meurthe), Monge, Berthollet, Laplace, Arnault. Vers midi arrivait Cambacérès. En général, Bonaparte consacrait une demi-heure à son chancelier ; puis, tout à coup, sans transition, il se levait, disant :

— Au revoir, Joséphine ! au revoir, Hortense !... Bourrienne, allons travailler.

Ces paroles, qui revenaient à peu près régulièrement et dans les mêmes termes tous les jours à la même heure, une fois prononcées, Bonaparte sortait du salon et rentrait dans son cabinet.

Là, aucune méthode de travail n'était adoptée ; c'était une affaire d'urgence ou de caprice : ou Bonaparte dictait, ou Bourrienne faisait une lecture ; après quoi, le premier consul se rendait au conseil.

Dans les premiers mois, il était obligé, pour s'y rendre, de traverser la cour du petit Luxembourg ; ce qui, par les temps pluvieux, le mettait de mauvaise humeur ; mais, vers la fin de décembre, il avait pris le parti de faire couvrir la cour. Aussi, depuis cette époque, rentrait-il presque toujours en chantant dans son cabinet.

Bonaparte chantait presque aussi faux que Louis XV.

Une fois rentré chez lui, il examinait le travail qu'il avait commandé, signait quelques lettres, s'allongeait dans son fauteuil, dont, tout en causant, il taillait un des bras avec son canif ; s'il n'était point en train de causer, il relisait les lettres de la veille ou les brochures du jour, riait dans les intervalles avec l'air bonhomme d'un grand enfant ; puis, tout à coup, comme se réveillant d'un songe, il se dressait tout debout, disant :

— Écrivez, Bourrienne.

Et alors, il indiquait le plan d'un monument à ériger, ou dictait quelqu'un de ces projets immenses qui ont étonné, disons mieux, qui ont parfois épouvanté le monde.

A cinq heures, on dînait ; après le dîner, le premier consul remontait chez Joséphine, où il recevait habituellement la visite des ministres, et particulièrement celle du ministre des affaires extérieures, M. de Talleyrand.

A minuit, quelquefois plus tôt, jamais plus tard, il donnait le signal de la retraite, en disant brusquement :

— Allons nous coucher.

Le lendemain, à sept heures du matin, la même vie recommençait, troublée seulement par les incidents imprévus.

Après les détails sur les habitudes particulières au génie puissant que nous tentons de montrer sous son premier aspect il nous semble que doit venir le portrait.

Bonaparte premier consul a laissé moins de monuments de sa propre personne que Napoléon empereur; or, comme rien ne ressemble moins à l'empereur de 1812 que le premier consul de 1800, indiquons, s'il est possible, avec notre plume, ces traits que le pinceau ne peut traduire, la physionomie que le bronze ni le marbre ne peuvent fixer.

La plupart des peintres et des sculpteurs dont s'honorait cette illustre période de l'art qui a vu fleurir les Gros, les David, les Prud'hon, les Girodet et les Bosio, ont essayé de conserver à la postérité les traits de l'homme du destin, aux différentes époques où se sont révélées les grandes vues providentielles auxquelles il était appelé : ainsi, nous avons des portraits de Bonaparte général en chef, de Bonaparte premier consul et de Napoléon empereur, et, quoique peintres ou statuaires aient saisi plus ou moins heureusement le type de son visage, on peut dire qu'il n'existe pas, ni du général, ni du premier consul, ni de l'empereur, un seul portrait ou buste parfaitement ressemblant.

C'est qu'il n'était pas donné, même au génie, de triompher d'une impossibilité ; c'est que, dans la première période de la vie de Bonaparte, on pouvait peindre ou sculpter son crâne proéminent, son front sillonné par la ride sublime de la pensée, sa figure pâle, allongée, son teint granitique et l'habitude méditative de sa physionomie : c'est que, dans la seconde, on pouvait peindre ou sculpter son front élargi, son sourcil admirablement dessiné, son nez droit, ses lèvres serrées, son menton modelé avec une rare perfection, tout son visage enfin devenu la médaille d'Auguste ; mais que ni buste ni portrait ne pouvaient rendre ce qui était hors du domaine de l'imitation, c'est-à-dire la mobilité de son regard : — le regard, qui est à l'homme ce que l'éclair est à Dieu, c'est-à-dire la preuve de sa divinité.

Ce regard, dans Bonaparte, obéissait à sa volonté avec la rapidité de l'éclair; dans la même minute, il jaillissait de ses paupières tantôt vif et perçant comme la lame d'un poignard tiré violemment du fourreau, tantôt doux comme un rayon ou une caresse, tantôt sévère comme une interrogation ou terrible comme une menace.

Bonaparte avait un regard pour chacune des pensées qui agitaient son âme.

Chez Napoléon, ce regard, excepté dans les grandes circonstances de sa vie, cesse d'être mobile pour devenir fixe ; mais, fixe, il n'en est que plus impossible à rendre : c'est une vrille qui creuse le cœur de celui qu'il regarde et qui semble vouloir en sonder jusqu'à la plus profonde, jusqu'à la plus secrète pensée.

Or, le marbre et la peinture ont bien pu rendre cette fixité ; mais ni l'un ni l'autre n'ont pu rendre la vie, c'est-à-dire l'action pénétrante et magnétique de ce regard.

Les cœurs troubles ont les yeux voilés.

Bonaparte, même au temps de sa maigreur, avait de belles mains; il mettait à les montrer une certaine coquetterie. Lorsqu'il engraissa, ses mains devinrent superbes; il en avait un soin tout particulier, et, en causant, les regardait avec complaisance.

Il avait la même prétention pour les dents ; les dents, en effet, étaient belles, mais elles n'avaient point la splendeur des mains.

Lorsqu'il se promenait, soit seul, soit avec quelqu'un, que la promenade eût lieu dans ses appartements ou dans un jardin, il marchait presque toujours un peu courbé, comme si sa tête eût été lourde à porter ; et, les mains croisées derrière le dos, il faisait fréquemment un mouvement involontaire de l'épaule droite, comme si un frissonnement nerveux passait à travers cette épaule, et, en même temps, sa bouche faisait de gauche à droite un mouvement qui semblait se rattacher au premier. Ces mouvements, au reste, n'avaient, quoi qu'on en ait dit, rien de convulsif: c'était un simple tic d'habitude, indiquant chez lui une grande préoccupation, une sorte de congestion d'esprit; aussi ce tic se produisait-il plus fréquemment aux époques où le général, le premier consul ou l'empereur mûrissait de vastes projets. C'était après de telles promenades, accompagnées de ce double mouvement de l'épaule et de la bouche, qu'il dictait ses notes les plus importantes ; en campagne, à l'armée, à cheval, il était infatigable, et presque aussi infatigable dans la vie ordinaire, où parfois il marchait pendant cinq ou six heures de suite sans s'en apercevoir.

Quand il se promenait ainsi avec quelqu'un de sa familiarité, il passait habituellement son bras sous celui de son interlocuteur et s'appuyait dessus.

Tout mince, tout maigre qu'il était à l'époque où nous le mettons sous les yeux de nos lecteurs, il se préoccupait de sa future obésité, c'était d'ordinaire à Bourrienne qu'il faisait cette singulière confidence.

— Vous voyez, Bourrienne, combien je suis sobre et mince ; eh bien, on ne m'ôterait pas de l'idée qu'à quarante ans, je serai gros mangeur et que je prendrai beaucoup d'embonpoint. Je prévois que ma constitution changera, et, cependant, je fais assez d'exercice ; mais que voulez-vous ! c'est un pressentiment, cela ne peut manquer d'arriver.

On sait à quel degré d'obésité était parvenu le prisonnier de Sainte-Hélène.

Il avait pour les bains une véritable passion qui, sans doute, ne contribua point médiocrement à développer son obésité ; cette passion lui faisait du bain un besoin irrésistible. Il en prenait un tous les deux jours, y restait deux heures, se faisant, pendant ce temps, lire les journaux ou les pamphlets ; pendant cette lecture, il ouvrait à toute minute le robinet d'eau chaude, de sorte qu'il élevait la température de son bain à un degré que ne pouvait supporter le lecteur, qui d'ailleurs n'y voyait plus pour lire.

Seulement alors, il permettait que l'on ouvrît la porte.

On a parlé des attaques d'épilepsie auxquelles, dès la première campagne d'Italie, il aurait été sujet ; Bourrienne est resté onze ans près de lui et ne l'a jamais vu atteint de ce mal.

D'un autre côté, infatigable le jour, il avait la nuit un impérieux besoin de sommeil, surtout dans la période où nous le prenons ; Bonaparte, général ou premier consul, faisait veiller les autres, mais dormait, lui, et dormait bien. Il se couchait à minuit, quelquefois même plus tôt, nous l'avons dit, et, lorsque, à sept heures du matin, on entrait dans sa chambre pour l'éveiller, on le trouvait toujours endormi ; le plus souvent, au premier appel, il se levait ; mais parfois, tout sommeillant encore, il disait en balbutiant :

— Bourrienne, je t'en prie, laisse-moi dormir encore un moment.

Et, quand rien ne pressait, Bourrienne rentrait à huit heures ; sinon il insistait, et, tout en grognant, Bonaparte finissait par se lever.

Il dormait sept heures sur vingt-quatre, parfois huit heures, faisant alors une courte sieste dans l'après-midi.

Aussi avait-il des instructions particulières pour la nuit.

— La nuit, disait-il, vous entrerez, en général, le moins possible dans ma chambre ; ne m'éveillez jamais quand vous aurez une bonne nouvelle à m'annoncer : une bonne nouvelle peut attendre ; mais, s'il s'agit d'une mauvaise nouvelle, réveillez-moi à l'instant même ; car, alors, il n'y a pas un instant à perdre pour y faire face.

Dès que Bonaparte était levé et avait fait sa toilette du matin, toujours très-complète, son valet de chambre entrait, lui faisait la barbe et peignait ses cheveux ; pendant qu'on le rasait, un secrétaire ou un aide de camp lui lisait les journaux en commençant toujours par le *Moniteur*. Il ne donnait d'attention réelle qu'aux journaux anglais et allemands.

— Passez, passez, disait-il à la lecture des journaux français ; *je sais ce qu'ils disent, parce qu'ils ne disent que ce que je veux.*

La toilette de Bonaparte faite dans sa chambre à coucher, il descendait dans son cabinet. Nous avons vu plus haut ce qu'il y faisait.

A dix heures, on annonçait, avons-nous dit, le déjeuner.

C'était le maître d'hôtel qui faisait cette annonce et il la faisait en ces termes :

— Le général est servi.

Aucun titre, comme on voit, pas même celui de premier consul.

Le repas était frugal ; tous les matins, on servait à Bonaparte un plat de prédilection dont il mangeait presque tous les jours : c'était un poulet frit à l'huile et à l'ail, le même qui a pris depuis, sur la carte des restaurateurs, le nom de *poulet à la Marengo*.

Bonaparte buvait peu, ne buvait que du vin de Bordeaux ou de Bourgogne, et préférablement ce dernier.

Après son déjeuner comme après son dîner, il prenait une tasse de café noir ; jamais entre ses repas.

Quand il lui arrivait de travailler jusqu'à une heure avancée de la nuit, c'était, non point du café, mais du chocolat qu'on lui apportait, et le secrétaire qui travaillait avec lui en avait une tasse pareille à la sienne.

La plupart des historiens, des chroniqueurs, des biographes, après avoir dit que Bonaparte prenait beaucoup de café, ajoutent qu'il prenait immodérément de tabac.

C'est une double erreur.

Dès l'âge de vingt-quatre ans, Bonaparte avait contracté l'habitude de priser, mais juste ce qu'il fallait pour tenir son cerveau éveillé : il prisait habituellement non pas dans la poche de son gilet, comme on l'a prétendu, mais dans une tabatière qu'il échangeait presque chaque jour contre une nouvelle, ayant, sur ce point de collectionneur de tabatières, une certaine ressemblance avec le grand Frédéric ; s'il prisait, par hasard, dans la poche de son gilet, c'était les jours de bataille, où il lui eût été difficile de tenir à la fois, en traversant le feu au galop, la bride de son cheval et une tabatière ; il avait pour ces jours-là des gilets avec la poche droite doublée en peau parfumée, et, comme l'échancrure de son habit lui permettait d'insérer le pouce et l'index dans sa poche sans ouvrir son habit, il pouvait, en quelque circonstance et à quelque allure que ce fût, priser tout à son aise.

Général ou premier consul, il ne mettait pas de gants, se contentant de les tenir et de les froisser dans sa main gauche ; empereur, il y eut un progrès, il en mit un, et, comme il changeait de gants non-seulement tous les jours, mais encore deux ou trois fois par jour, son valet de chambre eut l'idée de ne faire refaire qu'un seul gant, complétant la paire avec celui qui ne servait pas.

Bonaparte avait deux grandes passions dont Napoléon hérita : la guerre et les monuments.

Gai et presque rieur dans les camps, il devenait rêveur et sombre dans le repos ; c'était alors que, pour sortir de cette tristesse, il avait recours à l'électricité de l'art et rêvait ces monuments gigantesques comme il en a entrepris beaucoup et achevé quelques-uns. Il savait que les monuments font partie de la vie des peuples ; qu'ils sont son histoire écrite en lettres majuscules ; que, longtemps après que les générations ont disparu de la terre, ces jalons des âges restent debout ; que Rome vit dans ses ruines, que la Grèce parle dans ses monuments, que, par les siens, l'Égypte apparaît, spectre splendide et mystérieux, au seuil des civilisations.

Mais ce qu'il aimait par-dessus tout, ce qu'il caressait préférablement à tout, c'était la renommée, c'était le bruit ; de là ce besoin de guerre, cette soif de gloire.

Souvent il disait :

— Une grande réputation, c'est un grand bruit ; plus on en fait, plus il s'entend au loin ; les lois, les institutions, les monuments, les nations, tout cela tombe ; mais le bruit reste et retentit dans d'autres générations. Babylone et Alexandrie sont tombées ; Sémiramis et Alexandre sont restés debout, plus grands peut-être par l'écho de leur renommée, répété et accru d'âge en âge, qu'ils ne l'étaient dans la réalité même.

Puis, rattachant ces grandes idées à lui-même :

— Mon pouvoir, disait-il, tient à ma gloire, et ma gloire aux batailles que j'ai gagnées ; la conquête m'a fait ce que je suis, la conquête seule peut me maintenir. Un gouvernement nouveau-né a besoin d'étonner et d'éblouir : dès qu'il ne flamboie plus, il s'éteint ; du moment où il cesse de grandir, il tombe.

Longtemps il avait été Corse, supportant avec impatience la conquête de sa patrie ; mais, le 13 vendémiaire passé, il s'était fait véritablement Français, et en était arrivé à aimer la France avec passion ; son rêve c'était de la voir grande, heureuse, puissante, à la tête des nations comme gloire et comme art ; il est vrai que, faisant la France grande, il grandissait avec elle, et qu'indestructiblement il attachait son nom à sa grandeur. Pour lui, vivant éternellement dans cette pensée, le moment actuel disparaissait dans l'avenir ; partout où l'emportait l'ouragan de la guerre, il avait, avant toute chose, avant tout autre pays, la France présente à sa pensée. « Que penseront les Athéniens ? » disait Alexandre après Issus et Arbelles. « J'espère que les Français seront contents de moi, » disait Bonaparte après Rivoli et les Pyramides.

Avant la bataille, le moderne Alexandre s'occupait peu de ce qu'il ferait en cas de succès, mais beaucoup en cas de revers ; il était, plus que tout autre, convaincu qu'un rien décide parfois des plus grands événements ; aussi était-il plus occupé de prévoir ces événements que de les provoquer ; il les regardait naître, il les voyait mûrir ; puis, le moment venu, il apparaissait, mettait la main sur eux, et les domptait et les dirigeait comme un habile écuyer dompte et dirige un cheval fougueux.

Sa grandeur rapide au milieu des révolutions, les changements politiques qu'il avait préparés ou vus s'accomplir, les événements qu'il avait dominés lui avaient donné un certain mépris des hommes, que, d'ailleurs, par sa nature, il n'était point porté à estimer ; aussi avait-il souvent à la bouche cette maxime d'autant plus désolante qu'il en avait reconnu la vérité :

— Il y a deux leviers pour remuer les hommes, la crainte et l'intérêt.

Avec de pareils sentiments, Bonaparte ne devait pas croire et ne croyait point à l'amitié.

« Combien de fois, dit Bourrienne, ne m'a-t-il pas répété : « L'amitié n'est qu'un
» mot ; je n'aime personne, pas même mes
» frères... Joseph un peu, peut-être ; en-
» core, si je l'aime, c'est par habitude et
» parce qu'il est mon aîné... Duroc, oui,
» lui, je l'aime ; mais pourquoi ? parce que
» son caractère me plaît, parce qu'il est
» froid, sec et sévère ; puis Duroc ne pleure
» jamais !... D'ailleurs, pourquoi aimerais-
» je ? Croyez-vous que j'aie de vrais amis,
» moi ? Tant que je serai ce que je suis, je
» m'en ferai, en apparence du moins ;
» mais que je cesse d'être heureux, et
» vous verrez ! Les arbres n'ont pas de
» feuilles pendant l'hiver... Voyez-vous,
» Bourrienne, il faut laisser pleurnicher
» les femmes, c'est leur affaire ; mais, moi,
» pas de sensibilité ; il faut avoir la main
» vigoureuse et le cœur ferme ; autrement
» il ne faut se mêler ni de guerre ni de
» gouvernement. »

Dans ses relations familières, Bonaparte était ce que l'on appelle au collège un taquin ; mais ses taquineries étaient exemptes de méchanceté et presque jamais désobligeantes ; sa mauvaise humeur, facile d'ailleurs à exciter, passait comme un nuage chassé par le vent, s'exhalait en paroles, se dissipait dans ses propres éclats. Pourtant, lorsqu'il s'agissait des affaires publiques, de quelque faute d'un de ses lieutenants ou de ses ministres, il se laissait aller à de graves emportements ; ses boutades alors étaient vives et dures toujours, humiliantes parfois ; il donnait un coup de massue sous lequel il fallait, bon gré mal gré, courber la tête : ainsi sa scène avec Jomini, ainsi sa scène avec le duc de Bellune.

Bonaparte avait deux sortes d'ennemis,

les jacobins et les royalistes : il détestait les premiers et craignait les seconds ; lorsqu'il parlait des jacobins, il ne les appelait que les assassins de Louis XVI ; quant aux royalistes, c'était autre chose : on eût dit qu'il prévoyait la Restauration.

Il avait près de lui deux hommes qui avaient voté la mort du roi : Fouché et Cambacérès.

Il renvoya Fouché de son ministère, et, s'il garda Cambacérès, ce fut à cause des services que pouvait rendre l'éminent légiste ; mais il n'y pouvait tenir, et, souvent, prenant par l'oreille son collègue le second consul :

— Mon pauvre Cambacérès, disait-il, j'en suis bien fâché, mais votre affaire est claire : si jamais les Bourbons reviennent, vous serez pendu !

Un jour, Cambacérès s'impatienta, et, par un hochement de tête, arrachant son oreille aux pinces vivantes qui la tenaient :

— Allons, dit-il, laissez donc de côté vos mauvaises plaisanteries !

Toutes les fois que Bonaparte échappait à un danger, une habitude d'enfance, une habitude corse reparaissait : il faisait sur sa poitrine, et avec le pouce, un rapide signe de croix.

Quand il éprouvait quelque contrariété ou était en proie à une pensée désagréable, il fredonnait : quel air ? un air à lui, qui n'en était pas un, que personne n'a reconnu, tant il avait la voix fausse ; alors, et tout en chantonnant, il s'asseyait devant sa table de travail, se dandinant dans son fauteuil, se penchant en arrière au point de tomber à la renverse, et mutilant, comme nous l'avons dit, le bras de son fauteuil avec un canif qui n'avait pas pour lui d'autre utilité, attendu que jamais il ne taillait une plume lui-même : c'était son secrétaire qui avait cette charge, et qui les lui taillait du mieux possible, intéressé qu'il était à ce que cette effroyable écriture que l'on connaît ne fût pas tout à fait illisible.

On sait l'effet que produisait sur Bonaparte le son des cloches : c'était la seule musique qu'il comprît et qui lui allât au cœur ; s'il était assis lorsque la vibration se faisait entendre, d'un signe de la main il recommandait le silence et se penchait du côté du son ; s'il était en train de se promener, il s'arrêtait, inclinait la tête et écoutait : tant que la cloche tintait, il restait immobile ; le bruit éteint dans l'espace, il reprenait son travail, répondant à ceux qui le priaient d'expliquer cette singulière sympathie pour la voix de bronze :

— Cela me rappelle les premières années que j'ai passées à Brienne ; j'étais heureux alors !

A l'époque où nous sommes arrivés, sa grande préoccupation était l'achat qu'il venait de faire du domaine de la Malmaison ; il allait tous les samedis soirs à cette campagne, y passait, comme un écolier en vacances, la journée du dimanche et souvent même celle du lundi. Là, le travail était négligé pour la promenade ; pendant cette promenade, il surveillait lui-même les embellissements qu'il faisait exécuter. Quelquefois, et dans les commencements surtout, ses promenades s'étendaient hors des limites de la maison de campagne ; les rapports de la police mirent bientôt ordre à ces excursions, qui furent supprimées complètement après la conspiration d'Aréna et l'affaire de la machine infernale.

Le revenu de la Malmaison, calculé par Bonaparte lui-même, en supposant qu'il fît vendre ses fruits et ses légumes, pouvait monter à six mille francs.

— Cela n'est pas mal, disait-il à Bourrienne ; mais, ajoutait-il avec un soupir, il faudrait avoir trente mille livres de rente en dehors pour pouvoir vivre ici.

Bonaparte mêlait une certaine poésie à son goût pour la campagne : il aimait à voir sous les allées sombres du parc se promener une femme à la taille haute et flexible ; seulement, il fallait qu'elle fût vêtue de blanc : il détestait les robes de couleur foncée, et avait en horreur les grosses femmes ; quant aux femmes enceintes, il éprouvait pour elles une telle répugnance, qu'il était bien rare qu'il les invitât à ses soirées ou à ses fêtes ; au reste, peu galant de sa nature, imposant trop pour attirer, à peine poli avec les femmes, il prenait rarement sur lui de dire, même aux plus jolies, une chose agréable; souvent même on tressaillait, étonné des mauvais compliments qu'il faisait aux meilleures amies de Joséphine. A telle femme il avait dit : « Oh! comme vous avez les bras rouges! » à telle autre : « Oh! la vilaine coiffure que vous avez là! » à celle-ci : « Vous avez une robe bien sale, je vous l'ai déjà vue vingt fois; » à celle-là : « Vous devriez bien changer de couturière, car vous êtes singulièrement fagotée. »

Un jour, il dit à la duchesse de Chevreuse, charmante blonde dont tout le monde admirait la chevelure :

— Ah! c'est singulier, comme vous êtes rousse!

— C'est possible, répondit la duchesse; seulement, c'est la première fois qu'un homme me le dit.

Bonaparte n'aimait pas le jeu, et, quand il jouait par hasard, c'était au vingt-et-un; du reste, il avait cela de commun avec Henri IV, qu'il trichait; mais, le jeu fini, il laissait tout ce qu'il avait d'or et de billets sur la table en disant :

— Vous êtes des niais! j'ai triché pendant tout le temps que nous avons joué, et vous ne vous en êtes pas aperçus. Que ceux qui ont perdu se rattrapent.

Bonaparte, né et élevé dans la religion catholique, n'avait de préférence pour aucun dogme; lorsqu'il rétablit l'exercice du culte, ce fut un acte politique qu'il accomplit et non un acte religieux. Il aimait cependant les causeries qui portaient sur ce sujet; mais lui-même se traçait d'avance sa part dans la discussion en disant :

— Ma raison me tient dans l'incrédulité de beaucoup de choses; mais les impressions de mon enfance et les inspirations de ma première jeunesse me rejettent dans l'incertitude.

Pourtant, il ne voulait pas entendre parler de matérialisme; peu lui importait le dogme, pourvu que ce dogme reconnût un Créateur. Pendant une belle soirée de messidor, tandis que son bâtiment glissait entre le double azur de la mer et du ciel, les mathématiciens soutenaient qu'il n'y avait pas de Dieu, mais seulement une matière animée. Bonaparte regarda cette voûte céleste, plus brillante cent fois entre Malte et Alexandrie qu'elle ne l'est dans notre Europe, et, au moment où l'on croyait qu'il était bien loin de la conversation :

— Vous avez beau dire, s'écria-t-il en montrant les étoiles, c'est un Dieu qui a fait tout cela.

Bonaparte, très-exact à payer ses dépenses particulières, l'était infiniment moins pour les dépenses publiques; il était convaincu que, dans les marchés passés entre les ministres et les fournisseurs, si le ministre qui avait conclu le marché n'était pas dupe, l'État, en tout cas, était volé; aussi reculait-il autant que possible l'époque du payement; alors il n'y avait point de chicanes et de difficultés qu'il ne fît, point de mauvaises raisons qu'il ne donnât; c'était chez lui une idée fixe, un principe invariable, que tout fournisseur était un fripon.

Un jour, on lui présente un homme qui avait fait une soumission et avait été accepté.

— Comment vous appelez-vous? demanda-t-il avec sa brusquerie ordinaire.

— Vollant, citoyen premier consul.

— Beau nom de fournisseur.

— Mon nom, citoyen, s'écrie avec deux *ll*.

— On n'en vole que mieux, monsieur, reprit Bonaparte.

Et il lui tourna le dos.

Bonaparte revenait rarement sur une décision arrêtée, même quand il l'avait reconnue injuste; jamais nul ne lui entendit dire : « J'ai eu tort; » tout au contraire, son mot favori était : « Je commence toujours par croire le mal. » La maxime était plus digne de Timon que d'Auguste.

Mais, avec tout cela, on sentait que c'était chez Bonaparte plutôt un parti pris d'avoir l'air de mépriser les hommes que de les mépriser véritablement. Il n'était ni haineux ni vindicatif; seulement, parfois croyait-il trop à la *nécessité*, la déesse aux coins de fer; au reste, hors du champ de la politique, sensible, bon, accessible à la pitié, aimant les enfants, grande preuve d'un cœur doux et pitoyable, ayant dans la vie privée de l'indulgence pour les faiblesses humaines, et parfois une certaine bonhomie, celle de Henri IV jouant avec ses enfants, malgré l'arrivée de l'ambassadeur d'Espagne.

Si nous faisions ici de l'histoire, nous aurions encore bien des choses à dire de Bonaparte, sans compter — quand nous aurions fini avec Bonaparte — ce qui nous resterait à dire de Napoléon.

Mais nous écrivons une simple chronique dans laquelle Bonaparte joue son rôle; par malheur, là où se montre Bonaparte, ne fît-il qu'apparaître, il devient, malgré le narrateur, un personnage principal.

Qu'on nous pardonne donc d'être retombé dans la digression : cet homme qui est à lui seul tout un monde, nous a, en dépit de nous-même, entraîné dans son tourbillon.

Revenons à Roland et, par conséquent, à notre récit.

XXXVII

L'AMBASSADEUR

Nous avons vu qu'en rentrant Roland avait demandé le premier consul, et qu'on lui avait répondu que le premier consul travaillait avec le ministre de la police.

Roland était le familier de la maison; quel que fût le fonctionnaire avec lequel travaillât Bonaparte, à son retour d'un voyage ou d'une simple course, il avait l'habitude d'entr'ouvrir la porte du cabinet et de passer la tête.

Souvent le premier consul était si occupé, qu'il ne faisait pas attention à cette tête qui passait.

Alors, Roland prononçait ce seul mot : « Général! » ce qui voulait dire dans cette langue intime que les deux condisciples avaient continué de parler : « Général, je suis là; avez-vous besoin de moi? j'attends vos ordres. » Si le premier consul n'avait pas besoin de Roland, il répondait : « C'est bien. » Si, au contraire, il avait besoin de lui, il disait ce seul mot : « Entre. »

Roland entrait alors, et attendait dans l'embrasure d'une fenêtre que son général lui dît pour quel motif il l'avait fait entrer.

Comme d'habitude, Roland passa la tête en disant :

— Général!

— Entre, répondit le premier consul avec une satisfaction visible. Entre! entre!

Roland entra.

Comme on le lui avait dit, Bonaparte travaillait avec le ministre de la police.

L'affaire dont s'occupait le premier consul, et qui paraissait le préoccuper fort, avait aussi pour Roland son côté d'intérêt.

Il s'agissait de nouvelles arrestations de diligences opérées par les compagnons de Jéhu.

Sur la table étaient trois procès-verbaux constatant l'arrestation d'une diligence et de deux malles-postes.

Dans une de ces malles-postes se trouvait le caissier de l'armée d'Italie, Triber.

Les arrestations avaient eu lieu, la première sur la grande route de Meximieux à Montluel, dans la partie du chemin qui traverse le territoire de la commune de Belignieux; la seconde, à l'extrémité du lac de Silans, du côté de Nantua; la troisième, sur la grande route de Saint-Étienne à Bourg, à l'endroit appelé les Carronnières.

Un fait particulier se rattachait à l'une de ces arrestations.

Une somme de quatre mille francs et une caisse de bijouterie avaient, par mégarde, été confondues avec les groupes d'argent appartenant au gouvernement, et enlevées aux voyageurs; ceux-ci les croyaient perdues, lorsque le juge de paix de Nantua reçut une lettre sans signature, qui lui indiquait l'endroit où ces objets avaient été enterrés, avec prière de les remettre à leurs propriétaires, les compagnons de Jéhu faisant la guerre au gouvernement, mais non aux particuliers.

D'un autre côté, dans l'affaire des Carronnières, — où les voleurs, pour arrêter la malle-poste, qui, malgré leur ordre de faire halte, redoublait de vitesse, avaient été forcés de faire feu sur un cheval, — les compagnons de Jéhu avaient cru devoir un dédommagement au maître de poste, et celui-ci avai reçu cinq cents francs en payement de son cheval tué.

C'était juste ce que le cheval avait coûté huit jours auparavant, et cette estimation prouvait que l'on avait affaire à des gens qui se connaissaient en chevaux.

Les procès-verbaux dressés par les autorités locales étaient accompagnés des déclarations des voyageurs.

Bonaparte chantonnait cet air inconnu dont nous avons parlé; ce qui prouvait qu'il était furieux.

Aussi, comme de nouveaux renseignements devaient lui arriver avec Roland, avait-il répété trois fois à Roland d'entrer.

— Eh bien, lui dit-il, décidément ton département est en révolte contre moi; tiens, regarde.

Roland jeta un coup d'œil sur les papiers et comprit.

— Justement, dit-il, je revenais pour vous parler de cela, mon général.

— Alors, parlons-en; mais, d'abord, demande à Bourrienne mon atlas départemental.

Roland demanda l'atlas, et, devinant ce que désirait Bonaparte, l'ouvrit au département de l'Ain.

— C'est cela, dit Bonaparte; montre-moi où les choses se sont passées.

Roland posa le doigt sur l'extrémité de la carte, du côté de Lyon.

— Tenez, mon général, voici l'endroit précis de la première attaque, ici, en face de Bellignieux.

— Et la seconde?

— A eu lieu ici, dit Roland reportant son doigt de l'autre côté du département, vers Genève; voici le lac de Nantua, et voici celui de Silans.

— Maintenant, la troisième?

Roland ramena son doigt vers le centre.

— Général, voici la place précise; les Carronnières ne sont point marquées sur la carte, à cause de leur peu d'importance.

— Qu'est-ce que les Carronnières? demanda le premier consul.

— Général, on appelle Carronnières, chez nous, des fabriques de tuiles; elles appartiennent au citoyen Terrier: voici la place qu'elles devraient occuper sur la carte.

Et Roland indiqua, du bout d'un crayon qui laissa sa trace sur le papier, l'endroit précis où devait avoir eu lieu l'arrestation.

— Comment, dit Bonaparte, la chose s'est passée à une demi-lieue à peine de Bourg!

— A peine, oui, général; cela explique comment le cheval blessé a été ramené à Bourg, et n'est mort que dans les écuries de la Belle-Alliance.

— Vous entendez tous ces détails, monsieur! dit Bonaparte en s'adressant au ministre de la police.

— Oui, citoyen premier consul, répondit celui-ci.

— Vous savez que je veux que les brigandages cessent.

— J'y ferai tous mes efforts.

— Il ne s'agit pas de faire tous vos efforts, il s'agit de réussir.

Le ministre s'inclina.

— Ce n'est qu'à cette condition, continua Bonaparte, que je reconnaîtrai que vous êtes véritablement l'homme habile que vous prétendez être.

— Je vous y aiderai, citoyen, dit Roland.

— Je n'osais vous demander votre concours, dit le ministre.

— Oui; mais, moi, je vous l'offre; ne faites rien que nous ne nous soyons concertés ensemble.

Le ministre regarda Bonaparte.

Rapprochant ses deux mains de sa bouche, il fit entendre un cri de chouette. — Page 187.

— C'est bien, dit Bonaparte, allez. Roland passera au ministère.

Le ministre salua et sortit.

— En effet, continua le premier consul, il y va de ton honneur d'exterminer ces bandits, Roland : d'abord, la chose se passe dans ton département; puis ils paraissent en vouloir particulièrement à toi et à ta famille.

— Au contraire, dit Roland, et voilà ce dont j'enrage, c'est qu'ils épargnent moi et ma famille.

— Revenons là-dessus, Roland ; chaque détail a son importance ; c'est la guerre de Bédouins que nous recommençons.

— Remarquez ceci, général : je vais passer une nuit à la chartreuse de Seillon, attendu, m'assure-t-on, qu'il y revient des fantômes. En effet, un fantôme m'apparaît, mais parfaitement inoffensif : je tire sur lui deux coups de pistolet, il ne se retourne même pas. Ma mère se trouve dans une diligence arrêtée, elle s'évanouit : un des voleurs a pour elle les soins les plus délicats, lui frotte les tempes avec du vinaigre et lui fait respirer des sels. Mon frère Édouard se défend autant qu'il est en lui : on le prend, on l'embrasse, on lui fait toutes sortes de compliments sur son courage; peu s'en faut qu'on ne lui donne des bonbons en récompense de sa belle conduite. Tout au contraire, mon ami sir John m'imite, va où j'ai été; on le traite en espion et on le poignarde!

— Mais il n'en est pas mort?

— Non; tout au contraire, il se porte si bien, qu'il veut épouser ma sœur.

— Ah! ah! il a fait la demande?

— Officielle.

— Et tu as répondu?...

— J'ai répondu que ma sœur dépendait de deux personnes.

— Ta mère et toi, c'est trop juste.

— Non pas : ma sœur elle-même... et vous.

— Elle, je comprends; mais moi?

— Ne m'avez-vous pas dit, général, que vous vouliez la marier?

Bonaparte se promena un instant les bras croisés et réfléchissant; puis, tout à coup, s'arrêtant devant Roland :

— Qu'est-ce que ton Anglais?

— Vous l'avez vu, général.

— Je ne parle pas physiquement; tous les Anglais se ressemblent : des yeux bleus, les cheveux roux, le teint blanc et la mâchoire allongée.

— C'est le *the*, dit gravement Roland.

— Comment, le thé?

— Oui; vous avez appris l'anglais, général?

— C'est-à-dire que j'ai essayé de l'apprendre.

— Votre professeur a dû vous dire alors que le *the* se prononçait en appuyant la langue contre les dents; eh bien, à force de prononcer le *the*, et, par conséquent, de repousser leurs dents avec leur langue, les Anglais finissent par avoir cette mâchoire allongée qui, comme vous le disiez tout à l'heure, est un des caractères distinctifs de leur physionomie.

Bonaparte regarda Roland pour savoir si l'éternel railleur riait ou parlait sérieusement.

Roland demeura imperturbable.

— C'est ton opinion? dit Bonaparte.

— Oui, général, et je crois que, physiologiquement, elle en vaut bien une autre; j'ai une foule d'opinions comme celle-là que je mets au jour au fur et à mesure que l'occasion s'en présente.

— Revenons à ton Anglais.

— Volontiers, général.

— Je te demandais ce qu'il était.

— Mais c'est un excellent gentleman; très-brave, très-calme, très-impassible, très-noble, très-riche, et, de plus, — ce qui n'est probablement pas une recommandation pour vous, — neveu de lord Grenville, premier ministre de Sa Majesté Britannique.

— Tu dis?

— Je dis premier ministre de Sa Majesté Britannique.

Bonaparte reprit sa promenade, et, revenant à Roland :

— Puis-je le voir ton Anglais?

— Vous savez bien, mon général, que vous pouvez tout.

— Où est-il?

— A Paris.

— Va le chercher et amène-le-moi.

Roland avait l'habitude d'obéir sans répliquer; il prit son chapeau et s'avança vers la porte.

— Envoie-moi Bourrienne, dit le premier consul, au moment où Roland passait dans le cabinet de son secrétaire, et écrivez.

Cinq minutes après que Roland avait disparu, Bourrienne paraissait.

— Asseyez-vous là, Bourrienne, dit le premier consul.

Bourrienne s'assit, prépara son papier, trempa sa plume dans l'encre et attendit.

— Y êtes-vous? demanda Bonaparte en s'asseyant sur le bureau même où écrivait Bourrienne, ce qui était encore une de ses habitudes, habitude qui désespérait le secrétaire, Bonaparte ne cessant point de se balancer pendant tout le temps qu'il dictait, et, par ce balancement, agitant le bureau de la même façon à peu près que s'il eût été au milieu de l'Océan sur une mer houleuse.

— J'y suis, répondit Bourrienne, qui avait fini par se faire, tant bien que mal, à toutes les excentricités du premier consul.

— Alors, écrivez.

Et il dicta :

« Bonaparte, premier consul de la République, à Sa Majesté le roi de la Grande-Bretagne et d'Irlande.

» Appelé par le vœu de la nation française à occuper la première magistrature de la République, je crois convenable d'en faire directement part à Votre Majesté.

» La guerre qui, depuis huit ans, ravage les quatre parties du monde, doit-elle être éternelle? N'est-il donc aucun moyen de s'entendre ?

» Comment les deux nations les plus éclairées de l'Europe, puissantes et fortes toutes deux plus que ne l'exigent leur sûreté et leur indépendance, peuvent-elles sacrifier à des idées de vaine grandeur ou à des antipathies mal raisonnées le bien du commerce, la prospérité intérieure, le bonheur des familles ? comment ne sentent-elles pas que la paix est le premier des besoins comme la première des gloires ?

» Ces sentiments ne sauraient être étrangers au cœur de Votre Majesté, qui gouverne une nation libre dans le seul but de la rendre heureuse.

» Votre Majesté ne verra dans cette ouverture que mon désir sincère de contribuer efficacement, pour la seconde fois, à la pacification générale par une démarche prompte, toute de confiance et dégagée de ces formes qui, nécessaires peut-être pour déguiser la dépendance des États faibles, ne décèlent dans les États forts que le désir mutuel de se tromper.

» La France et l'Angleterre, par l'abus de leurs forces, peuvent longtemps encore, pour le malheur de tous les peuples, en retarder l'épuisement; mais, j'ose le dire, le sort de toutes les nations civilisées est attaché à la fin d'une guerre qui embrase le monde entier. »

Bonaparte s'arrêta.

— Je crois que c'est bien ainsi, dit-il ; relisez-moi cela, Bourrienne.

Bourrienne lut la lettre qu'il venait d'écrire.

Après chaque paragraphe, le premier consul approuvait de la tête, en disant :

— Allez !

Avant même les derniers mots, il prit la lettre des mains de Bourrienne, et signa avec une plume neuve.

C'était son habitude de ne se servir qu'une fois de la même plume ; rien ne lui était plus désagréable qu'une tache d'encre aux doigts.

— C'est bien, dit-il ; cachetez et mettez l'adresse : *A lord Grenville*.

Bourrienne fit ce qui lui était recommandé.

En ce moment, on entendit le bruit d'une voiture qui s'arrêtait dans la cour du Luxembourg.

Puis, un instant après, la porte s'ouvrit et Roland parut.

— Eh bien ? demanda Bonaparte.

— Quand je vous disais que vous pouviez tout ce que vous vouliez, général.

— Tu as ton Anglais ?

— Je l'ai rencontré au carrefour de Buci, et, sachant que vous n'aimiez pas à attendre, je l'ai pris tel qu'il était et l'ai forcé de monter en voiture. Par ma foi, un instant j'ai cru que je serais obligé de le faire conduire ici par le poste de la rue Mazarine ; il est en bottes et en redingote.

— Qu'il entre, dit Bonaparte.

— Entrez, milord, fit Roland en se retournant.

Lord Tanlay parut sur le seuil de la porte.

Bonaparte n'eut besoin que de jeter un coup d'œil sur lui pour reconnaître le parfait gentleman.

Un peu d'amaigrissement, un reste de pâleur donnaient à sir John tous les caractères d'une haute distinction.

Il s'inclina et attendit la présentation en véritable Anglais qu'il était.

— Général, dit Roland, j'ai l'honneur de vous présenter sir John Tanlay, qui voulait, pour avoir l'honneur de vous voir, aller jusqu'à la troisième cataracte, et qui, aujourd'hui, se fait tirer l'oreille pour venir jusqu'au Luxembourg.

— Venez, milord, venez, dit Bonaparte ; ce n'est ni la première fois que nous nous voyons, ni la première fois que j'exprime le désir de vous connaître ; il y avait donc presque de l'ingratitude, à vous, de vous refuser à mon désir.

— Si j'ai hésité, général, répondit sir John en excellent français, selon son habitude, c'est que je ne pouvais croire à l'honneur que vous me faites.

— Et puis, tout naturellement et par sentiment national, vous me détestez, n'est-ce pas, comme tous vos compatriotes?

— Je dois avouer, général, répondit sir John en souriant, qu'ils n'en sont encore qu'à l'admiration.

— Et partagez-vous cet absurde préjugé de croire que l'honneur national veut que l'on haïsse aujourd'hui l'ennemi qui peut être notre ami demain?

— La France a presque été pour moi une seconde patrie, général, et mon ami Roland vous dira que j'aspire au moment où, de mes deux patries, celle à qui je devrai le plus sera la France.

— Ainsi, vous verriez sans répugnance la France et l'Angleterre se donner la main pour le bonheur du monde?

— Le jour où je verrais cela serait pour moi un jour heureux.

— Et, si vous pouviez contribuer à amener ce résultat, vous y prêteriez-vous?

— J'y exposerais ma vie.

— Roland m'a dit que vous étiez parent de lord Grenville.

— Je suis son neveu.

— Êtes-vous en bons termes avec lui!

— Il aimait fort ma mère, qui était sa sœur aînée.

— Avez-vous hérité de la tendresse qu'il portait à votre mère?

— Oui; seulement, je crois qu'il la tient en réserve pour le jour où je rentrerai en Angleterre.

— Vous chargeriez-vous de lui porter une lettre de moi?

— Adressée à qui?

— Au roi George III.

— Ce serait un grand honneur pour moi.

— Vous chargeriez-vous de dire de vive voix à votre oncle ce que l'on ne peut écrire dans une lettre?

— Sans y changer un mot : les paroles du général Bonaparte sont de l'histoire.

— Eh bien, dites-lui...

Mais, s'interrompant et se retournant vers Bourrienne :

— Bourrienne, dit-il, cherchez-moi la dernière lettre de l'empereur de Russie.

Bourrienne ouvrit un carton, et, sans chercher, mit la main sur une lettre qu'il donna à Bonaparte.

Bonaparte jeta un coup d'œil sur la lettre, et, la présentant à lord Tanlay :

— Dites-lui, reprit-il, d'abord et avant toute chose que vous avez lu cette lettre.

Sir John s'inclina et lut :

« Citoyen premier consul,

» J'ai reçu, armés et habillés à neuf, chacun avec l'uniforme de son corps, les neuf mille Russes faits prisonniers en Hollande, et que vous m'avez envoyés sans rançon, sans échange, sans condition aucune.

» C'est de la pure chevalerie, et j'ai la prétention d'être un chevalier.

» Je crois que ce que je puis vous offrir de mieux, citoyen premier consul, en échange de ce magnifique cadeau, c'est mon amitié.

» La voulez-vous?

» Comme arrhes de cette amitié, j'envoie ses passe-ports à lord Whitworth, ambassadeur d'Angleterre à Saint-Pétersbourg.

» En outre, si vous voulez être, je ne dirai pas même mon second, mais mon témoin, je provoque en duel personnel et particulier tous les rois qui ne prendront point parti contre l'Angleterre et qui ne lui fermeront pas leurs ports.

» Je commence par mon voisin, le roi du Danemark, et vous pouvez lire, dans la *Gazette de la Cour*, le cartel que je lui envoie.

» Ai-je encore autre chose à vous dire?

» Non.

» Si ce n'est qu'à nous deux nous pouvons faire la loi au monde.

» Et puis encore que je suis votre admirateur et sincère ami.

» PAUL. »

Lord Tanlay se retourna vers le premier consul.

— Vous savez que l'empereur de Russie est fou, dit-il.

— Serait-ce cette lettre qui vous l'apprendrait, milord ? demanda Bonaparte.

— Non ; mais elle me confirme dans mon opinion.

— C'est d'un fou que Henri VI de Lancastre a reçu la couronne de saint Louis, et le blason d'Angleterre — jusqu'au moment où je les y gratterai avec mon épée — porte encore les fleurs de lis de France.

Sir John sourit ; son orgueil national se révoltait à cette prétention du vainqueur des Pyramides.

— Mais, reprit Bonaparte, il n'est point question de cela aujourd'hui, et chaque chose viendra en son temps.

— Oui, murmura sir John, nous sommes encore trop près d'Aboukir.

— Oh ! ce n'est pas sur mer que je vous battrai, dit Bonaparte : il me faudrait cinquante ans pour faire de la France une nation maritime ; c'est là-bas...

Et de sa main, il montra l'Orient.

— Pour le moment, je vous le répète, il s'agit, non pas de guerre, mais de paix : j'ai besoin de la paix pour accomplir le rêve que je fais, et surtout de la paix avec l'Angleterre. Vous voyez que je joue cartes sur table : je suis assez fort pour être franc. Le jour où un diplomate dira la vérité, ce sera le premier diplomate du monde, attendu que personne ne le croira, et que, dès lors, il arrivera sans obstacle à son but.

— J'aurai donc à dire à mon oncle que vous voulez la paix ?

— Tout en lui disant que je ne crains pas la guerre. Ce que je ne fais pas avec le roi George, vous le voyez, je puis le faire avec l'empereur Paul ; mais la Russie n'en est pas au point de civilisation où je la voudrais pour en faire une alliée.

— Un instrument vaut quelquefois mieux qu'un allié.

— Oui ; mais, vous l'avez dit, l'empereur est fou, et, au lieu d'armer les fous, milord, mieux vaut les désarmer. Je vous dis donc que deux nations comme la France et l'Angleterre doivent être deux amies inséparables ou deux ennemies acharnées : amies, elles sont les deux pôles de la terre, équilibrant son mouvement par un poids égal ; ennemies, il faut que l'une détruise l'autre et se fasse l'axe du monde.

— Et si lord Grenville, sans douter de votre génie, doutait de votre puissance ; s'il est de l'avis de notre poëte Coleridge, s'il croit que l'Océan au rauque murmure garde son île et lui sert de rempart, que lui dirai-je ?

— Déroulez-nous une carte du monde, Bourrienne, dit Bonaparte.

Bourrienne déroula une carte ; Bonaparte s'en approcha.

— Voyez-vous ces deux fleuves ? dit-il.

Et il montrait à sir John le Volga et le Danube.

— Voilà la route de l'Inde, ajouta-t-il.

— Je croyais que c'était l'Égypte, général, dit sir John.

— Je l'ai cru un instant comme vous, ou plutôt, j'ai pris celle-là parce que je n'en avais pas d'autre. Le czar m'ouvre celle-ci ; que votre gouvernement ne me force point à la prendre ! Me suivez-vous ?

— Oui, citoyen ; marchez devant.

— Eh bien, si l'Angleterre me force à la combattre, si je suis obligé d'accepter l'alliance du successeur de Catherine, voici ce que je fais : j'embarque quarante mille Russes sur le Volga ; je leur fais descendre le fleuve jusqu'à Astrakan ; ils traversent la mer Caspienne et vont m'attendre à Asterabad.

Sir John s'inclina en signe d'attention profonde.

Bonaparte continua.

— J'embarque quarante mille Français sur le Danube.

— Pardon, citoyen premier consul, mais le Danube est un fleuve autrichien.

— J'aurai pris Vienne.

Sir John regarda Bonaparte.

— J'aurai pris Vienne, continua celui-ci. J'embarque donc quarante mille Français sur le Danube ; je trouve, à son embouchure, des vaisseaux russes qui les transportent jusqu'à Taganrog ; je leur fais remonter par terre le cours du Don jusqu'à Pratisbianskaïa, d'où ils se portent à Tzaritsin ; là, ils descendent le Volga à leur tour avec les mêmes bâtiments qui ont conduit les quarante mille Russes à Asterabad ; quinze jours après, j'ai quatre-vingt mille hommes dans la Perse occidentale. D'Asterabad, les deux corps réunis se porteront sur l'Indus ; la Perse, ennemie de l'Angleterre, est notre alliée naturelle.

— Oui ; mais, une fois dans le Pendjâb, l'alliance perse vous manque, et une armée de quatre-vingt mille hommes ne traîne point facilement avec elle ses approvisionnements.

— Vous oubliez une chose, dit Bonaparte, comme si l'expédition était faite, c'est que j'ai laissé des banquiers à Téhéran et à Caboul ; or, rappelez-vous ce qui arriva, il y a neuf ans, dans la guerre de lord Cornwallis contre Tippo-Saïb : le général en chef manquait de vivres ; un simple capitaine... je ne me rappelle plus son nom...

— Le capitaine Malcom, fit lord Tanlay.

— C'est cela, s'écria Bonaparte, vous savez l'affaire ! Le capitaine Malcom eut recours à la caste des brinjaries, ces bohémiens de l'Inde, qui couvrent de leurs campements la péninsule hindoustanique, où ils font exclusivement le commerce de grains ; eh bien, ces bohémiens sont, à ceux qui les payent, fidèles jusqu'au dernier sou : ce sont eux qui me nourriront.

— Il faudra passer l'Indus.

— Bon ! dit Bonaparte, j'ai soixante lieues de développement entre Déra-Ismaël-Khan et Attok ; je connais l'Indus comme je connais la Seine ; c'est un fleuve lent qui fait une lieue à l'heure, dont la profondeur moyenne, là où je dis, est de douze à quinze pieds et qui a dix gués peut-être sur ma ligne d'opération.

— Ainsi votre ligne d'opération est déjà tracée ? demanda sir John en souriant.

— Oui, attendu qu'elle se déploie devant un massif non interrompu de provinces fertiles et bien arrosées ; attendu qu'en l'abordant je tourne les déserts sablonneux qui séparent la vallée inférieure de l'Indus du Radjepoutanah ; attendu, enfin, que c'est sur cette base que se sont faites toutes les invasions de l'Inde qui ont eu quelques succès depuis Mahmoud de Ghizni, en l'an 1000, jusqu'à Nadir-Schah, en 1739 : et combien entre ces deux époques ont fait la route que je compte faire ! passons-les en revue... Après Mahmoud de Ghizni, Mahomet-Gouri, en 1184, avec cent vingt mille hommes ; après Mahomet-Gouri, Timour-Lung ou Timour le Boiteux, dont nous avons fait Tamerlan, avec soixante mille hommes ; après Timour-Lung, Babour ; après Babour, Humayoun ; que sais-je, moi ! L'Inde n'est-elle pas à qui veut ou à qui sait la prendre ?

— Vous oubliez, citoyen premier consul, que tous ces conquérants que vous venez de nommer n'ont eu affaire qu'aux peuplades indigènes, tandis que vous aurez affaire aux Anglais, vous. Nous avons dans l'Inde...

— Vingt à vingt-deux mille hommes.

— Et cent mille cipayes.

— J'ai fait le compte de chacun, et je traite l'Angleterre et l'Inde, l'une avec le respect, l'autre avec le mépris qu'elle mérite : partout où je trouve l'infanterie européenne, je prépare une seconde, une troisième, s'il le faut une quatrième ligne de réserve, supposant que les trois premières peuvent plier sous la baïonnette anglaise ; mais partout où je ne rencontre que des cipayes, des fouets de poste pour cette canaille, c'est tout ce qu'il me faut. Avez-vous encore quelques questions à me faire, milord ?

— Une seule, citoyen premier consul : désirez-vous sérieusement la paix ?

— Voici la lettre par laquelle je la demande à votre roi, milord ; et c'est pour être bien sûr qu'elle sera remise à Sa Majesté Britannique, que je prie le neveu de lord Grenville d'être mon messager.

— Il sera fait selon votre désir, citoyen; et, si j'étais l'oncle au lieu d'être le neveu, je promettrais davantage.

— Quand pouvez-vous partir?

— Dans une heure, je serai parti.

— Vous n'avez aucun désir à m'exprimer avant votre départ?

— Aucun. En tous cas, si j'en avais, je laisse mes pleins pouvoirs à mon ami Roland.

— Donnez-moi la main, milord; ce sera de bon augure, puisque nous représentons, vous l'Angleterre, et moi la France.

Sir John accepta l'honneur que lui faisait Bonaparte, avec cette exacte mesure qui indiquait à la fois sa sympathie pour la France et ses réserves pour l'honneur national.

Puis, ayant serré celle de Roland avec une effusion toute fraternelle, il salua une dernière fois le premier consul et sortit.

Bonaparte le suivit des yeux, parut réfléchir un instant; puis, tout à coup :

— Roland, dit-il, non-seulement je consens au mariage de ta sœur avec lord Tanlay, mais encore je le désire : tu entends? je le désire.

Et il pesa tellement sur chacun de ces trois mots, qu'ils signifièrent clairement, pour quiconque connaissait le premier consul, non plus « je le désire », mais « je le veux ».

La tyrannie était douce pour Roland; aussi l'accepta-t-il avec un remerciement plein de reconnaissance.

XXXVIII

LES DEUX SIGNAUX

Disons ce qui se passait au château des Noires-Fontaines, trois jours après que les événements que nous venons de raconter se passaient à Paris.

Depuis que, successivement, Roland d'abord, puis madame de Montrevel et son fils, et enfin sir John, avaient pris la route de Paris, — Roland pour rejoindre son général, madame de Montrevel pour conduire Édouard au collége, et sir John pour faire à Roland ses ouvertures matrimoniales, — Amélie était restée seule avec Charlotte au château des Noires-Fontaines.

Nous disons *seule*, parce que Michel et son fils Jacques n'habitaient pas précisément le château : ils logeaient dans un petit pavillon attenant à la grille; ce qui adjoignait pour Michel les fonctions de concierge à celles de jardinier.

Il en résultait que, le soir, — à part la chambre d'Amélie, située, comme nous l'avons dit, au premier étage sur le jardin, et celle de Charlotte, située dans les mansardes au troisième, — les trois rangs de fenêtres du château restaient dans l'obscurité.

Madame de Montrevel avait emmené avec elle la seconde femme de chambre.

Les deux jeunes filles étaient peut-être bien isolées dans ce corps de bâtiment, se composant d'une douzaine de chambres et de trois étages, surtout au moment où la rumeur publique signalait tant d'arrestations sur les grandes routes; aussi Michel avait-il offert à sa jeune maîtresse de coucher dans le corps de logis principal, afin d'être à même de lui porter secours en cas de besoin; mais celle-ci avait, d'une voix ferme, déclaré qu'elle n'avait pas peur et qu'elle désirait que rien ne fût changé aux dispositions habituelles du château.

Michel n'avait point autrement insisté et s'était retiré tout en disant que, du reste, mademoiselle pouvait dormir tranquille, et que lui et Jacques feraient des rondes autour du château.

Ces rondes de Michel avaient paru un instant inquiéter Amélie; mais elle avait bientôt reconnu que Michel se bornait à aller, avec Jacques, se mettre à l'affût sur la lisière de la forêt de Seillon, et la fréquente apparition sur la table, ou d'un râble de lièvre ou d'un cuissot de chevreuil, prouvait que Michel tenait sa parole à l'endroit des rondes promises.

Amélie avait donc cessé de s'inquiéter de ces rondes de Michel, qui avaient lieu justement du côté opposé à celui où elle avait craint d'abord qu'il ne les fît.

Or, comme nous l'avons dit, trois jours après les événements que nous venons de raconter, ou, pour parler plus correctement, pendant la nuit qui suivit ce troisième jour, ceux qui étaient habitués à ne voir de lumière qu'à deux fenêtres du château des Noires-Fontaines, c'est-à-dire à la fenêtre d'Amélie au premier étage, et à la fenêtre de Charlotte au troisième, eussent pu remarquer avec étonnement que, de onze heures du soir à minuit, les quatre fenêtres du premier étaient éclairées.

Il est vrai que chacune d'elles n'était éclairée que par une seule bougie.

Ils eussent pu voir encore la forme d'une jeune fille qui, à travers son rideau, fixait les yeux dans la direction du village de Ceyzeriat.

Cette jeune fille, c'était Amélie, — Amélie pâle, la poitrine oppressée, et paraissant attendre anxieusement un signal.

Au bout de quelques minutes, elle s'essuya le front et respira presque joyeusement.

Un feu venait de s'allumer dans la direction où se perdait son regard.

Aussitôt elle passa de chambre en chambre, et éteignit les unes après les autres les trois bougies, ne laissant vivre et brûler que celle qui se trouvait dans sa chambre.

Comme si le feu n'eût attendu que cette obscurité, il s'éteignit à son tour.

Amélie s'assit près de sa fenêtre, et demeura immobile, les yeux fixés sur le jardin.

Il faisait une nuit sombre, sans étoiles, sans lune, et cependant, au bout d'un quart d'heure, elle vit, ou plutôt elle devina une ombre qui traversait la pelouse et s'approchait du château.

Elle plaça son unique bougie dans l'angle le plus reculé de la chambre et revint ouvrir sa fenêtre.

Celui qu'elle attendait était déjà sur le balcon.

Comme la première nuit où nous l'avons vu faire cette escalade, il enveloppa de son bras la taille de la jeune fille et l'entraîna dans la chambre.

Mais celle-ci opposa une légère résistance; elle cherchait de la main la cordelette de la jalousie: elle la détacha du clou qui la retenait, et la jalousie retomba avec plus de bruit que la prudence ne l'eût peut-être voulu.

Derrière la jalousie, elle ferma la fenêtre.

Puis elle alla chercher la bougie dans l'angle où elle l'avait cachée.

La bougie alors éclaira son visage.

Le jeune homme jeta un cri d'effroi; le visage d'Amélie était couvert de larmes.

— Qu'est-il donc arrivé? demanda-t-il.

— Un grand malheur! dit la jeune fille.

— Oh! je m'en suis douté en voyant le signal par lequel tu me rappelais, m'ayant reçu la nuit dernière... Mais, dis, ce malheur est-il irréparable?

— A peu près, répliqua Amélie.

— Au moins, j'espère, ne menace-t-il que moi?

— Il nous menace tous deux.

Le jeune homme passa sa main sur son front pour en essuyer la sueur.

— Allons, fit-il, j'ai de la force.

— Si tu as la force d'écouter tout, je n'ai point celle de tout te dire.

Alors, prenant une lettre sur la cheminée :

— Lis, dit-elle; voici ce que j'ai reçu par le courrier du soir.

Le jeune homme prit la lettre, et, l'ouvrant, courut à la signature.

— Elle est de madame de Montrevel, dit-il.

— Oui, avec un post-scriptum de Roland.

Le jeune homme lut :

« Ma fille bien-aimée,

» Je désire que la nouvelle que je t'annonce te cause une joie égale à celle qu'elle m'a faite et qu'elle fait à notre

Il se promenait les mains croisées derrière le dos. — Page 209.

cher Roland. Sir John, à qui tu contestais un cœur et que tu prétendais être une mécanique sortie des ateliers de Vaucanson, reconnaît qu'on eût eu parfaitement raison de le juger ainsi jusqu'au jour où il t'a vue; mais il soutient que, depuis ce jour, il a véritablement un cœur, et que ce cœur t'adore.

» T'en serais-tu doutée, ma chère Amélie, à ses manières aristocratiquement polies, mais où l'œil même de ta mère n'avait rien reconnu de tendre?

» Ce matin, en déjeunant avec ton frère, il lui a fait la demande officielle de ta main. Ton frère a accueilli cette ouverture avec joie; cependant il n'a rien promis d'abord.

Le premier consul, avant le départ de Roland pour la Vendée, avait déjà parlé de se charger de ton établissement; mais voilà que le premier consul a désiré voir lord Tanlay, qu'il l'a vu, et que lord Tanlay, du premier coup, tout en faisant ses réserves nationales, est entré dans les bonnes grâces du premier consul, au point que celui-ci l'a chargé, séance tenante, d'une mission pour son oncle lord Grenville. Lord Tanlay est parti à l'instant même pour l'Angleterre.

» Je ne sais combien de jours sir John restera absent; mais, à coup sûr, à son retour, il demandera la permission de se présenter devant toi comme ton fiancé.

» Lord Tanlay est jeune encore, d'une figure agréable, immensément riche; il est admirablement apparenté en Angleterre; il est l'ami de Roland. Je ne sais pas d'homme qui ait plus de droits, je ne dirai point à ton amour, ma chère Amélie, mais à ta profonde estime.

» Maintenant, tout le reste en deux mots.

» Le premier consul est toujours parfaitement bon pour moi et pour tes deux frères, et madame Bonaparte m'a fait entendre qu'elle n'attendait que ton mariage pour t'appeler près d'elle.

» Il est question de quitter le Luxembourg et d'aller demeurer aux Tuileries. Comprends-tu toute la portée de ce changement de domicile?

» Ta mère, qui t'aime,

» CLOTILDE DE MONTREVEL. »

Sans s'arrêter, le jeune homme passa au post-scriptum de Roland.

Il était conçu en ces termes:

« Tu as lu, chère petite sœur, ce que t'écrit notre bonne mère. Ce mariage est convenable sous tous les rapports. Il ne s'agit point ici de faire la petite fille; le premier consul *désire* que tu sois lady Tanlay, c'est-à-dire qu'il *le veut*.

» Je quitte Paris pour quelques jours; mais, si je ne te vois pas, tu entendras parler de moi.

» Je t'embrasse.

» ROLAND. »

— Eh bien, Charles, demanda Amélie lorsque le jeune homme eut fini sa lecture, que dis-tu de cela?

— Que c'était une chose à laquelle nous devions nous attendre d'un jour à l'autre, mon pauvre ange, mais qui n'en est pas moins terrible.

— Que faire?

— Il y a trois choses à faire.

— Dis.

— Avant tout, résiste, si tu en as la force; c'est le plus court et le plus sûr.

Amélie baissa la tête.

— Tu n'oseras jamais, n'est-ce pas?

— Jamais.

— Cependant tu es ma femme, Amélie. Un prêtre a béni notre union.

— Mais ils disent que ce mariage est nul devant la loi, parce qu'il n'a été que béni par un prêtre.

— Et toi, dit Morgan, toi, l'épouse d'un proscrit, cela ne te suffit pas?

En parlant ainsi, sa voix tremblait.

Amélie eut un élan pour se jeter dans ses bras.

— Mais ma mère! dit-elle. Nous n'avions pas la présence et la bénédiction de ma mère.

— Parce qu'il y avait des risques à courir et que nous avons voulu les courir seuls.

— Et cet homme, surtout... N'as-tu pas entendu que mon frère dit *qu'il veut?*

— Oh! si tu m'aimais, Amélie, cet homme verrait bien qu'il peut changer la face d'un État, porter la guerre d'un bout du monde à l'autre, fonder une législation, bâtir un trône, mais qu'il ne peut forcer une bouche à dire oui lorsque le cœur dit non.

— Si je t'aimais! dit Amélie du ton d'un doux reproche. Il est minuit, tu es dans ma chambre, je pleure dans tes bras, je suis la fille du général de Montrevel, la sœur de Roland, et tu dis: « Si tu m'aimais. »

— J'ai tort, j'ai tort, mon adorée Amélie; oui, je sais que tu es élevée dans l'adoration de cet homme; tu ne comprends pas que l'on puisse lui résister, et quiconque lui résiste est à tes yeux un rebelle.

— Charles, tu as dit que nous avions trois choses à faire; quelle est la seconde?

— Accepter en apparence l'union qu'on te propose, mais gagner du temps en la retardant sous toutes sortes de prétextes. L'homme n'est pas immortel.

— Non; mais il est bien jeune pour que nous comptions sur sa mort. La troisième chose, mon ami?

— Fuir... mais, à cette ressource extrême, Amélie, il y a deux obstacles: tes répugnances d'abord.

— Je suis à toi, Charles; ces répugnances, je les surmonterai.

— Puis, ajouta le jeune homme, mes engagements.

— Tes engagements?

— Mes compagnons sont liés à moi, Amélie; mais je suis lié à eux. Nous aussi, nous avons un homme dont nous relevons, un homme à qui nous avons juré obéissance. Cet homme, c'est le futur roi de France. Si tu admets le dévouement de ton frère à Bonaparte, admets le nôtre à Louis XVIII.

Amélie laissa tomber sa tête dans ses mains en poussant un soupir.

— Alors, dit-elle, nous sommes perdus.

— Pourquoi cela? Sous différents prétextes, sous celui de ta santé surtout, tu peux gagner un an; avant un an, il sera obligé de recommencer une guerre en Italie probablement; une seule défaite lui ôte tout son prestige; enfin, en un an, il se passe bien des choses.

— Tu n'as donc pas lu le post-scriptum de Roland, Charles?

— Si fait; mais je n'y vois rien de plus que dans la lettre de ta mère.

— Relis la dernière phrase.

Et Amélie remit la lettre sous les yeux du jeune homme.

Il lut :

« Je quitte Paris pour quelques jours; mais, si tu ne me vois pas, tu entendras parler de moi. »

— Eh bien?

— Sais-tu ce que cela veut dire?

— Non.

— Cela veut dire que Roland est à ta poursuite.

— Qu'importe, puisqu'il ne peut mourir de la main d'aucun de nous?

— Mais, toi, malheureux, tu peux mourir de la sienne!

— Crois-tu que je dusse lui en vouloir beaucoup s'il me tuait, Amélie?

— Oh! cela ne s'était point encore présenté à mon esprit, dans mes craintes les plus sombres.

— Ainsi, tu crois ton frère en chasse de nous?

— J'en suis sûre.

— D'où te vient cette certitude?

— Sur sir John mourant et qu'il croyait mort, il a juré de le venger.

— S'il eût été mort au lieu d'être mourant, fit le jeune homme avec amertume, nous ne serions pas où nous en sommes, Amélie.

— Dieu l'a sauvé, Charles; il était donc bon qu'il ne mourût pas.

— Pour nous?...

— Je ne sonde pas les desseins du Seigneur. Je te dis, mon Charles bien-aimé, garde-toi de Roland; Roland est près d'ici.

Charles sourit d'un air de doute.

— Je te dis qu'il est non-seulement près d'ici, mais ici; on l'a vu.

— On l'a vu! où? qui?

— Qui l'a vu?

— Oui.

— Charlotte, la femme de chambre, la fille du concierge de la prison; elle m'avait demandé la permission d'aller visiter ses parents hier dimanche : je devais te voir, je lui ai donné congé jusqu'à ce matin.

— Eh bien?

— Elle a donc passé la nuit chez ses parents. A onze heures, le capitaine de gendarmerie est venu amener des prisonniers. Tandis qu'on les écrouait, un homme est arrivé enveloppé d'un manteau, et a demandé le capitaine. Charlotte a cru reconnaître la voix du nouvel arrivant; elle a regardé avec attention, et, dans un moment où le manteau s'est écarté du visage, elle a reconnu mon frère.

Le jeune homme fit un mouvement.

— Comprends-tu, Charles? mon frère qui vient ici, à Bourg; qui y vient mystérieusement, sans me prévenir de sa présence; mon frère qui demande le capitaine de gendarmerie, qui le suit jusque dans la prison, qui ne parle qu'à lui et qui disparaît? N'est-ce point une menace terrible pour mon amour, dis?

Et, en effet, au fur et à mesure qu'Amélie parlait, le front de son amant se couvrait d'un nuage sombre.

— Amélie, dit-il, quand nous nous sommes faits ce que nous sommes, nul de nous ne s'est dissimulé les périls qu'il courait.

— Mais, au moins, demanda Amélie, vous avez changé d'asile, vous avez abandonné la chartreuse de Seillon?

— Nos morts seuls y sont restés et l'habitent à cette heure.

— Est-ce un asile bien sûr que la grotte de Ceyzeriat?

— Aussi sûr que peut l'être tout asile ayant deux issues.

— La chartreuse de Seillon aussi avait deux issues, et cependant, tu le dis, vous y avez laissé vos morts.

— Les morts sont plus en sûreté que les vivants : ils sont certains de ne pas mourir sur l'échafaud.

Amélie sentit un frisson lui passer par tout le corps.

— Charles! murmura-t-elle.

— Écoute, dit le jeune homme, Dieu m'est témoin, et toi aussi, que j'ai toujours, dans nos entrevues, mis mon sourire et ma gaieté entre tes pressentiments et mes craintes; mais, aujourd'hui, l'aspect des choses a changé; nous arrivons en face de la lutte. Quel qu'il soit, nous approchons du dénouement; je ne te demande point, mon Amélie, ces choses folles et égoïstes que les amants menacés d'un grand danger exigent de leurs maîtresses, je ne te demande pas de garder ton cœur au mort, ton amour au cadavre...

— Ami, fit la jeune fille en lui posant la main sur le bras, prends garde, tu vas douter de moi.

— Non : je te fais le mérite plus grand en te laissant libre d'accomplir le sacrifice dans toute son étendue; mais je ne veux pas qu'aucun serment te lie, qu'aucun lien t'étreigne.

— C'est bien, fit Amélie.

— Ce que je te demande, continua le jeune homme, ce que tu vas me jurer sur notre amour, hélas! si funeste pour toi, c'est que, si je suis arrêté, si je suis désarmé, si je suis emprisonné, condamné à mort, ce que je te demande, ce que j'exige de toi, Amélie, c'est que, par tous les moyens possibles, tu me fasses passer des armes, non-seulement pour moi, mais encore pour mes compagnons, afin que nous soyons toujours maîtres de notre vie.

— Mais alors, Charles, ne me permettrais-tu donc pas de tout dire, d'en appeler à la tendresse de mon frère, à la générosité du premier consul?

La jeune fille n'acheva point, son amant lui saisissait violemment le poignet :

— Amélie, lui dit-il, ce n'est plus un serment, ce sont deux serments que je te demande. Tu vas me jurer d'abord, et avant tout, que tu ne solliciteras point ma grâce. Jure, Amélie, jure!

— Ai-je besoin de jurer, ami? dit la jeune fille en éclatant en sanglots; je te le promets.

— Sur le moment où je t'ai dit que je t'aimais, sur celui où tu m'as répondu que j'étais aimé?

— Sur ta vie, sur la mienne, sur le passé, sur l'avenir, sur nos sourires, sur nos larmes!

— C'est que je n'en mourrais pas moins, vois-tu, Amélie, dussé-je me briser la tête contre la muraille; seulement, je mourrais déshonoré.

— Je te le promets, Charles.

— Reste ma seconde prière, Amélie : si nous sommes pris et condamnés, des armes ou du poison, enfin un moyen de mourir, un moyen quelconque! Me venant de toi, la mort me sera encore un bonheur.

— De près ou de loin, libre ou prisonnier, vivant ou mort, tu es mon maître, je suis ton esclave; ordonne et je t'obéirai.

— Voilà tout, Amélie; tu le vois, c'est simple et clair : point de grâce, et des armes.

— Simple et clair, mais terrible.

— Et cela sera ainsi, n'est-ce pas?

— Tu le veux?

— Je t'en supplie.

— Ordre ou prière, mon Charles, ta volonté sera faite.

Le jeune homme soutint de son bras gauche la jeune fille, qui semblait près de s'évanouir, et rapprocha sa bouche de la sienne.

Mais, au moment où leurs lèvres allaient

se toucher, le cri de la chouette se fit entendre si près de la fenêtre, qu'Amélie tressaillit, et que Charles releva la tête.

Le cri se fit entendre une seconde fois, puis une troisième.

— Ah! murmura Amélie, reconnais-tu le cri de l'oiseau de mauvais augure! Nous sommes condamnés, mon ami.

Mais Charles secoua la tête.

— Ce n'est point le cri de la chouette, Amélie, dit-il, c'est l'appel de l'un de mes compagnons. Éteins la bougie.

Amélie souffla la lumière, tandis que son amant ouvrait la fenêtre.

— Ah! jusqu'ici! murmura-t-elle; on vient te chercher jusqu'ici!

— Oh! c'est notre ami, notre confident, le comte de Jayat; nul autre que lui ne sait où je suis.

Puis, du balcon :

— Est-ce toi, Montbar? demanda-t-il?

— Oui, est-ce toi, Morgan?

— Oui.

Un homme sortit d'un massif d'arbres.

— Nouvelles de Paris; pas un instant à perdre : il y va de notre vie à tous.

— Tu entends, Amélie?

Et, prenant la jeune fille dans ses bras, il la serra convulsivement contre son cœur.

— Va, dit-elle d'une voix mourante, va; n'as-tu pas entendu qu'il s'agissait de votre vie à tous?

— Adieu, mon Amélie bien-aimée, adieu!

— Oh! ne dis pas adieu!

— Non, non, au revoir.

— Morgan! Morgan! dit la voix de celui qui attendait au bas du balcon.

Le jeune homme appuya une dernière fois ses lèvres sur celles d'Amélie, et, s'élançant vers la fenêtre, il enjamba le balcon, et, d'un seul bond, se trouva près de son ami.

Amélie poussa un cri et s'avança jusqu'à la balustrade; mais elle ne vit plus que deux ombres qui se perdaient dans les ténèbres, rendues plus épaisses par le voisinage des grands arbres qui formaient le parc.

XXXIX

LA GROTTE DE CEYZERIAT

Les deux jeunes gens s'enfoncèrent sous l'ombre des grands arbres; Morgan guida son compagnon, moins familier que lui avec les détours du parc, et le conduisit juste à l'endroit où il avait l'habitude d'escalader le mur.

Il ne fallut qu'une seconde à chacun d'eux pour accomplir cette opération.

Un instant après, ils étaient sur les bords de la Reyssouse.

Un bateau attendait au pied d'un saule. Ils s'y jetèrent tous deux, et, en trois coups d'aviron, touchèrent l'autre bord.

Un sentier côtoyait la berge de la rivière et conduisait à un petit bois qui s'étend de Ceyzeriat à Étrez, c'est-à-dire sur une longueur de trois lieues, faisant ainsi, de l'autre côté de la Reyssouse, le pendant de la forêt de Seillon.

Arrivés à la lisière du bois, ils s'arrêtèrent; jusque-là, ils avaient marché aussi rapidement qu'il est possible de le faire sans courir, et ni l'un ni l'autre n'avaient prononcé une parole.

Toute la route parcourue était déserte; il était probable, certain même, qu'on n'avait été vu de personne.

On pouvait donc respirer.

— Où sont les compagnons? demanda Morgan.

— Dans la grotte, répondit Montbar.

— Et pourquoi ne nous y rendons-nous pas à l'instant même?

— Parce qu'au pied de ce hêtre nous devons trouver un des nôtres qui nous dira si nous pouvons aller plus loin sans danger.

— Lequel?

— D'Assas.

Une ombre apparut derrière l'arbre et s'en détacha.

— Me voici, dit l'ombre.

— Ah! c'est toi, firent les deux jeunes gens.

— Quoi de nouveau? demanda Montbar.

— Rien ; on vous attend pour prendre une décision.

— En ce cas, allons vite.

Les trois jeunes gens reprirent leur course; au bout de trois cents pas, Montbar s'arrêtait de nouveau.

— Armand! fit-il à demi-voix.

A cet appel, on entendit le froissement des feuilles sèches, et une quatrième ombre sortit d'un massif et s'approcha des trois compagnons.

— Rien de nouveau? demanda Montbar.

— Si fait : un envoyé de Cadoudal.

— Celui qui est déjà venu?

— Oui.

— Où est-il?

— Avec les frères, dans la grotte.

— Allons.

Montbar s'élança le premier; le sentier était devenu si étroit, que les quatre jeunes gens ne pouvaient marcher que l'un après l'autre.

Le chemin monte, pendant cinq cents pas à peu près, par une pente assez douce, mais tortueuse.

Arrivé à une clairière, Montbar s'arrêta et fit entendre trois fois ce même cri de la chouette qui avait indiqué sa présence à Morgan.

Un seul houhoulement de hibou lui répondit.

Puis, du milieu des branches d'un chêne touffu, un homme se laissa glisser à terre; c'était la sentinelle qui veillait à l'ouverture de la grotte.

Cette ouverture était à dix pas du chêne.

Par la disposition des massifs qui l'entouraient, il fallait être presque dessus pour l'apercevoir.

La sentinelle échangea quelques mots tout bas avec Montbar, qui semblait, en remplissant les devoirs d'un chef, vouloir laisser Morgan tout entier à ses pensées; puis, comme sa faction sans doute n'était point achevée, le bandit remonta dans les branches du chêne, et, au bout d'un instant, se trouva si bien ne faire qu'un avec le corps de l'arbre, que ceux à la vue desquels il venait d'échapper le cherchaient vainement dans son bastion aérien.

Le défilé devenait plus étroit au fur et à mesure qu'on approchait de l'entrée de la grotte.

Montbar y pénétra le premier, et, d'un enfoncement où il les savait trouver, tira un briquet, une pierre à feu, de l'amadou, des allumettes et une torche.

L'étincelle jaillit, l'amadou prit feu, l'allumette répandit sa flamme bleuâtre et incertaine, à laquelle succéda la flamme petillante et résineuse de la torche.

Trois ou quatre chemins se présentaient, Montbar en prit un sans hésiter.

Ce chemin tournait sur lui-même en s'enfonçant dans la terre; on eût dit que les jeunes gens reprenaient sous le sol la trace de leurs pas, et suivaient le contrepied de la route qui les avait amenés.

Il était évident que l'on parcourait les détours d'une ancienne carrière, peut-être celle d'où sortirent, il y a dix-neuf cents ans, les trois villes romaines qui ne sont plus aujourd'hui que des villages, et le camp de César qui les surmonte.

De place en place, le sentier souterrain que l'on suivait était coupé dans toute sa largeur par un large fossé, franchissable seulement à l'aide d'une planche, que l'on pouvait d'un coup de pied faire tomber au fond de la tranchée.

De place en place encore, on voyait des épaulements derrière lesquels on pouvait se retrancher et faire feu, sans exposer à la vue de l'ennemi aucune partie de son corps.

Enfin, à cinq cents pas de l'entrée à peu près, une barricade à hauteur d'homme offrait un dernier obstacle à ceux qui eussent voulu parvenir jusqu'à une espèce de rotonde où se tenaient assis ou couchés une dizaine d'hommes occupés, les uns à lire, les autres à jouer.

Aucun des lecteurs ni des joueurs ne se dérangea au bruit des pas des arrivants, ou à la vue de la lumière qui se jouait sur les parois de la carrière, tant ils étaient sûrs que des amis seuls pouvaient pénétrer jusqu'à eux, gardés comme ils l'étaient.

Au reste, l'aspect qu'offrait ce campement était des plus pittoresques; les bougies, qui brûlaient à profusion, — les compagnons de Jéhu étaient trop aristocrates pour s'éclairer à une autre lumière que celle de la bougie, — se reflétaient sur des trophées d'armes de toute espèce, parmi lesquelles les fusils à deux coups et les pistolets tenaient le premier rang; des fleurets et des masques d'armes étaient pendus dans les intervalles; quelques instruments de musique étaient posés çà et là; enfin une ou deux glaces dans leurs cadres dorés indiquaient que la toilette n'était pas un de ces passe-temps les moins appréciés des étranges habitants de cette demeure souterraine.

Tous paraissaient aussi tranquilles que si la nouvelle qui avait tiré Morgan des bras d'Amélie eût été inconnue, ou regardée comme sans importance.

Cependant, lorsque à l'approche du petit groupe venant du dehors, ces mots : « Le capitaine! le capitaine! » se furent fait entendre, tous se levèrent, non pas avec la servilité des soldats qui voient venir leur chef, mais avec la déférence affectueuse de gens intelligents et forts pour un plus fort et plus intelligent qu'eux.

Morgan alors secoua la tête, releva le front, et, passant devant Montbar, pénétra au centre du cercle qui s'était formé à sa vue.

— Eh bien, amis, demanda-t-il, il paraît qu'il y a des nouvelles?

— Oui, capitaine, dit une voix; on assure que la police du premier consul nous fait l'honneur de s'occuper de nous.

— Où est le messager? demanda Morgan.

— Me voici, dit un jeune homme vêtu de l'uniforme des courriers de cabinet, et tout couvert encore de poussière et de boue.

— Avez-vous des dépêches?

— Écrites, non; verbales, oui.

— D'où viennent-elles?

— Du cabinet particulier du ministre.

— Alors, on peut y croire?

— Je vous en réponds; c'est tout ce qu'il y a de plus officiel.

— Il est bon d'avoir des amis partout, fit Montbar en manière de parenthèse.

— Et surtout près de M. Fouché, reprit Morgan; voyons les nouvelles.

— Dois-je les dire tout haut, ou à vous seul?

— Comme je présume qu'elles nous intéressent tous, dites-nous-les tout haut.

— Eh bien, le premier consul a fait venir le citoyen Fouché au palais du Luxembourg, et lui a lavé la tête à notre endroit.

— Bon! Après?

— Le citoyen Fouché a répondu que nous étions des drôles fort adroits, fort difficiles à joindre, plus difficiles encore à prendre quand on nous avait rejoints. Bref, il a fait le plus grand éloge de nous.

— C'est bien aimable à lui. Après?

— Après, le premier consul a répondu que cela ne le regardait pas, que nous étions des brigands, et que c'étaient nous qui, avec nos brigandages, soutenions la guerre de la Vendée; que le jour où nous ne ferions plus passer d'argent en Bretagne, il n'y aurait plus de chouannerie.

— Cela me paraît admirablement raisonné.

— Que c'était dans l'Est et dans le Midi qu'il fallait frapper l'Ouest.

— Comme l'Angleterre dans l'Inde.

— Qu'en conséquence, il donnait carte blanche au citoyen Fouché, et que, dût-il dépenser un million et faire tuer cinq cents hommes, il lui fallait nos têtes.

— Eh bien, mais il sait à qui il les demande; reste à savoir si nous les laisserons prendre.

— Alors, le citoyen Fouché est rentré furieux, et il a déclaré qu'il fallait qu'avant huit jours, il n'existât plus en France un seul compagnon de Jéhu.

— Le délai est court.

— Le même jour, des courriers sont partis pour Lyon, pour Mâcon, pour Lons-le-Saulnier, pour Besançon et pour Genève, avec ordre aux chefs des garnisons de faire personnellement tout ce qu'ils pourraient pour arriver à notre destruction, mais, en outre, d'obéir sans réplique à M. Roland de Montrevel, aide de camp du premier consul, et de mettre à sa disposition, pour en user comme bon lui semblerait, toutes les troupes dont il pourrait avoir besoin.

— Et je puis ajouter ceci, dit Morgan, que M. Roland de Montrevel est déjà en campagne; hier, il a eu, à la prison de Bourg, une conférence avec le capitaine de gendarmerie.

— Sait-on dans quel but? demanda une voix.

— Pardieu! dit un autre, pour y retenir nos logements.

— Maintenant le sauvegarderas-tu toujours? demanda d'Assas.

— Plus que jamais.

— Ah! c'est trop fort, murmura une voix.

— Pourquoi cela? répliqua Morgan d'un ton impérieux; n'est-ce pas mon droit de simple compagnon?

— Certainement, dirent deux autres voix.

— Eh bien, j'en use, et comme simple compagnon, et comme votre capitaine.

— Si cependant, au milieu de la mêlée, une balle s'égare! dit une voix.

— Alors, ce n'est pas un droit que je réclame, ce n'est pas un ordre que je donne, c'est une prière que je fais; mes amis, promettez-moi, sur l'honneur, que la vie de Roland de Montrevel vous sera sacrée.

D'une voix unanime, tous ceux qui étaient là répondirent en étendant la main:

— Sur l'honneur, nous le jurons!

— Maintenant, reprit Morgan, il s'agit d'envisager notre position sous son véritable point de vue, de ne pas nous faire d'illusions, le jour où une police intelligente se mettra à notre poursuite et nous fera véritablement la guerre, il est impossible que nous résistions: nous ruserons comme le renard, nous nous retournerons comme le sanglier, mais notre résistance sera une affaire de temps, et voilà tout: c'est mon avis du moins.

Morgan interrogea des yeux ses compagnons, et l'adhésion fut unanime: seulement, c'était le sourire sur les lèvres qu'ils reconnaissaient que leur perte était assurée.

Il en était ainsi à cette étrange époque: on recevait la mort sans crainte, comme on la donnait sans émotion.

— Et maintenant, demanda Montbar, n'as-tu rien à ajouter?

— Si fait, dit Morgan; j'ai à ajouter que rien n'est plus facile que de nous procurer des chevaux ou même de partir à pied: nous sommes tous chasseurs et plus ou moins montagnards. A cheval, il nous faut six heures pour être hors de France; à pied, il nous en faut douze; une fois en Suisse, nous faisons la nique au citoyen Fouché et à sa police; voilà ce que j'avais à ajouter.

— C'est bien amusant de se moquer du citoyen Fouché, dit Adler, mais c'est bien ennuyeux de quitter la France.

— Aussi ne mettrai-je aux voix ce parti extrême qu'après que nous aurons entendu le messager de Cadoudal.

— Ah! c'est vrai, dirent deux ou trois voix, le Breton! où donc est le Breton?

— Il dormait quand je suis parti, dit Montbar.

— Et il dort encore, dit Adler en désignant du doigt un homme couché sur un lit de paille dans un renfoncement de la grotte.

On réveilla le Breton, qui se dressa sur ses genoux en se frottant les yeux d'une main et en cherchant par habitude sa carabine de l'autre.

— Vous êtes avec des amis, dit une voix, n'ayez donc pas peur.

— Peur! dit le Breton; qui donc suppose là-bas que je puisse avoir peur?

— Quelqu'un qui probablement ne sait pas ce que c'est, mon cher Branche-d'or, dit Morgan (car il reconnaissait le messager de Cadoudal pour celui qui était déjà venu et qu'on avait reçu dans la chartreuse pendant la nuit où lui-même était arrivé à Avignon), et au nom duquel je vous fais des excuses.

Branche-d'or regarda le groupe de jeunes gens devant lequel il se trouvait, d'un air qui ne laissait pas de doute sur la répugnance avec laquelle il acceptait un certain genre de plaisanteries ; mais, comme ce groupe n'avait rien d'offensif et qu'il était évident que sa gaieté n'était point de la raillerie, il demanda d'un air assez gracieux :

— Lequel de vous tous, messieurs, est le chef ? J'ai à lui remettre une lettre de la part de mon général.

Morgan fit un pas en avant.

— C'est moi, dit-il.

— Votre nom ?

— J'en ai deux.

— Votre nom de guerre ?

— Morgan.

— Oui, c'est bien celui-là que le général a dit ; d'ailleurs, je vous reconnais ; c'est vous qui, le soir où j'ai été reçu par des moines, m'avez remis un sac de soixante mille francs : alors, j'ai une lettre pour vous.

— Donne.

Le paysan prit son chapeau, en arracha la coiffe, et, entre la coiffe et le feutre, prit un morceau de papier qui avait l'air d'une double coiffe et qui semblait blanc au premier abord.

Puis, avec le salut militaire, il présenta le papier à Morgan.

Celui-ci commença par le tourner et le retourner ; voyant que rien n'y était écrit, ostensiblement du moins :

— Une bougie, dit-il.

On approcha une bougie ; Morgan exposa le papier à la flamme.

Peu à peu le papier se couvrit de caractères, et à la chaleur l'écriture parut.

Cette expérience paraissait familière aux jeunes gens ; le Breton seul la regardait avec une certaine surprise.

Pour cet esprit naïf, il pouvait bien y avoir, dans cette opération, une certaine magie ; mais, du moment où le diable servait la cause royaliste, le chouan n'était pas loin de pactiser avec le diable.

— Messieurs, dit Morgan, voulez-vous savoir ce que nous dit le maître ?

Tous s'inclinèrent, écoutant.

Le jeune homme lut :

« Mon cher Morgan,

» Si l'on vous disait que j'ai abandonné la cause et traité avec le gouvernement du premier consul en même temps que les chefs vendéens, n'en croyez pas un mot ; je suis de la Bretagne bretonnante, et par conséquent, entêté comme un vrai Breton. Le premier consul a envoyé un de ses aides de camp m'offrir amnistie entière pour mes hommes, et pour moi le grade de colonel ; je n'ai pas même consulté mes hommes, et j'ai refusé pour eux et pour moi.

» Maintenant, tout dépend de vous : comme nous ne recevons des princes ni argent ni encouragement, vous êtes notre seul trésorier ; fermez-nous votre caisse, ou plutôt cessez de nous ouvrir celle du gouvernement, et l'opposition royaliste, dont le cœur ne bat plus qu'en Bretagne, se ralentit peu à peu et finit par s'éteindre tout à fait.

» Je n'ai pas besoin de vous dire que, lorsqu'il se sera éteint, c'est que le mien aura cessé de battre.

» Notre mission est dangereuse ; il est probable que nous y laisserons notre tête ; mais ne trouvez-vous pas qu'il sera beau pour nous d'entendre dire après nous, si l'on entend encore quelque chose au delà de la tombe : « Tous avaient désespéré, » eux ne désespérèrent pas ! »

» L'un de nous deux survivra à l'autre, mais pour succomber à son tour ; que celui-là dise en mourant : *Etiamsi omnes, ego non.*

» Comptez sur moi comme je compte sur vous.

» GEORGES CADOUDAL.

» P.-S. Vous savez que vous pouvez remettre à Branche-d'or tout ce que vous avez d'argent pour la cause ; il m'a promis de ne pas se laisser prendre, et je me fie à sa parole. »

Un murmure d'enthousiasme s'éleva parmi les jeunes gens lorsque Morgan eut achevé les derniers mots de cette lettre.

— Vous avez entendu, messieurs ? dit-il.

— Oui, oui, oui, répétèrent toutes les voix.

— D'abord, quelle somme avons-nous à remettre à Branche-d'or?

— Treize mille francs du lac de Silans, vingt-deux mille des Carronnières, quatorze mille de Meximieux; en tout, quarante-neuf mille, dit Adler.

— Vous entendez, mon cher Branche-d'or? dit Morgan; ce n'est pas grand'-chose, et nous sommes de moitié plus pauvres que la dernière fois; mais vous connaissez le proverbe : « La plus belle fille du monde ne peut donner que ce qu'elle a. »

— Le général sait ce que vous risquez pour conquérir cet argent, et il a dit que, si peu que vous puissiez lui envoyer, il le recevrait avec reconnaissance.

— D'autant plus que le prochain envoi sera meilleur, dit la voix d'un jeune homme qui venait de se mêler au groupe sans être vu, tant l'attention s'était concentrée sur la lettre de Cadoudal et sur celui qui la lisait, surtout si nous voulons dire deux mots à la malle de Chambéry samedi prochain.

— Ah! c'est toi, Valensolle, dit Morgan.

— Pas de noms propres, s'il te plaît, baron; faisons-nous fusiller, guillotiner, rouer, écarteler, mais sauvons l'honneur de la famille. Je m'appelle Adler et ne réponds pas à d'autre nom.

— Pardon, j'ai tort; tu disais donc...?

— Que la malle de Paris à Chambéry passerait samedi entre la Chapelle-de-Guinchay et Belleville, portant cinquante mille francs du gouvernement aux religieux du mont Saint-Bernard, ce à quoi j'ajoutais qu'il y avait entre ces deux localités un endroit nommé la Maison-Blanche, lequel me paraît admirable pour tendre une embuscade.

— Qu'en dites-vous, messieurs ? demanda Morgan; faisons-nous l'honneur au citoyen Fouché de nous inquiéter de sa police ? Partons-nous ? Quittons-nous la France, ou bien restons-nous les fidèles compagnons de Jéhu ?

Il n'y eut qu'un cri.

— Restons !

— A la bonne heure ! dit Morgan; je nous reconnais là, frères; Cadoudal nous a tracé notre route dans l'admirable lettre que nous venons de recevoir de lui; adoptons donc son héroïque devise : *Etiamsi omnes, ego non.*

Alors, s'adressant au paysan breton :

— Branche-d'or, lui dit-il, les quarante-neuf mille francs sont à ta disposition; pars quand tu voudras; promets en notre nom quelque chose de mieux pour la prochaine fois, et dis au général, de ma part, que, partout où il ira, même à l'échafaud, je me ferai un honneur de le suivre ou de le précéder; au revoir, Branche-d'or !

Puis, se retournant vers le jeune homme qui avait paru si fort désirer que l'on respectât son incognito :

— Mon cher Adler, lui dit-il en homme qui a retrouvé sa gaieté un instant absente, c'est moi qui me charge de vous nourrir et de vous coucher cette nuit, si toutefois vous daignez m'accepter pour votre hôte.

— Avec reconnaissance, ami Morgan, répondit le nouvel arrivant : seulement, je te préviens que je m'accommoderai de tous les lits, attendu que je tombe de fatigue; mais pas de tous les soupers, attendu que je meurs de faim.

— Tu auras un bon lit et un souper excellent.

— Que faut-il faire pour cela ?

— Me suivre.

— Je suis prêt.

— Alors, viens. Bonne nuit, messieurs ! C'est toi qui veilles, Montbar ?

— Oui.

— En ce cas, nous pouvons dormir tranquilles.

Sur quoi, Morgan passa un de ses bras sous le bras de son ami, prit de l'autre main une torche qu'on lui présentait, et s'avança dans les profondeurs de la grotte, où nous allons le suivre si le lecteur n'est pas trop fatigué de cette longue séance.

C'était la première fois que Valensolle, qui était, ainsi que nous l'avons vu, des environs d'Aix, avait l'occasion de visiter la grotte de Ceyzeriat, tout récemment adoptée par les compagnons de Jéhu pour lieu de refuge. Dans les réunions précédentes, il avait eu l'occasion seulement d'explorer les tours et les détours de la chartreuse de Seillon, qu'il avait fini par connaître assez intimement pour que, dans la comédie jouée devant Roland, on lui confiât le rôle de fantôme.

Tout était donc curieux et inconnu pour lui dans le nouveau domicile où il allait faire son premier somme, et qui paraissait être, pour quelques jours du moins, le quartier général de Morgan.

Comme il en est de toutes les carrières abandonnées, et qui ressemblent, au premier abord, à une cité souterraine, les différentes rues creusées pour l'extraction de la pierre finissaient toujours par aboutir à un cul-de-sac, c'est-à-dire à ce point de la mine où le travail avait été interrompu.

Une seule de ces rues semblait se prolonger indéfiniment.

Cependant, arrivait un point où elle-même avait dû s'arrêter un jour ; mais, vers l'angle de l'impasse, avait été creusée, — dans quel but ? la chose est restée un mystère pour les gens du pays même, — une ouverture des deux tiers moins large que la galerie à laquelle elle aboutissait, et pouvant donner passage à deux hommes de front à peu près.

Les deux amis s'engagèrent dans cette ouverture.

L'air y devenait si rare, que leur torche, à chaque pas, menaçait de s'éteindre.

Valensolle sentit des gouttes d'eau glacées tomber sur ses épaules et sur ses mains.

— Tiens ! dit-il, il pleut ici ?

— Non, répondit Morgan en riant : seulement, nous passons sous la Reyssouse.

— Alors, nous allons à Bourg ?

— A peu près.

— Soit ; tu me conduis, tu me promets à souper et à coucher : je n'ai à m'inquiéter de rien, que de voir s'éteindre notre lampe cependant..., ajouta le jeune homme en suivant des yeux la lumière pâlissante de la torche.

— Et ce ne serait pas bien inquiétant, attendu que nous nous retrouverions toujours.

— Enfin ! dit Valensolle, et quand on pense que c'est pour des princes qui ne savent pas même notre nom, et qui, s'ils le savaient un jour, l'auraient oublié le lendemain du jour où ils l'auraient su, qu'à trois heures du matin nous nous promenons dans une grotte, que nous passons sous des rivières, et que nous allons coucher je ne sais où, avec la perspective d'être pris, jugés et guillotinés un beau matin ; sais-tu que c'est stupide, Morgan ?

— Mon cher, répondit Morgan, ce qui passe pour stupide, et ce qui n'est pas compris du vulgaire en pareil cas, a bien des chances pour être sublime.

— Allons, dit Valensolle, je vois que tu perds encore plus que moi au métier que nous faisons ; je n'y mets que du dévouement, et tu y mets de l'enthousiasme.

Morgan poussa un soupir.

— Nous sommes arrivés, dit-il, laissant tomber la conversation comme un fardeau qui lui pesait à porter plus longtemps.

En effet, il venait de heurter du pied les premières marches d'un escalier.

Morgan, éclairant et précédant Valensolle, monta dix degrés et rencontra une grille.

Au moyen d'une clef qu'il tira de sa poche, la grille fut ouverte.

On se trouva dans un caveau funéraire.

Aux deux côtés de ce caveau, deux cercueils étaient soutenus par des trépieds de fer ; des couronnes ducales et l'écusson d'azur à la croix d'argent indiquaient que ces cercueils devaient renfermer des membres de la famille de Savoie avant que cette famille portât la couronne royale.

Un escalier apparaissait dans la profondeur du caveau, conduisant à un étage supérieur.

Valensolle jeta un regard curieux autour de lui, et, à la lueur vacillante de la torche, reconnut la localité funèbre dans laquelle il se trouvait.

— Diable ! fit-il, nous sommes, à ce qu'il paraît, tout le contraire des Spartiates.

— En ce qu'ils étaient républicains et

que nous sommes royalistes? demanda Morgan.

— Non : en ce qu'ils faisaient venir un squelette à la fin de leurs repas, tandis que nous, c'est au commencement.

— Es-tu bien sûr que ce soient les Spartiates qui donnassent cette preuve de philosophie? demanda Morgan en refermant la porte.

— Eux ou d'autres, peu m'importe, dit Valensolle; par ma foi, ma citation est faite; l'abbé Vertot ne recommençait pas son siége, je ne recommencerai pas ma citation.

— Eh bien! une autre fois, tu diras les Égyptiens.

— Bon! fit Valensolle avec une insouciance qui ne manquait pas d'une certaine mélancolie, je serai probablement un squelette moi-même avant d'avoir l'occasion de montrer mon érudition une seconde fois. Mais que diable fais-tu donc? et pourquoi éteins-tu la torche? Tu ne vas pas me faire souper et coucher ici, j'espère bien?

En effet, Morgan venait d'éteindre sa torche sur la première marche de l'escalier qui conduisait à l'étage supérieur.

— Donne-moi la main, répondit le jeune homme.

Valensolle saisit la main de son ami avec un empressement qui témoignait d'un médiocre désir de faire, au milieu des ténèbres, un long séjour dans le caveau des ducs de Savoie, quelque honneur qu'il y eût pour un vivant à frayer avec de si illustres morts.

Morgan monta les degrés.

Puis il parut au roidissement de sa main qu'il faisait un effort.

En effet, une dalle se souleva, et, par l'ouverture, une lueur crépusculaire tremblota aux yeux de Valensolle, tandis qu'une odeur aromatique, succédant à l'atmosphère méphitique du caveau, vint réjouir son odorat.

— Ah! dit-il, par ma foi, nous sommes dans une grange, j'aime mieux cela.

Morgan ne répondit rien; il aida son compagnon à sortir du caveau, et laissa retomber la dalle.

Valensolle regarda tout autour de lui : il était au centre d'un vaste bâtiment rempli de foin, et dans lequel la lumière pénétrait par des fenêtres si admirablement découpées, que ce ne pouvaient être celles d'une grange.

— Mais, dit Valensolle, nous ne sommes pas dans une grange?

— Grimpe sur ce foin et va t'asseoir près de cette fenêtre, répondit Morgan.

Valensolle obéit, grimpa sur le foin comme un écolier en vacances, et alla, ainsi que le lui avait dit Morgan, s'asseoir près de la fenêtre.

Un instant après, Morgan déposa entre les jambes de son ami une serviette contenant un pâté, du pain, une bouteille de vin, deux verres, deux couteaux et deux fourchettes.

— Peste! dit Valensolle, Lucullus soupe chez Lucullus.

Puis, plongeant son regard à travers les vitraux sur un bâtiment percé d'une quantité de fenêtres, qui semblait une aile de celui où les deux amis se trouvaient, et devant lequel se promenait un factionnaire :

— Décidément, fit-il, je souperai mal si je ne sais pas où nous sommes; quel est ce bâtiment? et pourquoi ce factionnaire se promène-t-il devant la porte?

— Eh bien! dit Morgan, puisque tu le veux absolument, je vais te le dire : nous sommes dans l'église de Brou, qu'un arrêté du conseil municipal a convertie en magasin à fourrage. Ce bâtiment auquel nous touchons, c'est la caserne de la gendarmerie, et ce factionnaire, c'est la sentinelle chargée d'empêcher qu'on ne nous dérange pendant notre souper et qu'on ne nous surprenne pendant notre sommeil.

— Braves gendarmes, dit Valensolle en remplissant son verre. A leur santé, Morgan!

— Et à la nôtre! dit le jeune homme en riant; le diable m'étrangle si l'on a l'idée de venir nous chercher ici.

A peine Morgan eut-il vidé son verre, que, comme si le diable eût accepté le défi qui lui était porté, on entendit la voix stridente de la sentinelle qui criait : « Qui vive ? »

— Eh ! firent les deux jeunes gens, que veut dire cela ?

En effet, une troupe d'une trentaine d'hommes venait du côté de Pont-d'Ain, et, après avoir échangé le mot d'ordre avec la sentinelle, se fractionna : une partie, la plus considérable, conduite par deux hommes qui semblaient des officiers, rentra dans la caserne ; l'autre poursuivit son chemin.

— Attention ! fit Morgan.

Et tous deux sur leurs genoux, l'oreille au guet, l'œil collé contre la vitre, attendirent.

Expliquons au lecteur ce qui causait une interruption dans un repas qui, pour être pris à trois heures du matin, n'en était pas comme on le voit plus tranquille.

XL

BUISSON CREUX

La fille du concierge ne s'était point trompée : c'était bien Roland qu'elle avait vu parler dans la geôle au capitaine de gendarmerie.

De son côté, Amélie n'avait pas tort de craindre ; car c'était bien sur les traces de Morgan qu'il était lâché.

S'il ne s'était point présenté au château des Noires-Fontaines, ce n'était pas qu'il eût le moindre soupçon de l'intérêt que sa sœur portait au chef des compagnons de Jéhu ; mais il se défiait d'une indiscrétion d'un de ses domestiques.

Il avait bien reconnu Charlotte chez son père ; mais celle-ci n'ayant manifesté aucun étonnement, il croyait n'avoir pas été reconnu par elle ; d'autant plus qu'après avoir échangé quelques mots avec le maréchal des logis, il était allé attendre ce dernier sur la place du Bastion, fort déserte à une pareille heure.

Son écrou terminé, le capitaine de gendarmerie était allé le rejoindre.

Il avait trouvé Roland se promenant de long en large et l'attendant impatiemment.

Chez le concierge, Roland s'était contenté de se faire reconnaître ; là, il pouvait entrer en matière.

Il initia, en conséquence, le capitaine de gendarmerie au but de son voyage.

De même que, dans les assemblées publiques, on demande la parole pour un fait personnel et on l'obtient sans contestation, Roland avait demandé au premier consul, et cela pour un fait personnel, que la poursuite des compagnons de Jéhu lui fût confiée ; et il avait obtenu cette faveur sans difficulté.

Un ordre du ministre de la guerre mettait à sa disposition les garnisons non-seulement de Bourg, mais encore des villes environnantes.

Un ordre du ministre de la police enjoignait à tous les officiers de gendarmerie de lui prêter main-forte.

Il avait pensé naturellement, et avant tout, à s'adresser au capitaine de la gendarmerie de Bourg, qu'il connaissait de longue date, et qu'il savait être un homme de courage et d'exécution.

Il avait trouvé ce qu'il cherchait : le capitaine de gendarmerie de Bourg avait la tête horriblement montée contre les compagnons de Jéhu, qui arrêtaient les diligences à un quart de lieue de la ville, et sur lesquels il ne pouvait point arriver à mettre la main.

Il connaissait les rapports envoyés sur les trois dernières arrestations au ministre de la police, et il comprenait la mauvaise humeur de celui-ci.

Mais Roland porta le comble à son étonnement en lui racontant ce qui lui était arrivé, dans la chartreuse de Seillon, la nuit où il avait veillé, et surtout ce qui était arrivé, dans la même chartreuse, à sir John pendant la nuit suivante.

Le capitaine avait bien su par la rumeur publique que l'hôte de madame de Montrevel avait reçu un coup de poignard ; mais, comme personne n'avait porté plainte, il ne s'était pas cru le droit de percer l'obscurité dans laquelle il lui semblait que Roland voulait laisser l'affaire ensevelie.

A cette époque de trouble, la force armée avait des indulgences qu'elle n'eût point eues en d'autres temps.

Quant à Roland, il n'avait rien dit, désirant se réserver la satisfaction de poursuivre en temps et lieu les hôtes de la chartreuse, mystificateurs ou assassins.

Cette fois, il venait avec tous les moyens de mettre son dessein à exécution, et bien résolu à ne pas revenir près du premier consul sans l'avoir accompli.

D'ailleurs, c'était là une de ces aventures comme les cherchait Roland. N'y avait-il pas à la fois du danger et du pittoresque?

N'était-ce point une occasion de jouer sa vie contre des gens qui, ne ménageant pas la leur, ne ménageraient probablement pas la sienne?

Roland était loin d'attribuer à sa véritable cause, c'est-à-dire la sauvegarde étendue sur lui par Morgan, le bonheur avec lequel il s'était tiré du danger, la nuit où il avait veillé dans la chartreuse et le jour où il avait combattu contre Cadoudal.

Comment supposer qu'une simple croix avait été faite au-dessus de son nom, et qu'à deux cent cinquante lieues de distance ce signe de la rédemption l'avait protégé aux deux bouts de la France?

Au reste, la première chose à faire était d'envelopper la chartreuse de Seillon et de la fouiller dans ses recoins les plus secrets; ce que Roland se croyait parfaitement en état de faire.

Seulement, la nuit était trop avancée pour que cette expédition pût avoir lieu avant la nuit prochaine.

En attendant, Roland se cacherait dans la caserne de gendarmerie et se tiendrait dans la chambre du capitaine, afin que personne ne soupçonnât à Bourg sa présence ni la cause qui l'amenait. Le lendemain, il guiderait l'expédition.

Dans la journée du lendemain, un des gendarmes, qui était tailleur, lui confectionnerait un costume complet de maréchal des logis.

Il passerait pour être attaché à la brigade de Lons-le-Saulnier, et, grâce à cet uniforme, il pourrait, sans être reconnu, diriger la perquisition dans la chartreuse.

Tout s'accomplit selon le plan convenu.

Vers une heure, Roland rentra dans la caserne avec le capitaine, monta à la chambre de ce dernier, s'y arrangea un lit de camp, et y dormit en homme qui vient de passer deux jours et deux nuits en chaise de poste.

Le lendemain il prit patience en faisant, pour l'instruction du maréchal des logis, un plan de la chartreuse de Seillon à l'aide duquel, même sans l'aide de Roland, le digne officier eût pu diriger l'expédition sans s'égarer d'un pas.

Comme le capitaine n'avait que dix-huit soldats sous ses ordres, que ce n'était point assez pour cerner complétement la chartreuse, ou plutôt pour en garder les deux issues et la fouiller entièrement; qu'il eût fallu deux ou trois jours pour compléter la brigade disséminée dans les environs et attendre un chiffre d'hommes nécessaire, le capitaine, par ordre de Roland, alla dans la journée mettre le colonel des dragons, dont le régiment était en garnison à Bourg, au courant de l'événement, et lui demander douze hommes qui, avec les dix-huit du capitaine, feraient un total de trente.

Non-seulement le colonel accorda ces douze hommes, mais encore, apprenant que l'expédition devait être dirigée par le chef de brigade Roland de Montrevel, aide de camp du premier consul, il déclara qu'il voulait, lui aussi, être de la partie, et qu'il conduirait ses douze hommes.

Roland accepta son concours, et il fut convenu que le colonel, — nous employons indifféremment le titre de colonel ou celui de chef de brigade qui désignait le même grade, — et il fut convenu, disons-nous, que le colonel et douze dragons prendraient en passant Roland, le capitaine et leurs dix-huit gendarmes, la caserne de la gendarmerie se trouvant justement sur la route de la chartreuse de Seillon.

Le départ était fixé à onze heures.

A onze heures, heure militaire, c'est-à-dire à onze heures précises, le colonel des dragons et ses douze hommes ralliaient les gendarmes, et les deux troupes, réunies en une seule, se mettaient en marche.

Roland, sous son costume de maréchal des logis de gendarmerie, s'était fait reconnaître de son collègue le colonel de dragons ; mais, pour les dragons et les gendarmes, il était, comme la chose avait été convenue, un maréchal des logis détaché de la brigade de Lons-le-Saulnier.

Seulement, comme ils eussent pu s'étonner qu'un maréchal des logis étranger aux localités leur fût donné pour guide, on leur avait dit que, dans sa jeunesse, Roland avait été novice à Seillon, noviciat qui l'avait mis à même de reconnaître mieux que personne les détours les plus mystérieux de la Chartreuse.

Le premier sentiment de ces braves militaires avait bien été de se trouver un peu humiliés d'être conduits par un ex-moine ; mais, au bout du compte, comme cet ex-moine portait le chapeau à trois cornes d'une façon assez coquette, comme son allure était celle d'un homme qui, en portant l'uniforme, semblait avoir complètement oublié qu'il eût autrefois porté la robe, ils avaient fini par prendre leur parti de cette humiliation, se réservant d'arrêter définitivement leur opinion sur le maréchal des logis d'après la façon dont il manierait le mousquet qu'il portait au bras, les pistolets qu'il portait à la ceinture, et le sabre qu'il portait au côté.

On se munit de torches, et l'on se mit en route dans le plus profond silence et en trois pelotons : l'un de huit hommes commandé par le capitaine de gendarmerie, l'autre de dix hommes commandé par le colonel, l'autre de douze commandé par Roland.

En sortant de la ville, on se sépara.

Le capitaine de gendarmerie, qui connaissait mieux les localités que le colonel de dragons, se chargea de garder la fenêtre de la Correrie donnant sur le bois de Seillon ; il avait avec lui huit gendarmes.

Le colonel de dragons fut chargé par Roland de garder la grande porte d'entrée de la Chartreuse. Il avait avec lui cinq dragons et cinq gendarmes.

Roland se chargea de fouiller l'intérieur ; il avait avec lui cinq gendarmes et sept dragons.

On donna une demi-heure à chacun pour être à son poste. C'était plus qu'il ne fallait.

A onze heures et demie sonnantes à l'église de Péronnaz, Roland et ses hommes devaient escalader le mur du verger.

Le capitaine de gendarmerie suivit la route de Pont-d'Ain jusqu'à la lisière de la forêt, et, en côtoyant la lisière, gagna le poste qui lui était indiqué.

Le colonel de dragons prit le chemin de traverse qui s'embranche sur la route de Pont-d'Ain et qui mène à la grande porte de la Chartreuse.

Enfin, Roland prit à travers terres, et gagna le mur du verger qu'en d'autres circonstances il avait, on se le rappelle, déjà escaladé deux fois.

A onze heures et demie sonnantes, il donna le signal à ses hommes et escalada le mur du verger ; gendarmes et dragons le suivirent. Arrivés de l'autre côté du mur, ils ne savaient pas encore si Roland était brave, mais ils savaient qu'il était leste.

Roland leur montra dans l'obscurité la porte sur laquelle ils devaient se diriger ; c'était celle qui donnait du verger dans le cloître.

Puis il s'élança le premier à travers les hautes herbes, le premier poussa la porte, le premier se trouva dans le cloître.

Tout était obscur, muet, solitaire.

Roland, servant toujours de guide à ses hommes, gagna le réfectoire.

Partout la solitude, partout le silence.

Il s'engagea sous la voûte oblique, et se retrouva dans le jardin sans avoir effarouché d'autres êtres vivants que les chats-huants et les chauves-souris.

Restait à visiter la citerne, le caveau mortuaire et le pavillon ou plutôt la chapelle de la forêt.

Roland traversa l'espace vide qui le séparait de la citerne. Arrivé au bas des degrés, il alluma trois torches, en garda une et remit les deux autres, l'une aux mains d'un dragon, l'autre aux mains d'un gendarme ; puis il souleva la pierre qui masquait l'escalier.

Les gendarmes qui suivaient Roland commençaient à croire qu'il était aussi brave que leste.

On franchit le couloir souterrain et l'on rencontra la première grille ; elle était poussée, mais non fermée.

On entra dans le caveau funèbre.

Là, c'était plus que la solitude, plus que le silence : c'était la mort.

Les plus braves sentirent un frisson passer dans la racine de leurs cheveux.

Roland alla de tombe en tombe, sondant les sépulcres avec la crosse du pistolet qu'il tenait à la main.

Tout resta muet.

On traversa le caveau funèbre, on rencontra la seconde grille, on pénétra dans la chapelle.

Même silence, même solitude ; tout était abandonné, et, on eût pu le croire, depuis des années.

Roland alla droit au chœur ; il retrouva le sang sur les dalles : personne n'avait pris la peine de l'effacer.

Là, on était à bout de recherches et il fallait désespérer.

Roland ne pouvait se décider à la retraite.

Il pensa que peut-être n'avait-il pas été attaqué, à cause de sa nombreuse escorte ; il laissa dix hommes et une torche dans la chapelle, les chargea de se mettre, par la fenêtre ruinée, en communication avec le capitaine de gendarmerie embusqué dans la forêt, à quelques pas de cette fenêtre, et, avec deux hommes, revint sur ses pas.

Cette fois, les deux hommes qui suivaient Roland le trouvaient plus que brave, ils le trouvaient téméraire.

Mais Roland, ne s'inquiétant pas même s'il était suivi, reprit sa propre piste, à défaut de celle des bandits.

Les deux hommes eurent honte et le suivirent.

Décidément, la chartreuse était abandonnée.

Arrivé devant la grande porte, Roland appela le colonel de dragons ; le colonel et ses dix hommes étaient à leur poste.

Roland ouvrit la porte et fit sa jonction avec eux.

Ils n'avaient rien vu, rien entendu.

Ils rentrèrent tous ensemble, refermant et barricadant la porte derrière eux pour couper la retraite aux bandits, s'ils avaient le bonheur d'en rencontrer.

Puis ils allèrent rejoindre leurs compagnons, qui, de leur côté, avaient rallié le capitaine de gendarmerie et ses huit hommes.

Tout cela les attendait dans le chœur.

Il fallait se décider à la retraite : deux heures du matin venaient de sonner ; depuis près de trois heures, on était en quête sans avoir rien trouvé.

Roland, réhabilité dans l'esprit des gendarmes et des dragons, qui trouvaient que l'ex-novice ne boudait pas, donna, à son grand regret, le signal de la retraite en ouvrant la porte de la chapelle qui donnait sur la forêt.

Cette fois, comme on n'espérait plus rencontrer personne, Roland se contenter de la fermer derrière lui.

Puis, au pas accéléré, la petite troupe reprit le chemin de Bourg.

Le capitaine de gendarmerie, ses dix-huit hommes et Roland rentrèrent à leur caserne après s'être fait reconnaître de la sentinelle.

Le colonel de dragons et ses douze hommes continuèrent leur chemin et rentrèrent dans la ville.

C'était ce cri de la sentinelle qui avait attiré l'attention de Morgan et de Valensolle ; c'était la rentrée de ces dix-huit hommes à la caserne qui avait interrompu leur repas ; c'était enfin cette circonstance imprévue qui avait fait dire à Morgan : « Attention ! »

En effet, dans la situation où se trouvaient les deux jeunes gens, tout méritait attention.

Aussi le repas fut-il interrompu, les mâchoires cessèrent-elles de fonctionner pour laisser les yeux et les oreilles remplir leur office dans toute son étendue.

Elle vint ouvrir sa fenêtre. — Page 224.

On vit bientôt que les yeux seuls seraient occupés.

Chaque gendarme regagna sa chambre sans lumière ; rien n'attira donc l'attention des deux jeunes gens sur les nombreuses fenêtres de la caserne, de sorte qu'elle put se concentrer sur un seul point.

Au milieu de toutes ces fenêtres obscures, deux s'illuminèrent ; elles étaient placées en retour relativement au reste du bâtiment, et juste en face de celle où les deux amis prenaient leur repas.

Ces fenêtres étaient au premier étage ; mais, dans la position qu'ils occupaient, c'est-à-dire sur le faîte des bottes de fourrage, Morgan et Valensolle non-seulement se trouvaient à la même hauteur qu'elles, mais encore plongeaient dessus.

Ces fenêtres étaient celles du capitaine de gendarmerie.

Soit insouciance du brave capitaine, soit pénurie de l'État, on avait oublié de garnir ces fenêtres de rideaux, de sorte que, grâce aux deux chandelles allumées par l'officier de gendarmerie pour faire honneur à son hôte, Morgan et Valensolle pouvaient voir tout ce qui se passait dans cette chambre.

Tout à coup, Morgan saisit le bras de Valensolle et l'étreignit avec force.

— Bon! dit Valensolle, qu'y a-t-il encore de nouveau?

Roland venait de jeter son chapeau à trois cornes sur une chaise, et Morgan l'avait reconnu.

— Roland de Montrevel! dit-il, Roland sous l'uniforme d'un maréchal des logis de gendarmerie! cette fois, nous tenons sa piste, tandis qu'il cherche encore la nôtre. C'est à nous de ne pas la perdre.

— Que fais-tu? demanda Valensolle sentant que son ami s'éloignait de lui.

— Je vais prévenir nos compagnons; toi, reste, et ne le perds pas de vue; il détache son sabre et dépose ses pistolets, il est probable qu'il passera la nuit dans la chambre du capitaine: demain, je le défie de prendre une route, quelle qu'elle soit, sans avoir l'un de nous sur ses talons.

Et Morgan, se laissant glisser sur la déclivité du fourrage, disparut aux yeux de son compagnon, qui, accroupi comme un sphinx, ne perdait pas de vue Roland de Montrevel.

Un quart d'heure après, Morgan était de retour et les fenêtres de l'officier de gendarmerie étaient, comme toutes les autres fenêtres de la caserne, rentrées dans l'obscurité.

— Eh bien? demanda Morgan.

— Eh bien, répondit Valensolle, la chose a fini de la façon la plus prosaïque du monde: ils se sont déshabillés, ont éteint les chandelles et se sont couchés, le capitaine dans son lit, et Roland sur un matelas; il est probable qu'à cette heure ils ronflent à qui mieux mieux.

— En ce cas, dit Morgan, bonne nuit à eux et à nous aussi.

Dix minutes après, ce souhait était exaucé, et les deux jeunes gens dormaient comme s'ils n'avaient pas eu le danger pour camarade de lit.

XLI

L'HOTEL DE LA POSTE

Le même jour, vers six heures du matin, c'est-à-dire pendant le lever grisâtre et froid d'un des derniers jours de février, un cavalier, éperonnant un bidet de poste et précédé d'un postillon chargé de ramener le cheval en main, sortait de Bourg par la route de Mâcon ou de Saint-Jullien.

Nous disons par la route de Mâcon ou de Saint-Jullien, parce qu'à une lieue de la capitale de la Bresse la route bifurque et présente deux chemins, l'un qui conduit, en suivant tout droit, à Saint-Jullien; l'autre qui, en déviant à gauche, mène à Mâcon.

Arrivé à l'embranchement des deux routes, le cavalier allait prendre le chemin de Mâcon, lorsqu'une voix qui semblait sortir de dessous une voiture renversée implora sa miséricorde.

Le cavalier ordonna au postillon de voir ce que c'était.

Un pauvre maraîcher était pris, en effet, sous une voiture de légumes. Sans doute avait-il voulu la soutenir au moment où la roue, mordant sur le fossé, perdait l'équilibre; la voiture était tombée sur lui, et cela avec tant de bonheur, qu'il espérait, disait-il, n'avoir rien de cassé, et ne demandait qu'une chose, c'est qu'on aidât sa voiture à se remettre sur ses roues; il espérait, lui, alors, pouvoir se remettre sur ses jambes.

Le cavalier était miséricordieux pour son prochain, car non-seulement il permit que le postillon s'arrêtât pour tirer le maraîcher de l'embarras où il se trouvait, mais encore il mit lui-même pied à terre, et, avec une vigueur qu'on eût été loin d'attendre d'un homme de taille moyenne comme il l'était, il aida le postillon à remettre la voiture, non-seulement sur ses roues, mais encore sur le pavé du chemin.

Après quoi, il voulut aider l'homme à se

relever à son tour ; mais celui-ci avait dit vrai : il était sain et sauf, et, s'il lui restait une espèce de flageolement dans les jambes, c'était pour justifier le proverbe qui prétend qu'il y a un Dieu pour les ivrognes.

Le maraîcher se confondit en remerciments et prit son cheval par la bride, mais tout autant — la chose était facile à voir — pour se soutenir lui-même que pour conduire l'animal par le droit chemin.

Les deux cavaliers se remirent en selle, lancèrent leurs chevaux au galop et disparurent bientôt au coude que fait la route cinq minutes avant d'arriver au bois Monnet.

Mais à peine eurent-ils disparu, qu'il se fit un changement notable dans les allures du maraîcher : il arrêta son cheval, se redressa, porta à ses lèvres l'embouchure d'une petite trompe, et sonna trois coups.

Une espèce de palefrenier sortit du bois qui borde la route, conduisant un cheval de maître par la bride.

Le maraîcher dépouilla rapidement sa blouse, jeta bas son pantalon de grosse toile, et se trouva en veste et en culotte de daim et chaussé de bottes à retroussis.

Il fouilla dans sa voiture, en tira un paquet qu'il ouvrit, secoua un habit de chasse vert, à brandebourgs d'or, l'endossa, passa par-dessus une houppelante marron, prit des mains du palefrenier un chapeau que celui-ci lui présentait et qui était assorti à son élégant costume, se fit visser des éperons à ses bottes, et, sautant sur son cheval avec la légèreté et l'adresse d'un écuyer consommé :

— Trouve-toi ce soir à sept heures, dit-il au palefrenier, entre Saint-Just et Ceyzeriat ; tu y rencontreras Morgan, et tu lui diras que celui *qu'il sait* va à Mâcon, mais que j'y serai avant lui.

Et, en effet, sans s'inquiéter de la voiture de légumes, qu'il laissait d'ailleurs à la garde de son domestique, l'ex-maraîcher, qui n'était autre que notre ancienne connaissance Montbar, tourna la tête de son cheval du côté du bois Monnet et le mit au galop.

Celui-là n'était pas un mauvais bidet de poste, comme celui que montait Roland, mais, au contraire, c'était un excellent cheval de course ; de sorte qu'entre le bois Monnet et Polliat, Montbar rejoignit et dépassa les deux cavaliers.

Le cheval, sauf une courte halte à Saint-Cyr-sur-Menthon, fit d'une seule traite, et en moins de trois heures, les neuf ou dix lieues qui séparent Bourg de Mâcon.

Arrivé à Mâcon, Montbar descendit à l'hôtel de la Poste, le seul qui, à cette époque, avait la réputation d'accaparer tous les voyageurs de distinction.

Au reste, à la façon dont Montbar fut reçu dans l'hôtel, on voyait que l'hôte avait affaire à une ancienne connaissance.

— Ah ! c'est vous, monsieur de Jayat, dit l'hôte ; nous nous demandions hier ce que vous étiez devenu ; il y a plus d'un mois qu'on ne vous a vu dans nos pays.

— Vous croyez qu'il y a aussi longtemps que cela, mon ami ? dit le jeune homme en affectant le grasseyement à la mode ; oui, c'est ma parole, vrai ! J'ai été chez des amis, chez les Treffort, les Hautecourt ; vous connaissez ces messieurs de nom, n'est-ce pas ?

— Oh ! de nom et de personne.

— Nous avons chassé à courre ; ils ont d'excellents équipages, parole d'honneur ! Mais déjeune-t-on chez vous, ce matin ?

— Pourquoi pas ?

— Eh bien alors, servez-moi un poulet, une bouteille de vin de Bordeaux, deux côtelettes, des fruits, la moindre chose.

— Dans un instant. Voulez-vous être servi dans votre chambre, ou dans la salle commune ?

— Dans la salle commune, c'est plus gai ; seulement, servez-moi sur une table à part. Ah ! n'oubliez pas mon cheval : c'est une excellente bête, et que j'aime mieux que certains chrétiens, *paole* d'honneur.

L'hôte donna ses ordres, Monbar se mit devant la cheminée, retroussa sa houppelande et se chauffa les mollets.

— C'est toujours vous qui tenez la poste ? demanda-t-il à l'hôte, comme pour ne pas laisser tomber la conversation.

— Je crois bien !
— Alors, c'est chez vous que relayent les diligences?
— Non pas les diligences, les malles.
— Ah! dites donc : il faut que j'aille à Chambéry un de ces jours, combien y a-t-il de places dans la malle?
— Trois : deux dans l'intérieur, une avec le courrier.
— Et ai-je chance de trouver une place libre?
— Ça se peut encore quelquefois ; mais le plus sûr, voyez-vous, c'est toujours d'avoir sa calèche ou son cabriolet à soi.
— On ne peut donc pas retenir sa place d'avance?
— Non ; car vous comprenez bien, monsieur de Jayat, s'il y a des voyageurs qui aient pris leurs places de Paris à Lyon, ils vous priment.
— Voyez-vous, les aristocrates! dit en riant Montbar. A propos d'aristocrates, il vous en arrive un derrière moi en poste ; je l'ai dépassé à un quart de lieue de Polliat : il m'a semblé qu'il montait un bidet un peu poussif.
— Oh! fit l'hôte, ce n'est pas étonnant, mes confrères sont si mal équipés en chevaux !
— Et tenez, justement voilà notre homme, reprit Montbar ; je croyais avoir plus d'avance que cela sur lui.

En effet, Roland au moment même passait au galop devant les fenêtres et entrait dans la cour.

— Prenez-vous toujours la chambre n° 1, monsieur de Jayat? demanda l'hôte.
— Pourquoi la question?
— Mais parce que c'est la meilleure, et que, si vous ne la prenez pas, nous la donnerions à la personne qui arrive, dans le cas où elle ferait séjour.
— Oh! ne vous préoccupez pas de moi, je ne saurai que dans le courant de la journée si je reste ou si je pars. Si le nouvel arrivant fait séjour comme vous dites, donnez-lui le n° 1 ; je me contenterai du n° 2.
— Monsieur est servi, dit le garçon en paraissant sur la porte de communication qui conduisait de la cuisine à la salle commune.

Montbar fit un signe de tête et se rendit à l'invitation qui lui était faite ; il entrait dans la salle commune juste au moment où Roland entrait dans la cuisine.

La table était servie en effet ; Montbar changea son couvert de côté, et se plaça de façon à tourner le dos à la porte.

La précaution était inutile : Roland n'entra point dans la salle commune, et le déjeuneur put achever son repas sans être dérangé.

Seulement, au dessert, son hôte vint lui apporter lui-même le café.

Montbar comprit que le digne homme était en humeur de causer ; cela tombait à merveille : il y avait certaines choses que lui-même désirait savoir.

— Eh bien, demanda Montbar, qu'est donc devenu notre homme? est-ce qu'il n'a fait que changer de cheval?
— Non, non, non, répondit l'hôte ; comme vous le disiez, c'est un aristocrate : il a demandé qu'on lui servît son déjeuner dans sa chambre.
— Dans sa chambre ou dans ma chambre ? demanda Montbar ; car je suis bien sûr que vous lui avez donnez le fameux n° 1.
— Dame ! monsieur de Jayat, c'est votre faute ; vous m'avez dit que j'en pouvais disposer.
— Et vous m'avez pris au mot, vous avez bien fait ; je me contenterai du n° 2.
— Oh ! vous y serez bien mal ; la chambre n'est séparée du n° 1 que par une cloison, et l'on entend tout ce qui se fait ou se dit d'une chambre dans l'autre.
— Ah çà ! mon cher hôte, vous croyez donc que je suis venu chez vous pour faire des choses inconvenantes ou chanter des chansons séditieuses, que vous avez peur qu'on n'entende ce que je dirai ou ce que je ferai?
— Oh ! ce n'est pas cela.
— Qu'est-ce donc?
— Je n'ai pas peur que vous dérangiez les autres ; j'ai peur que vous ne soyez dérangé.
— Bon ! votre jeune homme est donc un tapageur?

— Non; mais ça m'a l'air d'un officier.
— Qui a pu vous faire croire cela ?
— Sa tournure d'abord; puis il s'est informé du régiment qui était en garnison à Mâcon; je lui ai dit que c'était le 7ᵉ chasseurs à cheval. « Ah! bon, a-t-il repris, je connais le chef de brigade, un de mes amis; votre garçon peut-il lui porter ma carte, et lui demander s'il veut venir déjeuner avec moi ? »
— Ah! ah!
— De sorte que, vous comprenez, des officiers entre eux, ça va être du bruit, du tapage! Ils vont peut-être non-seulement déjeuner, mais dîner, mais souper.
— Je vous ai déjà dit, mon cher hôte, que je ne croyais point avoir le plaisir de passer la nuit chez vous; j'attends, poste restante, des lettres de Paris qui décideront de ce que je vais faire. En attendant, allumez-moi du feu dans la chambre n° 2, en faisant le moins de bruit possible, pour ne pas gêner mon voisin; vous me ferez monter en même temps une plume, de l'encre et du papier : j'ai à écrire.

Les ordres de Montbar furent ponctuellement exécutés, et lui-même monta sur les pas du garçon de service pour veiller à ce que Roland ne fût point incommodé de son voisinage.

La chambre était bien telle que l'hôte de la poste l'avait dite, et pas un mouvement ne pouvait se faire dans l'une, pas un mot ne pouvait s'y dire qui ne fût entendu dans l'autre.

Aussi Montbar entendit-il parfaitement le garçon d'hôtel annoncer à Roland le chef de brigade Saint-Maurice, et, à la suite du pas résonnant de celui-ci dans le corridor, les exclamations que laissèrent échapper les deux amis, enchantés de se revoir.

De son côté, Roland distrait un instant par le bruit qui s'était fait dans la chambre voisine, avait oublié ce bruit dès qu'il avait cessé, et il n'y avait point de danger qu'il se renouvelât. Montbar, une fois seul, s'était assis à la table sur laquelle étaient déposés, encre, plume et papier, et était resté immobile.

Les deux officiers s'étaient connus autrefois en Italie, et Roland s'était trouvé sous les ordres de Saint-Maurice lorsque celui-ci était capitaine, et que lui, Roland, n'était que lieutenant.

Aujourd'hui, les grades étaient égaux; de plus, Roland avait double mission du premier consul et du préfet de police, qui lui donnait commandement sur les officiers du même grade que lui, et même, dans les limites de sa mission, sur des officiers d'un grade plus élevé.

Morgan ne s'était pas trompé en présumant que le frère d'Amélie était à la poursuite des compagnons de Jéhu : quand les perquisitions nocturnes faites dans la chartreuse de Seillon n'en eussent pas donné la preuve, cette preuve eût ressorti de la conversation du jeune officier avec son collègue, en supposant que cette conversation eût été entendue.

Ainsi le premier consul envoyait bien effectivement cinquante mille francs à titre de don aux pères du Saint-Bernard; ainsi ces cinquante mille francs étaient bien réellement envoyés par la poste; mais ces cinquante mille francs n'étaient qu'une espèce de piége où l'on comptait prendre les dévaliseurs de diligences, s'ils n'étaient point surpris dans la chartreuse de Seillon ou dans quelque autre lieu de leur retraite.

Maintenant, restait à savoir comment on les prendrait.

Ce fut ce qui, tout en déjeunant, se débattit longuement entre les deux officiers.

Au dessert, ils étaient d'accord, et le plan était arrêté.

Le même soir, Morgan recevait une lettre ainsi conçue :

« Comme nous l'a dit Adler, vendredi prochain, à cinq heures du soir, la malle partira de Paris avec cinquante mille francs destinés aux pères du Saint-Bernard.

» Les trois places, la place du coupé et les deux places de l'intérieur sont déjà retenues par trois voyageurs qui monteront, le premier à Sens, les deux autres à Tonnerre.

» Ces voyageurs seront, dans le coupé,

un des plus braves agents du citoyen Fouché, et dans l'intérieur, M. Roland de Montrevel et le chef de brigade du 7ᵉ chasseurs, en garnison à Mâcon.

» Ils seront en costumes bourgeois, pour ne point inspirer de soupçons, mais armés jusqu'aux dents.

» Douze chasseurs à cheval, avec mousquetons, pistolets et sabres, escorteront la malle, mais à distance, et de manière à arriver au milieu de l'opération.

» Le premier coup de pistolet tiré doit leur donner le signal de mettre leurs chevaux au galop et de tomber sur les dévaliseurs.

» Maintenant, mon avis est que, malgré toutes ces précautions, et même à cause de toutes ces précautions, l'attaque soit maintenue et s'opère à l'endroit indiqué, c'est-à-dire à la Maison-Blanche.

» Si c'est l'avis des compagnons, qu'on me le fasse savoir; c'est moi qui conduirai la malle en postillon, de Mâcon à Belleville.

» Je fais mon affaire du chef de brigade; que l'un de vous fasse la sienne de l'agent du citoyen Fouché.

» Quant à M. Roland de Montrevel, il ne lui arrivera rien, attendu que je me charge, par un moyen à moi connu et par moi inventé, de l'empêcher de descendre de la malle-poste.

» L'heure précise où la malle de Chambéry passe à la Maison-Blanche est samedi, à six heures du soir.

» Un seul mot de réponse conçu en ces termes : *Samedi à six heures du soir*, et tout ira comme sur des roulettes.

» MONTBAR. »

A minuit, Montbar, qui effectivement s'était plaint du bruit fait par son voisin et avait été mis dans une chambre située à l'autre extrémité de l'hôtel, était réveillé par un courrier, lequel n'était autre que le palefrenier qui lui avait amené sur la route un cheval tout sellé.

Cette lettre contenait simplement ces mots, suivis d'un post-scriptum :

« Samedi, à six heures du soir.

» MORGAN.

» *P.-S.* Ne pas oublier, même au milieu du combat, que la vie de Roland de Montrevel est sauvegardée. »

Le jeune homme lut cette réponse avec une joie visible; ce n'était plus une simple arrestation de diligence, cette fois, c'était une espèce d'affaire d'honneur entre hommes d'une opinion différente, une rencontre entre braves.

Ce n'était pas seulement de l'or qu'on allait répandre sur la grande route, c'était du sang.

Ce n'était pas aux pistolets sans balles du conducteur, maniés par les mains d'un enfant, qu'on allait avoir affaire, c'était aux armes mortelles de soldats habitués à s'en servir.

Au reste, on avait toute la journée qui allait s'ouvrir, et toute celle du lendemain, pour prendre ses mesures. Montbar se contenta donc de demander au palefrenier quel était le postillon de service qui devait, à cinq heures, prendre la malle à Mâcon et faire la poste ou plutôt les deux postes qui s'étendent de Mâcon à Belleville.

Il lui recommanda en outre d'acheter quatre pitons et deux cadenas fermant à clef.

Il savait d'avance que la malle arrivait à quatre heures et demie à Mâcon, y dînait, et en repartait à cinq heures précises.

Sans doute, toutes les mesures de Montbar étaient prises d'avance, car, ces recommandations faites à son domestique, il le congédia, et s'endormit comme un homme qui a un arriéré de sommeil à combler.

Le lendemain, il ne se réveilla, ou plutôt ne descendit qu'à neuf heures du matin. Il demanda sans affectation à l'hôte des nouvelles de son bruyant voisin.

Le voyageur était parti à six heures du matin, par la malle-poste de Lyon à Paris, avec son ami le chef de brigade des chasseurs, et l'hôte avait cru entendre qu'ils n'avaient retenu leurs places que jusqu'à Tonnerre.

Au reste, de même que M. de Jayat s'inquiétait du jeune officier, le jeune officier, de son côté, s'était inquiété de lui, avait demandé qui il était, s'il venait d'habitude dans l'hôtel, et si l'on croyait qu'il consentît à vendre son cheval.

L'hôte avait répondu qu'il connaissait parfaitement M. de Jayat, que celui-ci avait l'habitude de loger à son hôtel toutes les fois que ses affaires l'appelaient à Mâcon, et que, quant à son cheval, il ne croyait pas, vu la tendresse que le jeune gentilhomme avait manifestée pour lui, qu'il consentît à s'en défaire à quelque prix que ce fût.

Sur quoi, le voyageur était parti sans insister davantage.

Après le déjeuner, M. de Jayat, qui paraissait fort désœuvré, fit seller son cheval, monta dessus et sortit de Mâcon par la route de Lyon. Tant qu'il fut dans la ville, il laissa marcher son cheval à l'allure qui convenait à l'élégant animal ; mais, une fois hors de la ville, il rassembla les rênes et serra les genoux.

L'indication était suffisante, l'animal partit au galop.

Montbar traversa les villages de Varennes et de la Crèche et la Chapelle-de-Guinchay, et ne s'arrêta qu'à la Maison-Blanche.

Le lieu était bien tel que l'avait dit Valensolle, et merveilleusement choisi pour une embuscade.

La Maison-Blanche était située au fond d'une petite vallée, entre une descente et une montée ; à l'angle de son jardin passait un petit ruisseau sans nom qui allait se jeter dans la Saône à la hauteur de Challe.

Des arbres touffus et élevés suivaient le cours de la rivière et, décrivant un demi-cercle, enveloppaient la maison.

Quant à la maison elle-même, après avoir été autrefois une auberge dont l'aubergiste n'avait pas fait ses affaires, elle était fermée depuis sept ou huit ans, et commençait à tomber en ruine.

Avant d'y arriver, en venant de Mâcon, la route faisait un coude.

Montbar examina les localités avec le soin d'un ingénieur chargé de choisir le terrain d'un champ de bataille, tira un crayon et un portefeuille de sa poche et traça un plan exact de la position.

Puis il revint à Mâcon.

Deux heures après, le palefrenier partait, portant le plan à Morgan et laissant à son maître le nom du postillon qui devait conduire la malle ; il s'appelait Antoine. — Le palefrenier avait, en outre, acheté les quatre pitons et les deux cadenas.

Montbar fit monter une bouteille de vieux bourgogne et demanda Antoine.

Dix minutes après, Antoine entrait.

C'était un grand et beau garçon de vingt-cinq à vingt-six ans, de la taille à peu près de Montbar, ce que celui-ci, après l'avoir toisé des pieds à la tête, avait remarqué avec satisfaction.

Le postillon s'arrêta sur le seuil de la porte, et, mettant la main à son chapeau à la manière des militaires :

— Le citoyen m'a fait demander ? dit-il.

— C'est bien vous qu'on appelle Antoine ? fit Monbar.

— Pour vous servir, si j'en étais capable, vous et votre compagnie.

— Eh bien, oui, mon ami, tu peux me servir... Ferme donc la porte et viens ici.

Antoine ferma la porte, s'approcha jusqu'à distance de deux pas de Montbar, et, portant de nouveau la main à son chapeau :

— Voilà, notre maître.

— D'abord, dit Montbar, si tu n'y vois point d'inconvénient, nous allons boire un verre de vin à la santé de ta maîtresse.

— Oh ! oh ! de ma maîtresse ! fit Antoine, est-ce que les gens comme nous ont des maîtresses ? C'est bon pour des seigneurs comme vous d'avoir des maîtresses.

— Ne vas-tu pas me faire accroire, drôle, qu'avec une encolure comme la tienne, on fait vœu de continence ?

— Oh ! je ne veux pas dire que l'on soit un moine à cet endroit ; on a par-ci par-là quelque amourette sur le grand chemin.

— Oui, à chaque cabaret ; c'est pour cela qu'on s'arrête si souvent avec les chevaux de retour pour boire la goutte ou allumer sa pipe.

— Dame ! fit Antoine avec un intraduisible mouvement d'épaules, il faut bien rire.

— Eh bien, goûte-moi ce vin-là, mon

garçon ! je te réponds que ce n'est pas lui qui te fera pleurer.

Et, prenant un verre plein, Montbar fit signe au postillon de prendre l'autre verre.

— C'est bien de l'honneur pour moi... A votre santé et à celle de votre compagnie !

C'était une locution familière au brave postillon, une espèce d'extension de politesse qui n'avait pas besoin d'être justifiée pour lui par une compagnie quelconque.

— Ah ! oui, dit-il après avoir bu et en faisant clapper sa langue, en voilà du chenu, et moi qui l'ai avalé sans le goûter, comme si c'était du petit bleu.

— C'est un tort, Antoine.

— Mais oui, que c'est un tort.

— Bon ! fit Montbar en versant un second verre, heureusement qu'il peut se réparer.

— Pas plus haut que le pouce, notre bourgeois, dit le facétieux postillon en tendant le verre et ayant soin que son pouce fût au niveau du bord.

— Minute, fit Montbar au moment où Antoine allait porter le verre à sa bouche.

— Il était temps, dit le postillon ; il allait y passer, le malheureux ! Qu'y a-t-il ?

— Tu n'as pas voulu que je boive à la santé de ta maîtresse ; mais tu ne refuseras pas, je l'espère, de boire à la santé de la mienne.

— Oh ! ça ne se refuse pas, surtout avec de pareil vin ; à la santé de votre maîtresse et de sa compagnie !

Et le citoyen Antoine avala la rouge liqueur, en la dégustant cette fois.

— Eh bien, fit Montbar, tu t'es encore trop pressé, mon ami.

— Bah ! fit le postillon.

— Oui... suppose que j'aie plusieurs maîtresses : du moment où nous ne nommons pas celle à la santé de laquelle nous buvons, comment veux-tu que cela lui profite ?

— C'est, ma foi, vrai !

— C'est triste, mais il faut recommencer cela, mon ami.

— Ah ! recommençons ! Il ne s'agit pas, avec un homme comme vous, de mal faire les choses ; on a commis la faute, on la boira.

Et Antoine tendit son verre, que Montbard remplit jusqu'au bord.

— Maintenant, dit-il en jetant un coup d'œil sur la bouteille, et en s'assurant par ce coup d'œil qu'elle était vide, il ne s'agit plus de nous tromper. Son nom ?

— A la belle Joséphine ! dit Montbar.

— A la belle Joséphine ! répéta Antoine.

Et il avala le bourgogne avec une satisfaction qui semblait aller croissant.

Puis, après avoir bu et s'être essuyé les lèvres avec sa manche, au moment de reposer le verre sur la table :

— Et ! dit-il, un instant, bourgeois.

— Bon ! fit Montbar, est-ce qu'il y a encore quelque chose qui ne va pas ?

— Je crois bien : nous avons fait de la mauvaise besogne, mais il est trop tard.

— Pourquoi cela ?

— La bouteille est vide.

— Celle-ci, oui, mais pas celle-là.

Et Montbar prit dans le coin de la cheminée une bouteille toute débouchée.

— Ah ! ah ! fit Antoine, dont le visage s'éclaira d'un radieux sourire.

— Y a-t-il du remède ? demanda Montbar.

— Il y en a, fit Antoine.

Et il tendit son verre.

Montbar le remplit avec la même conscience qu'il y avait mise les trois premières fois.

— Eh bien, fit le postillon mirant au jour le liquide rubis qui étincelait dans son verre, je disais donc que nous avions bu à la santé de la belle Joséphine...

— Oui, dit Montbar.

— Mais, continua Antoine, il y a diablement de Joséphines en France.

— C'est vrai ; combien crois-tu qu'il y en ait, Antoine ?

— Bon ! il y en a bien cent mille.

— Je t'accorde cela ; après ?

— Eh bien, sur ces cent mille, j'admets qu'il n'y en a qu'un dixième de belles.

— C'est beaucoup.

— Mettons un vingtième.

— Soit.

Attention! fit Morgan. — Page 237.

— Cela fait cinq mille.
— Diable! sais-tu que tu es fort en arithmétique?
— Je suis fils de maître d'école.
— Eh bien?
— Eh bien, à laquelle de ces cinq mille avons-nous bu?... ah!
— Tu as, par ma foi, raison, Antoine; il faut ajouter le nom de famille au nom de baptême; à la belle Joséphine...
— Attendez, le verre est entamé, il ne peut plus servir; il faut, pour que la santé soit profitable, le vider et le remplir.

Antoine porta le verre à sa bouche.

— Le voilà vide, dit-il.
— Et le voilà rempli, fit Montbar en le mettant en contact avec la bouteille.
— Aussi, j'attends; à la belle Joséphine?...
— A la belle Joséphine... Lollier!

Et Montbar vida son verre.

— Jarnidieu! fit Antoine; mais, attendez donc, Joséphine Lollier, je connais cela.
— Je ne dis pas non.
— Joséphine Lollier, mais c'est la fille du maître de la poste aux chevaux de Belleville.
— Justement.

— Fichtre ! fit le postillon, vous n'êtes pas à plaindre, notre bourgeois ; un joli brin de fille !. A la santé de la belle Joséphine Lollier !

Et il avala son cinquième verre de Bourgogne.

— Eh bien, maintenant, demanda Montbar, comprends-tu pourquoi je t'ai fait monter, mon garçon ?

— Non ; mais je ne vous en veux pas tout de même.

— C'est bien gentil de ta part.

— Oh ! moi, je suis bon diable.

— Eh bien, je vais te le dire, pourquoi je t'ai fait monter.

— Je suis tout oreilles.

— Attends ! Je crois que tu entendras encore mieux si ton verre est plein que s'il est vide.

— Est-ce que vous avez été médecin des sourds, vous, par hasard ? demanda le postillon en goguenardant.

— Non ; mais j'ai beaucoup vécu avec les ivrognes, répondit Montbar en remplissant de nouveau le verre d'Antoine.

— On n'est pas ivrogne parce qu'on aime le vin, dit Antoine.

— Je suis de ton avis, mon brave, répliqua Montbar ; on n'est ivrogne que quand on ne sait pas le porter.

— Bien dit ! fit Antoine, qui paraissait porter le sien à merveille ; j'écoute.

— Tu m'as dit que tu ne comprenais pas pourquoi je t'avais fait monter?

— Je l'ai dit.

— Cependant, tu dois bien te douter que j'avais un but?

— Tout homme en a un, bon ou mauvais, à ce que prétend notre curé, dit sentencieusement Antoine.

— Eh bien, le mien, mon ami, reprit Montbar, est de pénétrer la nuit, sans être reconnu, dans la cour de maître Nicolas-Denis Lollier, maître de poste de Belleville.

— A Belleville, répéta Antoine, qui suivait les paroles de Montbar avec toute l'attention dont il était capable ; je comprends. Et vous voulez pénétrer, sans être reconnu, dans la cour de maître Nicolas-Denis Lollier, maître de poste à Belleville, pour voir à votre aise la belle Joséphine ? Ah ! mon gaillard !

— Tu y es, mon cher Antoine ; et je veux y pénétrer sans être reconnu, parce que le père Lollier a tout découvert, et qu'il a défendu à sa fille de me recevoir.

— Voyez-vous !... Et que puis-je à cela, moi ?

— Tu as encore les idées obscures, Antoine ; bois ce verre de vin-là pour les éclaircir.

— Vous avez raison, fit Antoine.

Et il avala son sixième verre de vin.

— Ce que tu y peux, Antoine ?

— Oui, qu'est-ce que j'y peux ? voilà ce que je demande.

— Tu y peux tout, mon ami.

— Moi ?

— Toi.

— Ah ! je serais curieux de savoir cela : éclaircissez, éclaircissez.

Et il tendit son verre.

— Tu conduis, demain, la malle de Chambéry?

— Un peu ; à six heures.

— Eh bien, supposons qu'Antoine soit un bon garçon.

— C'est tout supposé, il l'est.

— Eh bien, voici ce que fait Antoine...

— Voyons, que fait-il ?

— D'abord, il vide son verre.

— Ce n'est pas difficile... c'est fait.

— Puis il prend ces dix louis.

Montbar aligna dix louis sur la table.

— Ah ! ah ! fit Antoine, des jaunets, des vrais ! Je croyais qu'ils avaient tous émigré, ces diables-là !

— Tu vois qu'il en reste.

— Et que faut-il qu'Antoine fasse pour qu'ils passent dans sa poche?

— Il faut qu'Antoine me prête son plus bel habit de postillon.

— A vous?

— Et me donne sa place demain au soir.

— Eh ! oui, pour que vous voyiez la belle Joséphine sans être reconnu.

— Allons donc ! J'arrive à huit heures à Belleville, j'entre dans la cour, je dis que les chevaux sont fatigués, je les fais reposer jusqu'à dix heures, et, de huit heures à dix...

— Ni vu ni connu, je t'embrouille le père Lollier.

— Eh bien, ça y est-il, Antoine ?

— Ça y est ! on est jeune, on est du parti des jeunes ; on est garçon, on est du parti des garçons ; quand on sera vieux et papa, on sera du parti des papas et des vieux, et on criera : « Vivent les ganaches ! »

— Ainsi, mon brave Antoine, tu me prêtes ta plus belle veste et ta plus belle culotte ?

— J'ai justement une veste et une culotte que je n'ai pas encore mises.

— Tu me donnes ta place ?

— Avec plaisir.

— Et, moi, je te donne d'abord ces cinq louis d'arrhes.

— Et le reste ?

— Demain, en passant les bottes ; seulement, tu auras une précaution...

— Laquelle ?

— On parle beaucoup de brigands qui dévalisent les diligences ; tu auras soin de mettre des fontes à la selle du porteur.

— Pour quoi faire ?

— Pour y fourrer des pistolets.

— Allons donc ! n'allez-vous pas leur faire du mal à ces braves gens ?

— Comment ! tu appelles braves gens des voleurs qui dévalisent les diligences ?

— Bon ! on n'est pas un voleur parce qu'on vole l'argent du gouvernement.

— C'est ton avis ?

— Je crois bien, et encore que c'est l'avis de bien d'autres. Je sais bien, quant à moi, que, si j'étais juge, je ne les condamnerais pas.

— Tu boirais peut-être à leur santé ?

— Ah ! tout de même, ma foi, si le vin était bon.

— Je t'en défie, dit Montbar en versant dans le verre d'Antoine tout ce qui restait de la seconde bouteille.

— Vous savez le proverbe ? dit le postillon.

— Lequel ?

— Il ne faut pas défier un fou de faire sa folie. A la santé des compagnons de Jéhu.

— Ainsi soit-il ! dit Montbar.

— Et les cinq louis ? fit Antoine en reposant le verre sur la table.

— Les voilà.

— Merci ; vous aurez des fontes à votre selle ; mais, croyez-moi, ne mettez pas de pistolets dedans ou, si vous mettez des pistolets dedans, faites comme le père Jérôme, le conducteur de Genève, ne mettez pas de balles dans vos pistolets.

Et, sur cette recommandation philanthropique, le postillon prit congé de Montbar et descendit l'escalier en chantant d'une voix avinée :

> Le matin, je me prends, je me lève ;
> Dans le bois, je m'en suis allé ;
> J'y trouvai ma bergère qui rêve :
> Doucement je la réveillai.
>
> Je lui dis : « Aimable bergère,
> Un berger vous ferait-il peur ?
> — Un berger ! à moi pourquoi faire ?
> Taisez-vous, monsieur le trompeur. »

Montbar suivit consciencieusement le chanteur jusqu'à la fin du second couplet ; mais, quelque intérêt qu'il prît à la romance de maître Antoine, la voix de celui-ci s'étant perdue dans l'éloignement, il fut obligé de faire son deuil du reste de la chanson.

XLII

LA MALLE DE CHAMBÉRY

Le lendemain, à cinq heures de l'après-midi, Antoine, pour ne point être en retard sans doute, harnachait, dans la cour de l'hôtel de la poste, les trois chevaux qui devaient enlever la malle.

Un instant après, la malle entrait au grand galop dans la cour de l'hôtel et venait se ranger sous les fenêtres de la chambre qui avait tant paru préoccuper Antoine, c'est-à-dire à trois pas de la dernière marche de l'escalier de service.

Si l'on eût pu faire, sans y avoir un intérêt positif, attention à un si petit détail, on eût remarqué que le rideau de la fenêtre s'écartait d'une façon presque imprudente pour permettre à la personne qui habitait la chambre de voir qui descendait de la malle-poste.

Il en descendit trois hommes qui, avec la hâte de voyageurs affamés, se dirigèrent vers les fenêtres ardemment éclairées de la salle commune.

A peine étaient-ils entrés, que l'on vit par l'escalier de service descendre un élégant postillon non chaussé encore de ses grosses bottes, mais simplement de fins escarpins par-dessus lesquels il comptait les passer.

Le postillon élégant passa les grosses bottes d'Antoine, lui glissa cinq louis dans la main, puis se tourna pour que celui-ci lui jetât sur les épaules sa houppelande, que la rigueur de la saison rendait à peu près nécessaire.

Cette toilette achevée, Antoine rentra lestement dans l'écurie, où il se dissimula dans le coin le plus obscur.

Quant à celui auquel il venait de céder sa place, rassuré sans doute par la hauteur du col de la houppelande, qui lui cachait la moitié du visage, il alla droit aux trois chevaux harnachés d'avance par Antoine, glissa une paire de pistolets à deux coups dans les arçons, et, profitant de l'isolement où était la malle-poste par le dételement des chevaux et l'éloignement du postillon de Tournus, il planta, à l'aide d'un poinçon aigu qui pouvait à la rigueur devenir un poignard, ses quatre pitons dans le bois de la malle-poste, c'est-à-dire à chaque portière, et les deux autres en regard dans le bois de la caisse.

Après quoi, il se mit à atteler les chevaux avec une promptitude et une adresse qui indiquaient un homme familiarisé depuis son enfance avec tous les détails de l'art poussé si loin de nos jours par cette honorable classe de la société que nous appelons les gentilshommes *riders*.

Cela fait, il attendit, calmant ses chevaux impatients à l'aide de la parole et du fouet, savamment combinés, ou employés chacun à son tour.

On connaît la rapidité avec laquelle s'exécutaient les repas des malheureux condamnés au régime de la malle-poste; la demi-heure n'était donc pas écoulée, qu'on entendit la voix du conducteur qui criait :

— Allons, citoyens voyageurs, en voiture.

Montbar se tint près de la portière, et, malgré leur déguisement, reconnut parfaitement Roland et le chef de brigade du 7º chasseurs, qui montèrent et prirent place dans l'intérieur sans faire attention au postillon.

Celui-ci referma sur eux la portière, passa le cadenas dans les deux pitons et donna un tour de clef.

Puis, contournant la malle, il fit semblant de laisser tomber son fouet devant l'autre portière, passa, en se baissant, le second cadenas dans les autres pitons, lui donna un tour de clef en se relevant et, sûr que les deux officiers étaient bien verrouillés, il enfourcha son cheval en gourmandant le conducteur, qui lui laissait faire sa besogne.

En effet, le voyageur du coupé était déjà à sa place, que le conducteur débattait encore un reste de compte avec l'hôte.

— Est-ce pour ce soir, pour cette nuit, ou pour demain matin, père François? cria le faux postillon en imitant de son mieux la voix du vrai.

— C'est bon, c'est bon, on y va, répondit le conducteur.

Puis, regardant autour de lui :

— Tiens! où sont donc les voyageurs? demanda-t-il.

— Nous voilà, dirent à la fois les deux officiers, dans l'intérieur de la malle, et l'agent du coupé.

— La portière est bien fermée? insista le père François.

— Oh! je vous en réponds, fit Montbar.

— En ce cas, en route, mauvaise troupe! cria le conducteur tout en gravissant le marchepied, en prenant place près du voyageur et en tirant la portière après lui.

Le postillon ne se le fit pas redire; il enleva ses chevaux en enfonçant ses éperons dans le ventre du porteur et en cinglant aux deux autres un vigoureux coup de fouet.

La malle-poste partit au galop.

Montbar conduisait comme s'il n'eût fait que cela toute sa vie; il traversa la ville en faisant danser les vitres et trembler les maisons ; jamais véritable postillon n'avait fait claquer son fouet d'une si savante manière.

A la sortie de Mâcon, il vit un petit groupe de cavaliers : c'étaient les douze chasseurs qui devaient suivre la malle sans avoir l'air de l'escorter.

Le chef de brigade passa la tête par la portière et fit signe au maréchal des logis qui les commandait.

Montbar ne parut rien remarquer ; mais, au bout de cinq cents pas, tout en exécutant une symphonie avec son fouet, il retourna la tête et vit que l'escorte s'était mise en marche.

— Attendez, mes petits enfants, dit Montbar, je vais vous en faire voir du pays !

Et il redoubla de coups d'éperons et de coups de fouet.

Les chevaux semblaient avoir des ailes, la malle volait sur le pavé, on eût dit le char du tonnerre qui passait.

Le conducteur s'inquiéta.

— Eh! maître Antoine, cria-t-il, est-ce que nous serions ivre par hasard ?

— Ivre? ah bien oui! répondit Montbar, j'ai dîné avec une salade de betterave.

— Mais, morbleu ? s'il va de ce train-là, cria Roland en passant à son tour la tête par la portière, l'escorte ne pourra nous suivre.

— Tu entends ce qu'on te dit! cria le conducteur.

— Non, répondit Montbar, je n'entends pas.

— Eh bien, on te fait observer que, si tu vas de ce train-là, l'escorte ne pourra pas suivre.

— Il y a donc une escorte? demanda Montbar.

— Eh oui! puisque nous avons de l'argent du gouvernement.

— C'est autre chose, alors ; il fallait donc dire cela tout de suite.

Mais, au lieu de ralentir sa course, la malle continua d'aller le même train, et, s'il se fit un changement, ce fut qu'elle gagna encore en vélocité.

— Tu sais que, s'il nous arrive un accident, dit le conducteur, je te casse la tête d'un coup de pistolet.

— Allons donc ! fit Montbar, on les connaît vos pistolets, il n'y a pas de balles dedans.

— C'est possible, mais il y en a dans les miens! cria l'agent de police.

— C'est ce qu'on verra dans l'occasion, répondit Montbar.

Et il continua sa route sans plus s'inquiéter des observations.

On traversa, avec la vitesse de l'éclair, le village de Varennes, celui de la Crèche et la petite ville de la Chapelle-de-Guinchay.

Il restait un quart de lieue, à peine, pour arriver à la Maison-Blanche.

Les chevaux ruisselaient et hennissaient de rage en jetant l'écume par la bouche.

Montbar jeta les yeux derrière lui; à plus de mille pas de la malle-poste, les étincelles jaillissaient sous les pieds de l'escorte.

Devant lui était la déclivité de la montagne.

Il s'élança sur la pente, mais tout en rassemblant ses rênes de manière à se rendre maître des chevaux quand il voudrait.

Le conducteur avait cessé de crier, car il reconnaissait qu'il était conduit par une main habile et vigoureuse à la fois.

Seulement, de temps en temps, le chef de brigade regardait par la portière pour voir à quelle distance étaient ses hommes.

A la moitié de la pente, Montbar était maître de ses chevaux, sans avoir eu un seul moment l'air de ralentir leur course.

Il se mit alors à entonner à pleine voix le *Réveil du Peuple* : c'était la chanson des royalistes, comme la *Marseillaise* était le chant des jacobins.

— Que fait donc ce drôle-là? cria Roland en passant la tête par la portière; dites-lui donc qu'il se taise, conducteur, ou je lui envoie une balle dans les reins.

Peut-être le conducteur allait-il répéter au postillon la menace de Roland, mais il lui sembla voir une ligne noire qui barrait la route.

En même temps, une voix tonnante cria :

— Halte-là, conducteur !

— Postillon, passez-moi sur le ventre de ces bandits-là ! cria l'agent de police.

— Bon ! comme vous y allez, vous ! dit Montbar. Est-ce que l'on passe comme cela sur le ventre des amis ?... Hoooh !

La malle-poste s'arrêta comme par enchantement.

— En avant ! en avant ! crièrent à la fois Roland et le chef de brigade, comprenant que l'escorte était trop loin pour les soutenir.

— Ah ! brigand de postillon ! cria l'agent de police en sautant à bas du coupé et en dirigeant un pistolet sur Montbar, tu vas payer pour tous.

Mais il n'avait pas achevé, que Montbar, le prévenant, faisait feu et que l'agent roulait, mortellement blessé, sous les roues de la malle.

Son doigt crispé par l'agonie appuya sur la gâchette, le coup partit, mais au hasard, sans que la balle atteignît personne.

— Conducteur, criaient les deux officiers, de par tous les tonnerres du ciel, ouvrez donc !

— Messieurs, dit Morgan s'avançant, nous n'en voulons pas à vos personnes, mais seulement à l'argent du gouvernement. Ainsi donc, conducteur, les cinquante mille livres et vivement !

Deux coups de feu partis de l'intérieur furent la réponse des deux officiers, qui, après avoir vainement ébranlé les portières, essayaient vainement encore de sortir par l'ouverture des vitres.

Sans doute, un des coups de feu porta, car on entendit un cri de rage en même temps qu'un éclair illuminait la route.

Le chef de brigade poussa un soupir et tomba sur Roland. Il venait d'être tué raide.

Roland fit feu de son second pistolet, mais personne ne lui riposta.

Ses deux pistolets étaient déchargés ; enfermé qu'il était, il ne pouvait se servir de son sabre et hurlait de colère.

Pendant ce temps, on forçait le conducteur, le pistolet sur la gorge, de donner l'argent ; deux hommes prirent les sacs qui contenaient les cinquante mille francs et en chargèrent le cheval de Montbar, que son palefrenier lui amenait tout sellé et bridé comme à un rendez-vous de chasse.

Montbar s'était débarrassé de ses grosses bottes, et sauta en selle avec ses escarpins.

— Bien des choses au premier consul, monsieur de Montrevel ? cria Morgan.

Puis, se tournant vers ses compagnons :

— Au large, enfants, et par la route que chacun voudra. Vous connaissez le rendez-vous ; à demain au soir.

— Oui, oui, répondirent dix ou douze voix.

Et toute la bande s'éparpilla comme une volée d'oiseaux, disparaissant dans la vallée sous l'ombre des arbres qui côtoyaient la rivière et enveloppaient la Maison-Blanche.

En ce moment, on entendit le galop des chevaux, et l'escorte, attirée par les coups de feu, apparut au sommet de la montée, qu'elle descendit comme une avalanche.

Mais elle arriva trop tard : elle ne trouva plus que le conducteur assis sur le bord du fossé, les deux cadavres de l'agent de police et du chef de brigade, et Roland, prisonnier et rugissant comme un lion qui mord les barreaux de sa cage.

FIN DU PREMIER VOLUME

TABLE

DU PREMIER VOLUME

	Pages.
PROLOGUE. — La Ville d'Avignon.	1
I. — Une Table d'hôte.	11
II. — Un Proverbe italien.	18
III. — L'Anglais.	24
IV. — Le Duel.	29
V. — Roland.	36
VI. — Morgan.	46
VII. — La Chartreuse de Seillon.	52
VIII. — A quoi servait l'argent du Directoire.	55
IX. — Roméo et Juliette.	59
X. — La Famille de Roland.	62
XI. — Le Château des Noires-Fontaines.	65
XII. — Les Plaisirs de la Province.	71
XIII. — Le Ragot.	77
XIV. — Une mauvaise Commission.	83
XV. — L'Esprit fort.	88
XVI. — Le Fantôme.	92
XVII. — Perquisition.	96
XVIII. — Le Jugement.	100
XIX. — La petite Maison de la rue de la Victoire.	106
XX. — Les Convives du général Bonaparte.	111
XXI. — Le Bilan du Directoire.	116
XXII. — Un Projet de décret.	123
XXIII. — *Alea jacta est*.	127
XXIV. — Le 18 Brumaire.	135
XXV. — Une Communication importante.	140
XXVI. — Le Bal des Victimes.	149
XXVII. — La Peau des ours.	155
XXVIII. — En Famille.	159
XXIX. — La Diligence de Genève.	163
XXX. — Le Rapport du citoyen Fouché.	170

TABLE

		Pages
XXXI.	— Le Fils du meunier de Leguerno.	174
XXXII.	— Blanc et Bleu.	179
XXXIII.	— La Peine du Talion.	182
XXXIV.	— La Diplomatie de Georges Cadoudal.	191
XXXV.	— Proposition de mariage.	203
XXXVI.	— Sculpture et Peinture.	207
XXXVII.	— L'Ambassadeur.	215
XXXVIII.	— Les deux Signaux.	223
XXXIX.	— La Grotte de Ceyzeriat.	229
XL.	— Buisson creux.	237
XLI.	— L'Hôtel de la Poste.	242
XLII.	— La Malle de Chambéry.	250

FIN DE LA TABLE DU PREMIER VOLUME

Paris. — Imp. F. Debons et Cie, 16, rue du Croissant.

www.ingramcontent.com/pod-product-compliance
Lightning Source LLC
Chambersburg PA
CBHW070628170426
43200CB00010B/1949